王臣瑞著

知識論·心靈與存有

臺灣學生書局印行

自序

知識論的問題是自有哲學以來就有的問題，歷代的哲學家們沒有不討論知識論的問題的，近代的哲學家們對於知識論問題的探討，更是熱中適恒。知識論是哲學中極重要的一部分，研究哲學不研究知識論，那是殘缺不完整的哲學，也是沒有基礎的哲學，因爲我們知識的有效性是建基於知識論上的。

這本《知識論》是爲哲學系的學生以及哲學研究所的研究生所寫的，他們都可以使用。不過，其中有幾個問題較爲深入，對哲學系的學生而言有些困難，然而就個人教授知識論的經驗所知，如果以深入淺出的方式去講解，多舉幾個例子，他們仍然可以完全領悟。此外，還有幾個更特殊深刻的問題，對哲學系的學生，不必完全講解，只作大綱的介紹便可，這不會影響他們對整個系統的瞭解。至於哲學研究所的學生，經由教授的解釋，對這本《知識論》應是毫無問題的，可以徹底的融會貫通。

知識論涉及的問題太多，沒有一本有關知識論的書，能把所有知識論的問題都包括在內，這本《知識論》當然也不例外。但是我們認爲，在這本《知識論》內所討論的問題，如果不都是最優先所應當討論的問題，至少都是不應當忽略的問題。無論如何，我們希望這本《知識論》能對研究哲學的人，有所貢獻。

知識論

目錄

第五章　真理的標準與明顯性

第十一章 唯我獨存主義……三六五

第一章　知識論的意義及其重要性

我們在研究任何一門學科之前，應當先對它的意義有個大致的瞭解。這樣，在我們每次討論一個有關該學科的問題時，便不致如墮入五里霧中，不知身處何境，摸不到頭緒。此外，我們還可以自行參閱有關的資料，作課前的準備。如此研究學問，必定獲益良多。

第一節　知識論的意義

知識論（Epistemology）在拉丁文是Epistemologia，而這個字是由兩個希臘字：Episteme及logos所組成的；前者指學問或知識的意思，後者指理性或道理的意思；合而言之，是指知識的道理。當然，這只是知識論在字源上的意義，不是實質上的意義。

我們知道，凡是一門學科，都有它研究的對象，❶而對象又分為「物質的對象」（Material

❶ 對象一詞在英文稱object，來自拉丁文的objectum這個字；而拉丁文的objectum這個字，又是來自動詞

object）與「形式的對象」（Formal object）。所謂物質的對象，就是一門學科所研究的整體材料，但是這個整體材料也爲其他的學科所研究。就以知識論來說，它的物質對象就是知識，然而很明顯的，沒有一門學科不是研究知識的。所以物質的對象不能使一門學科與其他的學科分開，而成爲一門獨立的學科。由於這種關係，物質的對象又稱爲「公共的對象」（Common object）。

所謂形式的對象，是一門學科站在特殊的觀點或角度所研究的對象。不同的學科可能有相同的物質對象，但是不能有相同的形式對象；一門學科與其他的學科所以不同，而成爲一門獨立的學科，就是因爲有它的形式對象，所以形式的對象又稱爲「特殊的對象」（Particular object）。再以知識論來說，它的形式對象是知識的有效性或眞實性。這也就是說，知識論要研究、探討、證實我們的知識是可靠的、有價值的；不是虛妄的、不可信賴的。很清楚的，這也就是知識論的實質意義。

在從前，知識論也稱爲批判學（Critica），這是因爲我們爲了確實建立知識的有效性，必須先對我們的認識官能作徹底的檢討，同時也必須對有關知識的錯誤學說，作客觀的批判。知識論還稱爲眞理標準學（Criteriology），一如字義所指，眞理標準學是研究眞理標準的學

---

objicere的過去分詞。objicere指「擲於前或安放於前」的意思；objicere的過去分詞是objectum，指「擲於前面的物或安放於前面的物」，後來使用作對象的意思。

問；然而如果我們能夠找出眞理的標準來，自然也就看出錯誤的學說來，因此，也不難建立知識的有效性。此外，知識論又稱爲大邏輯學（Major Logic）或實在邏輯學（Real Logic）。知識論的這兩個名詞是針對普通的邏輯學所說的，普通的邏輯學是研究我們思想的結構問題，那就是觀念、判斷和推理，而大邏輯學或實在邏輯學則是研究我們思想的功能，以及思想與對象的問題，這當然都是知識論研究的課題。

梅西哀樞機主教（Card. D'esir'e Mercier, 1851-1926）極不贊成實在邏輯學這個名稱，因爲他認爲認識論並不是邏輯學的一部分，有人把認識論看成邏輯學的一部分，是因爲受到康德（Immanuel Kant, 1724-1804）學說的影響。根據康德所說，我們知識的形成是這樣的：心靈接受外界物的印象（Impression）或質料（Matter），而後被心靈的超驗形式（Transcendental forms）所鑒定，符合心靈超驗形式的印象，便是眞的知識，否則便是假的知識。然而這無異說，邏輯學在這種學說裡，便分成形式的邏輯學（Formal Logic）與實在的邏輯學（Real Logic）兩種，前者討論心靈超驗的形式，後者討論與心靈超驗的形式相符合或不相符合的質料。但是梅西哀樞機主教說，實在邏輯學這個名稱就含有一個矛盾，因爲邏輯學研究存在於心靈上的存有（Being），譬如述詞式的存有（Esse praedicabile），這就是爲什麼邏輯學與形上學不同，因爲形上學研究實在的存有。所以如果說有實在邏輯學，這就是說，邏輯學研究實在的存有，這當然是一個錯誤。❷

❷ Card. D. Mercier, Criteriology, pp.343-344, see A Manual of Modern Scholastic Philosophy, the third English

第二節　知識論的重要性

我們日常所遇到的事故，譬如天陰天晴，月缺月圓，忽然颳了一陣風，突然下了一陣雨，對於一個普通的人來說，這都是事實，不會有絲毫的懷疑。所以他在日常生活裡，盡量應付、解決一切發生與他有關的事情，因爲他認爲那都是事實；縱然有時他逃避或不願意面對那些發生與他有關的事，仍然是因爲他認爲那都是事實。

一個普通的人不但對於他的一切外在經驗，認爲都是事實，對於他的一切內在經驗，也莫不認爲都是事實。譬如他的思想、他的意願、他的喜、怒、哀、樂等情緒，他都不會懷疑它們的眞實性，而相信都是發生過的事實。

總之，一個普通的人知道自己與外在的世界有別，也知道理想與事實有別，他對於他的一切生活經驗，都有一個自然而不可搖動的信念：他相信它們都不是虛幻。他的常情（Common sense）告訴他：他是眞實的、宇宙是眞實的；他所接觸的人、地、事、物都是眞實的。

但是人的理智常是活動的，不會停止在自然的信念上；它要研究、探討、發掘沒有顯露於外的眞理。理智的本能驅使自己深入信以爲眞理的自然信念裡，它要找出眞相來，不會

edition, trans. by T. L. Parker and S.A. Parker, O.S.B. London, Kegan Paul, Trench, Tribuner & Co., 1938.

以表面的現象爲滿足。

事實證明，人有許多自然而不可搖動的信念是錯誤的。當我們站在海邊觀看日出或日落時，僅以我們感官的自然觀察而言，我們不能不說太陽的體積與顏色，時時都是在變化的。瑪里旦（Jacques Maritain, 1882-1973）提過一個故事說：有些原始民族相信星辰是遮蓋天空的帳幕破了許多的小洞。❸人類有許多自然而不可搖動的信念，而後證實是錯誤的例子太多了，在學術界最顯著的例子有兩個，第一個是托勒密（Claudius Ptolemaeus, Ptolemy, C. 90-168）的地心系統說（Geocentric System），這個學說是說：地球是宇宙的中心，日月星辰都繞地球而運行。托勒密這個學說在天文學上，統治了一千三百多年之久，直到哥白尼（Nicolaus Copernicus, 1473-1543）證實了日心系統說（Heliocentric Sysem）的眞實性之後，換言之，證實了太陽是太陽系的中心，地球與其他的行星都繞太陽而運行，托勒密的地心系統說才被打破。

在學術界第二個以自然信念作爲根據，信以爲眞理而後被證實是錯誤的例子，是亞里斯多德（Aristotle, 384-322 B.C.）所主張的無生源論（Abiogenesis）或自然發生說（Spontaneous generation）。亞里斯多德沒有用這兩個名稱，但是他的主張就是這個意思。無生源論或自然發生說是說：有些生物是自然生成的，或由另一種截然不同的生物所生的。

❸ Jacques Maritain, Man and The State, pp.86-87. The University of Chicago Press, 1960.

亞里斯多德所以有這種主張，因爲他發現一些池塘裡的小魚和其他的小生物，在池塘的水乾涸之後，完全死亡而消失；然而在池塘又有了水之後，不久又出現了小魚和其他的小生物。因此，他便結論：有些小魚和小生物是自然生成的，不是由大魚的卵或交配而生的。❹我們中國人也有腐草化螢和冬蟲夏草的傳說；這都是說，有些小生物是自然發生的，不需要上一代的交配或產卵才生的。無論如何，由於亞里斯多德在學術上的地位，他的這個學說延續了兩千餘年，直到十七世紀時，義大利的生物學家雷迪（Francesco Redi, 1626-1697）認爲無生源論是錯誤的，開始倡導生源論，並作試驗來證實。從此關於生物發生的問題便分成兩派，彼此爭論、研究、試驗，長達三世紀之久，最後由法國的生物學家巴斯德（Louis Posteur, 1822-1895）證實：生命來自生命，細胞來自細胞，於是生源論與無生源論之爭才告終結，無生源論在生物學上也因此銷聲匿跡。

經驗告訴我們，沒有人是不會犯錯的，「犯錯是屬於人性的事」（Errare humanum est）。往往我們認爲是眞理的事，結果證明是錯誤的，而且對於同一件事，有的人認爲絕對沒有問題，有的人認爲絕對有問題，在同一個問題上，常有兩極化的主張。因此，我們不禁要問：我們是否能夠得到眞正的知識？是否能夠建立知識的有效性？我們不要說這是不成問題的問題，否則不會有懷疑論（Skepticism）的出現；我們也不要對懷疑論嗤之以鼻，認

❹ Aristotle, Historia Animalium, BK. V.

爲不屑一顧，懷疑論者都不是白癡。

如果我們瀏覽一下我們的文化史，我們不難發現，我們在知識的任何一個領域，都犯過許多的錯誤，尤其是在哲學方面，千奇百怪的學說更是層出不窮，只要我們能想出一個學說，不論如何荒誕不經，在哲學上沒有看不到的，甚至西塞洛（Tullius Cicero, 106-43 B.C.）在他的時代，都說過這類的話，他說：「不論如何荒謬的主張，沒有不在哲學上看到的。」❺不過，這也讓我們看出知識論的重要性來，因爲知識論是研究知識的有效性或眞實性的學問。

知識論是一切學問的基礎。這不是說我們非先懂得知識論，便不能研究其他的學問，而是說我們的知識所以成立，是因爲有知識論作基礎。知識論不但研究知識的本身，也研究理智與它的對象或存有（Being）的關係。知識論證實人有認識眞理的能力，也證實人的確認識了眞理。知識論是形上學特殊的一部分，實在是「知識中的知識」（A Science of sciences），❻學問中的學問。

---

❺ Thomas Hobber & Leviathan, Ch. 5, P.43. edited by Michael Oakeshott, Collier Books, A division of Macmillan Publishing Co. Inc. 1962., Will Durant, The Story of Philosophy, Introduction, p.XXV1. Washington Square Press Pocket Books Publication, Gulf & Western Corporation, New York, 1961.

❻ Fernand Van Steenberghen, Epistemology trans. by Lawrence Moonan, New York, Joseph F. Wagner Inc. 1970, p.24.

第二章　論認識

亞里斯多德在他的《形上學》的第一章，開宗明義的說：「所有的人以本性而言，都渴望認識（事物）。」❶認識事物就是知識，我們認識的事物越多，我們的知識也越多。沒有見過鳳梨、柚子和木瓜的人，就不知道什麼是鳳梨、柚子和木瓜。我們普通說一個人孤陋寡聞，就是指他見的少、知道的少，缺少一般人所有的知識。但是什麼是知識？這個問題看起來似乎不難解答，然而事實並不盡然。認識在知識論上是一個很複雜、很深刻的問題，也是一個基本的問題，所以我們先討論這個問題。

第一節　論認識的性質

認識是我們生活上的經驗，不能有一個嚴格的定義，只能講解或說明。就如我們看見、

❶ Aristotle, Metaphysics, BK.A.1, 980a.

聽見、嚐到、聞到一樣，我們都不能給它們作出一個嚴格的定義來，因爲那都是生活上的經驗。爲給一個對象作一個嚴格的定義，需要「共類」（Genus）和「種差」（Specific difference）。譬如我們可以給人作一個嚴格的定義，因爲人有共類和種差；人的共類是動物，人的種差是理智，所以人的定義是有理智的動物。但是認識、看見、聽見、嚐到、聞到等等，我們這些人生的經驗，沒有共類和種差，因此，不能有一個嚴格的定義。

（甲）認識是心靈與物的結合

認識不能有一個嚴格的定義，但是可以有一個廣義的定義：認識是心靈與物的結合或接觸。這個道理不難瞭解，這就如同眼睛爲了認識顏色，必須與顏色相接觸；耳朵爲了認識聲音，必須與聲音相接觸；舌頭爲了認識味道，必須與食物相接觸一樣。如果眼睛不與顏色相接觸，耳朵不與聲音相接觸，舌頭不與食物相接觸，眼睛不能認識顏色，耳朵不能認識聲音，舌頭不能認識味道。心靈爲認識物也是如此。不過，認識的這個廣義的定義需要更進一步的解釋。

我們說：認識是心靈與物的結合或接觸，然而這裡所說的接觸，不是物理的表面接觸。譬如書籍與書架的接觸，茶水與茶杯的接觸，這都是物理表面的接觸，這樣的接觸不能產生知識。這固然是因爲書籍與書架，茶水與茶杯都是物質的物，根本不能產生知識，但是也正是因爲它們是物質的物，所以才只能有物理的表面接觸。至於心靈爲認識物而與物的接觸，則需要較物理的表面接觸更深一層的接觸；心靈爲認識物，需要與物相結合。關於這一點，我們也有必要作較詳細的說明。

心靈爲認識物，需要心靈與物相結合，不是指心靈與物相混合或化合。因爲如果如此，心靈便失去它的同一性（Identity），同時物也失去它的同一性。換言之，心靈已不再是心靈，物也不再是物，而是由心靈與物共同產生的第三物。這就如同氫氣與氧氣化合後，氫氣與氧氣都失去了它們的同一性，而產生水一樣。然而如果心靈與物相化合，都失去它們的同一性，認識的問題自然便無從談起，因爲心靈與物都不存在了。

心靈在認識物與物相結合時，心靈與物都必須保持各自的同一性；只有物而沒有心靈，當然不能有認識的發生，因爲沒有認識的主體。同樣，只有心靈而沒有物，仍然不能有認識的發生，因爲沒有認識的對象。譬如樹吸收了水，樹固然保持它的同一性，然而水卻失去了它的同一性，因爲水變成了樹的一部分。又譬如石頭吸收了太陽的熱，石頭固然保持它的同一性，然而太陽的熱卻失去了它的同一性，因爲太陽的熱變成了石頭的熱。在認識的活動裡，心靈與物都必須保持它們的同一性，這樣才能產生認識，因爲這樣才能有認識的主體與認識的對象。

（乙）認識是心靈的活動與對物的肯定

在心靈認識物時，心靈與物必須相結合，但是僅是心靈與物無意識的結合，也不會產生知識。心靈爲認識物，還需要心靈的活動。所謂心靈的活動，就是心靈要注意擺在它眼前的物，使物與自己相結合，因而肯定與自己相結合的物。譬如心靈肯定這是張三，這是李四，這是蘋果樹，這是櫻桃樹等等，這樣，心靈對於物的認識才得以產生。但是如果心靈不活動、不肯定，縱然心靈與物相結合，心靈仍然是心靈，物仍然是物，二者不發生任何關係，自然也無認識之可言。有時一個人視而不見，聽而不聞，食而不知其味，便是這種情形。

心靈在認識的活動上，不像蝴蝶在花叢中飛來飛去，而是像蜜蜂在花叢中採蜜，蜜蜂注意的是蜜，主動的飛向蜜，而且是實際的採蜜。❷

心靈的認識活動還要求心靈把自己伸延到物上，使自己成爲認識的主體，扮演一種「主動因」（Efficient cause）的角色。不錯，心靈有認識的能力，然而那只是認識的能力，心靈要不要認識，還是另一個問題。心靈在認識的活動上是一個主動的官能，爲了認識物，心靈應當運用它的主動能力。心靈認識的活動不像印刷機把圖案印在紙上一樣，也不像照相機把景物照在底片上一樣。心靈爲認識物，必須積極的、主動的作認識的嘗試。認識是心靈的活動，不是物的活動。

但是心靈在認識的活動上，不但是一個主動的官能，也是一個被動的官能。心靈就其

---

❷ Cf. R. P. Phillips, Modern Thomistic Philosophy, Vol. I. The Newman Press, Westminster, Maryand, 1950, pp.216-217.

爲一個被動的官能而言，心靈只是接受物，不改變物；物是怎樣的物，就接受怎樣的。心靈不支配物，心靈被物所支配。惟有如此，心靈所認識的物，才是原來的物。

（丙）認識是心靈與物的非物質結合

我們多次說過，認識是心靈與物的結合。然而很明顯的，這種結合不能是物質的結合，因爲我們的心靈是非物質的，物質的物如何能進入非物質的心靈內呢？而且我們的心靈這麼小，而我們所認識的物，形形色色，林林總總，包羅宇宙萬象，如何能爲我們的心靈所包容呢？再者，物質的結合只能有物理的表面結合，不能有眞正的結合。

認識是心靈與物的結合，然而不能是物質的結合，還有另一個理由，那就是如果心靈與物的結合是物質的結合，那麼，心靈便變成與結合的那個物。但是如果如此，心靈便不能認識別的物了。我們都知道，我們的眼睛可以認識不同的顏色，然而如果我們的眼睛變成某一種顏色，我們的眼睛便不能認識其他的顏色了。譬如一個人戴上藍色的眼鏡，他看什麼東西都是藍色的。❸

在這裡我們不得不問：在認識的活動裡，心靈與物的結合不是物質的結合，而是非物質的結合，但是究竟是什麼樣的非物質的結合呢？這個問題不是三言兩語可以答覆的，需要

❸ Cf. St. Thomas, S. T. I. Q. 75, a. 2.

一番解釋，我們在下面就解釋這個問題。

每個物在實在界（In real order）都有它的「實在的存在」（Real existence），在認識界（In order of cognition）也有它的「認識的存在」（Cognitional existence）。我們願意所說的是：在我們的心靈認識物時，既然我們的心靈必須與物相結合才能認識物，但是我們也說過，我們的心靈不能把實在的物移置在它內，所以便把物的形式移置在它內。所謂物的形式，不僅是指物的外表而已。這裡所說的形式，是指形上學所講的形式（Form），然而同時這裡也有本質（Essence）的意思，那就是一個物所以是該物，而異於別的物的基本因素；此外，還包括那個物的限定（Determination）和實現（Act）。因爲一個物所以被我們所認識，是經由它的構成基本因素，以及它的限定和實現才被認識的。譬如一朵玫瑰花所以被我們所認識，是因爲它的某些構成基本因素，以及它的形狀、顏色、軟度、芬芳等限定和實現。知識要求我們的心靈與物相結合，就是指我們的心靈與物的形式相結合。物在我們心靈中的形式，也就是物的「認識的存在」。

士林哲學家們有時也用「心靈的存在」（Mental existence）代替「認識的存在」。但是士林哲學家們更常用「意向的存在」（Intentional existence）講解物在心靈中存在的意義。我們在下一節特別討論這個問題。

第二節　意向的存有與意向的存在

士林哲學家們在講解心靈爲了認識物，必須與物結合的問題時，常用物的「意向的存在」講解心靈如何與物相結合。然而我們爲了瞭解「意向的存在」的意義，也不能不瞭解「意向的存有」(Intentional being)的意義，因爲二者相連，有密切的關係。所以我們在講解「意向的存在」意義的同時，也必須講解「意向的存有」的意義；不瞭解「意向的存有」的意義，也很難瞭解「意向的存在」的意義。我們上面剛說過，「意向的存在」也稱爲「認識的存在」，那麼，「意向的存有」自然也可以稱爲「認識的存有」(Cognitional being)。

每一個物都是一個實在的存有(Real being)，譬如我書桌上的書、窗前的樹、院裡的花和草等等，都是實在的存有。拉丁文有不同的名詞表示「實在的存有」：Esse reale（實在的存有）、Esse in re（在物上的存有）、Esse in rerum natura（在物性上的存有）、Esse naturae（自然性的存有）、Esse naturale（自然的存有），以及Esse physicum（物理的存有）。有時拉丁文也用消極的名詞稱「實在的存有」爲Esse extra animam（在心靈外的存有）和Esse extra intellectum（在理智外的存有）。實在的存有不論用什麼名詞來表示，都是指出現於實在界的存有。因此，不論我們思想它與否，也不論我們承認它與否，它的實在的存在，不受我們思想絲毫的影響。

物有「實在的存有」，也有「認識的存有」或「意向的存有」。以我窗前的椰子樹來說，我決定明天將它剷除，改種榕樹，今天的那棵椰子樹有它的「實在的存有」，但是明天以後，它的「實在的存有」便消失於無蹤無影。然而在我的心靈裡，或者在我的記憶裡，仍然有它的存有，因爲我的心靈仍然認識它，我的記憶仍然記得它。在我心靈的那棵椰子樹的存有，或者在我記憶裡的那棵椰子樹的存有，就是它的「認識的存有」或「意向的存有」。

有關物的「認識的存有」或「意向的存有」的例子，多得不可勝數。譬如我們認識的過去的人、過去的物，都失去了它們的「實在的存有」，然而在我的思想裡或記憶裡，仍然有它們的「認識的存有」或「意向的存有」。我們不但對於過去的物有它們的「認識的存有」或「意向的存有」，對於未來的物也能有它們的「認識的存有」或「意向的存有」。譬如我要建築一座房屋，藍圖畫好了，那麼，我便有了那座房屋的「認識的存有」或「意向的存有」。又譬如我畫一幅風景畫，畫的佈局與景致我都想好了，我也有了那幅畫的「認識的存有」或「意向的存有」。

物既然有它的「認識的存有」或「意向的存有」，自然也有它的「認識的存在」或「意向的存在」。「實在的存有」與「認識的存有」或「意向的存有」不同，那麼，「實在的存在」與「認識的存在」或「意向的存在」也不同。再以我窗前的椰子樹來說，它的「實在的存在」是固定的，不論春夏秋冬，陰晴風雨，常是在同一地點，不會移動。然而椰子樹的「認識的存在」或「意向的存在」是在我的心靈裡，所以與我一齊移動，我到那裡，它也到那裡。而且椰子樹的「認識的存在」或「意向的存在」，不但在我的心靈裡，隨我而移動，也在所有認識它的人的心靈裡，隨他們而移動。物的「實在的存在」常受時間與空間的限制，物的

「認識的存在」或「意向的存在」便不受這些限制。物的「認識的存在」或「意向的存在」所以如此，因爲它是非物質的。由於這種關係，在我心靈中的「認識的存在」或「意向的存在」，並不使我的心靈實際的變成物。譬如在我心靈中椰子樹的「認識的存在」或「意向的存在」，並不使我的心靈實際的變成椰子樹。

「認識的存在」這個名詞似乎較「意向的存在」容易瞭解，但是爲什麼士林哲學家們在講論心靈認識的問題時，常用「意向的存在」而少用「認識的存在」呢？原來「意向」這個名詞在拉丁文是 Intentio，這是來自介系詞 In 及動詞 tendere 合成的動詞 Intendere。In 指「在」、「向」的意思；tendere 指「傾向」、「伸展」、「指向」的意思。兩個字合起來而成的動詞 Intendere，表示「企圖」、「傾向」、「有意」等意思。所以有些哲學家們把「意向」定義爲心靈嚮往對象的活動。❹ Intentio 是名詞，它的形容詞是 Intentionalis，指「有意的」、「嚮往的」、「傾向的」等意思。士林哲學家們講解心靈與物結合而認識物時，用「意向的存在」（Existentia intentionalis）實較用「認識的存在」更勝一籌，再合適不過了。因爲已如我們以前所說，心靈爲了認識物，必須主動的作認識物嘗試，設法使物與自己相結合，在自己內使物有一個存在，這就是所謂的「意向的存在」。我們還說過，認識是心靈對

❹ 「Intentio est actus mentis quo tendit in objectum.」 See André Lalande, Vocabulaire Technique et Critique de la Philosophie, Sixieme 'ed. Press Universitaires de France, Paris. p.529

物的活動，不是物對心靈的活動。

亞里斯多德及聖多瑪斯（St.Thomas Aquinas, 1225-1274）在講解認識的問題時，都強調心靈與物或對象結合的重要性，亞里斯多德說：「實際的知識就是心靈與對象相認同。」❺聖多瑪斯說：「被認識的物必須以某種方式存在於認識者之內，才能產生認識。」❻他又說：「一切的認識都是由被認識的物與認識者的結合而成的。」❼二位大哲在此所強調的心靈與物的結合，毫無懷疑的，都是指心靈與物的「意向的存在」或「認識的存在」的結合。

第三節　心靈在認識的活動上與物的結合是一切自然結合中最密切的結合。

心靈在認識物時，必須與物的「認識的存在」或「意向的存在」相結合，才能完成認識的活動。然而這無異說，認識的心靈與被認識的物共同組成一個東西，就如聖多瑪斯所說，

❺ Aristotle, De Anima, Bk. 111. Ch. 5, 430 a 20.

❻ St. Thomas, Summa Contra Gentiles, I. Q. 77, n. 659.

❼ St. Thomas, I. Sent. 3, 1, 2, ad 3.

認識就是認識者與被認識者共同組成一個物（unum quid）。❽因此，心靈與物在認識的活動裡，便形成一個同一性（Identity）。當然，這個同一性不是實體的同一性（Substantial identity），因爲不是與心靈的實體（Substance）合成的，而是與心靈的認識合成的。換言之，被認識的物並不變成心靈的實在實體（Real substance）。

人的認識行爲實在是心靈的一種非常奇妙的活動，由於心靈緊密的與被認識物的形式相結合，而變成被認識物的形式，但是又不失爲兩個個體，這在自然物的結合裡，是獨一無二的例子；此外，再沒有其他相同的例子。我們在形上學知道，形式（Form）與質料（Matter）共同組成一個物，譬如靈魂或理性（形式）與身體（質料）共同組成一個人，然而靈魂並不變成身體，身體也不變成靈魂。但是心靈在認識的活動裡，心靈卻變成了被認識物的形式。所以加耶大努（Thomas de Vio:Cajetano, 1469-1534）說，心靈在認識物時與物的形式相結合，是在一切自然的結合中最密切的結合，比形式與物質的結合還密切，沒有再比這種結合更密切的了。❾

---

❽ St. Thomas, De Veritate, Q. 8, a. 6, C.

❾ R. P. Phillips, Op. cit. vol. I. p.217. see Cajetan: In Summam Theologicam Thomae de Aquino Commentarium, p. I. q. 14, a. 1., Robert Edward Brennan, Thomistic Philosophy, p.116. The Macmillan Co. 1941, New York.

第四節　認識的基本原理是脫離物質

認識的基本原理是脫離物質。首先，認識主體的心靈就不是物質的。心靈所以不是物質的，因爲心靈有認識物質物的能力，但是如果心靈有認識物質物的能力，它便不能是物質的；因爲如果心靈是物質的，它的物質性便阻礙它認識別的物質的物。譬如發高燒的病人，有時因爲他的舌頭有苦質，所以嚐什麼東西，都是帶苦味的，不能分辨食物的味道。又譬如眼睛的瞳仁變成某一種顏色的人，他看什麼東西，都是那種顏色，不能分辨不同的顏色。心靈也是如此，它不能是物質的，否則，它便不能認識別的物質的物。因此，心靈就其本身而言，在認識的活動上是脫離物質的。⑩再者，物質的物根本沒有認識的能力，如果世界上都是物質的物，那就沒有認識或知識論的問題。

沒有懷疑的，我們的心靈所以有認識的能力，完全是因爲它的非物質性（Imm-aterialitas）。聖多瑪斯在討論心靈認識的問題時，極其強調這一點，他說：「很明顯的，一個物的非物質性是它認識物的理由，非物質性的程度如何，它的認識程度也如何。」⑪實在，植物沒有認識的能力，因爲它完全是物質的；我們的感官有認識的能力，因爲在它們活動時，

---

⑩ St. Thomas, S. T. I. Q. 75, a. 2, C.

⑪ Ut supra, Q. 14, a. 1, C.

有理智的參與，所以有某種程度的非物質性，也因此能接受物的可感覺的形式（Sensible form）。不過，我們的感官在基本上，是物質器官認識的能力，因爲它們本身是物質的，也因此只能接受物的可感覺的形式。

以上是對於認識的心靈所說的。那就是心靈必須脫離物質，才能認識物。對於被認識的物而言，也不例外；被認識的物也必須脫離物質，才能被認識。我們曾多次強調過，心靈爲了認識物，需要與物的形式相結合，不是與物的本身相結合。認識的眞正意義就是心靈把物的形式接受到自己之內。我們的感官認識物時，因爲感官是物質器官的認識能力，所以以物質的方式接受物的形式。我們的心靈認識物時，因爲心靈是非物質的認識能力，所以以非物質的方式接受物的形式。因此，感官的知識雖然是物的形式，然而具有物的具體性質；心靈的知識則是完全脫離一切具有具體性質的物的形式。感官的知識是關於依附體（Accident），所以是個體的知識；心靈的知識是關於物的本質（Essence），所以是普遍的知識。無論如何，感官的知識與心靈的知識有一個共同點，那就是都必須接受物的形式。換言之，物必須脫離物質，才能被認識。亞里斯多德與聖多瑪斯都強調，一個物被認識的程度，完全按它脫離物質的程度而定。⓬聖多瑪斯更進一步的說：「佔有一個物的最高貴方式，就是以非物質的方式佔有它，也就是佔有它的形式，而不是佔有它的物質。這是知識的

⓬ Aristotle, De Anima, III. 4, 430 a. 5., St. Thomas, S. T. I. Q. 85, a. 1, C.

定義。」⓭

第五節　認識是心靈的內在活動

認識是心靈的內在活動（Immanent activity），由開始到結束，認識的整個活動都發生在心靈上，而且認識的後果也都落在心靈上。

我們說認識是心靈的內在活動，這是對外在的活動或及物的活動（Transient activity）所說的。外在的活動是指一個物活動的後果，不留在自身，而留在他物之上。譬如打字機活動的後果，是把字打在紙上。又譬如斧頭活動的後果，是把木柴劈成兩半。心靈的內在活動與此適成相反；它的活動完全是出自它自己，也完全是爲它自己。

認識的活動一開始，就是主體的內在活動。我們知道，我們的知識常是由感官開始。首先，感官的對象必須影響感官，同時感官也必須對對象的影響有所反應。譬如光刺激眼睛，眼睛發生物理和生理的變化；聲音刺激耳朵，耳朵也發生物理和生理的變化。但是眼睛與耳朵的物理和生理的變化，並不使眼睛認識光，也不使耳朵認識聲音，因爲失去知覺的人受到外物的影響時，他的感官也發生物理和生理的變化，然而他並不認識影響他的物。譬如失去

⓭ St. Thomas, In Librum de Causis, I. 18.

知覺的人受到開水燙傷時，他的身體也發生物理和生理的變化，然而他並不知道他的身體被開水燙傷。對象對主體的刺激不是認識，那只是認識的條件；主體對對象刺激的反應也不是認識，認識是心靈瞭解對象的影響。換言之，認識是心靈的活動。心靈的活動發自自己，又留於自己，這是心靈認識的目的。

一如我們所知，心靈爲認識一個物，必須使物在自己內有一個「意向的存在」，這個「意向的存在」又稱爲「印入的心象」（Species impressa）。對感覺的知識而言，「印入的心象」稱爲「可感覺印入的心象」（Species sensibilis impressa），因爲感官所認識的對象都是可感覺的物。譬如顏色、聲音、氣味、形狀等等，都是我們可以感覺的東西。當然，不是實在在心靈中可以感覺的東西，否則，那便不是「心象」或「意向的存在」了，而是物在心靈中「實在的存在」，這是絕對不可能的。

簡單的說，「可感覺印入的心象」就是物的「可感覺的形式」（Sensible form）。這裡所說的「形式」和「形象」（Image）的意義相同。「可感覺印入的心象」不是感官單獨所產生，也不是心靈單獨所產生，而是感官與心靈共同所產生。無論如何，在感官認識自己的對象時，因爲感官直接與對象相接觸，因此，心靈藉對象的「可感覺印入的心象」或「心象」便可以認識對象。這種認識稱爲「感覺的認知」（Sensible perception）。

對於心靈的認識或理智的認識來說，「印入的心象」只是認識的起點，還不是認識。在理智看到「印入的心象」或「可感覺印入的心象」時，於是便作抽象（Abstraction）的工作，把「可感覺印入的心象」中的形狀、顏色、聲音、氣味等等具體的性質撇開，只留下理性的部分,形成「可理解印入的心象」（Species intelligibilis impressa）。心靈爲了認識對象，便與「可理解印入的心象」相結合。由此結合，因而又產生「表達的心象」（Species expressa）。所謂「表達的心象」，就是心靈形成「可理解印入的心象」後，自然就藉著這個「可理解印入的心象」看出所代表的對象，同時也聲明這個「可理解印入的心象」所代表的對象是什麼。譬如是人？是動物？是樹？如果是人，是張三還是李四？如果是動物，是牛還是馬？如果是樹，是榕樹還是柳樹？總而言之，不論「可理解印入的心象」所代表的對象是什麼，心靈都會表達或聲明出來。

我們在這裡願意順便一提：如果有人在討論認識的過程問題上，隨從聖多瑪斯的意見，不能不發現,聖多瑪斯從未用過「印入的心象」及「表達的心象」兩個名詞,他僅用「心象」（Species）、「相似性」（Similitudo, Assimilitudo）、「可感覺的心象」（Species sensibilis）及「可理解的心象」（Species intelligibilis）這幾個名詞。其實，加上「印入的心象」與「表達的心象」兩個名詞，與聖多瑪斯講解認識過程的理論，並不是兩個不同的理論。「印入的心象」是用來對聖多瑪斯所說的「心象」，作的進一步的解釋；「表達的心象」是用來對聖多瑪斯所說的「可理解的心象」，作的進一步的解釋。當代的許多士林哲學家們，在講解認識的過程時，都用這兩個名詞。不過，這是題外話，我們不再多說了。

我們回頭再看「表達的心象」的意義。從我們以上對「表達的心象」所作的簡單的解釋，我們可以很清楚的看出，「表達的心象」就是我們對於物所有的觀念（Idea），因爲觀念就是物的「可理解的相似性」（Similitudo intelligibilis）或物的「可理解的代表性」（Repraesentatio intelligibilis）。這也就是說，我們對於物所有的觀念，就是我們的理智在它內，看到物的相似性或代表性。所以在我們理智內的觀念，自然就相似物、代表物；在我們的理智把物的觀念表達出來時，就稱爲「表達的心象」。由於這種關係，觀念又稱爲「心靈之語」（Verbum mentis）⑭或「在心靈上的語言」（Verbum in mente）⑮。

在這裡可能有人質疑：如果我們認識物是藉「印入的心象」或「可理解印入的印象」認識的，我們所認識的不是物，而是心象。這種質疑和懷疑論者所說的「眞理的拷貝理論」（Copy theory of truth）是一樣的。懷疑論者認爲，我們對於物的認識只是它的觀念，而觀念也只是物的拷貝；然而物的本身究竟是什麼？我們不知道，因爲我們不能把物的觀念與物的本身相比較。首先，有這種質疑的人沒有瞭解「心象」的眞正意義。「心象」不是我們認識的對象，而是認識對象的一種方法（It is not quod percipitur, but it quo percipitur objectum）⑯。這就如同我們在鏡子上看物一樣，我們不是看鏡子，而是看藉鏡子所映出的物。鏡子只

---

⑭ St. Thomas, S. T. Q. 27, a. 1, C.

⑮ Ut supra, Q. 34, a. 3, C.

⑯ Card. Mercier and Professors of The Higher Institute of Philosophy, A Manual of Modern Scholastic Philosophy, vol. I. Psychology, pp.195-196. trans. by P. Coffey, Kegan Paul, Trend, Turbner & Co. Ltd. 1938.

是把物呈現出來，使我們認識物而已。其次，懷疑論者所說，我們認識物時，我們所認識的不是物，而是物的拷貝圖像。然而以往我們曾多次強調，我們在認識物時是與物的形式或「意向的存在」相結合，這包括物的本質和依附體（Accident），譬如聲音、顏色、氣味、軟硬等性質，而本質與性質都沒有拷貝或圖像可言。只憑這一點，「眞理的拷貝理論」就不能成立。

我們答覆了以上對認識眞實性的質疑，我們繼續討論認識是心靈內在活動的問題。我們在上面已經說過，心靈必須與物的形式相結合，二者形成一個同一性，而後才能發生認識。不過，雖然心靈與物的形式形成一個同一性，然而心靈與物仍不失爲心靈與物，二者仍然有實在的分別；不然，便沒有認識的出現。由於這種關係，亞里斯多德稱心靈爲「形式的處所」（The place of forms）。⑰又說：「靈魂在某方面而言，是一切存在的物」（The soul is in a way all existing things）。⑱「心靈能變成一切的物」（The mind is what it is by virtue of becoming all things）。⑲聖多瑪斯也說：「靈魂能藉感官和理智，在某種情況之下，能是一切的物。」⑳他又簡單的說：「靈魂以某種方面而言，是一切的物」（Anima est quodammodo ommia）。

---

⑰ Aristotle, De Anima, BK. 111. Ch. 4, 429 a 25.

⑱ Ut supra, Ch. 8, 431 b 20.

⑲ Ut supra, Ch. 5, 430 a 15.

⑳ St Thomas, S. T. I. Q. 16, a. 3, Resp.

㉑這句話在討論心靈的認識問題時，幾乎已經成爲一句格言了。

心靈在認識的活動上，它的每一個活動都是發自於自己，活動的後果也都是回歸於自己。所以整個心靈認識的活動，都是內在的活動。

人是心靈與身體的合成個體，身體爲了發展自己，必須攝取食物，心靈爲了發展自己，也必須攝取食物。身體的食物是物質的，心靈的食物是精神的，那也就是知識。因此，柏拉圖（Plato, 427-347 B.C.）說：「知識是心靈的食物。」㉒這句話看起來，非常平凡簡單，然而卻是一句深刻的至理名言。

㉑ Ut Supra, Q. 14, a. 1, Resp.

㉒ Plato, Protagoras, 313c.

第三章　論認識的真理與錯誤

維勒・杜蘭（Will Durant）說：「眞理不使我致富，但使我自由。」❶他的這句話很可能是受到《若望福音》第八章的三十二節所說的：「眞理必會使你們獲得自由」的影響而說的；但是也可能不是，而是他自己悟會出來的。不過，無論如何，杜蘭的這句話是一句眞理的話。因爲眞理使人從錯謬中解放出來，在精神生活中無所牽掛，行其所應行的事，避免其所應避免的事，常是神采奕奕，心安理得，就如聖奧斯定（St. Augustine, 354-430）所說：「分享眞理的喜樂。」❷

認識的眞理與錯誤是知識論的一個重要課題，因爲「哲學是眞理的知識。」❸更何況知識論所研究的主要對象就是知識的有效性或眞實性。所以在我們討論了認識的問題以後，接

---

❶ Will Durant, The Story of Philosophy, Introduction, p.xxvi. Washington Square Press, Published by Pocket Books,New York, 1953.

❷ Augustine, Confession, Ch. xxx, 33.

❸ Aristotle, Metaphysics, BK. II, Ch. I, 993b, 20.

著就討論認識的眞理與錯誤的問題。

第一節　認識眞理的意義

什麼是眞理？近兩千年以前，羅馬帝國總督比拉多（Pontius Pilate, 1st. cent.）就問過耶穌這句話。❹不過，比拉多對眞理有鄙視的意思，他認爲什麼眞理不眞理，有什麼關係？我們則認爲眞理是一個極嚴肅的問題，不能等閒視之。因爲眞理不但涉及人類知識的問題，也涉及人類正義與和平的問題，我們應當潛心研究才是。

士林哲學家們把認識的眞理（Veritas cognitionis, Truth of cognition）定義爲：理智與物的符合性（Adaequatio rei et intellectus）。原來，這個定義是新柏拉圖主義者依撒格・本・撒洛蒙・以撒里（Isaac ben Salomon Israeli, C. 845-940）所作的，後經聖多瑪斯的引述，❺引起士林哲學家們的注意和研究，於是大家都接受了這個定義。其實，除康德（Immanuel Kant, 1724-1804）及康德的追隨者外，凡是承認有認識眞理的哲學家們，大致而言，也都接受這個定義；只要我們打開任何一本哲學辭典，就可以知道。不過，論到這個認識眞理的定義，

❹ 若望福音，十八章，三十八節。

❺ St. Thomas, S. T. I. Q. 16, a. 11., Q. 16, a. 2, Resp

馬里旦（Jacques Maritain, 1882-1973）說，根據穆克爾（Fr. Muckle）的研究，這個認識眞理的定義，不是出自依撒格・本・撒洛蒙・以撒里的手，在亞里斯多德的學說裡，早已有這種含義。❻

認識的眞理也稱爲邏輯的眞理（Veritas logica, Logical truth）。這個眞理要求我們的心靈與物相符合，是天經地義的事，不然，我們如何談認識的眞理呢？認識的眞理是指，客觀的物如何，我們認識它也如何。譬如你穿的衣服是白色的，我對你衣服顏色的認識也是白色的，那麼，我就有認識的眞理。因爲我對你衣服的顏色所認識的，與你穿的衣服的顏色相符合。

認識的眞理是建立於事實上的，事實不能由我們隨意去變造，它早就在那裡。我們只能承認事實，不能改變事實。所以在認識物上，物支配我們，不是我們支配物；物強迫我們認識它的原貌，我們不能把物改變成我們願意認識的樣子。換言之，在認識物時，物居首要地位，我們居次要地位；物給我們劃定認識它的界限，不許我們越雷池一步，否則它便不是原來的物。

認識的眞理常是客觀的，主觀的眞理不是眞理。「對象被認識，因爲它存在；不是因

---

❻ Jacques Maritain, The Degrees of Knowledge, trans.by Gerald B. Phelan. Charles Scribner's Sons, New York,1959. p.87.

為被認識，所以它存在。」❼我們不創造眞理，而是接受眞理或發現眞理，就如哥倫布（Christopher Columbus, 1451-1506）發現新大陸一樣；新大陸早已在那裡，所以他才能發現。在我們認識一個物時，我們僅聲明它是什麼物，既不能增，也不能減。所以在我們認識物時，我們的心靈或理智必須屈服於物，不是物屈服於我們的理智。「理智是僕役，事實是主人；事實命令理智，不是理智命令事實。」❽

一言以蔽之，認識的眞理是否是眞理，必須在心靈與物之間作比較；如果二者之間有符合性，那便是認識的眞理，不然，便不是。然而這也就說明，物的存有（Entitas rei, esse rei）存在於認識的眞理以前，物的存有使認識的眞理成為認識的眞理；先有物的存有，而後有認識的眞理；物的存有是認識眞理的基礎，沒有物的存有，沒有認識的眞理，認識的眞理是認識物存有的後果。❾

認識的眞理要求我們的心靈或理智與對象相符合，顯然的，這裡所說的符合不是物理的符合（Physical conformity），因為這是絕對不可能的事。譬如我們認識蔚藍的天空，我

❼ Fernand van Steenberghen, Epistemology, trans.by Lawrance Moonan, Louvain, Publications Universitaires,1970. p.99.

❽ Joseph D. Hassett, Robert A. Mitchell, J. Donald Monan,The Philosophy of Human Knowledge, The Newman Press,Westminster, Maryland, 1965. p.81.

❾ St. Thomas, De Veritate, Q. I. a. 1, C."Sic ergo entitas rei praecedit rationem veritatis,sed cognitio est quidam veritatis effectus" .,S. T. I. Q. 14, a. 1, C. "Esse rei, non veritas ejus,causat veritatem intellectus."

們的心靈既不變成蔚藍的顏色，也不變成天空。又譬如我們認識陽明山公園五彩繽紛的杜鵑花，我們的心靈既不變成各式各樣的顏色，也不變成杜鵑花。

此外，認識的眞理所要求的心靈與對象的相符合，也不是完善的符合或盡同的符合（Comprehensive Conformity）。所謂盡同的符合，是指心靈與對象在各方各面、各處各點，鉅細靡遺的符合。換言之，心靈與對象的所有組成因素都相符合。但是毫無問題的，這也是絕對不可能的事，因爲這完全超出人的能力。譬如我們都認識玫瑰花，然而誰能把一朵玫瑰花完全認識呢？不要說一朵玫瑰花，誰能把一瓣玫瑰花完全認識呢？普通的人不用提，縱使植物學家也不能把一瓣玫瑰花完全認識；到今天，科學家們還不能完全揭露一個小細胞的秘密。一個小細胞就是一個小宇宙，一瓣玫瑰花有多小細胞呢？

我們應當記得，我們這裡所討論的認識眞理，是人的認識的眞理，不是上帝或天使的認識眞理，如果有的人相信上帝與天使存在的話。既然如此，我們就應當根據人的認識能力，來討論認識的眞理。認識的原理是：被認識的物是按照認識者的能力（方式）被認識的（Cognitum est in cognoscente ad modum cognoscentis）。⑩人是有限的物，他的認識能力也是有限的，他不能徹頭徹尾的把一個物什麼都認識；然而我們不能說，人什麼物都不認識。

---

⑩ St. Thomas, S. T. I. Q. 12, a. 4, Resp., Summa Contra Gentiles,I. Q. 77, n. 659. 聖多瑪斯在此二處所說的 modus，不宜譯作方式或形態，最好譯作能力。

就如我們剛才所說，我們沒有一個人能完全認識一朵玫瑰花，但是如果有人問我們：認識不認識玫瑰花？我們一定會作肯定的答覆。

一個容器接受物的多寡，是按照它的容量去接受的；大的容器接受的多，小的容器接受的少，這是自然的道理。因爲容器接受物的原則是：被接受的物是按照接受者的能力被接受的（Receptum est in recipiente ad modum recipientis）。⓫但是雖然大的容器接受的多，小的容器接受的少，它們的極限都是接受到滿盈爲止，不能超越它們的容量。人的認識能力也是如此，人的認識能力就是這麼大，我們不能作過分的要求。然而這也不是說，人的認識能力有問題，只就人類日新月異的科技而言，便足以證明人的認識能力是有效的、可靠的。

第二節 存有的眞理與倫理的眞理

我們討論了認識的眞理，也應當討論一下存有的眞理（Veritas ontologica, Ontological truth）與倫理的眞理（Veritas moralis, Moral truth）。雖然嚴格的來說，這兩種眞理不屬於認識眞理的範圍之內。但是我們也不能說，這兩種眞理與認識的眞理毫無關係，因爲不論是存有的眞理，或是倫理的眞理，都必須經過我們理智的認識或瞭解。否則，我們不知道它們

⓫ St. Thomas, S. T. I. Q. 84, a. I, Resp.

是眞理，因此，對我們而言，它們也便不存在。

存有的眞理也稱爲形上的眞理（Veritas metaphysica, Metaphysical truth），這是指存有或物對自身而言的眞理。這也就是說，一個物本身應當是怎麼樣，它便是那樣，這就是存有的眞理。譬如一顆鑽石，有鑽石應有的一切成分與光澤，它就是「眞」的鑽石；這顆眞的鑽石以我們來看，就是存有的眞理。由於這種關係，存有的眞理又稱爲物的眞理（Veritas entis, The truth of thing），這個名詞更容易使我們瞭解存有眞理的意義：一個物本身應當是怎麼樣，它便是那樣。

我們知道，根據形上學所說，凡是物都是眞，眞是物的一個超越特性（Transcendental quality）。所謂超越特性，是指超越物的一切範疇（Category），適合於一切種類的物，因爲沒有一個物不是它自己的。換言之，任何種類中的一個物都與自己相符合，都是它自己，不可能是別的物。因此，凡是物都是眞，物與眞可以相調換（Being and truth are convertible）。這也就是說，物是眞，也可以說，眞是物。由於這種關係，聖奧斯定說：「眞理就是存在的物。」（Verum est id quod est）。⓬聖多瑪斯也說：「每個物都是眞，因爲有與它自己的本

⓬ St. Augustine, Soliloquia, lib. II, C. V, Col. 889, t.quoted by St. Thomas, S. T. I. Q. 16, a. 1, obj. 1., Q. 17,a. 4, obj. 1., St. Augustine, De Vera Religione, Cap. xxvi,Col. 151, t. III. "Veritas est qua ostenditur id quod est." quoted by St. Thomas, Sententiarum, I. distinctio xix,Q. V. a. 1.（R. P. Mandonnet, O. P.）

性相符合的性質。」⓭

由以上所說，我們可以瞭解，一個物就其爲一個物而言，不能單純的（Simply）或形式的（Formally）是錯誤的。存有的錯誤（Error of being）或存有的虛假（Falsity of being）永遠不會發生，因爲那是一個矛盾。存有的眞理不加於物任何東西，只加上一個我們的心靈與物的關係。這也就是說，只加上我們的心靈認可物是存有眞理的事實；在物與存有的眞理之間沒有實在的分別，只有邏輯的分別。

很清楚的，我們以上所談的物的眞理，是指自然物的眞理。一切自然的物都是它的本性要求它所是的物，所以都是存有的眞理。現在我們願意問：認識眞理的標準是認識者的心靈與物相符合，那麼，存有眞理的標準是什麼呢？士林哲學認爲存有眞理的標準是自然的物與造物者的心靈相符合。造物者創造他願意的物，物沒有能力選擇它所願意是的物。因此，自然的物必須與創造者的心靈相符合，這也是爲什麼存有的錯誤或虛假，是絕對不可能的理由。

我們談了自然物眞理的問題，也不能不談及人工製造物眞理的問題。我們要問的是：人工製造的物對我們而言，是否也有眞理？如果有，它的標準是什麼？人工製造的物也是有眞理的，它的眞理的標準在於它與製造者的心靈相符合。譬如一張眞鈔票，它所以是眞的，

⓭ op. cit. Q. 16, a. 2. C.

因爲它的紙張、大小、圖案、水印，以及顏色等等各種條件，都與製造者的心靈相符合。不過，人的能力有限，在製造鈔票的過程中，所用的材料與技術，很難說一點瑕疵都沒有，所以不能一絲一毫、完全無誤的與製造者的心靈相符合。因此，很明顯的，人工製造物的眞理不需要這種符合；人工製造物的眞理需要合於人能力的符合。當然也許有一天，人類的科技進步到一種程度，可以使印出來的鈔票，完全與製造者的心靈相符合，然而大原則仍然是：人工製造物的眞理需要與製造者的心靈合於人能力的符合，我們不能做超過人能力的事。

論到倫理的眞理，這是指說話者的話與他的心靈相符合。因爲話是心聲，是表達說話者心意的方法。所以說話者的目的是使聽話的人，瞭解他的心意。因此，倫理的眞理也稱爲語言的眞理（Truth of the words）。然而這也就說明，說話者應當「心口合一」，不應當「口是心非」，故意使聽話者誤解他的心意，這是不誠實，違反語言的目的。說謊所以是不道德的行爲，其理由就在於此。

或許有人在這裡要問：爲什麼我們倫理的眞理定義爲：說話者的話與他的心靈相符合，而不定義爲人的某一個行爲如公義與人性相符合？因爲人性是人的倫理標準，道德的行爲應當與人性相符合。不錯，人性是倫理的標準，違反人性的行爲不能是道德的行爲。但是當我們說倫理的眞理是說話者的話與他的心靈相符合，和我們說道德的行爲是與人性相符合時，完全是兩個不同的問題；前者討論倫理的「眞理」，後者討論倫理的「標準」。而且我們所說倫理的眞理是說話者的話與他的心靈相符合的「符合」，是指「一致」或「相同」的意思，至於說道德的行爲是行爲與人性相符合的「符合」是指「根據」或「按照」的意思。兩個「符合」在字義上沒有任何分別，然而在兩個命題上，其意義則大相徑庭，不能混爲一談。還有，我們無法把倫理的眞理定義在公義或任何一個德行與人性的符合上，因爲沒有一個德行不是與人性相符合的，也沒有一個德行可以使我們很清楚的看出，它比別的德行是更與人性相符合的。

一個人心裡想什麼？口裡說什麼？二者是否一致？說話者不必設法求證，他的話一出口，立刻便知道自己是否說了實話？他可以欺騙別人，卻不能欺騙自己。以語言與心靈的符合性作爲倫理眞理的定義，實在合適不過。語言是一個人人格的反映或寫照，因爲「誰若在言語上不犯過失，他便是一個完人。」⓮

第三節 認識錯誤的意義

認識的錯誤與認識的眞理正相反。可是我們知道，認識的眞理既然是理智與物的符合性，那麼，認識的錯誤自然是理智與物的不符合性（Disconformitas intellectus et rei）。但是我們也知道，認識的眞理不需要理智與物盡同的符合性，因此，不盡同的符合性也不構成認

⓮ 雅各伯書，三章二節。

識的錯誤。

不盡同的符合性又稱爲消極的不符合性（Negative disconformity）。這是指理智在認識物或對象時，沒有把對象的每一個組成部分都完全認識，所以對對象的認識缺乏整體性。但是這種不盡同的符合性並不構成認識的錯誤。譬如在我的書房裡掛著我朋友的半身照片，照片上沒有他的全身，然而我並不因此便說，那是我朋友的假照片或錯誤的照片。事實上，我們的學問不論是在文學方面，或是在哲學方面，或是在科學方面，其實在任何方面，都不是從上到下整體性的學問。有那一位天文學家，把有關天文的知識都瞭如指掌？有那一位歷史學家，把自有人類以來所發生的大小事故都完全清楚？有那一位醫學家，對人類的一切疾病，在發生、經過和治療各方面，都徹底的明白？然而我們能說他們的知識是錯誤的嗎？當然不能。認識的眞理不要求人的理智對對象有盡同的符合性。換言之，不盡同的符合性或消極的不符合性不構成認識的錯誤。

我們在認識對象時，造成認識錯誤的是認識者的理智與對象的積極不符合性（Positive disconformity）。所謂積極的不符合性，是指理智對對象所肯定的物，而實際上對象並沒有，或者理智對對象所否定的物，而實際上對象則有。在積極的不符合性裡，理智對對象的認識，常是以是爲非，以非爲是；或者說顚倒是非，黑白不分。譬如我認爲張三的臉上有黑痣，而實際上他並沒有；或者我認爲李四是禿頭，而實際上他則是滿頭烏髮，這都是認識的錯誤。認識的錯誤不是缺少知識，也不是缺少眞理。缺少知識，不見得是錯誤；缺少眞理，也不見得是錯誤。缺少知識或眞理，不是相反知識或眞理。認識的錯誤是認識者的理智所認識的對象，與實際的對象不相符合，換言之，與眞理相反。

一個錯誤的思想固然是錯誤的，但是它的結構因素不能與任何物都不相符合、都是錯誤的；如果如此，那便是「思想的零」或「零的思想」（Zero of thought）。因此，那個錯誤的思想也不能成爲思想。所以一個錯誤的思想也必須有某些因素是眞的。譬如說：石頭是有心靈的。這固然是一個錯誤的思想，然而石頭存在是眞的，有的物有心靈也是眞的。聖多瑪斯說的很對，他說：「猶如善之對於物，同樣，眞之對於認識；一個物不能什麼善都沒有，那麼，一個思想也不能什麼眞都闕如，而完全是錯誤的。」⑮沒有懷疑的，錯誤的思想也必須假定有眞理。

拉丁文有句諺語說：「錯誤是屬於人性的事」（Errare humanum est），無人可以倖免。但是這也不是說，我們不要盡力避免錯誤，河隄的小漏洞，往往引起決隄之患。「開始的小錯誤常是最後的大錯誤，尤甚在形上學上如此。」⑯知識論就是特殊的形上學。

---

⑮ Cf. Jacques Maritain, An Introduction to Philosophy,trans. by E. L. Watkin, New York, Sheed & Ward. p.180., St.Thomas, S. T. II-II. Q. 172, a. 6. Resp.

⑯ Re'ginald Garrigou-Lagrange, O. P. Les XXIV The'ses Thomi&tes,Rome, Angelicum, 1944. p.14.

第四節　認識的眞理與錯誤是出於理智的判斷

認識的眞理是認識者的理智與對象相符合，關於這一點，我們已經談的很多了。然而理智以其爲理智而言，應當知道它與對象相符合，因爲理智是認識的官能。因此，如果理智在認識對象時，不知道它與對象是否相符合，這是一個沈睡不工作的理智；在這種情形之下，我們不能談認識眞理的問題。理智認識對象時，常需要去瞭解對象，看自己是否與對象相符合。理智認識的工作是理智活動的工作。

從以上簡短所說，我們可以瞭解，認識的眞理是認識的理智（The knowing intellect）與被認識的對象（The known object）相符合，不是像模型把自己印在紙上一樣，並不知道自己與紙上的形象相符合。但是這也並非說，理智在認識眞理時必須作反省（Reflection）的工作，因爲理智在認識對象時，如果它的「認識」與對象相符合，自然便知道自己的認識與對象相符合。這就如同一個人在一條平坦無阻的路上走路一樣，他不必每邁一步，思考自己邁那一步，他自然知道他在邁步。這就是士林哲學所講的「在表明的行爲」（In actu signato, In express act）所做的事，與「在完成的行爲」（In actu exercito, in accomplished act）所做的事的分別。在理智認識眞理的活動時，只需要與「在完成行爲」的知識相符合，不需要與「在表明行爲」的知識相符合。[17]

---

[17] R. P. Phillips, Modern Thomistic Philosophy, vol. II.Epistemology, p.120.

認識的眞理出於理智的判斷，應當是沒有問題的。因爲理智在認識眞理時，是肯定是之爲是，非之爲非，聲明自己對對象或物的認識與對象相符合。然而如果理智沒有經過判斷，如何知道自己對對象的認識與對象相符合呢?當理智認定一個對象有某些性質時，實際上那個對象的確如此，這不但是眞的認識，也是眞的判斷。

認識的眞理不是我們對對象所有的觀念，不錯，觀念代表對象，不代表對象的觀念在字義上就是一個矛盾。但是觀念只是認識眞理的雛形，對於一個對象有觀念的人，並沒有把自己的觀念與對象相比較，所以沒有把認識的眞理明白的表達出來。理智在觀念上對對象的認識是靜止的、不活動的。[18]觀念使我們知道一個對象是什麼，然而這爲構成認識的眞理是不夠的。認識的眞理不是因爲我們知道對象是什麼，而是因爲我們知道對象與我們理智的認識相符合，這當然需要經過理智的判斷。

知識的最高點不是我們知道物或對象的存在和性質，而是知道我們對對象的認識是眞的；眞的知識是理智的完美（Perfection）。「因爲正如一個物被稱爲善，是由於它的完善；同樣，理智被稱爲善，是由於它的眞理。」[19]「眞理是理智的目標。」[20]

---

[18] Fernand van Steenberghen, Epistemology, trans.by Lawrence Moonan Louvain, Publications Universitaires,1970, pp.168-169.

[19] St. Thomas, Commentary on the Metaphysics of Aristotle, trans.by John P. Rowan, vol. II. Book VI, The Scope of Metaphysics,Lesson 4, No. 1239.Librory of Living Catholic Thought, 1961.

我們討論了認識的眞理是出自理智判斷的問題，現在我們討論一下，是否認識的錯誤也是出自理智的判斷？毫無疑問的，這個問題的答案應當是肯定的。因爲認識的眞理既然是出自理智的判斷，認識的錯誤自然也是出自理智的判斷。我們知道，認識的錯誤是認識者的理智與對象不相符合，這也就是說，認識者的理智所肯定或否定對象的性質，是對象實際沒有或有的性質。因此，認識的錯誤是認識者的理智在認識對象時，把對對象所得到的錯誤資料，貼合於對象上。這無異說，認識者的理智聲明它與對象之間不存在的關係存在，或者存在的關係不存在。這當然都是理智的判斷，雖然是錯誤的判斷。所以我們可以肯定的說，沒有理智的判斷，沒有認識的錯誤。

總而言之，認識的眞理與錯誤在於理智與對象的符合性或不符合性，但是認識的主體不能知道自己是否與對象有符合性或沒有符合性，除非經過理智的判斷不可。我們的理智在認識對象時，如果不經過理智的判斷，我們既沒有認識的眞理，也沒有認識的錯誤。

第五節　認識眞理與錯誤的等級

認識的眞理有沒有等級？這不是一個沒有意義的問題，因爲這與認識的眞實性有關係：

⑳ St. Thomas, S. T. I. Q. 82, a. 3, ad 1.

如果認識的眞理有等級，那麼，那還是否是眞理？眞理怎麼有等級？但是在另一方面，如果認識的眞理沒有等級，那麼，所有的人在認識的眞理上都有同樣的程度，這顯然不是事實。

至於認識的錯誤是否也有等級？這個問題看起來，似乎很簡單，然而也不是那麼簡單。因爲如果認識的錯誤有等級，爲什麼錯誤還有等級？如果認識的錯誤沒有等級，這就等於說，大家在認識錯誤的程度上，不多不少，都是一樣的。這個，我們誰都不相信。

首先，我們看認識眞理等級的問題。爲瞭解認識的眞理是否有等級的問題，我們應當分析來說。第一、認識的眞理就形式方面來說（Veritas formaliter spectata），或者眞理以其爲眞理來說，再或者眞理以其本有的意義來說，是沒有等級的。因爲已如我們多次所說，認識的眞理是理智與物的符合性，而符合性只有一個意義，那就是相同；相同的反面是不相同，在相同與不相同之間沒有中間性。相同不是相似，相似有多有少，有程度的分別；相同沒有。因此認識的眞理以這種意義來說，是沒有等級的。

第二、認識的眞理就物質方面來說（Veritas materialiter spectata），是有等級的。所謂從物質方面來說，就是從組成方面來說。我們知道，認識的眞理是由認識的主體與對象所組成的。所以我們爲瞭解認識的眞理在組成方面有等級的問題，也應當從這兩方面來看。認識的主體不同，他們的年齡、智力、學識，以及經驗等各方面也不同，那麼，對同一個對象所認識的程度自然也不同。譬如我們都知道，「傷風克」和「阿司比靈」是治療感冒的藥。然而沒有懷疑的，在醫學系讀藥理的學生對「傷風克」及「阿司比靈」所瞭解的，就比一般人所瞭解要多。同樣也是沒有懷疑的，一位老練的醫生對「傷風克」及「阿司比靈」所瞭解的，比讀藥理的學生所瞭解的還要多。在這裡我們仍然可以用「被認識的物是按照認識者的能力被認識的」這個原則，來說明認識的眞理在認識主體方面有等級的問題。

其次，我們再從對象方面來看認識眞理等級的問題：一個對象組成的因素可能在不同的情況之下，給我們呈現出不同的明顯性，因此，使我們對它的認識也有不同的程度。譬如我們以我們的肉眼看沙礫時，它們是不透明的白色體，但是我們在顯微鏡底下看它們時，它們是白色的透明體。又譬如我們以我們的肉眼看我們的血液時，我們的血液是紅色的液體，然而我們在顯微鏡底下看我們的血液時，我們的血液是漂浮在液體中的小紅血球。㉑這兩個例子都說明，對象的組成因素由於在不同的情況之下，給我們呈現出不同的明顯性，也因此使我們對對象的認識，造成不同的等級。

現在我們看認識錯誤等級的問題：論到認識的錯誤，我們不論就形式方面來看，或者就物質方面來看，都是有等級的。第一、認識的錯誤就其形式方面來看，是有等級的。因為已如我們所知，認識的錯誤是理智與物的不符合性；不符合性與符合性正相對立，二者不能並存；有符合性，便沒有不符合性；有不符合性，便沒有符合性。在符合性裡不允許有一點不符合性，只要有一點不符合性，就是不符合性。符合性彷彿是一個標準或定點，不符合性

㉑ 洛克（John Locke, 1632-1704）曾用這兩個例子，證明物沒有所謂的「第二性質」。我們以後會論及這個問題。

彷彿是偏離了定點的物；偏離了定點的物可能偏離的近，也可能偏離的遠；偏離的越近，錯誤越小；偏離的越遠，錯誤越大。這和人射箭一樣，箭離鵠的越遠，射技越差；箭離鵠的越近，射技越好，正中鵠的，才是完美。「把三當作五，固然是錯，把三當作一百，更是大錯。」㉒

第二、認識的錯誤就其物質方面來看，認識的錯誤更是有等級的。因爲凡是物都有一些屬性（Attribute），只要我們否認其中的一個屬性，就是錯誤，那麼，我們否認它的屬性越多，我們的錯誤自然也越大。譬如我們否認人有心靈，那當然是錯誤；但是如果我們否認人有心靈，同時也否認人有身體，那更是錯誤。反過來說，也是一樣。如果我們肯定物沒有的一個屬性，那是錯誤；然而如果我們肯定物許多沒有的屬性，那更是錯誤。譬如我們肯定石頭可以走路，那沒有問題的是錯誤；然而如果我們肯定石頭不但可以走路，而且還可以說話、思想、寫文章，顯然的這更是錯誤上加錯誤。

第三、認識的錯誤從認識的主體肯定或否定物的性質的態度來看，也是有等級的。認識的主體否定物所有屬性的態度越堅強，他的錯誤也越大。譬如我們說人一定沒有心靈，就比說人大概沒有心靈的錯誤大。同樣，認識的主體肯定物沒有的屬性的能度越堅強，他的錯誤也越大。譬如我們說石頭一定有心靈，就比說石頭大概沒有心靈的錯誤大。

㉒ 聖多瑪斯·亞奎那的比喻。見 Summa Contra Gentiles, 111. 139.

第六節　認識眞理的絕對性

在我們討論了認識眞理等級的問題之後，不免要問：認識的眞理是相對的呢？還是絕對的？因爲認識的眞理至少在物質方面是有等級的。然而如果認識的眞理在物質方面有等級，那還是不是眞理？眞理應當是絕對的，不應當是相對的，相對的眞理不是眞理。不過，現在我們可以直截了當的說，認識的眞理是絕對的，不是相對的。

認識的眞理是絕對的，不是相對的。因爲認識的眞理是理智與對象的符合性，但是這樣的符合性是以事實作根據的；只有理智承認對象的事實，理智才能與對象相符合。其實，理智只能承認事實，除非理智不忠於自己。因此，認識的眞理就是理智肯定是就是是，非就是非。事實常是事實，不因爲我們承認它而存在，也不因爲我們否認它而消失。理智肯定事實僅是理智的一個暫時的行爲，行爲過去之後，事實仍然存在那裡。由於這種關係，我們也可以說，認識的眞理就是理智承認事實。

如果我們稍作思考，我們就會發現，我們的知識就是認識的眞理，因爲錯誤的知識不是知識。我們不妨再強調一次，認識的眞理就是理智承認事實。換言之，認識的眞理就是理智肯定「什麼是」（What is），以及否定「什麼不是」（What is not）。一個物是什麼，理智自然要肯定它是什麼；一個物不是什麼，理智當然不能肯定它是什麼；然而縱然理智不能肯定不是什麼的物是什麼物，但是那仍然是理智在承認事實。譬如狗不是牛，理智當然不能肯定狗是牛。不過，這仍然是理智承認事實，那就是理智承認狗不是牛。所以認識的眞理就是理智承認事實，也許在理智承認或肯定事實時，理智與事實沒有「盡同的符合性」，然而我們也知道，認識的眞理不需要理智與對象有「盡同的符合性」。因此，認識的眞理雖然在物質方面有等級，但是仍然是絕對的。譬如我認識張三不久，我向別人介紹張三說：「這是張三」；認識張三的多年好友，也向別人介紹張三說：「這是張三」；同時張三的母親也向別人介紹張三說：「這是張三」。很明顯的，我對張三的認識是絕對的，就如認識張三多年的好友，以及張三的母親對張三的認識，是絕對的一樣。

在理智肯定或承認一個眞理時，常是一個判斷的工作，因爲已如我們所知，不論是認識的眞理，或是認識的錯誤，都是理智的判斷。然而在一個眞理的判斷裡，它的主詞與述詞有一種不可改變的關係。譬如理智判斷一加一等於二，或者物的整體大於部分。一加一永遠等於二，物的整體永遠大於部分，主詞與述詞的關係永遠不能改變；否則，我們的理智便無所適從，眞理一詞也便永遠消失。但是這是不可能的，因爲理智的本性就是認識眞理，那麼，眞理必須存在，這就如眼睛的本性是爲看見顏色，所以顏色必須存在；耳朵的本性是爲聽見聲音，所以聲音必須存在，都是一樣的道理。亞里斯多德說的很對，他說：「本性不會使物成爲虛設」（Nature makes nothing in vain）。㉓因爲本性不能愚弄自己，如果本性愚弄自己，

㉓ Aristotle, Politics, BK. I. Ch. 2, 1253 a, 5.

便沒有所謂本性了。

絕對的眞理一詞，在拉丁文稱 Veritas absoluta：Veritas 指眞理的意思，absoluta 是指絕對的意思。原來，absoluta 是動詞 absolvere 的過去分詞，而這個動詞又是由介系詞 ab 及動詞 solvere 所組成的：ab 作「從」或「由」講，solvere 作「解放」或「開釋」講；合而言之，是指從某種阻礙、困擾、羈絆中解放出來的意思。因此，absoluta 一字，在拉丁文用作「絕對」的意思，這是很恰當的；尤其在表示眞理是絕對的時候，更是如此。因爲如果我們願意作一個正確的判斷，我們必須先從主觀的條件中解放出來，完全以客觀的事實作根據；事實如何，我們就承認它如何。這樣的判斷不但是正確的，也是絕對的。

第七節 我們對存有認識的絕對性

聖多瑪斯說：「最先進入理智的是存有。」㉔這句話的意思是說，我們最先知道的是存有或物，沒有比物更先被我們知道的了。在我們知道一個物是什麼物以前，我們先知道它是一個物，我們的知識是從物的知識開始的。

實在，我們看到的、聽到的、摸到的，以及不論用什麼方法接觸到的，莫不是物。我

㉔ St. Thomas, De Veritate, I. 1., S. T. II-II. Q. 94, a. 2. Resp.

看不見無，聽不見無，摸不到無，不論用什麼方法，也決不可能接觸到無。我們的一切經驗都是從物開始，也都是建立於物上的。我們可以這樣說，我們所有的經驗都是物的經驗，我們沒有無的經驗；無的經驗在字義上就是一個矛盾。我們對於無一無所知，我們所以對於無能作一點解釋，是因爲我們知道物。

我們對於物的第一個經驗是：「我知道有點什麼東西」（Scio aliquid esse）。在士林哲學的術語裡，aliquid（有點東西）、Ens（存有）、res（物）爲同義字。㉕所以「我知道有點東西」，就等於說「我知道有存有或物」。這個經驗是我們最簡單、最普遍和最貧窮的經驗，我們其他的經驗都從它開始。如果我們不肯定「有點東西存在」（Something is），至少如果不暗含的肯定「有點東西存在」，我們便不能作任何進一步的肯定，包括我們對自己存在的肯定。㉖

我們對於物的經驗是如此的肯定，即連懷疑論者也無法懷疑，因爲在他懷疑時，他必須知道「有點東西」在懷疑，那點東西就是他自己。僅就這一點而言，笛卡爾（Rene' Descartes, 1596-1650）的「我思故我在」（Cogito ergo sum）是沒有錯誤的。然而爲什麼懷疑論者什麼都懷疑？那是因爲他忽略了「我知道有點東西」存在的經驗。

㉕ Fernand van Steeberghen, op. cit. cf. p. 87. n. 3.

㉖ Fernand van Steeberghen, op. cit. p.87, 175.

我們的心靈在開始時一無所知，就如亞里斯多德所說，它只是一塊「白板」（Tabula rasa）或「乾淨的寫字板」（a clean tablet），㉗在上面什麼都沒有寫。這和洛克（John Locke, 1632-1704）所說的心靈在開始時只是一張「白紙」（White paper），㉘是一樣的意思。在人的心靈上最先寫上的，就是「我知道有點東西」，而後漸漸的在人的心靈上寫上了更多、更複雜的東西，這就是人的日積月累的知識。如果世界上沒有物，人的心靈將永遠是一塊白板或一張白紙。

由以上所說，我們可以看出，我們的一切知識，統歸起來，都是有關物的知識。物或存有是我們最原始的知識資料，我們所有的其他知識，都是附加「物」的知識之上的。換言之，我們一切的知識都假定物的知識，都在物的知識之後。我們認識物不是藉助於別的東西而認識的，而是由物自身而認識的；物自身有其明顯性，再沒有別的東西比物更明顯、更單純、更清楚的了，我們不能把物再分成更單純的因素。因此，「我們不能問什麼是物的本質或本性，因爲本質和本性都是存有的方式（Ways of being）。存有的本質就是沒有本質，因爲它超越並包括一切本質。」㉙

㉗ Aristotle, De Anima, BK. 111. ch. 4, 430 a, 1.聖多瑪斯・亞奎那也提到他這句話，見 S. T. I. Q. 79. a. 2, Resp.

㉘ John Locke, An Essay Concerning Human Understanding, Bk. II. Ch. 1, v. 2.

㉙ Fernand van Steenberghen, Op. cit. p.88.

我們對於物的認識是絕對的，應當沒有懷疑。因爲物和我們的意識同時出現，只要我們有意識，我們就知道有物；同樣，只要我們知道有物，我們也就有意識，二者不能分離。所謂意識，是人對於自己的心理狀態及當時的情況所有的瞭解，所以拉丁文稱意識爲Conscientia；這個字是由介系詞 cum（同）及名詞 scientia（知識）合成的，意即伴同知識或同知識在一齊。㉚我們生活在物之中，被物所包圍；如果我們的心靈活動的話，我們不能沒有意識，意識證明我們對於物認識的絕對性。

我們對於物的認識永遠不會錯誤，因爲我們認識物時，不受錯覺（Illusion）、混亂（Confusion）以及曲解（Distortion）的任何影響。理由很簡單，因爲物不與任何東西相衝突，不論物在什麼狀態之下，它仍然是物；縱然我們把物認錯了，物還是物。㉛我們對於物認識的絕對性穩如泰山，永遠屹立不搖。

㉚ Conscientia 在拉丁文指意識，也指良心；有時爲清楚起見，拉丁文稱意識爲 Conscientia psychologica，意謂「心理良心」，稱良心爲 Conscientia moralis，意謂「倫理良心」。

㉛ F. Van Steenberghen, Op. cit. p.177

第四章　心靈認識的不同狀態

我們在日常的生活裡，需要常常作判斷，然而有時缺少知識，因此，不能作判斷；有時能夠作判斷，但是判斷的程度不同。譬如我要出門，看見天空有雲，不知道是否要下雨？是否要帶傘？又譬如我看到兩位男女同學拿著書在一起談話，我想他們正在研究功課。再譬如我在醫院裡看到病人用氧氣，我說在這裡一定不可以點蠟燭。在這幾個例子裡我們可以看出，我們的心靈可能有四種不同的狀態，那就是無知、懷疑、意見和確定性。我們現在就討論這四種心靈認識的狀態。

第一節　心靈認識的四種狀態

（甲）無知

無知（Ignorantia, Ignorance）的最廣泛的意義就是缺少知識。缺少知識是人人的經驗，沒有一個人例外。蘇格拉底（Socrates, 469-399 B. C.）說自己所知道的，就是自己什麼都不知道。❶孔子也說：「吾有知乎哉？無知也。有鄙夫問於我，空空如也，我叩其兩端而竭焉。」❷這固然是兩位東西大哲自謙之辭，然而也不能不說那是他們的眞心話。認爲自己了不起、無所不知的人，往往是不認識自己的人。越有學問的人，越認爲自己知道的太少；這樣的人常被比作結實纍纍的麥穗，垂下頭來，謙虛沖懷。相反的，一知半解的人，多是目空一切。但是「一點小知識是危險的。」❸

我們說無知是缺少知識，但是不是缺少任何知識，而是主體缺少應有的知識。換言之，主體應有的知識而沒有，這才是無知。譬如一位法官在審判有關妨害風化的案件時，不知道什麼是阿基米德原理（Archimedes, Principle），或者不知道如何跳探戈舞，那不是無知；然而如果他不知道什麼是「妨害風化罪」，或者不知道什麼是「妨害婚姻及家庭罪」，這就是無知，而且是不可原諒的無知。

無知不是錯誤，無知與眞理消極的相衝突，錯誤與眞理積極的相衝突；無知從理智中

---

❶ 「All that I know is that I know nothing.」See:Paul Edwards,Editor in Chief, The Encyclopedia of Philosophy, The Macmillan Co.& The Free Press. Vol. 7, p.449.

❷ 論語，子罕。

❸ John Rickaby, The First Principles of knowledge. Benziger Brothers,New York, p.233. 「It is the little knowledge that is dangerous thing.」

排除與眞理的符合性，錯誤排除理智與眞理的符合性外，還有與眞理相反的性質。一個人不知道什麼是黃金，不是錯誤，是無知；但是如果他把銅當作黃金，便是錯誤。錯誤之中有無知，無知之中沒有錯誤。無知雖然不是錯誤，然而卻很容易導致錯誤。

無知分「缺乏的無知」（Ignorantia privativa, Privative ignorance）與「消極的無知」（Ignorantia negativa, Negative ignorance）。「缺乏的無知」就是我們以上剛才所講的，主體缺少應有的知識。「消極的無知」也稱爲「應然的無知」（Nescientia, Nescience），這是指主體缺少他沒有能力得到的知識。❹譬如一個嬰兒不知道東西南北的方向，因爲這完全超出了他的能力。此外，無知還有其他的種類，普通在倫理學上有詳細的說明，不過，爲我們並不重要，所以我們在這裡不提。

（乙）懷疑

懷疑（Dubium, Doubt）是心靈的一種狀態，這是因爲主體對於一個矛盾命題的兩方面，害怕都有錯誤的可能，所以不能作判斷。這也就是說，一個人對於兩個相反的命題作判斷時，

❹ Nescientia一字不易譯成中文，我們勉強譯爲「應然的無知」。此字由拉丁文的動詞Nescire所演變成的名詞，有些作者將此字解釋錯誤。Celestine N. Bittle解釋的對。Reality and the Mind. The Bruce Pullishing Co. New York, 1936. p.18.

對於任何一個命題都不敢同意，因爲害怕都可能錯誤。譬如我有一張鈔票，我不能斷定它是眞的，然而也不能斷定它是假的，因爲我不論如何斷定，我認爲都有錯誤的可能。因此，我便不能作判斷。

懷疑的性質不同，所以可以分爲不同的懷疑。第一、懷疑可以分爲「積極的懷疑」（Dubium positivum, Positive doubt）與「消極的懷疑」（Dubium negativum, Negative doubt）。「積極的懷疑」是主體對於兩個相反的命題作判斷時，認爲兩方面都有同樣有效的理由，所以不能作判斷。譬如一位剛大學畢業的學生，得到一份夢寐以求的工作，並且待遇也好；但是同時他也有機會到國外去深造，在學問上更上一層樓；他衡量得失，認爲同樣重要，因此無法作取捨。「消極的懷疑」是主體對於兩個相反的命題作判斷時，認爲兩方面都同樣沒有有效的理由，所以不能作判斷。譬如一個人要知道天空中的星球是單數呢？還是雙數？他不論如何思考，認爲都同樣沒有充足的理由，所以也永遠不能作判斷。

第二、懷疑可以分爲「實在的懷疑」（Dubium reale, Real doubt）與「假作的懷疑」（Dubium confictum, Fictitious doubt）。「實在的懷疑」一如字義所指，是主體在作一個判斷時，實在缺乏理由，因此，不能作判斷。「實在的懷疑」可能是「積極的實在懷疑」，也可能是「消極的實在懷疑」，然而都使主體無法作判斷。「假作的懷疑」是指主體在作一個判斷時，並不缺乏有效的理由，但是他故意不看那些理由，所以也不作判斷，以便更進一步的探討眞理。「假作的懷疑」既然是假作的，當然不是眞的懷疑。但是這無異說，假作懷疑的人已經作了判斷。

第三、懷疑可以分爲「懷疑論的懷疑」（Dubium scepticum, Skeptical doubt）與「方法的懷疑」（Dubium methodicum, Methodical doubt）。「懷疑論的懷疑」是一種哲學的主張，這種主張以有系統的論證證明人沒有能力認識眞理，所以不要作判斷。因此，「懷疑論的懷疑」又稱爲「有系統的懷疑」（Dubium systematicum, Systematic doubt）。「方法的懷疑」看起來與以上所說的「假作的懷疑」很相似，其實二者相差甚遠。已如我們以上所說，持「假作懷疑」的人，不是沒有理由作判斷，而是故意不看那些理由，以便更能確定眞理。「方法的懷疑」是以懷疑作方法，好能認識眞理。然而持「方法懷疑」的人，必須從心裡懷疑自己有認識眞理的能力，希望能在懷疑中找到眞理。

（丙）意見

意見（Opinio, Opinion）是心靈的一種狀態，指主體對兩個相反的命題作判斷時，認爲應當同意某一個命題，然而又怕另一個命題是對的。這也就是說，主體認爲兩個相反的命題都有被同意的理由，不過，認爲某一個命題更有被同意的理由，但是又不敢確定，恐怕發生錯誤。

意見是心靈處於懷疑與確定性之間的一種狀態。意見不同於懷疑，雖然二者都有害怕錯誤的心理，因爲主體在懷疑時，不能給一個命題任何的同意；意見卻是一種同意，雖然是極微小的同意。意見當然也不是確定性，確定性是心靈對於一個判斷堅決不變的認定，沒有害怕錯誤的心理。

意見常含有概然性（Probability），其實，意見就是概然性的判斷。然而意見並不是概然性，二者不能混爲一談。意見一如我們以上剛才所說，是心靈的一種狀態，而概然性則是心靈給予一個意見同意的動機；動機強，意見的力量也強；動機弱，意見的力量也弱；如果動機被證明是錯誤的，持意見的人也很容易改變他的意見。

意見有「明智的意見」（Opinio prudens, Prudent opinion）與「不明智的意見」（Opinio imprudens,Imprudent opinion）。前者指形成意見的動機有眞正的概然性，後者則指形成意見的動機沒有眞正的概然性。

（丁）確定性

確定性（Certitudo, Certitude）是心靈的一種狀態，這是主體看到有效的理由，給予一個判斷堅決的同意，不害怕有錯誤的可能性。確定性的這個定義含有三個條件，我們可以從積極與消極兩方面分析來看。

從積極方面我們先從主體方面來看：確定性要求主體給予一個判斷堅決的同意，相信他所作的判斷正確無誤。如果一個人對於他所作的判斷缺乏信心，搖擺不定，自然就無確定性之可言。由於這種關係，所以聖多瑪斯說：「確定性不是別的，而是心定於一。」❺他又說：「確定性以其本義而言，是認識者對於自己認識的物所有的堅決性。」❻

從積極方面我們再從對象方面來看：所謂對象，就是主體要作的判斷。在主體對於一個判斷作確定性時，對象必須顯示出它的客觀理由，因爲這是主體所以給予那個判斷堅決同意的理由或動機，沒有動機，主體不會給予一個判斷堅決的同意。

現在我們再從消極方面來看：確定性要求主體對於一個判斷作出確定性時，必須沒有害怕錯誤的心理，確定性與懷疑主要的分別就在於此。如果主體堅決的相信他所作的判斷正確無誤，而同時又害怕他的判斷能錯誤，這是明顯的矛盾，所以是不可能的事。然而這也不是說，凡是確定性的判斷都是不能錯誤的；一個人不害怕他所作的判斷能錯誤，不見得他的判斷實際上並不錯誤。

人的理智常是尋求眞理的，因爲眞理是理智的對象；惟有理智得到眞理後，理智的工作才算完成。理智的活動如懷疑和意見，不是理智眞正完美的活動。理智以其爲尋求眞理的官能而言，它最完美的活動是肯定是之爲是，非之爲非，並且沒有害怕錯誤的心理。確定性是思想的終點，理智活動的休止符。

❺ St. Thomas, In III Sent., D.XXIII, Q. 3, a. 2.

❻ Ut. supra, D. XIV, Q.2, a. 4.

第二節　確定性的種類

確定性從不同的角度來看，有不同的名稱，所以也有不同的意義，我們需要分析並作解釋。

（甲）從形式方面分

確定性從形成的因素方面來看，分「主觀的確定性」（Certitudo subjectiva, Subjective certitude）與「客觀的確定性」（certitudo objectiva, objective certitude）。「主觀的確定性」是主體站在自己的立場所作的確定性。換言之，主體根據自己的見解、心情，以及環境等因素所作的確定性。因此，對於事情的判斷常缺少周詳的考慮與全盤的瞭解，而容易失於偏見與固執。所以主體所作的「主觀的確定性」，僅有堅決的同意，而沒有充足的理由。在這種情況之下，主體雖然不害怕有錯誤的可能，然而實際上卻往往是錯誤的。譬如一個人堅決的認爲鯨魚是卵生動物，毫不懷疑；但是事實是，鯨魚是哺乳動物。我們不否認，「主觀的確定性」有時也可能是對的，不過，那是巧合，理智並沒有得到眞理，因爲在「主觀的確定性」與眞理之間，沒有應有的連繫（Nexus）。這是爲什麼「主觀的確定性」也稱爲「不合理的確定性」（Centitudo illegitima, Illegitimate certitude）或「不明智的確定性」（Certitudo imprudens, Imprudent certitude）。

「客觀的確定性」是主體根據事實的明顯性所作的確定性，事實顯示出來的真象如何，理智就判斷它如何。因此，在「客觀的確定性」裡，主體不但有堅決的同意，在確定性與真理之間也有應有的連繫。譬如我看見太陽光在天空強烈的照射著，我堅決的斷定太陽出來了；我看見一望無際的汪洋大海，我堅決的斷定海裡面有水。我必須這樣判斷，別無選擇，因爲我不能否認事實的明顯性。因爲「客觀的確定性」是理智根據事實的眞象所作的確定性，所以常是合理的、明智的。因此，「客觀的確定性」又稱爲「合理的確定性」（Certitudo legitima, Legitimate certitude）或「明智的確定性」（Certitudo prudens, Prudent certitude）。❼

（乙）從完善的程度方面分

確定性從完善的程度方面來看，分「普通的確定性」（Certitudo communis, Common certitude）與「科學的確定性」（Certitudo scientifica, Scientific certitude）。「普通的確定性」也稱爲「直接的確定性」（Certitudo directa, Direct certitude）、「自然的確定性」（Certitudo naturalis, Natural certitude）和「通俗的確定性」（Certitudo vulgaris, Vulgar certitude）。這種確定性是主體沒有清楚的反省他的動機或理由所作的確定性，但是也並不

❼ Pauls Geny認爲一切的確定性都是心靈的一種狀態，沒有主觀與客觀的分別。見其Critica. Romae, Universitas Gregoriana, ed.tertia. p.61.我們的看法不同。

是沒有動機；動機是有，只是主體沒有明白的去思考，比較模糊而已。經驗告訴我們，有時我們對於一個判斷的眞實性堅信不疑，然而別人問我們的理由時，我們頓時茫然，必須思索一番後，才能答覆。譬如有人問我們：爲什麼我們認爲說謊是不道德的行爲？爲什麼幫助人是道德的行爲？我們爲了答覆這類的問題，往往必須先反省我們的理由，然後才能答覆。有些人認爲「普通的確定性」不是眞正的確定性，其實不然。「普通的確定性」是眞正的確定性，因爲主體在作這種確定性時有他的理由，雖然沒有明明白白的思考他的理由，然而決非一種盲目的信心。

「科學的確定性」是主體經過反省、分析後，很清楚的看到充足的理由所作的確定性。形成這種確定性的理由，往往可以追溯到自明的原理（Self-evident principle）。譬如我確定宇宙的存在有開始。因爲宇宙不是無限、無始、無終的物，所以它必須有一個開始。又譬如我確定我除掉我的身體之外，我還有一個心靈。因爲我有思想，而思想不是物質的工作，應當是精神的工作；換言之，是心靈的工作，所以我有一個心靈。「科學的確定性」也稱爲「反省的確定性」（Certitudo reflectiva, Reflective certitude）和「哲學的確定性」（Certitudo philosophica, Philosophical certitude）。

（丙）從獲得的方式方面分

確定性從獲得的方式來看，分「直接的確定性」（Certitudo immediata, Immediate

certitude）與「間接的確定性」（Certitudo mediata, Mediate Certitude）。「直接的確定性」的形成有三種情形：第一、是主體心靈的直觀（Intuition of the mind）。譬如圓不是方；有不是無；物的整體大於部分，都是心靈的直接的認知。第二、是主體意識的證明（Testimony of consciousness）。譬如我瞭解我現在的思想、心情和意願等等。沒有問題的，這都是我直接的認知。第三、是主體的感官與物的接觸。譬如我的手摸到煮沸的開水，我的舌嚐到辛辣的滋味，我的眼看見向我撲來的惡犬。同樣，毫無懷疑的，這也都是我直接的認知。「直接的確定性」不論是由那一種情形所形成的，都是主體立刻所作的確定性，不必經過推理和證明。

「間接的確定性」是主體經過推理和證明所作的確定性。譬如宇宙有開始，地球在運行，心靈的本質是精神體等等。主體對於這些眞理所作的確定性，都不是不加思索，即刻所作的確定性，而是經過因果原理的推論，以及科學的證明所作的確定性。此外，凡是我們經由權威所作的確定性，也都是「間接的確定性」。譬如歷史學家們告訴我們，在歷史上曾有過孔子、孟子、蘇格拉底和柏拉圖等人；科學家們告訴我們，物的組織有原子、電子、核子，以及質子等原素。因爲他們在他們知識的範圍內是權威，我們接受他們的話，信以爲眞，這便是我們所作的「間接的確定性」。

（丁）從形成基礎方面分

確定性從形成的基礎方面來看，分「形上的確定性」（Certitudo metaphysica,

Metaphysical certitude）、「物理的確定性」（Certitudo physica, Physical certitude）與「倫理的確定性」（Certitudo moralis, Moral certitude）。「形上的確定性」是主體根據形上的原理（Metaphysical principle）所作的確定性。我們知道，形上原理的基礎是物的本質。因此，「形上的確定性」的改變是絕對的不可能，或內在的不可能（Intrinsical impossibleness）。因爲如果物的本質能夠改變，那麼，宇宙間便沒有物可以存在了。由於這種關係，「形上的確定性」如存有不是虛無；圓不是方；物的整體大於部分；偶有物（Contingent being）的存在都有原因等等，沒有任何力量可以使它們改變，連上帝也不能，因爲上帝也不能作自身矛盾的事。因此，「形上的確定性」又稱爲「必然的確定性」（Certitudo apodictica, Apodictic certitude）和「無條件的確定性」（Certitudo sine condicione, Unconditional certitude）。

當代士林哲學大師加立古・拉格郎日（Reginald Garrigou-Lagrange,1877-1964）批評笛卡爾（Rene' Descartes, 1595-1659）不懂「形上確定性」的問題，因爲笛卡爾認爲，如果上帝願意，上帝可以造一個四方的圓圈，也可以造許多沒有山谷的山。加立古・格拉郎日說，笛卡爾在哲學上犯了一個相反聖神的罪，或者說在精神界犯了一個相反救贖光明的罪。❽加

---

❽ 所謂相反聖神的罪（Sin against the Holy Spirit order），即不可赦免的罪。這句話來自《瑪竇福音》十二章三十一節。又所謂在精神界相反救贖光明罪（Sin against redeeming light in the spiritual order），即忽視上帝賦與人眞理光照的罪。

立古・拉格郎日的意思是指，笛卡爾在哲學界犯了一個不可原諒、無可救藥的罪。加立古・拉格郎日接著批評笛卡爾說，自從我們理性生活的開始，我們便有形上的確定性，不論是上帝，（如果上帝存在，又如果上帝是全能的，）也不論是惡魔，（不管他是多麼邪惡與狡猾，）也不能作一個四方的圓圈，因爲這不但對我們是不可思議的，它的本身也實在是不可能的。❾

「形上的確定性」是我們能夠有的確定性中最完美的確定性，它是一切確定性的頂點，我們不能再有比「形上的確定性」更確定的確定性了。馬立旦（Jacques Maritain, 1882-1973）說，「形上的確定性」就其本身而言，比數學的確定性還要確定。❿這句話說的一點都不錯。

「物理的確定性」是主體根據物理自然律所形成的確定性。所謂物理自然律，就是物性表現出來的規律。又所謂物性，就是物的自然而固定的傾向，如果沒有阻礙，常依照同樣的方式存在與活動。因此，物理自然律常是必然的、一致的、普遍的；那麼，根據物理自然律所形成的確定性，當然也是必然的、一致的、普遍的。譬如氧氣遇到火一定燃燒，在空中

---

❾ R. Garrigou-Lagrange, Le re'alism thomiste et le mystére de la connaissance. Revue de Philosophie, Jan-Feb., March-April,1931, p.12, quoted by Jacques Maritain, The Degrees of knowledge,trans. by Gerald B. Phelan, Charles Scribner's Sons. New York,1959. p.78.

❿ Jacques Maritain, Op. cit. p.5.

的物沒有支持，一定落到地上。

爲形成一個「物理的確定性」，主體應當知道他所根據的自然律，實在的存在；並且很清楚的瞭解，該自然律沒有停止的理由。這樣形成的「物理的確定性」，沒有懷疑的是確定的。不錯，科學上所講的物理自然律，不是百分之百定案的，然而有些物理自然律的存在，是絕對不容質疑的。譬如我們誰也不會無緣無故的，沒有任何保護，從高樓上跳下來，因爲我們知道要發生什麼後果，原因就是「萬有引力定律」是確定的。同樣，我們誰也不會無緣無故的，沒有任何保護，跳進火坑裡去，因爲我們也知道要發生什麼後果，原因就是「熱的傳播定律」是確定的。

不過，「物理的確定性」與「形上的確定性」不能相提並論。因爲「形上的確定性」建基於物的本質，它的反面是絕對的不可能，毫無改變之餘地。但是「物理的確定性」便不是這樣，因爲站在有神論的立場，宇宙的創造者可以停止物的自然律。所謂停止物的自然律，不是停止物的本質，更不是廢除物的本質，而只是暫時停止物的活動而已。譬如一個人可以在水面上行走，而不會沉下去，這不是說他的體重已經消失，也不是說水的浮力大爲增加；人的體重仍在，水的浮力依舊，只不過它們的正常活動暫時不發生作用罷了。宗教學稱這種現象爲奇蹟。由於這種關係，「物理的確定性」也稱爲「有條件的確定性」（Certitudo conditionalis, Conditional certitude）或「假設的確定性」（Certitudo hypothetica, Hypothetical certitude）。這就是說，「物理的確定性」是確定的，然而有一個條件，那就是如果宇宙的創造者不停止物的活動，或者說假設宇宙的創造者不停止物的活動。

「物理的確定性」不是「形上的確定性」，二者的差別不可道里計；然而「物理的確定性」可以改變爲「演變的形上確定性」（Reductive certitudo metaphysica, Reductively metaphysical certitude）。因爲在哲學上有一個原則，那就是「被條件限制者，在條件清除之後，便成爲絕對者」（Condicionatum, purificata condicione,transit in absolutum）。關於這一點，我們可以用一個例子來說明。譬如火會燃燒，這是一個「物理的確定性」。但是已如我們以上所說，「物理的確定性」不是絕對不能改變的確定性，所以火會燃燒是一個「有條件的確定性」。這也就是說，如果宇宙的創造者不停止火的活動，火會燃燒。不過，這個條件可以被清除。如何清除呢？這需要加上一個新的動機或理由，這個新的動機就是：「普通來說」。因此，如果我們說：普通來說，火會燃燒。很明顯的，這是一個「演變的形上確定性」。「普通來說」是指宇宙的創造者，固然能停止物的活動，然而他並不會無緣無故的常常停止物的活動，因爲如果如此，便會損及他的智慧與美善。所以「物理的確定性」既然是「有條件的確定性」或「假設的確定性」，因此，便可以變成「演變的形上確定性」。[11]

「倫理的確定性」是主體根據人的倫理自然律所作的確定性。這裡所說的倫理自然律

[11] Cf. Paulo Geny, Op. cit p.122, n. 148., Reginald F.O'Neill, Theories of knowledge. Englewood Cliffs, N. J.Prentice-Hall, Inc. 1960. p.107.

的倫理二字，不是狹義的指倫理道德的意思，而是廣義的指人的自然生活的意思。我們知道，凡是物都有性，有性就有自然律，因爲「物性之理就是活動之理」（Ratio essendi est ratio operandi）。因此，人當然也有自然律。不過，自然律對於無靈之物來說，稱爲物理自然律。因爲無靈之物沒有理智，沒有意志；不能認識是非善惡，不能選擇，只能按照它們本性的規律去存在與活動。相反的，人有理智，有意志；能夠認識是非善惡，能夠自由選擇。因此，自然律對於人來說，稱爲「倫理的自然律」。總之，人都根據倫理自然律生活與行動，因此，人雖然有自由意志，我們仍然可以對於人的思想與行動得到一種確定性，這就是「倫理的確定性」。

「倫理的確定性」的形成常有兩個動機：一、我們相信人人都根據倫理自然律生活與行動，所以如果情況相同，我們可以推測，人人都有同樣的思想與行爲。二、在我們對於一個人的思想或行爲作一個「倫理的確定性」時，依常情而言，我們沒有理由懷疑他會有與常人不同的思想與作法。因此，我們不會害怕我們所作的「倫理的確定性」，有錯誤的可能；雖然事實上不無錯誤的可能。譬如早晨我乘公車來學校時，我確定司機先生不會故意的要把公車開到淡水河裡。又譬如在中午我到餐廳用午餐時，我確定廚師不會故意的要在菜裡面下毒。這不是說，從前從未發生過這類的事，也不是說，將來也永遠不會再發生。不過，那是相反人性的行爲，是例外，不是常情。所以在我搭公車時，或到餐廳用午餐時，毫無恐懼的心理，認爲一切都平安順利。

「倫理的確定性」是關於人的思想與行爲所作的確定性，很明顯的，不是絕對的確定性，是有例外的。但是「倫理的確定性」也和「物理的確定性」一樣，可以變成「演變的形上確定性」；如何變呢？這仍然和「物理的確定性」變成「演變的形上確定性」的方法一樣，就是加上那個新的動機：「普通來說」。這個新的動機可以使「倫理的確定性」的例外消失。譬如母親們都愛自己的嬰兒，或者沒有人沒有理由而說謊，這兩個「倫理的確定性」，顯然的都不是絕對的確定性，因爲有的母親不愛自己的嬰兒，有的人沒有理由而說謊。這類的例子不但過去發生過，將來仍然會發生。然而話又說回來，這是違反常情，或者更好說，違反人性的行爲。無論如何，如果我們在一個「倫理的確定性」上加上這個新動機：「普通來說」，那個「倫理的確定性」便變成「演變的形上確定性」。譬如我們把這個新動機加在我們剛才所說的那兩個例子上：普通來說，母親們都愛自己的嬰兒；普通來說，沒有人沒有理由而說謊。沒有問題的，這兩個「倫理的確定性」都是絕對的確定性。

第三節　物理的確定性與倫理的確定性的眞實性

「倫理的確定性」是第十六及第十七世紀神學家們用的名詞，聖多瑪斯沒有用過。聖多瑪斯用「概然性的確定性」（Certitudo probabilis）代替「倫理的確定性」。⓬由於聖多瑪

⓬ Summae Theologiae, II-II. Q. 70, a.2; a.3.

斯在神、哲學上的地位，因此，在哲學上引起了一些爭議，那就是如果「倫理的確定性」可以稱為「概然性的確定性」，那麼，「倫理的確定性」是否是真的確定性？因為哲學家們對於「倫理的確定性」的真實性發生了爭議，於是又引起了對於「物理的確定性」真實性的爭議。

對於「物理的確定性」與「倫理的確定性」是否有真實性的爭議，在知識論上可以分作三派。第一派主張「物理的確定性」與「倫理的確定性」不是真正的確定性。屬於這一派的有巴爾米哀里（Dom. Palmieri, died in 1909）、冬其奧爾琪（S. Tongiorgi, died in 1865），以及基尼愛爾（R. Jeanniére）等人。他們的理由是：所謂的確定性，就其字義而言，應當完全排除反面的可能性；在一個人得到一個確定性時，不應當有任何害怕錯誤的心理。然而「物理的確定性」，而尤其「倫理的確定性」，都可能發生例外，而且事實上也都發生過例外，所以真正的來說，不能稱為確定性。

第二派主張：「物理的確定性」和「倫理的確定性」都與「形上的確定性」一樣，都是真正的確定性。主張這一派的是方濟・瓦爾維洛（Francis Varvello）。他的理由是：這三種確定性都是屬於同一「類」（Genus）的確定性，只不過是同一類中不同的三「種」（Species）確定性而已。確定性應當排除反面的可能性，這是沒有問題的，但是這並非說，凡是確定性都必須以「形上的確定性」的力量排除反面的可能性不可。「形上的確定性」是根據形上原理形成的，絕對的排除反面的可能性，永遠不能發生例外，就如圓永遠不能是方一樣；所以我們對於「形上的確定性」絕對不會發生懷疑。但是我們有誰對於「物理的確定性」發生懷疑呢？「物理的確定性」固然是根據物理自然律所形成的，站在有神論的立場而言，宇宙的創造者可以暫時停止物理自然律的運作。然而很明顯的，他並不任意這樣作，因此，事實上我們無不對於「物理的確定性」堅信不疑。譬如我們誰也不會懷疑，在我們走路或睡覺時，地心引力會忽然停止，因而我們便升到空中走路或睡覺；等地心引力恢復以後，再從空中掉下來。論到「倫理的確定性」，因爲那是根據人的倫理自然律所形成的，的確發生例外，但是在我們作一個「倫理的確定性」時，我們依據當時的情形，揆情度理，認爲一切正常，不會發生例外，所以也不會有害怕錯誤的心理。如果我們回想一下我們的日常生活，我們是生活在「倫理的確定性」裡面的。⑬

第三派的主張是在以上兩派中的中間派，施非尼（Schiffini）、賴買爾（V. Remer）、佛立刻（Frick），以及大多數當代的士林哲學家們，都屬於這一派。他們認爲「物理的確定性」與「倫理的確定性」，在意義上與「意見」完全不同，因爲它們實在使我們排除害怕錯誤的心理，所以很可能都滿全了眞正確定性（Formal certitude）的意義。但是「物理的確定性」與「倫理的確定性」並沒有像「形上的確定性」一樣，完全而絕對的使我們排除害怕

⑬ Francis Varvello, Major Logic（Epistemology）, Trans.by Arthur D. Fearon. University of San Francisco, S. F.California, 1933, p.26.

錯誤的心理。由於這種關係，「物理的確定性」與「倫理的確定性」雖然都是確定性，然而基本上是不完善的確定性，而是「類比的確定性」（Certitudo analogica, Analogical certitude）。⑭

以上對於「物理的確定性」與「倫理的確定性」的眞實性的三派主張，我們認爲第三派的主張最爲合理。因爲確定性是指：我們對於我們所作的判斷，堅信正確無誤，決無發生例外之可能。但是這種確定性只能出現於「形上的確定性」上，因爲「形上的確定性」不論在任何情況之下，是絕對不能改變的，連宇宙的創造者也不能改變。很明顯的，「物理的確定性」與「倫理的確定性」便不是這樣。不錯，我們可以把「物理的確定性」與「倫理的確定性」改變爲「演變的形上確定性」，然而縱然如此，我們仍然不能絕對的排除發生例外的可能性。

首先，我們認爲：縱然我們把「物理的確定性」改變爲「演變的形上確定性」，我們仍然不能絕對的排除發生例外的可能性。譬如一個有宗教信仰的人，相信宇宙的創造者可以暫時停止物理自然律的活動，譬如可以暫時停止火會燃燒的活動，但是他也相信宇宙的創造者並不任意隨時停止。因此，他能夠對於火會燃燒的「物理的確定性」，作成一個「演變的

⑭ Paulo Geny, Op. cit. pp.123-124., R. P. Phillips, Modern Thomistic Philosophy, vol. II. pp.12-13. The Newman Press, Westminster, Maryland. 1954.

形上確定性」，也因此他不會無緣無故的跳入火坑裡。然而縱然他對於火會燃燒的「物理的確定性」作了一個「演變的形上確定性」，他又如何知道宇宙的創造者一定不會停止火會燃燒的活動呢？因爲宇宙的創造者並不因爲他對於火會燃燒的「物理的確定性」，作成了一個「演變的形上確定性」，便不能暫時停止火會燃燒的活動。宇宙的創造者要不要暫時停止一個物理自然律的活動，他是絕對無法知道的，就如聖保祿所說：「有誰曾知道上主的旨意？或者有誰曾作過他的顧問？」⓯這樣說來，縱然我們把「物理的確定性」改變爲「演變的形上確定性」，我們對它有所保留才對，不能一點懷疑都沒有。

其次，我們認爲：縱然我們把「倫理的確定性」改變爲「演變的形上確定性」，我們仍然不能絕對的排除發生例外的可能性；而且由「倫理的確定性」所改變成的「演變的形上確定性」，所發生例外的可能性，遠比由「物理的確定性」所改變成的「演變的形上確定性」，所發生例外的可能性，要大的多的多。我們再以一個人搭公車或到餐廳用餐爲例來說，在他搭公車或到餐廳用餐時，一定有一個「演變的形上確定性」認爲一切安全。否則，他不會搭公車或到餐廳用餐。但是問題是：公車的司機或餐廳的廚師並不因爲他有一個「演變的形上確定性」，便失掉了自由意志，因而不能故意製造車禍或在菜裡下毒；這樣的例子不是沒有。因此，在一個人把「倫理的確定性」改變爲「演變的形上確定性」時，雖然他沒有害

⓯ 羅馬書，第一章，三十四節。

怕發生例外的心理，然而如果他對他所作的「演變的形上確定性」稍作反省，他不可能有像「形上確定性」那樣的確定性。但是這無異說，他應當對他的「演變的形上確定性」有點懷疑才對，雖然是極微小的懷疑。

不過，話又說回來，「物理的確定性」與「倫理的確定性」和「意見」不同；「意見」是概然性的判斷，以概然性作基礎，然而「物理的確定性」與「倫理的確定性」不是這樣的。「物理的確定性」以物理自然律作基礎，「倫理的確定性」以倫理自然律作基礎，所以都是眞正的判斷，也都是眞正的確定性。但是究竟「物理的確定性」與「倫理的確定性」都沒有「形上確定性」的效力，不能完全而絕對的排除例外的可能性，因此，都是不完善的確定性，可以稱爲「類比的確定性」。

第四節　確定性的等級問題

確定性有沒有等級？從以上所說，應當是有等級的。不過，確定性的等級問題也並不是三言兩語的事，我們需要分析而論。

我們知道，爲形成一個確定性，需要兩個條件：一、在積極方面，主體因爲看到有效的理由，給予一個判斷堅決的同意。二、在消極方面，主體在他的判斷上，排除一切害怕錯誤的心理。因此，如果我們要討論確定性的等級問題，應當從這兩方面來討論。

第一、我們先從形成確定性的積極方面來看，確定性是有等級的。因爲確定性要求主體給予一個判斷堅決的同意，然而所謂堅決的同意，在程度上是有分別的。沒有懷疑的，我們給予「形上的確定性」的同意，就比我們給予「物理的確定性」的同意堅強的多，因爲已如我們多次所說，「形上的確定性」是絕對的或無條件的確定性，永遠不能改變，連宇宙的創造者也不能改變。相反的，「物理的確定性」是有條件的確定性，因爲宇宙的創造者可以改變它。同樣，我們給予「物理的確定性」的同意，比我們給予「倫理的確定性」的同意堅強的多。因爲雖然宇宙的創造者可以改變「物理的確定性」，然而他並不任意改變；如果改變，那便稱爲奇蹟，不是常規。然而「倫理的確定性」是我們根據我們的倫理自然律，對於人的思想與行爲所作的確定性；在我們作一個「倫理的確定性」時，我們認爲以常理而言，不致發生例外，但是例外是有的，而且可能是很多人的經驗，決非像奇蹟那樣稀奇。

第二、我們從形成確定性的消極方面來看，確定性是沒有等級的。因爲凡是單純的否定（Mera negatio），都是沒有等級的。譬如無或非有（Non-being）就沒有等級，我們不能說這個無比那個無大一點，或者那個無比這個無多一點；無就是無，沒有大小多少之分。我們知道，形成確定性的消極條件是，主體應當沒有害怕錯誤的心裡，然而沒有害怕錯誤的心理，就是單純的否定，所以不能有等級。實在，所謂沒有害怕錯誤的心理，是指不應當有任何一點害怕錯誤的心理，有任何一點害怕錯誤的心理，便不是沒有害怕錯誤的心理；任何一點「有」，便不能稱爲「沒有」；「有」與「沒有」是矛盾的對立，不能同時並存。因此，在主體形成一個確定性時，只有兩種情形，那就是或者主體排除了害怕錯誤的心理，或者沒有排除害怕錯誤的心理，二者之間沒有中間性。由於這種關係，所以我們說，確定性就其形成的消極方面來看，是沒有等級的。

在這裡有一個問題：我們剛才說，確定性在其形成的消極方面來看，是沒有等級的。這種說法與我們以上所說的：「物理的確定性」與「倫理的確定性」是非完善的或類比的確定性，是否有所矛盾？我們的答案是否定的。因爲我們說「物理的確定性」與「倫理的確定性」是非完善的或類比的確定性，是站在這兩種確定性本身所說的，換言之，是站在客觀的立場所說的。因爲「物理的確定性」與「倫理的確定性」絕對不能與「形上的確定性」相比，縱然我們把它們改變爲「演變的形上確定性」，仍然不能與「形上的確定性」相比，所以是非完善的或類比的確定性。至於我們說，確定性從其形成的消極方面來看，是沒有等級的，這是站在主體的主觀方面所說的。在一個人在作一個確定性時，不論他作的是「形上的確定性」，還是「物理的確定性」，再或者是「倫理的確定性」，他既然都沒有害怕錯誤的心理，因此，對他而言，都是同樣的確定。所以就如他不會擔心方同時又是圓，他也不會擔心在他走路時，地球會忽然失去吸引力，因而升到空中去走路。同樣，他也不會擔心在餐廳用餐時，廚師會在菜裡動手腳；或者在搭公車時，擔心司機會故意把車開到淡水河裡。

第五章　眞理的標準與明顯性

在我們討論了認識的眞理與確定性之後，接著便應當討論眞理的標準與明顯性的問題，因爲它們都有連帶的關係。眞理的標準是眞理與確定性的保證，沒有眞理的標準，眞理與確定性彷彿是建築於沙灘上的樓房，時時面臨坍塌的危險，而明顯性便是眞理的標準。我們現在就逐步的討論有關眞理的標準與明顯性的各種問題。

第一節　標準的意義

標準的英文 Criterion 這個字，是希臘文 Kriterion 的譯音。這個希臘字出現於亞里斯多德之後，是斯多亞學派的學者們（Stoics）常用的字，❶它的動詞是 Krino，指分辨、判斷的意思，而 Criterion 則指標準的意思。所謂標準，就是使我們認識一個物或一個觀念的明顯

❶ Cf. Andre' Laland, Vocabulaire Technique et Critique De La Philosophie, see Criterion.

記號。或者說標準是一個對象的特徵，藉此特徵，我們可以對那個對象作出一個判斷來。

人間的事錯綜複雜，有時爲尋求眞理，並非那麼容易。相反的，發生錯誤倒是司空見慣，毫不稀奇的事。但是如果我們有錯誤，沒有眞理的標準，我們便永遠無法更正我們的錯誤；然而事實證明，我們常常更正我們的錯誤，所以這就說明我們有眞理的標準。而且，分辨眞理與錯誤是理智的自然功能，但是如果我們有辨別眞理與錯誤的自然功能，也必有分辨眞理與錯誤的標準，因爲如果沒有標準，我們如何分辨眞理與錯誤呢？因此，我們有眞理的標準，應當是不容質疑的。

眞理的標準是知識論的很重要的一個問題，在以往，知識論的作者更是注重眞理標準的重要性，所以他們稱知識論爲「眞理標準學」（Criteriology），這不是沒有道理的。

第二節　標準的種類

爲了對標準的意義有更清楚的認識，我們應當把標準分析一下。標準可以分作以下幾種：

（甲）思辨的標準與實踐的標準

「思辨的標準」（Speculative criterion）與「實踐的標準」（Practical criterion）。「思

辨的標準」是我們在思考事理時，用以分辨眞理與錯誤的標準。沒有懷疑的，我們常作思考的工作。其實，只要我們運用理智，就不能不思考。問題是我們思考的對呢？抑或是錯誤呢？這就需要思辨的標準。譬如我們應當不應當孝敬父母？可以不可以說謊話？如果我們不知道，我們就需要「思辨的標準」。

「實踐的標準」是我們在實際要作的行爲上，用以分辨眞理與錯誤的標準。換言之，我們在行爲上不能爲所欲爲，而是有所爲，有所不爲，然而這就需要「實踐的標準」。譬如飯店的老闆要出售有問題的食物，可以不可以呢？汽車司機飲了大量的酒後要開車，可以不可以呢？爲答覆這些問題，就需要「實踐的標準」。

(乙) 個別的標準與普遍的標準

「個別的標準」（Particular criterion）與「普遍的標準」（Universal criterion）。「個別的標準」是我們用以分辨個別事情的眞理與錯誤的標準，我們所以知道某件事是對或是錯，就是因爲我們有「個別的標準」的緣故。譬如我今天有課，要不要上課？張三在某件事上對不起我，要不要原諒他？爲判斷這兩件事，都有它們的「個別標準」。

「普遍的標準」是我們用以分辨一切眞理與錯誤的標準，這是因爲我們只有一個分辨眞理與錯誤的官能，那就是理智，所以我們也必須有一個分辨一切眞理與錯誤的標準才對。

（丙）最近的標準與最後的標準

「最近的標準」（Proximate criterion）與「最後的標準」（Ultimate criterion）。「最近的標準」是我們用以分辨眞理與錯誤的初步標準，在它以後，還有其他的標準。因爲有時我們爲分辨一個眞理，必須按部就班，一步一步的來作，第一步所用的標準就稱爲最近的標準。

「最後的標準」是我們用以分辨眞理與錯誤的終極標準，在它以後，再沒有別的標準。很明顯的，如果我們爲分辨眞理與錯誤有不同的標準，我們也必須有一個「最後的標準」，因爲沒有「最後的標準」，那麼，每個標準的有效性都必須用另一個標準來支持和保證，這樣，將形成一個無限的回溯（Infinite regress），我們也將永遠無法從錯誤中找出眞理來。再者，我們在判斷上常常發生錯誤，而且也常常改正我們的錯誤，並且一改再改，然後才能得到眞理。這種事實也說明，我們有一個最後的標準。

第三節　明顯性的意義

我們在任何事情上，所以能作出一個正確的判斷來，常是因爲看到事情的明顯性；如果事情模糊不清，我們就不會作出一個正確的判斷。由此我們可以看出眞理與明顯性的關係如何密切。現在我先把明顯性的意義作一說明。

明顯性一詞在英文是 Evidence，這個字顯然是來自拉丁文的 Evidentia；而拉丁文的 Evidentia 是由介系詞當作「從」講的E，及動詞當作「看」講的 Videre 所組合而成的。這是說明顯性主要是從我們的視覺得來的，因爲如果我們的眼睛對一個事物看得很清楚，那就是明顯的事。

很多的知識論作者都喜歡把明顯性比作物的亮光或閃光，它能使我們的理智看出物的眞相來。用哲學的術語來講，明顯性是使物被認識的一種特性，或者說，明顯性是物的可瞭解性，再或者說，明顯性是物眞相的顯示。

第四節　明顯性的種類

物的明顯性不都是以同樣的方式顯示出來的，而是有不同的方式。這是因爲物的性質不同，情況也不同，因此，所顯示自己的方式也不同。大致來說，我們可以把明顯性分作以下幾種：

（甲）客觀的明顯性與主觀的明顯性

「客觀的明顯性」（Objective evidence）與「主觀的明顯性」（Subjective evidence）。

「客觀的明顯性」就是我們在上一節所講的明顯性；也就是物把自己的眞相顯示給我們的心

靈，使我們的心靈認出它的一種特性。換言之，物如何，就顯示它如何，我們也因此認識它如何。由於這種關係，「客觀的明顯性」也稱爲「存有的明顯性」(Ontological evidence)或「事實的明顯性」(Evidence of fact)。我們在普通的談話裡常說的：「這是明擺的事」、「事情很清楚」、「事實的眞相昭然若揭」，都是指「客觀的明顯性」。

「主觀的明顯性」的「主觀」二字，在這裡與我們普通所說的主觀，其意義不盡相同。「主觀的明顯性」是指：理智對於客觀明顯性的認識或瞭解；也可以說，物的明顯性在理智上所引起的反應。譬如我們常說：「這件事對我而言，一目了然」，「我看這件事，瞭如指掌」，「這件事爲我很清楚」，這都是指的「主觀的明顯性」。所以「主觀的明顯性」就是在主體心靈內的「客觀的明顯性」。物的明顯性本來是客觀的，但是被主體瞭解之後，便稱爲主觀的。總而言之，「客觀的明顯性」與「主觀的明顯性」就是同一個明顯性，因爲是從兩個不同角度來看，因而也有兩個不同的名稱。

(乙)直接的明顯性與間接的明顯性

「直接的明顯性」(Immediate evidence)與「間接的明顯性」(Mediate evidence)。「直接的明顯性」是不經推理或證明，而是由理智或感官的單純認知(Simple apprehension)所得到的明顯性。這也就是說，「直接的明顯性」是事物直接呈現於理智或感官的明顯性。譬如對於理智來說，三角形有三邊，圓不是方；對於感官來說，手觸摸到燒開的水，感覺燙，口吃到辣椒，感覺辣，這都是「直接的明顯性」。

「間接的明顯性」和「直接的明顯性」正好相反，這是經推理或證明得到的明顯性。換言之，不是事物直接呈現理智或感官的明顯性。譬如我早晨一起床，看到屋外處處有水，我推知夜間曾下過雨；我看到遠處濃煙沖天，我推知那裡著了火；我看到家家戶戶都張燈結彩，懸掛國旗，我推知國家或地方有什麼慶典，這都是「間接的明顯性」。

（丙）內在的明顯性與外在的明顯性

「內在的明顯性」（Internal evidence）與「外在的明顯性」（External evidence）。「內在的明顯性」是我們作一個判斷時，我們所持的理由，是來自事物的本身，所以「內在的明顯性」也就是物本身的明顯性。譬如我們說，一加一等於二，太陽發光，圓是圓、梅花有五瓣，這都是「內在的明顯性」。很清楚地，「內在的明顯性」就是「客觀的明顯性」。

「外在的明顯性」是我們作一個判斷時，我們所持的理由，不是來自事物的本身，而是來自證人的權威。譬如我有一位正直而忠信的朋友，他曾參觀過北京的天壇和羅馬的聖伯鐸大殿，告訴我北京有天壇，羅馬有聖伯鐸大殿，我接受他的話，信以爲眞。又譬如美國太空人阿母斯壯（Neil Armstrong），告訴我們月球上有沙石和坑洞，❷我們也信以爲眞，不

❷ 一九六九年七月二十日，美國三位太空人：阿母斯壯（Neil Armstrong），阿爾德森（Edwin Aldrin）及

加懷疑，這都是「外在的明顯性」。

證人權威的明顯性建立於兩個條件之上：一、他必須對告訴我們的事，有正確的知識。二、他必須有不說謊的高尚人格。不過，證人的權威所給予的明顯性，追根溯源，不是出自證人本身，而是出自證人所知道的事實。所以證人權威的明顯性就是來自事物客觀的明顯性。

第五節　眞理的標準是明顯性

經驗告訴我們，如果我們看不清一個物是什麼樣的物，便不能決定它是這樣的物或是那樣的物，因而便處於懷疑之中。如果我們認爲那個物似乎是這樣的物，而不是那樣的物，但又不能確定，我們便可以對那個物形成一個意見：它大概是這樣的物。但是在那個物的眞相大白之後，我們便可以確定的說，那個物是一個什麼樣的物。由此我們可以看出，明顯是我們判斷的標準，當然也是眞理的標準。

實在，明顯性是我們判斷的標準，應是毫無問題的。沒有一個人看到一棵枝葉茂盛的

柯林斯（Michael Collins），由柯林斯駕駛阿波羅二號（Apollo II）在月球稱爲「靜海」（Sea of Tranquility）處登陸。阿母斯壯說出一句壯語：「爲一個人那是一小步，爲人類則是一個大跳躍」（That's one small step for a man, one giant leap for mankind）。

大樹，就貿然斷定樹上有多少樹葉；也沒有一個人看到一條大河，就貿然斷定河中有多少條魚。爲什麼呢？就是因爲缺少明顯性。我們從遠處看見一個人，不知道他是張三或是李四，只有在他走近我們時，我們看清了他的面貌，才知道他究竟是誰。西塞洛（Tullius Cicero, 106-43 B. C.）說：「正如長矛的重量使秤踏下降，同樣，心靈面對明顯的事物時，也必俯首。」❸喬貝爾底（Vincenzo Gioberti, 1801-1852）說：「明顯性是對事物的理解性，上帝的聲音，我們不能常久的拒絕它。」❹

一天之內，我們不知道要作多少判斷，而且很多判斷都是正確的。譬如我早晨一起床，我知道我還活著；出門時，看到晴空萬里，我知道我不必帶傘；開車時，我看到油箱的指針指向「罄盡」，我知道我應當加添汽油。我們要作如此類的判斷，一天之內，不知凡幾。爲什麼我們能在一天之內作出這麼多正確的判斷？沒有別的任何理由，只因我們看到了明顯性。

以上所說，是說明我們在實際生活上所以能作出正確的判斷，是因爲有明顯性的緣故。其實，我們在作純理性的判斷時，也何嘗不是要靠明顯性？譬如爲什麼我們認爲一加一等於

❸ Jrancis Varvello, Major Logic（Epistemology）trans. by Arthur D. Fearon, 1933. University of San Francisco, San Francisco, California. p.29.

❹ 引於 Francis Varvello, Op. cit., p.29.

二？因爲那是明顯的事。爲什麼我們斷定兩條平行線永遠不能相遇？因爲那是明顯的事。在形上學上爲什麼我們稱矛盾原理：「一個物不能同時與在同樣情況之下，既存在而又不存在」爲第一原理？不能錯誤的原理？因爲那是明顯的事，而且明顯性是發自它的自身，所以矛盾原理又稱爲「自明的原理」（Self-evident principle）。當然，有時我們爲作一個純理性的判斷，不像剛才所說的那幾個例子那麼簡單，需要經過幾個步驟，然而最後仍以明顯性作爲根據。

明顯性是我們眞理判斷的依據，因爲它是「照亮理智的亮光」。但是明顯性不是我們隨意製造的，就如我們以前所說，理智屬於事實，不是事實屬於理智。同樣，理智屬於明顯性，不是明顯性屬於理智。我們面對明顯性時，我們的理智只能承認，不能討價還價；明顯性出現與否，不在於我們，但是如果它已出現，猶如太陽的光，照射在我們心靈的眼睛，我們無法迴避。當一個人突然遭遇到個人或家庭重大不幸的變故時，他希望那不是眞的，他甚至拒絕接受那個事實，但是事實的明顯性會敲醒他的夢，他必須向明顯性低頭。「我們的理智對於本性最具有明顯性的物，就如同蝙蝠的眼睛對於太陽的光芒一樣。」❺蝙蝠的眼睛面對太陽的光芒時，不能不知道太陽的光芒，同樣，我們的理智面對物的明顯性時，也不能不知道明顯性。明顯性主導理智，不是理智主導明顯性。

❺ Aristotle, Metaphysics, Bk. II, Ch. 1, 993 b, 10.

第六節　眞理的最後標準是明顯性

我們在這一節所討論的問題，顯然地與上一節所討論的問題是兩個不同的問題。我們在上一節所討論的問題是：眞理的標準是明顯性。這也就是說，我們所以能作任何眞理的判斷，是因爲有明顯性的緣故。我們在這一節所討論的問題是：眞理的最後標準是明顯性。所謂「最後的標準」，已如我們所知，那是我們用以分辨眞理與錯誤的終極標準，它以外，我們再沒有其他的標準。所以在這一節裡，我們所討論的問題是：我們爲作一個眞理的判斷，有時可能要經過好幾個步驟，分層證明，但是追根究柢，到最後那個眞理所以被證實，是因爲有明顯性的關係。不過，爲了瞭解明顯性是眞理的最後標準，我們需要對「最後的標準」再作進一步的分析。

「最後的標準」有三個特性或條件，符合這三個特性的標準才是「最後的標準」，否則便不能稱爲「最後的標準」。「最後的標準」的三個特性是：一、「最後的標準」是一切的判斷所必須用的標準，不能有所例外。不然，那便是「個別的標準」，不是「最後的標準」。二、「最後的標準」的眞實性是出自它的本身，不需要別的標準來證明，因爲如果「最後的標準」的眞實性還需要別的標準來證明，那麼，它便不是「最後的標準」，而是「最近的標準」。三、「最後的標準」應當是客觀的，因爲標準不是我們隨意製造的，隨意製造的標準不是標準；標準應當以事實作爲根據，事實當然是客觀的。

我們瞭解「最後的標準」以上所說的三個特性，現在我們看，是否明顯性也有這三個特性？如果「明顯性」也有這三個特性，這自然就說明，眞理的「最後的標準」就是明顯性。

我們認爲：明顯性與「最後的標準」有同樣的三個特性，因爲第一、明顯性是判斷一切眞理所必須用的標準，沒有明顯性，我們不能對任何事作眞理的判斷。關於這一點，我們在上一節剛作過詳細的說明，在此不再贅述。第二、明顯性的眞實性是來自它的本身，理由很簡單，因爲明顯性所以被我們所認識，就是因爲它是明顯性，沒有別的事比明顯性更明顯的了。第三、明顯性是客觀的，除非那不是明顯性。一如我們從前所說，明顯性是物的眞相的顯示；物是什麼樣的物，顯示出它是什麼樣物，這就是明顯性。明顯性是事實，我們不能改變事實，只能接受事實；事實是主人，我們的理智是僕役；我們的理智不能命令事實，事實命令我們的理智。

由以上所說，我們可以毫無懷疑的肯定，眞理的最後標準是明顯性。不過，這不是證明，只是說明。因爲嚴格的來說，眞理的最後標準是明顯性是不能證明的。我們知道，明顯性是一種「最初的事實」（Primary fact），而最初的事實都不能證明，只能說明。譬如我看見、我聽見、我聞到等等這類的最初的事實都不能嚴格的證明，只能說明。因爲要證明我看見、我聽見以及我聞到等這類的事實，我必須用我所看見的物、聽見的物，或聞到的物來證明，然而那是「竊取論點」（Petitio principii, Begging the question）。因此，證明是無效的。明顯性的自身就是自己的證明；明顯性不需要別的證明，也沒有別的證明可以證明明顯性。

第七節　明顯性不是眞理的根源

明顯性是眞理的標準，而且也是眞理的最後標準，但是明顯性不是眞理的根源，二者是兩個迥然不同的問題。眞理標準的意義是指，一件事情是否是眞理，要看它是否與標準相符合，與標準相符合便是眞理，否則，便不是眞理。至於眞理的根源，其意義是指，眞理的出處或來源。我們在上面曾詳細的討論過：明顯性是眞理的標準。我們在這裡要指出：明顯性不是眞理的根源。

明顯性是眞理的標準，而不是眞理的根源，其分別可以用兩個例子來說明：譬如尺是衡量物長度的標準，但是尺不是物的長度的來源。一塊木板有多長？可以用尺來衡量，然而木板的長度不是來自尺，而是來自木頭。同樣，秤是衡量物的重量的標準，然而物的重量不是來自秤。一籃蘋果有多重？可以用秤來衡量，然而蘋果的重量不是來自秤，而是來自蘋果物質的組織。

明顯性是物眞相的顯示，沒有在物上增加任何東西，我們只是藉著明顯性認識物而已。換言之，我們藉著物自己的眞相認識物。因此，沒有明顯性，或者沒有物的標準，物仍然存在，雖然我們不能認識物。但是眞理的根源與眞理的關係並不如此；眞理的根源與眞理是不能分開的，有眞理的根源，才有眞理；沒有眞理的根源，也就沒有眞理。眞理的根源與眞理的關係，就如河源與河水的關係一樣，有河源，才有河水，沒有河源，自然也就沒有河水。

所以我們說，明顯性是眞理的標準，但是明顯性不是眞理的根源。

第八節　眞理的最後標準是第一原理

我們在本章的第六節已經證實過，眞理的最後標準是明顯性，但是也有一些士林哲學家們主張，眞理的最後標準不是明顯性，而是第一原理或存有的原理。主張這種主張的士林哲學家們有桑塞維利諾（Sanseverino, died in 1865）、洛郎・葛塞蘭（MD Roland-Gosselin, 1883-1934）、洛蘭塞利樞機（Card. Lorenzelli），以及保祿・翟尼（Paulo Geny）等人。爲了瞭解這派人的主張，我們逐步解釋如下：

首先，他們認爲在我們討論眞理的最後標準時，有兩個基本的觀念，必須分清，不可混淆，那就是「眞理的最後標準」與「確定性的最後動機」。「眞理的最後標準」是分辨眞理的最後方法或規範。這種標準在主體方面，稱爲「主觀的標準」，在對象方面，稱爲「客觀的標準」。所謂「主觀的標準」，就是標準認知的官能，也就是我們的理智和感官。譬如我們的理智判斷二加二等於四，我們的理智就是這個眞理的「主觀標準」；我們的眼睛看黃色是黃色，我們的眼睛便是黃顏色的「主觀標準」。所謂「客觀的標準」，就是對象的明顯性。而明顯性可能在對象的本身，也可能在對象以外，但是眞正的客觀標準，應當在對象以外才對，因爲標準的意思就是用來衡量對象的，如果標準是在對象本身，那麼，它又如何能衡量自己呢？

所謂「確定性的最後動機」，是使我們同意一個判斷的最後理由，這個最後的理由就是明顯性。我們所以對於一個判斷堅信不疑，不害怕有錯誤的可能，就是因爲有明顯性作爲最後的理由。沒有這個最後的理由，我們不可能對於一個判斷，有一個牢不可破的信念。

沒有懷疑的，我們作任何一個判斷，必須有一個「確定性的最後動機」，然而不見得也必須有一個「眞理的標準」不可，因爲有些判斷並不需要標準。譬如我們判斷「矛盾原理」（Principle of contradiction）和「同一原理」（Principle of Identity）是眞理的原理，就不需要標準。因爲它們的眞實性已經很清楚的顯示出來了。實在，有誰不知道存有不能是虛無？又有誰不知道存有就是存有？況且，我們能用什麼東西能衡量「矛盾原理」和「同一原理」呢？這類的原理都是直接表示「存有的原理」（Principles of being）；我們不論用什麼東西衡量它們，我們用的都是存有；以存有衡量存有，等於沒有衡量，當然是無效的。我們只能以「存有的原理」衡量別的判斷，我們不能用別的判斷衡量「存有的原理」。事實上，我們的理智最先認識的是存有，就如聖多瑪斯・亞奎那所說：「最先進入理智內的是存有。」❻所以「矛盾原理」與「同一原理」這類有關存有的原理又稱爲「第一原理」（First Principles）和「自明的原理」（Self-evident Principles）。

---

❻ St. Thomas, De Veritate, I. 1., S. T. I-II. Q. 94, a. 2.

由以上所說，我們可以知道，「第一原理」或「存有的原理」是沒有標準的，它們自己就是它們的標準。由於這種關係，嚴格的來說，「第一原理」也是不能證明的；我們或是知道「第一原理」，或是不知道「第一原理」，但是我們絕對不能用明顯性或任何物證明「第一原理」；我們可以用明顯性或別的物證明「第一原理」，如果明顯性和別的物是在存有以前就存在的。然而這是矛盾，因爲沒有任何物不是屬於存有的，包括明顯性在內。

在這裡我們可以看出，明顯性實在是判斷的一個動機，不是標準。對於這一點，我們可以用矛盾原理及同一原理來說明。所謂矛盾原理，是說一個物不能在同時與在同一情況之下，既存在而又不存在。這是極明顯的道理，因爲存有與虛無是絕對的抵觸或形式的對立，決無並立的可能。如果一個人把存有當作虛無，或者把虛無當作存有，必是精神有問題，是正常的人無法瞭解的。又所謂同一原理，是指存有是存有，存有與自己相符合。這也是極明顯的道理，因爲有那一位理智正常的人能說，張三不是張三自己；張三與自己不相符合呢？由於這種關係，所以我們稱矛盾原理與同一原理爲自明的原理。我們稱矛盾原理與同一原理爲自明的原理，就等於說，矛盾原理與同一原理的自身是眞實的原理，因爲它們的眞實性是由它們的自身明白的顯示出來的。換言之，它們的明顯性也就是它們的眞實性，也可以反過來說，它們的眞實性也就是它們的明顯性。我們爲什麼肯定存有不是虛無的眞實性？又爲什麼肯定存有是存有的眞實性？不是因爲我們明顯的看出它們那不可否認的眞實性嗎？然而這無異說明，我們所以肯定存有不是虛無的矛盾原理，或者我們肯定存有是存有的同一原理，因爲我們有肯定它們的動機，這個動機就是明顯性，但是我們沒有肯定它們的標準。

我們對於矛盾原理與同一原理所說的，對於其他的眞理也莫不如此。譬如我們問一個人說：「你怎麼知道一加一等於二是眞的？」如果他答說：「因爲那是明顯的事。」或者說：「因爲明顯性告訴我那是眞的。」這兩種答覆不可能把明顯性當作標準的意思，因爲這種答覆都等於說：「我知道我的這個判斷是眞的，因爲明顯的是眞的。」因此，如果我們把明顯性當作判斷的標準，實在是沒有明白明顯性的意義。實在，我們普通也常說：「我不會肯定這個判斷是眞的，除非我看出這是明顯的事。」或者說：「我只認爲我看清楚的事，才是眞的事。」這類的話都是指明顯性是判斷的最後動機，決沒有標準的意思。❼

由以上所說，我們可以看出，第一原理的眞實性沒有標準，只有明顯性。但是問題是：第一原理如何是其他命題眞理的標準呢？主張第一原理是眞理標準的哲學家們說，那就是以第一原理作基礎，看我們要判斷的命題與第一原理有什麼關係，而後對那個命題作分析，並使它與第一原理相比較，這樣，就可以看出命題的眞理或錯誤來。這種查驗命題眞理的步驟是「分析」（Analysis）或「分析解決」（Analytic resolution）。其實，這也是聖多瑪斯．亞奎那的主張。根據聖多瑪斯．亞奎那所說，眞理的標準就是把命題分析到第一原理。❽的

❼ Cf. R. P. Phillips, Modern Thomistic Philosophy, vol. 2, Metaphysics, The Newman Press, Westminster, Maryland, 1954, p.129.

❽ St. Thomas, Opera Qmnia, Tomus XXII, Quaestiones Disputatae De Veritate, vol. I. Quaestio prima, De Veritate,

確，聖多瑪斯·亞奎那從未說過明顯性是眞理的標準，而只是說，明顯性是確定性的動機，就如他說：「知識與理智的確定性是由事物的明顯性而來的。」❾

原來，我們的理智對於第一原理的認識常是正確的，不可能有所錯誤，因爲那都是關於存有的原理，而存有是我們的理智最先認識的。因此，我們不能不知道存有不能是虛無，以及存有就是它自己。然而這也就是矛盾原理與同一原理。由於這種關係，我們以第一原理作眞理的標準，應是理所當然的，因爲一切的命題都是與存有有關係的。

理智爲尋求一個未知的眞理，常是由已知的絕對的眞理開始。換言之，常是由第一原理開始。理智尋求眞理的過程，就如運動到達靜止一樣；運動由靜止開始，而後又終止於靜

---

art 1. Responsio. Jussu Leonis XIII P. M. edita, Romae ad Sanctae Sabinae, 1970. "In demonstrabilibus oportet fieri reductionem in aliqua principia per se intellectui nota ita investigando quid est unumquodque, alias utrobique in infinitum iretur, et sic periret omnino scientia et cognitio rerum."

Commentary in Metaphysics, vol. I. BK.IV. Lesson 6. 607. "The conclusion of any demonstration is made certain by reducing it to the first principle of demonstration." IV Sent. IX, a. 4. Sol. 1 "Veritas enuntiationis reducitur in prima principia per se nota sicut in causas……"

In Boet. de Trinitate, Q. II. a. 1, ad 5., Q. VI. a. 1, C. a. 4." Judicium rectum de conclusione haberi non potest nisi resolvendo ad principia indemonstrabilia." Oe Veritate, I. 12."There is never falsity in the intellect if resolution into the first principles be rightly carried out."以上三節引於 R. P. Phillips, Op. cit p.129.

❾ III Sent., Dist. XXIII, Q. II. a. 2, Sol. 3.引於 R. P. Phillips, Op. cit p.128.

止。理智爲尋求眞理，由第一原理開始，而後又回歸於第一原理。⑩

我們的理智爲發現一個命題的眞理，常是由第一原理開始，這是因爲一如我們以上剛才所說，第一原理是存有的原理，而一切的命題莫不與存有有關係。所以，第一原理也是一切命題的基礎。至於說一個命題由第一原理開始，而後又回歸於第一原理，這是說在我們對一個命題作了分析之後，應當再與第一原理作比較，看看那個命題是與第一原理相符合呢？還是相違背？如果相符合，自然就是眞理，如果相違背，當然就是錯誤，因爲第一原理是不能錯誤的原理。在這種情形之下，第一原理就彷佛是命題眞理的原因一樣。因此，聖多瑪斯・亞奎那也說：「命題的眞理回歸於自明的第一原理，就如回歸於第一原理一樣；尤其回歸於肯定與否定不能同時是眞的原理。」⑪

在這裡我們發現，聖多瑪斯・亞奎那在談命題回歸於第一原理時，特別注意矛盾原理，因爲他所說的「肯定與否定不能同時是眞的原理」，就是指矛盾原理所說的。而且他也很明白的說：「一切判斷的標準都回歸於矛盾原理，當作眞理的基礎。」⑫

不過，我們也知道，分析一個命題，尤其分析一個複雜隱晦的命題，並不是那麼簡單、

---

⑩ St. Thomas, S. T. I. Q. 79, a. 8, Resp.

⑪ IV Sent. Dist. IX. a. 4, Sol. I. quoted by R. P. Phillips, Op. cit. p.129.

⑫ St. Thomas, Commentary on The Metaphysics of Arislotle, trans. by John P. Rowan, Chicago, Henry Regnery, 1961, vol. I. BK. IV, Lesson 6, n. 328., [603] p.243.

容易，必須一步一步的來；有時還需要分析命題中最簡單的感官資料，以及理智對那些資料的初步認識，但是一如聖多瑪斯·亞奎那所說：「如果命題正確的分析到第一原理，理智永遠不會有錯誤的發生。」⓭

沒有懷疑的，以第一原理作爲眞理的標準，原來就是聖多瑪斯·亞奎那的主張。實在，如果我們瞭解聖多瑪斯·亞奎那知識論的整個理論，我們就會知道，他的眞理標準的主張與他的知識論的整個理論是完全一致的。⓮

第九節　明顯性與第一原理

我們看到以第一原理作爲眞理標準的主張之後，我們不能不承認，這種主張有其形上的基礎，所以是正確的。但是也可能有人想：是否一切的命題都能分析到第一原理？我們的答案是肯定的，因爲一切的命題都與存有有連繫，又如我們多次所說，第一原理就是存有的原理。因此，任何一個命題決不能脫離與存有的關係；沒有存有的命題不成命題，就如沒有存有的思想，不成思想一樣。

⓭ St. Thomas, De Veritate, I. 12. quoted by R. P. Phillips, Op. cit. p.130.

⓮ R. P. Phillips, Op. cit. p.130.

現在有一個不可避免的問題，那就是明顯性究竟是不是眞理的標準呢？因爲我們在本章的第五節及第六節，既然已經證明了明顯性是眞理的標準，現在又證明了第一原理是眞理的標準，這不是一個明顯的矛盾嗎？爲答覆這個問題，我們這樣說：狹義的來說，或者嚴格的來說，明顯性不是眞理的標準，而是確定性的動機。然而確定性的動機與眞理的標準常是並存並立，不能分開的。所以廣義的來說，明顯性也可以說是眞理的標準。

在我們討論明顯性的問題時曾說過，明顯性是理智的亮光，事物眞相的顯示，使我們認識事物的眞理。沒有明顯性，我們的理智沒有尋求眞理的開始點，我們所以對於一件事情懷疑，就是因爲缺少明顯性。老遠的一個人向我走來，我看不清他是誰，待他走近了，有了明顯性，我才知道他是張三或是李四。因此，明顯性雖然是使我確定張三的動機，但是也使我認識出張三來。這種情形對於第一原理也是如此，因爲已如我們以上所說，第一原理的眞實性也就是第一原理的明顯性。實在，確定性的動機與眞理的標準常是密切相連的，雖然嚴格的來說，二者並不相同。

還有一種情形，可以說明：明顯性在廣義方面而言，可以稱爲眞理的標準，那就是在我們的理智尋求具體事物的眞理時，從來不用「自身是自明的眞理」（Truth that is evident in itself）作開始點，而是常用「對我們明顯的眞理」（Truth that is evident to us）作開始點，而對我們最明顯的眞理就是感官的明顯性。⑮換言之，在我們尋求具體事物的眞理時，我們

⑮ L. M. R'egis, Epistemology, trans. by Imelda Choquette Byrn, second printing, 1964, p.452.

的理智不是以第一原理作根據，而是常以事物的明顯性作根據。這當然不是說，具體事物的眞理和第一原理沒有關係，任何事物的眞理都與第一原理有關係，因爲第一原理原就是物的原理或存有的原理。但是無論如何，在這裡我們足以看出，在廣義方面來說，明顯性是可以稱爲眞理的標準的。

以上所說是指，在我們的理智尋求具體事物的眞理時，我們的理智不用第一原理作根據，而以明顯性作根據。然而如果我們的理智不是尋求具體事物的眞理，而是尋求純理性的眞理，那麼，我們的理智便不以明顯性作根據，而以第一原理作根據。譬如古希臘哲學家巴買尼德斯（Parmenides, C. 540 B. C-?）所說的那句名言：「由無中無物可生成」（Ex nihilo nihil fit），這句話被哲學家們認爲是一個眞理，但是爲什麼是一個眞理呢？我們的理智自然就會以第一眞理：矛盾原理或同一原理作根據來證實，不會以明顯性作根據來證實。因爲矛盾原理告訴我們，物不能同時又是無，二者是絕對的對立，毫無妥協之可能：物決不是無，無決不是物。因此，由無中不能生成物。同時，同一原理也告訴我們，物是物，物與物相符合，物就是它自己。同樣，無是無，無與無相符合，無就是它自己。⑯所以物絕對不能從無而生出。

我們解釋了明顯性是眞理標準的理由，也解釋了第一原理是眞理標準的理由，我們仍然不免要問：明顯性究竟是不是眞理的標準呢？在今天，絕大多數的士林哲學家們在討論眞

⑯ 關於同一原理的無是無的問題，尚應參閱本書第七章論第一原理中的同一原理。

理的標準時，都認爲明顯性是眞理的標準，這幾乎已成爲普遍的主張了。[17]但是我們認爲以第一原理作爲眞理標準的主張，是不可忽略的。因爲它在形上學上有它的根據，完全站得住，不容質疑。這是爲什麼我們把它提出來，特別作一番討論，並與以明顯性作爲眞理標準的主張作比較。

[17] R. P. Phillips, Op. cit. p.127.

第六章　三個第一真理

我們曾討論過眞理的問題，現在討論第一眞理的問題。眞理的問題是問：什麼是眞理？第一眞理的問題是問：在眞理中有沒有第一眞理？如果有，那些眞理是第一眞理？所以眞理的問題與第一眞理的問題顯然是兩個不同的問題。當然，這兩個問題都是知識論的重要問題。

第一節　三個第一眞理問題的緣起

知識論的主要目的就是肯定我們知識的眞實性，但是如果把我們的知識都拿來，一一的檢討和證實，那不但是費力不討好，而且也是不可能的事。因爲我們的知識包羅萬象，浩瀚無垠。然而在另一方面，我們也不應當毫無分辨的，把我們的一切知識都照單收下，那是很危險的事，因爲我們的知識不全是證實的。

另外，我們爲研究我們知識的眞實性，應當避免兩種態度。首先，我們應當避免採取普遍懷疑論（Universal Skepticism）的態度，因爲如果我們對我們所有的認識官能和知識都懷疑，那麼，我們就不應當研究知識。其次，我們應當避免採取獨斷主義（Dogmatism）的態度，這就是把未證實的知識或理論當作不可改變的眞理。因爲這是「無理由的肯定」（Gratis affirmatur），然而如果我們無理由的肯定一個理論或知識，當然也可以被別人「無理的否定」（Gratis negatur）。所以我們爲研究知識的問題，普遍的懷疑論與獨斷主義都是應當避免的。

有些哲學家們認爲，在我們研究知識眞實性的問題時，我們應當找出幾個對我們的理智具有不可抗拒的明顯性，而同時又是完全可靠的知識。對於這些知識，如果我們不能一看就看出它們的眞實性來，至少稍作反省，便可以看出來。如果我們能找出幾個這樣的知識，我們便可以用它們作基礎，去研究並證實別的知識。譬如如果我們能證實我們的感官是知識的一個有效的來源，那麼，我們由感官所得到的知識的眞實性，也就可以得到證實。這樣，我們既可以避免普遍懷疑論的危險，也可以避免獨斷主義的錯誤。

現在的問題是：有沒有這樣基本的知識或眞理呢？有些哲學家們認爲是有的。那麼，有幾個呢？他們認爲有三個，所以稱爲三個最初的眞理或第一眞理（Tres veritates primitivae, Three primary turths）。在下一節我們就討論這三個第一眞理。

第二節　三個第一眞理

我們的知識分具體的與抽象的兩方面，因爲我們知識的對象分這兩方面。在具體對象方面的知識稱「實在界的知識」（Scientia in ordine reali），在抽象對象方面的知識稱「理想界的知識」（Scientia in ordine ideali）。在這兩種知識以外，我們也必須有一些我們獲得知識的條件。主張有三個第一眞理的哲學家們，就是認爲在「實在界的知識」裡、在「理想界的知識」裡，以及在獲得知識的條件裡，都有第一個眞理。因此，一共有三個第一眞理。以下是他們的理論。

在實在界有第一個事實（Primum factum），那就是我存在（Ego existo），也就是自己的存在，沒有任何物比自己的存在更在先的了。很明顯的，這不是在時間上我的存在先於別的一切的物，因爲只要我放眼一看就可以知道，天空的日月星辰，地球上山嶽海洋，以及世界上林林總總的物，無不先我而存在。再以我身邊的人與物來說，我的父母、兄長、左鄰右舍的人和建築，很多都在我存在以前就存在。然而對我而言，沒有我的存在，一切都不存在。事實上，我所有的一切知識，都假定我的存在，所以我說：「我」看過北京的天壇，「我」到過義大利的羅馬，「我」認識輔仁大學等等。沒有我的存在，這一切的話都不能成立。

在理想界也有第一個原理（Primum principium），那就是矛盾原理（Principium contradictionis）。這個原理是說，一個物不能同時與在同一情況之下，既存在而又不存在。

在一切原理中這是最基本、最先的原理，沒有別的原理比這個原理更先的了。因爲矛盾原理是關於存有的原理，而我們的理智最先瞭解的就是存有。而且矛盾原理是自明的原理（Self-evident principle），它的眞實性顯露於外，沒有人不瞭解的。

在獲得知識條件方面也有第一個條件（Primaria conditio），那就是我的理智或心靈能夠認識眞理（Mens mea est apta ad veritatem assequendam）。因爲如果我們不先承認這個條件，其餘的任何條件都可以免談。我們知道，眞理是理智的對象。我們爲了獲得眞理，或者說爲了獲得知識，有許多的條件，譬如好的健康、好的燈光、好的環境等等。但是這些都是次要的條件，因爲如果我們不承認理智能夠認識眞理，這些條件都沒有任何意義。

以上所說的三個第一眞理，也簡稱爲第一事實，第一原理及第一條件。這三個第一眞理對於一般人而言，都是堅信不疑的信念，也許他們不會用哲學的術語把它們表達出來，但是沒有人不知道它們的意義的。因爲沒有人不知道自己先存在，而後才知道別的物存在。也沒有人不知道存有與虛無不同，存有不能是虛無，虛無不能是存有；如果有人把存有當作虛無，或者把虛無當作存有，對於理智正常的人而言，那是不可思議的事。此外，也沒有人不知道他常作判斷，常追求眞理。不錯，他有時會錯誤，然而並不因此而徹底否認自己的理智有認識眞理的能力；事實上，他知道自己也常常得到眞理。

在這裡我們應當說明的是：我的存在、矛盾原理，以及我的理智能夠得到眞理，所以稱爲三個第一眞理，不是指在直接認識的層面（In ordine cognitionis directae）是最先認識的眞理，而是在反省認識的層面（In ordine cognitionis reflexae）是最先認識的眞理。這也就是說，那三個眞理不是在一切的眞理中，我們所最先直接認識的眞理，而是在我們反省或檢討我們的眞理時，我們發現那三個眞理是其他眞理的基礎和條件，不先承認那三個眞理，其他的眞理便不能建立。

瞭解了以上所說，我們可以很清楚的看出，所以三個第一眞理，並不是其他眞理的來源，而僅是在一切眞理中，我們由於經過了反省的工作，認爲它們應當是我們最先承認的眞理。

第三節　三個第一眞理的眞實性問題

首先提出三個第一眞理問題的，是十九世紀西班牙主要的哲學家巴爾梅斯（Jaime Balmés or Jaime Balmés Urbia, 1810-1848）。他曾對有關眞理確定性不同的理論，作過一番詳細的檢討，他得到的結論是：爲建立眞理的確定性，我們必須承認三個基本的眞理，那就是我有意識的事實，也就是我的存在、矛盾原理，以及我理智的能力。我有意識的事實，支持我在主體方面的眞理（Truths in the subjective order），矛盾原理支持我在客觀方面的眞理（Truths in the objective order），我的理智的能力支持我在普通常情方面的眞理（Truths in common sense）。這也就是說，我們普通認爲我們能夠得到某些眞理，就是因爲我們的理智有得到眞理的能力，這個基本的眞理奠定我們其他眞理的客觀價值。

巴爾梅斯認爲我的存在這個眞理，不允許我們有任何懷疑，因爲這是反駁懷疑論的最有效論證；事實上，聖奧斯定（St. Augustine, 354-430）就用這個眞理反駁了懷疑論，同樣，笛卡爾（Rene' Descartes, 1596-1650）也以這個眞理作爲反對懷疑論的最佳論證。至於矛盾原理，沒有懷疑的也是反對懷疑論的有效論證，亞里斯多德在他的《形上學》第四章，曾數次以矛盾原理駁斥了懷疑論。❶

義大利的哲學家冬其奧爾琪（S. Tongiorgi, died in 1865）很快的接受了巴爾梅斯的三個第一眞理的理論，認爲爲避免陷入懷疑論，肯定三個第一眞理是必須的；而且在一切的眞理中，只有第一事實、第一原理，以及第一條件這三個第一眞理，此外，再沒有別的第一眞理。這三個第一眞理所以稱爲第一眞理，因爲別的眞理都假定它們的眞實性，縱然在我們否認或反對它們的眞實性時，我們也必須暗含的承認它們的眞實性。不過，既然它們是第一眞理，沒有別的眞理比它們更在先的了，所以它們的眞實性不能有嚴格的證明，只能說明。❷

在冬其奧爾琪以後，龔匝雷斯樞機（Card. Zefirino Conzales Y Diaz Tunon, 1831-1894）

---

❶ Jaime Balme's, Cf. Filosofia fundamental, I. 1. Cap. iv. see Paulo Geny, Op. cit. p.110. Note 1.

❷ S. Tongiorgi, Institutiones Philosophicae I. 465. Cf. Card. Mercier, Criteriology, p.357, A Manual of Modern Scholastic Philosophy, Vol. I. London, Kegan Paul, Trench, Trubner & Co., Ltd. 1938.

及巴爾米哀里（Dom. Palmieri, died in 1909）也都接受了三個第一眞理的理論。其實，在第十九世紀，士林哲學家們在討論知識眞實性的問題時，大都接受了三個第一眞理的理論。❸

是不是士林哲學家們都贊成三個第一眞理的理論？答案是否定的。創設魯汶大學哲學高級研究所（Institut Superieur de Philosophie）的當代士林哲學大師梅西哀樞機（Card. De'sire' Josoph Mercier, 1851-1926），就不贊成三個第一眞理的理論，他認爲那是過激的獨斷主義（Exaggerated dogmatism）。他的理由是：三個第一眞理並不能反駁懷疑論，至少不能反駁近代的懷疑論。因爲近代的懷疑論者知道這三個第一眞理的理論，但是如果他們知道這三個第一眞理的理論，而仍然堅持他們的懷疑論，這就說明三個第一眞理的理論，對他們而言，是無效的。

梅西哀樞機不贊成三個第一眞理的理論，除掉以上的理由外，他還認爲三個第一眞理的理論，混淆了本體界（Ontological order）與邏輯界（Logical order）的分別。以我的存在而言，在本體界如果我不存在，當然不能談任何眞理，因爲沒有認識眞理的主體；然而在邏輯界便不能同日而語，因爲在我作一個眞理的判斷時，我並不需要先肯定我的存在，而後才作那個眞理的判斷。譬如二加二等於四，不論我先肯定我的存在與否，二加二常是等於四。

❸ F. J. Thonnard, A Short History of Philosophy, Trans. by Edward A. Maziarz, Descle'e & Cie, Belgium, 1956, pp.997-998., Paulo Geny, Op. Cit. pp.109-110.

由此看來，我的存在並不見得必須先被其他的一切眞理所假定，因此，很難稱爲第一眞理。

論到矛盾原理，梅西哀樞機認爲，那當然是一個最先或最基本的原理，不承認這個原理，我們不能肯定任何眞理。但是矛盾原理決不是我們判斷一切眞理的大前提，彷彿一切的眞理都是從矛盾原理結論出來的一樣。矛盾原理更好說是我們判斷的指導或光亮，幫助我們作正確的判斷。

至於第一條件：我的理智能夠認識眞理，梅西哀樞機認爲這和我的存在的問題一樣。這也就是說，在本體界如果我的理智能夠認識眞理不先被肯定，我們便不能談任何眞理，因爲除非我們先肯定原因，便不能肯定後果。沒有問題的，在認識眞理上，理智的認識能力是原因，被認識的眞理是後果。然而這是在本體界如此，在邏輯界便是另一種情形。在邏輯界我們不是先知道原因，而後才知道後果；事實是正好相反；我們先知道後果，而後才知道原因。因此，在邏輯界我們不是先肯定我的理智能夠認識眞理，而後才實際的認識眞理；相反的，由於我們實際認識了眞理，所以我們才肯定我的理智能夠認識眞理。

梅西哀樞機認爲，所謂三個第一眞理，除矛盾原理以外，我的存在及我的理智能夠認識眞理都不是自明的眞理。所以如果我們認爲我的存在以及我的理智能夠認識眞理的眞實性，不需要有嚴格的證明，至少我們也必須作深刻的思考，才能看出它們的眞實性來；尤其關於我的理智能夠認識眞理的眞實性，更是如此。問題是，如果一個眞理不是自明的眞理，如何能是第一眞理呢？因此，我們不能先驗的（A priori）便承認那三個所謂的第一眞理；

否則，這不是解決知識論所應當解決的問題，而是忽略知識論所應當解決的問題。❹不過，主張有三個第一眞理的哲學家們，用以下兩個論證說明三個第一眞理的眞實性。

甲、從第一事實、第一原理，以及第一條件的意義廣義的證明我的存在、矛盾原理，以及我的理智能夠認識眞理爲三個第一眞理。

首先，我們看第一事實。第一事實或我的存在的眞實性不能有嚴格的證明，其實，什麼證明也不需要。因爲一個眞理所以需要證明，是因爲缺少明顯性，然而顯而易見的，沒有任何事實比我的存在更明顯的了。我們在生活中都有喜怒哀樂，悲歡離合的經驗，我們有誰在歡樂中還要證明自己歡樂？在痛苦中還要證明自己痛苦？一位挑燈夜讀的學生，不必證明自己在讀書；一位在前線浴血抗敵的戰士，不必證明自己在抗敵，因爲這都是極明顯的事。我們的一切經驗都是自己存在的最佳證明。對於這一點，英國經驗論的哲學家洛克（John Locke, 1632-1704）早就說的很清楚，他說我們所有的思想、推理和感覺，無不是我們存在的最好證明，也無不給予我們存在一個最高的確定性。❺

實在，我的存在是最明顯的事實，不需要證明，如果我不存在，我連我的存在是否是

---

❹ Card. Mercier, Op. cit. Vol. I, pp.357-359., Paulo Geny, Op. cit, pp.109-110.

❺ John Locke, An Essay Concerning Human Understanding, abridged and edited by A. S. Pringle-Pattison, Oxford. BK. IV. Ch. 9. V, 3.

第一事實的問題，也提不出來，我現在提出了這個問題，就說明我存在。因此，縱然懷疑論者懷疑自己的存在，也只能在理論上懷疑，在實際的生活上是無法懷疑的。因爲他餓了，他要喫飯；他渴了，他要喝水；他疲倦了，他要休息。世界上是否有眞正的懷疑論者，實在令人質疑。如果世界上有眞正的懷疑論者，洛克說他不會和這種人辯論他存在的問題，就如他不會和虛無辯論虛無存在的問題一樣。洛克相信，如果一個人懷疑自己的存在，他只是假裝懷疑而已，眞正懷疑自己的存在，是絕對不可能的事。但是如果一個人一定要懷疑自己的存在，那麼，在他享受福樂時，他就應當如同沒有享受，不過，饑餓和痛苦會使他相信他存在。❻總之，對洛克而言，自己的存在是一個直觀的知識（Intuitional knowledge），用不著證明，也沒有證明，因爲再沒有比自己的存在更明顯的事實了。❼

我的存在既然是如此的明顯，人人都不能懷疑，它的眞實性也不需要證明；那麼，理所當然的應當是第一事實或第一眞理了。

現在我們再看第一原理。第一原理也就是矛盾原理，這個原理是說，一個物不能同時與在同樣情況之下，既存在而又不存在。很明顯的，這個原理是不能證明的，因爲它的眞實性已經完全顯露出來了，這是爲什麼我們稱它爲自明的原理。實在，沒有人不知道一隻狗不

❻ John Locke, Op. cit. BK. IV. ch. 10. V, 2.

❼ John Locke, Op. cit. BK. IV. ch. 9. V, 3.

能在同時與在同樣情況之下，既是一隻狗而又不是一隻狗；也沒有人不知道一塊大理石不能同時與在同樣情況之下，既是一塊大理石而又不是一塊大理石。矛盾原理的眞實性是如此的明顯，它的明顯性簡直就是它的眞實性，我們也可以說，它的眞實性也就是它的明顯性。那麼，我們再能用什麼明顯性證明它的眞實性呢？因爲沒有任何物比明顯性更明顯的了。

再者，我們不論用什麼論證證明矛盾原理的眞實性，我們已經用了矛盾原理，因爲在我們證明矛盾原理時，我們必須知道什麼是眞理，什麼是錯誤，否則，我們如何證明矛盾原理的眞實性呢？但是如果我們知道什麼是眞理，什麼是錯誤，我們自然也就知道眞理不能同時是眞理而又是錯誤，然而這就是矛盾原理。而且我們不但在證明矛盾原理的眞實性時，我們用了矛盾原理，即便在我們懷疑矛盾原理的眞實性時，我們仍然用了矛盾原理。因爲在我們懷疑矛盾原理的眞實性時，我們仍然必須知道什麼是眞理，什麼是錯誤，不然，我們如何能懷疑矛盾原理的眞實性呢？但是如果我們知道什麼是眞理，什麼是錯誤，那麼，就如我們剛才所說，我們也不能不知道矛盾原理。

矛盾原理是自明的原理，它的眞實性既不需要證明，也不能被懷疑。可能有的人不知道矛盾原理這個名詞，然而沒有人不知道它的意義的。因此，如果我稱矛盾原理爲第一原理或第一眞理，誰說不宜？

最後，我們看第一條件或我的理智能夠認識眞理。第一條件和第一事實及第一原理一樣，也不能有嚴格的證明，只能有廣義的證明或說明。因爲在我們證明我們的理智能夠認識眞理時，我們已經肯定了我們的理智能夠認識眞理。因爲在我們證明我們的理智能夠認識眞理時，我們必須有我們的論證或理由，然而我們不論有什麼論證或理由，無不是由我們的理智想出來的。如果我們不承認我們的理智能夠認識眞理，那麼，我們便不應當用我們的理智想出一些論證或理由，證明我們的理智能夠認識眞理。

我的理智能夠認識眞理這個第一條件，不但不能被否定，連被懷疑也不可以。因爲在我們否定或懷疑我們我的理智能夠認識眞理時，我們同樣必須有我們的論證或理由，然而那些論證或理由仍然是由我們的理智想出來的。這明顯的說明，我的理智能夠認識眞理。

我的理智能夠認識眞理，不是一個無理由的假定，因爲我實際認識了眞理，所以我知道我的理智能夠認識眞理。這就如同我實際走了路，所以我知道我能夠走路；又如同我實際說了話，所以我知道我能夠說話一樣；這類的事實都是不需要假定的，因爲由存在到可能的推論有效（Ab esse ad posse valet illatio），或者說由事實到其可能性的推論是有效的（From a fact to its possibility is valid）。❽

統觀以上所說，我們可以看出，我的理智能夠認識眞理和我的存在以及矛盾原理一樣，它的眞實性是這樣的明顯，既不能被否認，也不能被懷疑；實在是無人不知，無人不曉，那麼，當然也不需要證明。因此，如果我們稱我的理智能夠認識眞理，在我們獲得眞理的一切

---

❽ J. De Vries, La pense'e et l'être, 1962. p.34., pp.41-42., F. Van Steenberghen, Op. cit. p.173, Note 10.

條件中，是第一條件或第一眞理，不應當受到質疑才對。

乙、從第一眞理的意義廣義的證明我的存在、矛盾原理，以及我的理智能夠認識眞理爲三個第一眞理。

所謂第一眞理，如果我們詳加思考，應當包含三個條件：一、第一眞理應當包含於一切判斷之中，至少應當暗含的包含於一切的判斷之中；沒有它，任何判斷不能成立，因爲它是最基本或最初的眞理。二、第一眞理的眞實性不能被懷疑，如果被懷疑，在懷疑中也必被承認。三、第一眞理應當在一切眞理中高居首位，因爲它是第一眞理。這以後，如果我們再詳加思考，我們還可以看出，只有我的存在、矛盾原理，以及我的理智能夠認識眞理爲第一眞理，因爲只有這三個眞理能滿全這三個條件，所以稱爲三個第一眞理。我們現在就這幾個觀點，把三個眞理的眞實性說明於下。

㈠我的存在、矛盾原理，以及我的理智能夠認識眞理，都實在的包含於一切判斷之中，至少暗含的都包含於一切判斷之中。因爲在一個人作任何一個判斷時，他不能不知道他是在作判斷，這也就是說，他不能不知道他是一個判斷者，如果不明明白白的知道，一定暗含的知道。不然，那是誰作判斷呢？但是如果他知道他是在作一個判斷，或者如果他知道他是一個判斷者，他也必定知道他存在，至少暗含的知道，否則，他如何能作一個判斷或一個判斷者呢？

一個人在作任何一個判斷時，他不但知道他是在作判斷，他也一定知道眞理與錯誤不同：眞理不能同時是錯誤，錯誤不能同時是眞理。不然，他就不能作判斷。然而這無異說明，他知道矛盾原理，換言之，矛盾原理包含於他的一切判斷之中。

還有，一個人在作任何一個判斷時，他一定認爲他有能力作判斷，至少暗含的認爲他有能力作判斷，否則，他爲什麼作判斷？但是如果如此，這就等於說，他認爲他的理智能夠得到眞理，因爲判斷的目的就是爲得到眞理。因此，我們可以毫無懷疑的說，一個人在作任何一個判斷時，我的理智能夠認識眞理這個第一條件，常是包含於其中的，如果不是明明白白的包含於其中，至少暗含的包含於其中。

(二)一個人在作任何一個判斷時，他不能懷疑在他的判斷中包含的我的存在、矛盾原理，以及我的理智能夠得到眞理這三個眞理的眞實性。而且縱然他懷疑，在懷疑中他也必須承認它們的眞實性。因爲如果他懷疑，他應當知道他是一個懷疑者，至少暗含的他應當知道他是一個懷疑者，所以他也不能不知道道他存在，至少暗含的知道他存在。理由很簡單，如果他不存在，他便不能懷疑。

再者，如果一個人在作任何一個判斷時，懷疑三個眞理的眞實性，他應當知道他不是不懷疑，所以他也應當知懷疑與不懷疑有分別：懷疑不能同時是不懷疑，不懷疑不能同時是懷疑；他不能同時既懷疑而又不懷疑。很明顯的，這就是矛盾原理。況且，如果一個人在作任何一個判斷時，懷疑三個眞理的眞實性，他應當知道眞理與錯誤有別，不然，他懷疑什麼？但是如果他知道眞理與錯誤有別，他自然也知道眞理不能同時是錯誤，錯誤不能同時是眞理。

然而這就如以上所說，這就是矛盾原理。所以一個人在作任何一個判斷時，他不能懷疑矛盾原理的眞實性，如果他懷疑，在懷疑中也必須承認它的眞實性。

另外，如果一個人在作任何一個判斷時，懷疑三個眞理的眞實性，這就說明一點，那就是他願意找出眞理來，不然，他爲什麼懷疑？但是如果他願意找出眞理來，這當然也說明，他相信他的理智能夠得到眞理；如果他不相信他的理智能夠得到眞理，他也不會有找出眞理的意願。因此，我們可以肯定的說，一個人在作任何一個判斷時，他不能懷疑他的理智能夠得到眞理，如果他懷疑，在懷疑中他也必須承認他的理智能夠得到眞理。

㈢如果一個眞理包含於我們在實在界（Ordo realis）所作的一切判斷之中，至少暗含的包含於其中，那個眞理在實在界所有的眞理之中，便是最基本的眞理或第一眞理，高居首位；然而我的存在便是如此。因爲我們在實在界不論作什麼判斷，無不包含自己的存在或我的存在，已如我們曾多次強調，沒有自己的存在，誰也不能作任何判斷。同樣，如果一個原理包含於我們在理想界（Ordo idealis）所作的一切判斷之中，至少暗含的包含於其中，那個原理在理想界所有的原理之中，便是最基本的原理或第一原理，高居首位；但是矛盾原理便是如此。因爲我們在理想界不論作什麼判斷，我們不能對一件事同時與在同一情況之下，既肯定而又否定。很明顯的，這就是矛盾原理。接著還有一點是：如果我們在實在界與在理想界都實際的作判斷，當然我們認爲我們的理智能夠作判斷，換言之，我們認爲我們的理智能夠得到眞理，因爲已如我們以上曾說，判斷的目的就是爲得到眞理。所以在我們爲得到眞理的一切條件中，我的理智能夠得到眞理這個條件，在一切條件中應當是最基本的條件或第一條件，高居首位。實在，我們的經驗告訴我們，我們不論在實在界作判斷，或者在理想界作判斷，都必須假定我的理智能夠得到眞理這個條件，不假定這個條件，其他的條件可以免談。

我們瞭解了以上所說，便很清楚的可以看出，只有我的存在、矛盾原理，以及我的理智能夠得到眞理，符合第一眞理的三個條件，所以也只有三個第一眞理。因爲我們的一切判斷僅涉及兩件事，那就是判斷者與所判斷的事。但是如果涉及判斷者，也不能不涉及判斷者的存在，也就是我們所說的我的存在；沒有我的存在，沒有判斷者。在另一方面，如果涉及所判斷的事，也就不能不涉及矛盾原理，因爲同一件事不能同時與在一情況之下，既被肯定而又被否定。還有，如果一個人實際的作爲一個判斷者，他自然也就承認他的理智能夠得到眞理。關於這一點，我們曾多次闡明過，在此不再重述。總之，我們的一切判斷無不包含我的存在、矛盾原理，以及我的理智能夠得到眞理這三個第一眞理；在這三個第一眞理之外，再沒有別的眞理被我們所有的判斷都包含在內。因此，第一眞理只有三個。❾

第四節　我的存在與笛卡爾的「我思，故我在」

我們知道，笛卡爾（Rene' Descartes, 1596-1650）以「我思、故我在」作爲哲學的開始

❾ Paulo Geny, Op. cit. pp.108-112

點及一切眞理的基礎。他認爲「我思，故我在」是一個不可動搖的眞理。原來，他發現在哲學上沒有一個不使人爭論的學說和問題，哲學家們都是各是其是，各非其非，尤有甚者，連最荒謬的學說也有人主張。因此，他要爲哲學建立一個起點，並保證知識的眞實性。他爲達到這個目的，於是便以懷疑作爲他哲學的開始點。他懷疑一切，而且從心裡實實在在的懷疑一切。首先，他懷疑我們感官的可靠性，因爲我們的感官錯誤過；他懷疑外界物存在的眞實性，因爲在我們夢境中所有的景物，與在我們清醒時的景物，同樣的逼眞；他懷疑我們理智的可靠性，因爲我們的理智也錯誤過。此外，他懷疑上帝美善的屬性。這也就是說，他懷疑上帝是否是美善的？是否造生我們而故意使我們生活於錯誤之中？而且縱然上帝是美善的，然而惡魔可以愚弄我們，甚至常常欺騙我們，使我們生活於錯誤之中。他的原則是：凡是能引起我們懷疑的事，不論如何微不足道，都應當視爲錯誤，不可以接受。

笛卡爾的懷疑可以說是一個普遍的懷疑，然而就在他的懷疑之中，他發現了一個不可動搖的眞理，那就是「我思，故我在」。因爲儘管他什麼都懷疑，但是他不能懷疑他是一個懷疑者，既然他是一個懷疑者，所以他必須存在，如果他不存在，他便不能懷疑。

在我們證明我的存在是第一眞理時，也提出過與笛卡爾所說的「我思，故我在」類似的論證。我們說我們不能懷疑我的存在的眞實性；如果我們懷疑我的存在的眞實性，在懷疑中也必須肯定我的存在的眞實性。因爲如果我們懷疑我的存在的眞實性，我們自然便知道我們是懷疑者，至少暗含的知道我們是懷疑者，然而懷疑者不能不有他的存在，否則，他便不能懷疑。

看了以上所說，也許有人認爲我的存在並不是第一事實，所以也不是第一眞理，因爲我的存在是從「我思」推論出來的。因此，「我思」應當是第一事實及第一眞理。對於這個問題，我們需要分析和解釋。

首先，對笛卡爾而言，「我思，故我在」並不是一個省略的三段論（Enthymeme）。所謂省略的三段論，就是省掉三段論中的大前提。如果我們把笛卡爾的「我思，故我在」作成一個三段論，它的形式應當是：凡是思想者都存在，我是思想者，所以我存在。那麼，這個三段論的省略三段論就是：我是思想者，所以我存在。但是問題是，笛卡爾並沒有把他的「我思，故我在」看作一個三段論的意思，「我思，故我在」在笛卡爾的思想裡，是一個單純的直觀（One simple intuition）。「我思」與「故我在」在文法上是兩句話，然而這兩句話表示一個事實，笛卡爾所以把一個事實寫成兩句話，是因爲我們的語言不足的關係。對笛卡爾而言，「我思」與「故我在」是不能分開的，二者是一個事實。[10]因此，在笛卡爾的心目中，「我思」並不是第一事實，「故我在」也不是從「我思」結論出來的第二事實，「我思」與「故我在」共同形成一個事實。

[10] G. H. Lewes, A Bi-ographical History of Philosophy, p.391. London, George Routledge & Sons, Ltd. 1900., F. J. Thon-nard. Op. cit. p.500.

再者，縱然有人把笛卡爾的「我思，故我在」看作一個省略的三段論，「故我在」仍然不是從「我思」結論出來的。我們看這個省略的三段論：我是思想者，所以我存在；其中小前提中的「是」字，就是存在的意思，這在西方的文字裡，更是如此。所以我是思想者這句話，就等於說我是存在的思想者。因此，如果我們以「我思」證明我的存在，在邏輯上就犯了竊取論點（Petitio principii）的錯誤，這種證明是無效的。

沒有懷疑的，笛卡爾所說的「我思，故我在」，決不是一個事實出自另一個事實，而是二者一齊出現，共同形成一個事實。這是爲什麼笛卡爾從未說過，他的「我思，故我在」是一個省略的三段論，當然也沒有說過，「故我在」是從「我思」結論出來的，雖然「我思，故我在」在文法的組織上，看起來彷彿是一個省略的三段論。

此外，還有人認爲，笛卡爾的「我思，故我在」在邏輯上也犯了論旨不合（Ignorantia elenchi）⓫的錯誤，因爲必須先有「我在」，而後才能有「我思」，不是顚倒過來。不過，這種批評對笛卡爾不會造成任何困惑，因爲根據笛卡爾的思想，「我思」與「我在」根本沒有孰先孰後的問題，它們是一個事實。

到此我們可以結論說，在我們討論三個第一眞理時，我們說我的存在是第一事實，沒有別的事實比我的存在更先的了，所以也是第一眞理。笛卡爾說「我思，故我在」是他在一

⓫ Paulo Geny, Op. cit. P.117.

切的懷疑中，所發現的一個不可懷疑的眞理，當然也是第一眞理，但是「我思」與「我在」不是兩個事實，而是一個事實。不過，我們所說的我的存在與笛卡爾所說的「我思，故我在」是兩個迴然不同的問題。然而不論是根據我們的解釋，或是根據笛卡爾的解釋，我的存在決不是來自「我思」的第二事實，而是第一事實。

第七章　論第一原理

我們在上一章討論了第一眞理的問題，在這一章我們討論第一原理的問題。不錯，在上一章我們討論過第一原理或矛盾原理，然而屬於第一原理的原理，不只是矛盾原理而已，還有別的原理也屬於第一原理。至於第一原理有幾個？又都有什麼意義？這是本章所要討論的。

第一節　原理的意義

原理這個名詞在英文是Principle，英文這個字有時也有原則的意思。但是在中文，原理與原則的意義並不完全相同。原則是指我們在實際生活和行爲上所應遵守的標準或規範。譬如我們說某人生活有原則，這是說他持守有分，不爲所欲爲，而是有所爲，有所不爲。在這種情形下，我們不說他生活有原理。又譬如我們說，我們的政府在經濟或外交方面有原則，這是說我們的政府在經濟或外交方面有既定的政策或方針。在這種情形下，我們同樣也不說我們的政府在經濟或外交方面有原理。原理是一種基本的知識，根據這種基本知識，我們研究相關的知識。譬如我們根據教育學的原理研究教育學，或者根據社會學的原理研究社會學。在這種情形之下，我們不用原則二字。然而英文的Principle這個字，既有原則的意思，也有原理的意思，這要根據上下文來解釋。

亞里斯多德曾把原理❶這個字作了詳細的分析，他認爲原理有開始的意思，譬如一個物開始推動另一個物；也有容易開始的意思，譬如一個人受教育時，從容易處開始。再者，原理在秩序方面，有最先完成的意思，譬如造船的人在造船時，先造龍骨，而後才造船身。此外，亞里斯多德還對原理這個字作了別的解釋，我們沒有必要都一一提出來。我們要看的是，亞里斯多德如何把原理所有的意義總括起來，給原理所作的定義。根據亞里斯多德所說，原理是「一物由之而有、而成，或被認識之第一點」。❷

---

❶ Richard Mckeon所編纂的The Basic Works of Aristotle, Metaphysics, BK. V. Ch. 1,把原理（Apxn'）譯作Beging, Jhon P. Rowan所翻譯的St. Thomas Aquinas, Commentary on the Metaphysics of Aristotle, vol. I. BK. V. Lesson 1, [403]，則譯爲Principle。

❷ 「The first point from which something either is, or becomes, or is known.」The Basic Works of Aristotle, Met., BK. V. Ch.1, 1013 a 15.

聖多瑪斯把原理定義為「一物以任何方式所出之處」，或「一物所出之處」，❸再或者「任何物以任何方式所由之而出者」。❹因為我們在這裡所討論的是認識的問題，所以有的認識論作者提出邏輯的原理，而把它定義為「我們認識一物之出發點」。❺或「任何物由之而被認識者」。❻

原理與原因（Cause）不同。不錯，亞里斯多德認為二者沒有什麼分別，❼其他的古希臘哲學家們也多混用此二字，然而拉丁教父們（Patres）則認為它們是有分別的。❽原理的意義較原因為廣，是原理，不見得是原因。譬如我們根據經濟學的原理研究經濟學，經濟學的原理不是我們研究經濟學的原因。原因積極且實際的導致一件事的發生，因此，由原因所發生的事，完全依賴原因而存在。譬如蜂蠟被陽光所融化，陽光積極且實際的融化蜂蠟。由於這種關係，原因對於它的後果來說，不是在時間上，便是在性質上，有它的優先性。原因

---

❸ 「Anything whence something proceeds in any way.」St. Thomas, S. T. I. Q.33, a.1. Resp.

❹ 「That from which anything in any way proceeds.」St. Thomas, Physics, I. Lect. 1.

❺ 「Principium logicum est id a quo procedimus ad aliquid cognoscendum.」F. Morandini, Critica, Typis Pontificae Universitatis Gregorianae, Romae, 1963, p.235.

❻ Reginald R. O'Neill, Theories of Knowledge, Englewood, Cliffs, N. J. Prentice-Hall, Inc. 1960, p.81.

❼ Aristotle, Metaphysics, BK. IV.

❽ St. Theomas, S. T. I. Q.33, a.1, ad object. 1.

在時間上有它的優先性，譬如火把水燒熱了，在時間上先有火，而後才有燒熱的水。又譬如木匠製做了一張桌子，在時間上先有木匠，而後才有製作的桌子。又原因在性質上有它的優先性，譬如電擊弄痛了我的手，電擊與我的手痛可能同時發生，然而在性質上，電擊則先於我的手痛，因爲沒有電擊，我的手便不會痛。又譬如風吹滅了蠟燭，風吹與蠟燭被吹滅可能同時發生，但是在性質上，風吹則先於蠟燭被吹滅，因爲沒有風吹，蠟燭便不會被吹滅。至於原理，便沒有原因的這些優先性；原理僅是表示事情的秩序，沒有優先性，仍然存在。譬如政治學的原理或經濟學的原理，在沒有人研究政治學或經濟學時，仍然存在。

原理與條件（Condition）也不同，不過，在談這個問題之前，我們先看條件與原因的分別。條件是使原因產生後果所需要的因素，然而並不實際的使後果產生。譬如我們按電鈴的鈕，是使電鈴響的條件，但是並不實際的使電鈴響，使電鈴響的是電流。又譬如天氣好是使我外出散步的條件，但是並不實際的使我外出散步，使我外出散步的是我的意願。條件分必須的條件（Necessary condition）或不能不有的條件（Conditio sine qua non）與有益的條件（Useful condition），前者如光是爲閱讀必須的條件，後者如較亮的光是爲閱讀有益的條件；然而不論是什麼條件，都與原因不同。因爲已如我們剛才所說，光是我們閱讀的條件，但是不見得是我們閱讀的原因。在這裡我們也可以看出原理與條件的分別來：原理是我們研究學問的出發點或指導，它本身就是知識，因此，與我們根據原理研究所得到的知識融合在一起。條件不是這樣，我們再以光與閱讀的例子來說，光是我們閱讀的條件，而且是必須的條件，然而光不是知識，也不進入我們依賴光閱讀所得到的知識之內。

最後，原理與機會（Occasion）也不同。機會是使我們對於一件事採取行動的暫時有利的情況或環境，含有偶然性。譬如久旱不雨，忽降甘霖，是農人插秧播種的一個好機會。又譬如風和日麗，是我們到郊外踏青尋幽的一個好機會。機會可能一去不復回，至少不能常常在跟前，否則，那便不是機會，而是常態。原理不是這樣，已如我們多次所說，原理是我們研究學問的開始點和指導，不論我們研究學問與否，它常是在那裡，沒有偶然性的因素。

第二節　第一原理的意義

所謂第一原理，顧名思義，是在一切原理中最基本、最先的原理。然而這並非說，那是我們最先知道的原理，更不是說，那是我們與生俱來的原理。事實上，很多的人連第一原理這個名詞都沒有聽說過。我們說第一原理是在我們的原理中最基本、最先的原理，是指在我們一切的原理中，沒有再比它更基本、更先的原理了，所以也不能歸還於任何別的原理之上。

我們從前說過，第一原理又稱爲自明的原理（Self-evident principle），這就是說，它的眞實性出自它的本身，而且顯露於外，不必加以證明；但是不見得人人一看它的名字，就明白它的意義，相反的一面，可能更是眞的。原來，自明的原理有兩種，一種是「對本身自明的原理」（Principia per se nota secundum se），另一種是「對我們自明的原理」（Principia per se nota quoad nos）。「對本身自明的原理」是指：有些原理對它們自身而言，它們的眞實性是自明的，因爲它們的述詞來自它們的主詞；然而不明白主詞意義的人，也就不明白它們的意義。換言之，對於不明白主詞意義的人，它們的眞實性便不是自明的。譬如人是有理智的動物這個命題，對它本身而言，是一個自明的命題，因爲它的述詞「有理智的動物」，是來自它的主詞「人」；但是對於不明人的本質的人，便不是自明的命題。又譬如天使是精神體這個命題，（如果天使存在，）對它的本身而言，也是自明的命題，因爲它的述詞「精神體」，是來自它的主詞「天使」，但是對於不明白天使本質或本性的人，便不是自明的命題。

至於「對我們自明的原理」是指：對於一般人而言，它們的眞實性都是自明的，因爲它們的主詞與述詞的關係都是自明的。譬如一個整體的物大於它的部分；又譬如兩個物都與第三個物相等，那兩個物也必彼此相等。這兩個命題對我們而言，它們的眞實性都是自明的，因爲只要我們把它們的述詞稍作分析，就知道它們的述詞屬於主詞。

由以上所說，我們可以看出，不論是「對本身自明的原理」，或是「對我們自明的原理」，它們的述詞都是來自它們的主詞；也許有時我們不能立刻看出它們的關係來，然而只要我們加以分析，它們的眞實性便昭然若揭。因此，如果我們肯定主詞，也必肯定述詞，否則，便是矛盾。由於這種關係，自明的原理也稱爲分析的原理。❾

❾ St. Thomas, S. T. I-II. Q.94, a.2, Resp.

自明的原理或第一原理是在我們的一切知識中最眞實、最確定的知識；在第一原理以外，我們其他的知識不論如何眞實、如何確定，都不能與第一原理相比。科學家們都認爲，在人類的知識裡，數學是人的理智所能得到的最清楚和最完美的知識。但是毫無懷疑的，我們由數學所得到的公式或公理（Axiomatics），並不能使我們以直觀（Intuition）看出它們的眞理來，所以它們不論如何正確、如何完美，都不能與第一原理相媲美，因爲它們的眞實性不能使我們一目了然，必須一步一步的證實。[10]

第一原理既然是原理，只能存在於理智之內，不能存在於理智以外的實在界。我們在實在界只能看到實在的物，甚至也能看到實在的原因，然而卻看不到原理，更看不到第一原理。第一原理是關於存有的原理，聲明一個物應當是什麼樣的物，才是它所是的物；所以第一原理也可以稱爲悟性的原理（Principle of understanding）。

第三節　第一原理的必須性

我們有許多知識的眞理，由於它們缺少明顯性，不能被我們所認識；爲了認識那些眞

---

[10] Jacques Maritain, The Degrees of Knowledge, trans. by Gerald B. Phelan, Charles Scribner's Sons, New York, 1959, pp.22-23., p.23, note 1.

理，我們必須用邏輯推理的方式，逐步的推論，使它們的眞理顯示出來。在這裡我們便可以看出第一原理的必須性，因爲第一原理是一切論證的最後基礎，論證有了最後的基礎，眞理便顯露無遺。

為了瞭解第一原理的必須性，我們不妨用一個例子來說明：理性心理學告訴我們，我們的理智是非物質性的認識能力。但是這個命題的眞實性不是人人能看出來的，必須按部就班的來證明，證明的步驟是：如果我們能證明我們的理智能夠認識非物質的對象，我們便可以證明我們的理智是非物質性的認識能力。但是我們可以證明我們的理智能夠認識非物質的對象，因爲我們的理智能夠認識正義、眞理、自由、聖善等的意義，而這些都是非物質的，所以我們的理智是非物質性的認識能力。

在以上的那個論證裡，很明顯的，它的大前提是一個普遍的眞理，那就是凡是能夠認識非物質對象的能力，都是非物質性的認識能力。問題是爲什麼這個大前提是有效的呢？答案是：它的基礎是因果原理（Principle of causality）。這個原理是說，有什麼後果，有什麼原因，因爲「後果相似自己的原因；一切的製作者製作與自己相似的物。」⓫然而我們知道，因果原理就是一個第一原理，因爲它也是一個自明的原理。總之，我們在這裡願意所說的是，我們的理智是非物質性的認識能力所以能夠得到證實，就是因爲有第一原理作基礎的關係。

⓫「Effectus assimilatur suae causae, quia omne agens agit sibi simile.」

當然，有些眞理的命題由於缺少明顯性，爲了得到證實，不像以上那個例子那麼簡單，需要經過許多的步驟去證明；但是不論經過多少步驟，其最後的基礎一定是第一原理，沒有第一原理作基礎，便會形成新實在論者（Neorealist）以及分析哲學（Analytical philosophy）的創始人摩爾（George Edward Moore, 1873-1958）所說的「開放問題」（Open question），那將永遠得不到最後的證明。在這種情況下，有兩種情況可能發生：一種情形是：一連串的證明彼此相連結，形成一個圓圈，一個證明被另一個證明所證明，結果是彼此證明。然而我們知道，如果一個證明被另一個證明所證明，那另一個證明應當比被證明的這個證明具有更大的明顯性才對；但是它們是一個彼此證明的圓圈，因此，每一個證明既是證明者，也是被證明者。換言之，每個證明既具有較大的明顯性，同時也具有較小的明顯性，這顯然的是一個矛盾。另一種情形是：所有的證明都連結起來，不是形成一個圓圈，而是形成一條直線，因爲沒有第一原理作最後的證明，所以無限的證明下去，永遠不能得到結論。⑫由此看來，第一原理的必須性是不能被否認的。

也許有人認爲，如果一個命題的眞理必須經過非常複雜的步驟，才能得到證明，不一定非依賴第一原理不可，我們可以在某種情形之下，適時結束論證，簡直肯定那個命題的眞

---

⑫ Card. Mercier, Op. cit. pp.360-361., St. Thomas, Com. on the Metaphysics of Aristotle, vol. I. BK. IV. Lesson 6, [607], [608], pp.243-244.

理。不過，我們也不要忘掉我們從前所說，如果一個命題「無理由的被肯定」，也可以「無理由的被否定」。

第一原理是自明的原理，它的眞實性出自它的本身，猶如一道皓光，照耀我們的心靈，使我們在尋求眞理的路途上，不致誤入歧途。由於這種關係，第一原理也是客觀的原理，我們知識的客觀性就是建立於第一原理之上的；沒有第一原理，我們的知識很容易失於主觀，當然，我們知識的價值也就發生問題。

第四節　三個第一原理

我們在本章第二節曾說過，第一原理是最基本、最先的原理，然而我們這一節的標題是「三個第一原理」。「第一」、「最基本」、「最先」是否與「三個第一」有所矛盾呢？我們的答案是否定的，因爲「第一」、「最基本」、「最先」固然只有一個，但是我們也曾說過，第一原理是關於存有的原理，而存有有不同的形態（Modalities），所以第一原理也有不同表達的方式。

第一原理有幾個呢？知識論的作者們有不同的看法，有的認爲有三個，那就是矛盾原理（Principle of contradiction）、同一原理（Principle of identity）和排中原理（Principle of excluded middle）。有的認爲有四個，那就是在這三個原理之外，再加上因果原理（Principle of causality）。還有的認爲有六個，那就是在這四個原理之外，又加上充足理由原理（Principle of sufficient reason）以及目的原理（Principle of finality）。[13]不過，我們在這裡只把矛盾原理、同一原理及排中原理，作爲第一原理來討論。

（甲）矛盾原理

㈠矛盾原理的意義

最先提出並強調矛盾原理眞實性的是亞里斯多德，他給矛盾原理所作的公式是：同一個屬性不能同時與在同一情況之下，既屬於同一個主體，而又不屬於同一個主體。[14]這個公式作的實在縝密周全，天衣無縫。很明顯的，兩個不同的屬性可以分別屬於兩個不同的主體，沒有任何矛盾。譬如黑色屬於烏鴉，白色屬於鷺鷥，那裡有矛盾？同樣，一個同樣的屬性可以屬於兩個不同的主體，也沒有矛盾之可言。譬如黑色屬於黑狗，同時又屬於黑貓，絕對沒

---

[13] 「原理」這個名詞，在中文也有的作者改用「律」字；在英文也有的作者用law，而不用principle。但是我們認爲用「原理」這個名詞，還是比較合適。其實，拉丁文的作者都用principium，而不用指「律」字講的lex。

[14] 「The same attribut cannot at the same time belong and not belong to the same subject and in the same respect.」Aristotle, Met. BK. IV. Ch. 3, 1005 b 15.

有矛盾。當然，兩個不同的屬性也可以屬於同一個主體，不會有矛盾的發生。譬如黑白兩種顏色同時都屬於同一隻狗，就沒有矛盾；黑白色的狗多的很，是司空見慣的事。但是一隻黑狗不能同時是黑的而又是白的。

在矛盾原理的公式裡，「同時」二字很重要，這是時間的限制，因爲如果沒有時間的限制，許多相反的事或命題不見得構成矛盾。譬如下雨與不下雨兩個相反的命題，如果沒有時間的限制，就不會構成矛盾，因爲昨天下雨與今天不下雨，那裡有矛盾?然而如果說同時下雨而又不下雨，這便構成矛盾。

在矛盾原理的公式裡，又所謂「在同一情況之下」，也是非常重要的。聖多瑪斯在註解亞里斯多德的矛盾原理公式時，便特別強調這一點的重要性。⑮這一個限制是說，兩個相反的命題應當在同一觀點之下去判斷，才有矛盾之可言，否則，便無所謂矛盾。譬如北京狗既大而又小這個命題，便沒有任何矛盾，因爲北京狗比牛小，比鼠大。但是如果把北京狗只和牛來比，或者只和鼠來比，如果再說北京狗既大而又小，便是矛盾了。

「在同一情況之下」也包括地方的限制，沒有地方的限制，兩個相反的事或命題也不會發生矛盾。譬如在巴黎下大雪，同時在臺北則豔陽高照，晴空萬里，其間沒有絲毫的矛盾。但是如果說在巴黎同時下大雪而又晴空萬里，毫無問題的，這是矛盾。

---

⑮ St. Thomas, Com. on the Metaphysics of Aristotle, vol. I. BK. IV.[600], p.242.

對於矛盾原理中所說的「同時」，梅西哀樞機有異議，他認爲沒有提出的必要。因爲嚴格的來說，時間與矛盾原理並沒有關係。梅西哀樞機認爲矛盾原理的公式應當是：同一個主體不能有兩個相反的屬性（One and the same subject can not have two contradiclory attributes）。所謂矛盾，梅西哀樞機認爲它的基礎是建立在主體的同一性（The identity of subject）上的。同一個主體不論在任何時間，都不能有兩個相反的命題。所以在矛盾原理中，我們應當注意的是主體的同一性，不是時間，時間不能進入矛盾原理之內。如果矛盾原理屬於時間之下，它如何能有超越性呢？換言之，它如何能超越一切的範疇（Categories）呢？⓰

以梅西哀樞機看來，有些哲學家們所以在矛盾原理內加上時間的限制，因爲他們認爲一切的事都隨著時間而改變。因此，如果不在矛盾原理內加上時間的限制，矛盾原理便不能成立。但是梅西哀樞機說，如果我們把一件事眞正的看作同一件事，那麼，它不論在任何時間都不能有兩個相反的屬性。⓱

梅西哀樞機對矛盾原理闡精闢微，分析的極其透徹。不過，我們仍然認爲把時間的限

⓰ 此處所說的範疇，是指亞里斯多德的範疇（Aristotelian categories），有十種：實體（Substance）、量（Quantity）、質（Quality）、關係（Relation）、動作（Action）、姿態（Posture）、被動（Passion）、時間（Time）、空間（Place）及習慣（Habit）。

⓱ Card. Désire' Mercier, A Manuel of Modern Scholastic Philosophy, vol. I. General Metaphysics, p.475, trans. by T. L. Parker and S. A. Parker. St. Louis, B. Herder Book Co., 1938.

制加入矛盾原理之內，是有其必要性的。因爲雖然根據梅西哀樞機所說，只要我們把矛盾原理中的主體看成同一個主體，同一個主體不論在任何時間，都不能有兩個相反的屬性，所以在矛盾原理之中加上時間的限制，是沒有必要的。但是所謂同一個主體，在某種情況之下，其意義並不十分確切，需要經過一番解釋，才能明瞭。譬如我們說：「昨天張三的面色蒼白」而「今天張三的面色紅潤」，很明顯的，這兩個命題沒有任何矛盾，雖然昨天的張三就是今天的張三，張三是同一個張三。換言之，主體是同一個主體，而同一個主體卻有兩個相反的屬性：蒼白與紅潤。爲了解釋爲什麼同一個張三能有兩個相反的屬性，我們必須對張三加以分析不可。我們說張三在他的位格上（Person），昨天的張三與今天的張三沒有任何分別，但是張三在他的生理狀態上，昨天的張三與今天的張三便有些不同，因此，同一個張三能有兩個相反的屬性而沒有矛盾。但是如果我們在矛盾原理的公式內，把時間的限制加進去，我們對於主體的分析便可以免去。這也就是說，我們便不需要解釋張三在位格上與在生理狀態上的分別。況且有許多情況，命題中的主體是無法分析的，因此，如果在矛盾原理的公式內不加入時間的限制，兩個相反的命題便沒有矛盾發生的可能。譬如天氣非常陰霾與天氣非常晴朗兩個命題，便是一個例子。

實在，在矛盾原理的公式內加入時間的限制，不但使矛盾原理更彰明較著、更確切恰當，而且也是必須的。再者，在矛盾原理的公式內加入「同時」的條件，矛盾原理並不因此而受到時間的限制，受到限制的是矛盾原理所涉及的事。換言之，在矛盾原理內加入時間的限制，並不損及它的超越性，相反的，更保證它的超越性。因爲這樣的矛盾原理公式：同一個屬性不能同時與在同一情況之下，既屬於同一個主體，而又不屬於同一個主體，在任何時間都是有效的。這也就是說，它的有效性超越任何時間。

亞里斯多德對於矛盾原理，提出以上的公式之外，還提出了別的幾個公式。不同的公式在文字上雖有所改變，但在意義上則完全相同。我們再提出他另一個哲學家們常引用的一個公式：同一個物不能在同時，既存在而又不存在。⑱對於這一個矛盾原理的公式，亞里斯多德還特別強調它的有效性。然而沒有懷疑的，我們都注意到，亞里斯多德在這個矛盾原理的公式裡，並沒有把「在同一情況之下」的條件加進去。那麼，這個矛盾原理的公式是否是一個完整的公式呢？答案是肯定的。聖多瑪斯在註解這個公式時說，這個公式自然包括「在同一情況之下」的條件在內。⑲

在亞里斯多德之後，聖多瑪斯最強調矛盾原理的眞實性與重要性，他所提出矛盾原理的公式就是亞里斯多德所提出的公式。對於這一點，我們在他註解亞里斯多德有關矛盾原理的問題時，可以很清楚的看出。⑳不過，他又提出一個更簡單明瞭的公式：第一原理是不能

---

⑱ 「It is impossible for the same thing at the same time to be and not to be.」 Aristotle, Metaphysics, BK. IV. Ch. 3,1005 b 25., BK. XI. Ch. 5, 1062 b 1.

⑲ St. Thomas, Com. on the Met. of Aristotle, vol. II. BK. XI, Lesson 5, [2212]. p.794.

⑳ Ut supra, vol. I. BK. IV. Lesson 6, [605], p.242., vol. II. ut supra.

同時肯定而又否定。㉑聖多瑪斯所說的第一原理，就是矛盾原理。

矛盾原理涉及我們實在界的知識，也涉及我們邏輯界的知識；涉及我們一切的知識。它是事實的原理（Principle of reality），也是邏輯的原理（Logical principle）。這不是說矛盾原理是兩個原理，而是說矛盾原理規範我們的一切知識。換言之，我們的知識不論是屬於實在界的知識，或是屬於邏輯界的知識，都受矛盾原理統轄。關於這一點，我們從以上所說的矛盾原理公式可以看出。

我們一切判斷的規則，都是對一個固定的主詞，作一個固定的聲明。因此，我們在作一個判斷時，不能對同一個主詞肯定兩個相反的述詞；如果我們肯定其一，必定否定其二。我們不能同時肯定人是有理智的動物，而又否定人是有理智的動物。我們在任何一個判斷裡，都有一個限制，我們不能腳踏兩隻船，模稜兩可。由於這種關係，所以亞里斯多德說，一個人不論作什麼肯定，都是肯定矛盾原理。㉒當代的非士林哲學家們大都用「A是B與A不是B，不能同時是眞的」，來表示矛盾原理。

近來，有許多士林哲學的作者，把矛盾原理稱爲不矛盾原理（Principle of non-contradiction），他們的意思是說：物不能與自己相矛盾，但是物同時存在而又不存在，便

㉑「Primum principium indemonstrabile est quod non est simul affirmare et negare.」 S. T. I-II. Q. 94, a. 2. Resp.

㉒ Aristotle, Met. BK. IV. Ch. 3, 1006a 1-15.

是與自己相矛盾；然而如果物與自己相矛盾，它便不能存在。所以物應當遵守不矛盾原理，我們的判斷也應當遵守不矛盾原理。把矛盾原理改稱爲不矛盾原理的士林哲學的作者們，主要的是因爲他們特別注重同一原理的緣故。

㈡矛盾原理的基礎

矛盾原理的基礎是存有（Being）與非存有（Non-being）的分別，這個分別是一個永遠無法通融的鴻溝，它們的距離可以說是無限的。一個存有只要一出現，就是一個實在的物，而非存有常是虛無，二者是形式的對立（Oppositio formalis）或絕對的對立；是存有，便不能是非存有；是非存有，便不能是存有；存有與非存有互相排斥，不能並存。

存有與非存有各有一個固定的意義，雖然非存有是虛無，沒有被瞭解之處，所以不能被認識；但是因爲我們瞭解存有，所以我們對非存有也能作一些否定的解釋。我們聽到、看到、嚐到、或者不論以何種方式接觸到的，與我們什麼都沒有聽到、看到、嚐到，或者不論以何種方式都沒有接觸到的，完全是兩個認定。如果我的皮包空空如也，一文不鳴，我不能拿出虛無來當錢花；如果我枵腹從公，饑腸轆轆，我不能拿虛無來充飢。其實，我不能拿虛無代替任何東西，只有喪失理性的人，才把虛無當作物。

存有是我們第一個認識的對象（Objectum primum notum），也是藉自身被認識的對象（Objectum per se notum），超越一切的類別，不能與任何物分開，更不能與任何物相反，所以也不能定義。存有包括一切的物，惟一與存有相反的是非存有。所謂矛盾，就是把存有當作非存有。換言之，矛盾使存有與非存有互相認同，消除二者之間的差異，其結果是毫無懷疑的導致我們思想的混亂，摧毀我們的知識。矛盾原理就是說明存有不能同時是虛無，矛盾原理的基礎也是存有不能同時是虛無。

我們能夠認識任何物，至少能夠認識它是一個物，然而我們對於非存有卻一無所知。古希臘哲學家巴美尼德斯（Parmenides, C.540 B.C.）對於非存有與存有有幾句話說的很對，他說：「我們不能認識非存有，也不能講述它。」㉓因爲非存有什麼都沒有，什麼都不是，可謂一無是處。因此，非存有不能作爲我們思想的對象，思想不能沒有存有，沒有存有的思想，不是思想。所以巴美尼德斯又說：「能被思想的物與存有是同樣的物。」㉔「什麼是能存在的，也必須是能被思想的，因爲存有能存在，而虛無則不能。」㉕巴美尼德斯的這幾句話，說的非常深刻。

僅就以上所說，亞里斯多德對巴美尼德斯大加讚美，認爲他在解釋存有與非存有的性

㉓「For you could not recognize that which is not, nor could you mention it.」（[B2. 7-8], Proclus, Commentary on the Timaeus, I 345. 11-27）quoted by Jonathan Barnes, Early Greek Philosophy, Part I. 9. 132. Penguin Books, 1987.

㉔「For the same thing can be thought of and to be.」Plotinus, Enneads V. i, 8. ut supra.

㉕「What is for being and for thinking must be; for it can be, and nothing can not.」ut supra.

質上，比他的老師色諾分尼（Xenophanes of Kolophon, C.586-490 B.C.）以及當時其他的哲學家們，都要清淅、深刻的多，因爲巴美尼德斯看到存有之外，沒有非存有的存在；只有存有存在，存有以外，什麼都沒有。㉖柏拉圖對巴美尼德斯也稱讚有加，稱他爲「偉大的巴美尼德斯」（Great Parmenides）。㉗

毫無問題的，矛盾原理是建立於存有與非存有或虛無之上的，二者互相排斥，如果一方被我們所承認，另一方必須被我們所否認，虛無永遠不能進入存有的觀念之內。矛盾原理涉及存有的本質，所以是存有的原理。由於這種理由，矛盾原理首先屬於存有學（Ontology），而非邏輯學。當然，在存有學上是矛盾的事，在邏輯學上也是如此。我們也可以反過來說，在邏輯學上是矛盾的事，在存有學上也是如此。不過，一件事是否是矛盾，我們的理智是根據存有與非存有作判斷的。

矛盾原理是自明的原理，因爲只要我們把存有與虛無相比較，自然就看出它們對立的性質來；如果我們說它們水火不相容，尚不能形容它們的對立性於萬一。在一切的對立中，沒有比存有與虛無更大、更明顯的了，所以柏拉圖說：「把非存有看作存有，就是矛盾。」

㉖ Aristotle, Motaphysics, BK. I. Ch. 5, 986b 20-25.

㉗ Plato, The Colbected Dialogues of Plato, edited by Edith Hamilton and Huntington Cairns, Sophists, 237a.

㉘話雖簡單，意義卻非常深刻。

㈢矛盾原理的絕對性與普遍性

我們明瞭了矛盾原理的意義之後，自然也就會瞭解它的絕對性。矛盾原理是絕對的，因爲它不但超越時間與空間，而且也超越亞里斯多德所說的十種範疇（Predicamenta, Categories）。範疇這個字，在希臘文是（Kategorein），指陳述的意思。亞里斯多德認爲存有可以用十種不同的樣態（Modes）來陳述，這就是所謂的十種範疇。㉙矛盾原理的眞實性不限於某個時間或空間，也不限於存有的任何其他的一個樣態，而是超越所有的樣態或範疇。因此，矛盾原理永遠是眞實的、有效的，與它相反的命題也永遠不能成立。換言之，凡是存有，不論是必須的存有（Necessary being）或是偶有的存有（Contingent being）；不論是無限的存有（Infinite being）或是有限的存有（Finite being）；不論是實際的存有（Actual being）或是潛能的存有（Potential being），都不能不與非存有或虛無相牴觸；只要是存有，必須排除非存有，存有與非存有決無妥協之可能。然而這就說明矛盾原理的絕對性。

矛盾原理是絕對的，相連的也是普遍的，因爲我們的思想不論多麼複雜、多麼變化無

㉘ 同上。

㉙ 參閱本章註⑯。

常，總脫離不了存有與非存有的範圍，宇宙間只有存有與非存有。我們知道，我們說宇宙間只有存有與非存有，已經犯了邏輯的錯誤，因爲非存有根本不存在。但是我們的語言不足，在我們表達存有的反面時，也只能如此表達。無論如何，宇宙間既然只有存有與非存有，因此，宇宙間的事雖然雲譎波詭，瞬息萬變，然而無不是在存有與非存有之間打轉。那麼，我們的判斷一如我們的思想，不論多麼複雜、多麼變化無常，也無不涉及存有與非存有的問題。所以我們可以用同一個方式表達我們對存有與非存有的判斷，那就是存有不能同時是存有而又是非存有。這當然是矛盾原理。

矛盾原理用於任何兩個相反的事上，所以我們不論是在言語上，或是在思想上，幾乎時時處處，都運用矛盾原理。譬如我們說：黑不是白、善不是惡、醜不是美、功不是過等等，很明顯的都是表現矛盾原理。甚至我們說：山不是水、花不是草、牛不是馬、張三不是李四等等，也莫不都是表現矛盾原理。因爲每一個物就其存在而言，都是獨一無二的，與其他的物有所不同。因此，每一個物不能同時是它自己而又是另一個物，它們彼此不能通融。這也就是說，一切的物都在矛盾原理統轄之內。沒有問題的，矛盾原理是普遍的。在這裡我們可以瞭解，爲什麼亞里斯多德說，只要一個人說出任何一個物來，都是說明矛盾原理。㉚

㉚ Aristotle, Metaphysics, BK. IV. Ch. 3, 1006a 1-15.

㈣矛盾原理證明的問題

1.矛盾原理沒有嚴格的證明

我們在討論三個第一眞理時曾說過，矛盾原理是不能有嚴格的證明的，只能有廣義的證明或說明，因爲我們不論用什麼論證證明矛盾原理，我們必須知道什麼是眞理，什麼是錯誤；眞理不能同時是錯誤，錯誤不能同時是眞理，然而這就是矛盾原理。所以在我們證明矛盾原理時，我們已經用了矛盾原理。

再者，矛盾原理的眞實性已經在它的本身顯示出來了，所以又稱爲自明的原理。那麼，我們還證明什麼呢？更何況矛盾原理的明顯性是一切明顯性中最明顯的明顯性，沒有任何明顯性比矛盾原理的明顯性更明顯的了。因此，我們不可能再用別的明顯性證明矛盾原理的眞實性。

亞里斯多德討論矛盾原理最多、最深刻、最精闢的地方，是在他的《形上學》中的第四書及第十一書，他在這兩書中反覆的闡明矛盾原理的意義，以及用不同的論證證明矛盾原理的眞實性。他所說的理由周密深邃，令人折服，然而他卻認爲矛盾原理不能有嚴格的證明。以下是亞里斯多德的理由，說明矛盾原理的眞實性不能有嚴格的證明。

亞里斯多德認爲矛盾原理的眞實性不能有嚴格的證明，主要的理由是：不是一切的事都能被證明的，因爲如果一件事需要被證明，當然自己不能被自己所證明，必須被別的事所證明。因此，如果一切的事都需要被證明，將不出兩種證明，那就是「循環的證明」（Circular demonstration）與「無限進行的證明」（Demonstration of process in infinitum）。

首先，我們看「循環的證明」。這種證明是無效的，因爲在「循環的證明」裡，一件事既要證明別的事，也要被別的事所證明。然而這就等於說，同一件事既比別的事更具有明顯性，同時也比別的事少具有明顯性，因爲它們彼此互相證明。所以「循環的證明」是無效的，什麼都不能證明。

現在我們再看「無限進行的證明」。「無限進行的證明」也就是「無限追溯的證明」（Demonstration of infinite regress），只是「無限進行的證明」的方向是向前無限的證明下去，而「無限追溯的證明」的方向是向後無限的推演下去。「無限進行的證明」也是無效的，因爲任何一個證明所以是確定的或眞實的，是因爲它能回歸於第一原理，換言之，是因爲它以第一原理作基礎。但是「無限進行的證明」沒有以第一原理作基礎，而是無止境的證明下去，永遠得不到一個最後的結論，所以什麼都不能證明。㉛

我們由以上所說可以看出，「循環的證明」與「無限進行的證明」都說明一點：不是一切的事都可以證明的，這也就是說，有的事是不能證明的。亞里斯多德認爲矛盾原理的眞

㉛ St. Thomas, Com. on the Met., I. BK. IV Lesson 6,[606],[607], pp.243-244.

實性就是不能證明的，他也認爲要求證明矛盾原理眞實性的人，應當承認這一點，因爲他對矛盾原理曾三番五次的作了詳細的說明，而且還多次以「對人的論證」（Argumentum ad hominem）闡明了矛盾原理的眞實性。㉜

2.矛盾原理的「對人的論證」

亞里斯多德多次強調，矛盾原理的眞實性是不能有嚴格的證明的，但是他認爲矛盾原理的眞實性可以用「對人的論證」來說明。所謂「對人的論證」，就是根據否認或反對矛盾原理者的理論所作的分析和批判，使他們看出他們的理論是多麼荒誕錯謬，多少有我們所說的「以子之矛攻子之盾」的意思。不過，在這裡我們只把亞里斯多德所說的「對人的論證」扼要的、籠統的敘述一下，在下一節我們再作較詳細的討論，看看亞里斯多德如何針對否認矛盾原理的哲學家們，所作的個別的「對人的論證」。

在亞里斯多德的時代，否認矛盾原理的哲學家們，都是詭辯論者，他們所說的理由都是似是而非，所用的字也都屬於多義。因此，亞里斯多德爲反駁他們，便對症下藥，先把有關矛盾原理的字義釐清。我們知道，有關矛盾原理的字是存有與非存有，亞里斯多德指出，存有與非存有各有一個固定的意義，就如「人」（Man）與「非人」（Not-man）各有一個

㉜ Ut supra, [607].

固定的意義一樣。如果一個物不只有一個意義，而是有許多的意義，甚或有無數的意義，很明顯的，那是絕對不可思議的。因爲如果如此，我們便不能思想任何一個物，因爲我們不知道它是一個什麼樣的物。因此，如果一個物有很多的意義或無數的意義，就是沒有意義。

每一個物都有一個固定的意義，也只有一個固定的意義，一個人不能同時是「人」而又是「非人」。所謂「人」不是指多義「人」的意思。譬如我們說張三是「人」，恨張三的李四說張三不是「人」。在這裡李四說張三不是「人」的人字，便是多義的「人」字，那是指張三在作人方面，沒有到達作人的標準，不夠作人的資格；而我們說張三是「人」的人字，是指「人」的本義，而「人」的本義只有一個，那就是有理智的動物。但是如果我們認爲「人」與「非人」沒有分別，那麼，在我們說張三是「人」與張三不是「人」時，也便沒有任何分別了。換言之，「那是一個人」與「那不是一個人」兩個命題，都是指同一個物，這不能不是一個明顯的矛盾。㉝

總之，如果所有矛盾的述詞（Predicate）或聲明（Statement）對於同一個主詞（Subject）都是眞實的，那麼，一切的物都成爲一個物了。譬如一隻船，它既是一堵牆，也是一個人，它是一切的物。因此，在這種情形之下，我們既不能肯定一個物，也不能否定一個物。而且還有一種困難，那就是如果「一個人同時也是一個非人」這個命題是眞實的，很

㉝ Aristotle, Met. BK. Ch.4, 1006a-1006b 30.

明顯的，那個人既不是一個人，然而也不是一個非人。❸❹更清楚的說，如果「一個人是人同時也不是人」這個命題是眞實的，我們當然也可以反過來說：那個人不是人，然而也不不是人。由於這種關係，我們對於同一個物同時說「是」也說「非」，但是也同時說「非」也說「是」。但是如果一個人在判斷上到了這種程度，他不可能說出使人瞭解的任何事來，因爲他對同一個物既肯定又否定，既思想又不思想。亞里斯多德自問說：「這種人與植物有什麼分別？」❸❺所以聖多瑪斯在註釋亞里斯多德的這個問題時說，亞里斯多德認爲人們對於矛盾原理所犯的錯誤有兩種：一種是否認矛盾原理，另一種是要求證明矛盾原理。❸❻

3.反駁赫拉吉利圖、亞納克撒各拉斯以及普洛大各拉斯的「對人的論證」

亞里斯多德在他的《形上學》中的第四書的第三章及第四章中，特別提出了三位否認矛盾原理的哲學家：赫拉吉利圖（Heraclitus of Ephesus, C.535-465 B.C.），亞納克撒各拉斯（Anaxagoras of Clazomenae, C.499-428 B.C.）以及普洛大各拉斯（Protagoras of Abedera,

❸❹ Ut supra , 1008 a 5.

❸❺ Ut supra, 1007 b 15-1008 b 10.

❸❻ St. Thomas, Com. on the Met., I. BK. IV. L. 6, [606].

C.480-410 B.C.），並以「對人的論證」予以反駁。以後，亞里斯多德在他的《形上學》中的第十一書的第五章及第六章，再以「對人的論證」予以反駁。現在我們先看看他們三人的學說。

赫拉吉利圖主張沒有固定的物，一切的物都在不停的變化，就如他說：「一切的物都在流動狀態之中。」「你不能兩次進入同樣的河水裡，因爲新鮮的水常向你流來。」[37]柏拉圖及亞里斯多德都引證過赫拉吉利圖的這兩句話。[38]所以對赫拉吉利圖而言，萬物都時時刻刻的流逝，而後又以新的姿態出現，沒有一個物是它以前所是的物。赫拉吉利圖的這種學說在哲學上稱爲流動說（Theory of flux）。

此外，赫拉吉利圖還主張對立的單一性說（Theory of the unity of opposites）。這個學說是指兩個相反的物彼此相連，因而形成一個物，譬如圓的起點與圓的終點彼此相連，因而形成一個圓；白晝與黑夜彼此相連，因而形成一整天；饑餓與飽飫彼此相連，因而形成滿足；疾病與復康彼此相連，因而形成快樂。世界上兩個相反的物都形成一個物，沒有兩個相反的物是各自單獨存在的。[39]

---

[37] Heraclitus, Frag. 12, 19. see Frederick Copleston, A History of Philosophy, The Newman Press, Westminster, Maryland, 1959. vol. I. p.39.

[38] Plato, Cratylus, 402a., Aristotle, De caelo, BK. III. Ch. I, 298 b 30., Metaphysics, BK. IV. Ch. 5, 1010 a 10.

[39] F. Copleston, op. cit Frg. 1. p.68. Paul Edwards, The Encyclopedia of Philosophy. vol. 3, Heraclitus.

我們現在看亞納克撒各拉斯的學說：他主張萬物都混合在一起，共同合成一體，沒有單個物的存在。關於這一點，他說的很清楚，他說：「在每一個物中有每個物的一部分。」「世界上的物都不相分開，不像用斧頭把另一個物劈開一樣，熱不和冷分開，冷不和熱分開。」❹⓪亞里斯多德在他的「形上學」的第十一書的第六章裡，也引述了亞納克撒各拉斯的這句話，以後接著又引述了他別的幾句話：「沒有一個甜的物比一個苦的物更甜，其他別的兩個相反的物也莫不如此。在每個物裡存在著一切的物，不是潛能的存在，而是實際的存在。」

論到普洛大各拉斯的學說，亞里斯多德在他的《形上學》的第十一書的第六章，一開始便引述代表普洛大各拉斯學說的一句名言：「人是一切物的衡量。」柏拉圖在他的《梯亞德都斯：知識》一書中，也引述了他的這句話。❹①普洛大各拉斯除了他的這句話外，還有別的兩句代表他的學說的話：「人認爲存在的物就存在，人認爲不存在的物就不存在。」❹②所以「眞理就是對每一個人所顯示出來的物。」❹③

我們看了赫拉吉利圖、亞納克撒各拉斯以及普洛大各拉斯三位哲學家的學說，現在我

---

❹⓪ F. Copleston, op. cit. Frg. 8., Aristotle, Physics, BK. I. Ch. 4, 187 a 30.

❹① 「Man is the measure of all things.」 Plato, Theaetetus, 152.

❹② F. Copleston, op. cit. Frag. 1. p.87.

❹③ F-J. Thonnard, A Short History of Philosophy, trans. by Edward A. Maziarz, Desclée & Cie, printed in Belgium, 1956. p.33.

們看看亞里斯多德爲什麼如此批判或駁斥他們的主張。

赫拉吉利圖主張一切的物時時刻刻都在變化，都在流逝。因此，雖然他沒有否認物的實在性，然而時時刻刻都在變化、都在流逝的物，不可能是一個固定的物。那麼，對他而言，一個物同時存在而又不存在，有什麼矛盾可言？尤其他還主張物對立的單一性說：沒有兩個相反的物能夠各自單獨的存在，它們都是混合在一起。這樣說來，同一個物同時存在而又不存在，應是理所當然的。由於這種關係，當時的哲學家們都認爲赫拉吉利圖否認矛盾原理，並主張同一個物同時存在而又不存在是可能的。

不過，亞里斯多德認爲赫拉吉利圖不一定從心裡相信：同一個物同時存在而又不存在是可能的，因爲一個人口裡所說的，心裡不見得便信以爲眞。但是如果赫拉吉利圖相信同一個物同時存在而又不存在是可能的，這就會發生一個荒謬的結論：兩個「全反對立的意見」（Contrary opinions）同時屬於同一個主體。然而這是絕對不可能的，因爲一個人不可能在他的心裡，有兩個「全反對立的意見」。

根據邏輯學所說，「全反對立的意見」與「矛盾對立」（Contradictories）有關，與「全反對立」（Contraries）無關。爲了瞭解「全反對立」與「矛盾對立」的分別，我們不妨作兩個例子來說明。如果一個人說：凡是青年都是軍人，另一個人說：凡是青年都不是軍人，這是兩個「全反對立」的命題，它們不能同時是對的，然而能夠同時都是錯的。再如一個人說：凡是青年都是軍人，另一個人說：有些青年不是軍人，這是兩個「矛盾對立」的命題，它們不能同時是對的，但是也不能同時是錯的。「全反對立的意見」所以與「矛盾對立」有關，就是因爲兩個「全反對立的意見」絕對沒有妥協的餘地，它們不能同時是對的，也不能同時是錯的。

聖多瑪斯在解釋亞里斯多德的這個問題時，也作了兩個例子，說明「全反對立的意見」與「矛盾對立」的關係。他說如果一個人說：蘇格拉底是白人，另一個人說：蘇格拉底是黑人，這不是兩個「全反對立的意見」。因爲這兩個命題固然不能同時是對的，然而可能同時是錯的；因爲蘇格拉底可能不是白人，然而也可能不是黑人，而是另一種顏色的人。但是如果一個人說：蘇格拉底是白人，另一個說：蘇格拉底不是白人，這兩個命題便是「全反對立的意見」，因爲這兩個命題既不能同時是對的，也不能同時是錯的，因爲蘇格拉底可能不是白人，但是他必須是屬於某種顏色的人。

亞里斯多德認爲一個人不可能同時有兩個「全反對立的意見」，因爲兩個「全反對立的意見」在各方面都完全相抵觸，絕對不能彼此相容。然而如果一個人認爲：同一個物同時存在而又不存在是可能的，就是有兩個「全反對立的意見」，因爲一個物是存在的，與一個物是不存在的兩個命題，加上「同一個物」及「同時」兩個條件，毫無懷疑的是兩個「全反對立的意見」，因爲它們既不能同時是對的，也不能同時是錯的。這是爲什麼亞里斯多德認

為，赫拉吉利圖不一定相信同一個物同時存在而又不存在是可能的，雖然他有這樣的學說。㊹

我們談過，赫拉吉利圖還主張對立的單一性說：兩個相反的物常是彼此相連，共同形成一個物。赫拉吉利圖所以有這種主張，是因為他沒有分清單一性（Unity），同一性（Identity）以及連續性（Continuity）的區別。對於這個問題，亞里斯多德講的很多，不過，他並沒有特別對赫拉吉利圖的這個學說加以詳細的反駁，但是我們可以瞭解赫拉吉利圖的物對立的單一性說，如何混淆了單一性、同一性以及連續性。以赫拉吉利圖所說的圓的例子來說，他說圓的起點與終點彼此相連，共同形成一個圓。在他的心目裡，圓的起點與終點是兩個相反的物，由於彼此相連，因而形成一個物，那就是圓。然而事實是：圓的起點與終點並不是兩個相反的物。我們知道，圓是由線連結而成的，而線是由點連結而成的，所以圓的起點與終點並不彼此相抵觸、互相對立。每一個圓都是單獨的圓，與別的圓不同，然而不論什麼圓，都是由點與線連結而成的，其中沒有所謂的對立的單一性問題。

我們再看赫拉吉利圖所說的白晝與黑夜相連，共同形成一整天的例子。在這個例子裡，他認為白晝與黑夜是兩個相反的物，由於彼此相連，因而形成一個物，那就是一整天。但是自然科學告訴我們，白晝與黑夜和圓的起點與終點一樣，也不是兩個相反的物，而是時間運動的兩個名詞。時間是偶有物存在的延續（Duration of contingent being），只要宇宙存在，

㊹ St. Thomas, Com, on the Met. vol. I. BK. IV. Lesson 6. Ch. 3, §328, [602]. p.242.

就有時間。所謂白晝，是自日出到日落的一段時間；所謂黑夜，是自日落到日出的一段時間；白晝與黑夜是地球自轉一次所需要的時間，地球自轉不息，白晝與黑夜也交替不已。不錯；白晝有日光，黑夜沒有日光，然而白晝與黑夜相連，不是日光與黑暗相連，而是兩段時間相連。日光與黑暗永遠不能相連，日光永遠是日光，黑暗永遠是黑暗，二者涇渭分別，霄壤相隔，絕對不能合在一起，而形成一個物。我們不能說在黑暗中只有一點日光，一點日光也是日光。同樣，我們也不能說在日光中只有一點黑暗，一點黑暗也是黑暗。

由以上所說，我們可以看出，白晝與黑夜相連，但是並沒有形成一個物；白晝與黑夜只是在時間上相連而已。白晝不能同時是白晝而又是黑夜；反過來說也是一樣，黑夜不能同時是黑夜而又是白晝，白晝與黑夜各有各自的單一性、同一性和連續性。所以赫拉吉利圖在他所說的白晝與黑夜相連，因而形成一整天的這個例子裡，和他所說的圓的起點與終點相連，因而形成一個圓的例子裡，犯了同樣的邏輯錯誤，那就是把單一性、同一性及連續性混淆了。

我們以上對赫拉吉利圖所說的兩個例子所作的反駁，對於他所說的另兩個例子：饑餓與飽飫相連，因而形成滿足，以及疾病與康復相連，因而形成快樂，所要作的反駁，將是同樣的性質，所以沒有必要再另作反駁。

現在我們看亞里斯多德如何駁斥亞納克撒各拉斯的學說。已如我們所知，亞納克撒各拉斯主張萬物都混合在一起，每一個物中含有別的物，熱不和冷分開，冷不和熱分開；甜的物也不比苦的物更甜。因此，對亞納克撒各拉斯而言，同一個物自然可以是兩個相反的物。

然而這無異說，同一個物同時存在而又不存在。那麼，在這種情形之下，矛盾原理自然也就沒有意義了。

亞里斯多德認爲，亞納克撒各拉斯的錯誤在於把一切物都看成不確定的存有（Indeterminate being），雖然他認爲他所說的物是確定的存有（Determinate being）。所謂不確定的存有，就是潛能的存有（Potential being）或尚未成爲實現的存有（Actual being）。一個潛能的存有當然可以成爲另一種存有，因爲它能夠接受一個實現（Act）；接受了一個實現，便成爲一個實現的存有，這也就是確定的存有或完成的存有（Complete being）。但是一個不確定的存有成爲一個確定的存有之後，便不能成爲別的存有，因爲它已經具有存有的一切條件。因此，一個確定的存有不可能是兩個相反的物。換言之，同一個物不能同時存在而又不存在。㊺在這裡亞里斯多德對赫拉吉利圖與亞納克撒各拉斯的學說作了一個比較說：「赫拉吉利圖的學說是：一切的物都存在，然而也都不存在；這似乎使每一個物，包括不存在的物，都成爲眞實的物。亞納克撒各拉斯的學說是：在一個矛盾的兩詞之間有一個中間詞（Intermediate term），這似乎使每一個物都成爲假的物。由於一切的物都混合在一起，它們既不是善的，也不是惡的，所以我們便不能說任何物是善的了。㊻

亞里斯多德爲了駁斥亞納克撒各拉斯的學說，除掉以上的理由外，他還有另一個理由，

㊺ Ut supra, Lesson, 10, [667]. p.266.

㊻ Aristotle, Met. BK. IV. Ch. 5, 1009a 20-35.

那就是亞納克撒各拉斯不知道，有一種實體（Substance）是沒有出生（Generation），毀滅（Corruption）和運動（Motion）的。但是如果有一種實體，它沒有出生、毀滅和運動，自然也就沒有潛能（Potency），因此，它不可能成爲另一種物。亞里斯多德的意思是說，這樣的物不可能同時存在而又不存在。㊼問題是有沒有這種沒有出生、毀滅和運動的實體呢？亞里斯多德說有，因爲他在他的《物理學》（Physics）裡，證明了有一種實體，它是沒有出生、毀滅和運動的，那就是推動別的物去動，而自己卻不能被推動者。㊽

亞里斯多德所以提出有一種沒有出生、毀滅和運動的實體的理由，是因爲亞納克撒各拉斯以及當時的一些哲學家們，看到在物質界有出生、毀滅和運動等現象，同時又看到有的物能成爲兩種相反的物，譬如水能成爲熱的空氣，也能成爲冷的土地。㊾這種現象對他們而言，無異說水的本身，含有兩種相反的物。亞里斯多德說，德謨克利都斯（Democritus of Abdera, C. 460-370 B.C.）就有這種思想。㊿亞納克撒各拉斯所以主張萬物都混合在一起，也是因爲受到這種思想影響的關係。

最後我們看亞里斯多德如何駁斥普洛大各拉斯的學說。我們在前面已經談過，普洛大

㊼ St. Thomas, Com. on the Met. vol. I. BK. IV. L.10,[668]. p.266

㊽ Aristotle, Physics, BK. VIII. Ch. 5, 25865.

㊾ St. Thomas, Com. on the Met. vol. I. BK. IV. L.10, [668]. p.266.

㊿ Ut supra, vol. I. BK. IV. L.10, §354. p.264.

各拉斯主張人是一切物的標準，人認爲物存在，就存在；認爲物不存在，就不存在；眞理是每個人對物的看法。這樣，自然無所謂矛盾原理了。

亞里斯多德認爲普洛大各拉斯的學說有一個必然的結論，那就是一個矛盾的兩方面，對於同一個物都是對的。譬如一個人認爲人是人，不是船；那麼，人就是人，不是船。相反的，另一個人認爲人不是人，而是船；那麼，人就不是人，而是船。因此，在這種邏輯之下，人既是人，也是船。但是很明顯的，這是不可能的。[51]

普洛大各拉斯的學說看起來很特殊，其實，亞里斯多德認爲：普洛大各拉斯的學說和赫拉吉利圖，以及主張肯定與否定對於同一個物，同時都是對的哲學家們的學說，都是相似的。因爲如果一個人主張人是一切物的衡量，這就等於說，不論人如何判斷物，物就是那樣。然而如果如此，就如我們不久以前所說，一個人便會有兩個「全反對立的意見」，但是那是絕對不可能的。根據亞里斯多德所說，普洛大各拉斯所以主張人是一切物的衡量，有一個很重要的理由，那就是對普洛大各拉斯而言，物的性質不論是冷或是熱，不論是甜或是苦，總之，不論是什麼性質，如果不被人感覺到，就不存在。[52]在這裡我們感到十分驚奇，因爲普洛大

---

[51] Ut supra, vol. I. BK. IV. L.8, §344. [637]. p.255., Aristotle, Met. BK. IV. Ch. 4, 1007b 15-25.

[52] 亞里斯多德在他的《形上學》的第十一書，批判普洛大各拉斯的學說時，沒有用Contraries（相反對立）這個名詞，而是用的Opposites（對立）。聖多瑪斯在註解亞里斯多德的這一章時，也沒有用Contraries這個名詞，同樣用的是Opposites。不過，在這裡這兩個名詞的意義是相同的，我們爲了闡明亞里斯多德的

各拉斯的這種學說，很相似近代哲學家柏克萊（George Berkeley, 1685-1753）的學說。或者更好說，柏克萊的學說很相似普洛大各拉斯的學說。

在亞里斯多德的時代，否認矛盾原理的哲學家們不只赫拉吉利圖、亞納克撒克拉斯以及普洛大各拉斯三人，亞里斯多德還提出一些別的人。不過，他們都是那三位哲學家的追隨者，或者與那三位哲學家有類似的學說。因此，我們沒有必要對他們的學說另作各別的討論。

(五)矛盾原理是最確定的原理

亞里斯多德認爲矛盾原理是一切原理中最確定的原理，[53]因爲矛盾原理不但是關於存有的原理，而且也符合最確定的原理所應有的條件。最確定的原理有三個條件：一、最確定的

意思，使用邏輯學慣用的Contraries這個名詞，好能根據邏輯學的規則去解釋。亞里斯多德及聖多瑪斯的原文見：St. Thomas, Commentary on the Metaphysics of Aristotle, vol. II. XI. L.5, §942, [2224]., Aristotle, Met. BK. XI, Ch. 6, 1062 b 10-15., Com. on the Met. vol. II. BK. IX. L. 3, §753, [1800]. p.666.

[53] Richard Mckeon, The Basic Works of Aristotle, Met. BK. IV. Ch. 3, 1005 b 10 譯爲「最確定的原理」（The most certain principle），John P. Rowan翻譯的St. Thomas, Com. on the Met. of Aristotle則譯爲「一切原理中最堅定的原理」（The firmest of all principles）。聖多瑪斯將亞里斯多德的這句話註解爲「最堅定或最確定的原理」（The firmest or the most certain principle），見Com. on the Met. of Aristotle, vol. I. BK. IV. L. §327, [597]. p.241.

原理是任何人對它不能發生錯誤的原理。因爲人只能對不瞭解的事情發生錯誤，但是如果一個原理是最確定的原理，應當是大家最瞭解的原理。二、最確定的原理必須不是假設的原理（Hypothetical principle），這也就是說，我們不應當把它看成一個「指意」（Supposition），彷彿它是由大衆的協定或同意而認可的原理。因爲最確定的原理不應當隸屬於任何條件之下，不能居於附屬地位。已如我們剛才所說，最確定的原理是關於存有的原理，而我們對於存有的認識決不是由假設或指意認識的，而是由存有本身認識的。三、最確定的原理不應當是由證明或類似的方法得來的原理，應當是人自然瞭解的原理，只要人看到它的名稱，人的理智便會瞭解它的意義，不需要非經過推理的過程不可。

亞里斯多德認爲矛盾有最確定的原理所應有的三個條件。首先，矛盾原理有最確定的原理的第一個條件，因爲只要人知道什麼是存有，便不能不知道矛盾原理，換言之，便不能不知道同一個物不能同時存在而又不存在。亞里斯多德說，雖然赫拉吉利圖的學說否認了矛盾原理，認爲同一個物可能同時存在而又不存在。不過，我們也曾提到過，亞里斯多德認爲一個人口裡所說的，不見得心裡就相信，因爲如果如此，便會產生一個絕對不可能的結論，那就是在否認矛盾原理的人心裡，有兩個「全反對立的意見」。關於這一點，我們剛作過詳細的說明，在此不再重複。然而無論如何，我們可以看出，矛盾原理有最確定的原理所應有的第一個條件，應當是沒有懷疑的。

其次，矛盾原理也有最確定的原理所應有的第二個及第三個條件，因爲既然矛盾原理是任何人對它不能發生錯誤的原理，那麼，一切的論證都必須歸還於矛盾原理，當作論證的最後基礎。因此，矛盾原理應當是一切原理的依據，自然也是一切原理中的原理。但是這也就說明，矛盾原理不能是假設的原理，同時，也不可能來自別的證明或推理，不能隸屬於任何條件之下，不能居於附屬地位。

對於矛盾原理是最確定原理的問題，聖多瑪斯在註解亞里斯多德的這個問題時，又作了進一步的分析與說明。他說我們的理智有兩種工作，一種工作是認識物的本質，另一種工作是組合和分離我們的判斷或論證。在我們的理智的這兩種工作裡，矛盾原理都是我們的理智所最先認識的原理。我們先看我們理智的第一種工作：我們理智的第一種工作是認識物的本質，因為我們的理智最先認識的就是存有或物，如果我們的理智不認識存有，便不能認識任何物和原理。然而存有以其為存有而言，就是存有的本質，而矛盾原理：一個物不能同時存在而又不存在，就是因為我們認識存有而形成的，就如一個整體的物大於它的部分，也是因為我們認識存有而形成的一樣。矛盾原理就是關於物的本質的原理。

現在我們看我們理智的第二種工作：我們理智的第二種工作是綜合與分離我們所作的判斷。對於這一點，我們可以瞭解。因為在任何一個判斷裡，除非我們把有關的資料綜合在一起，而後再把它們分開，我們不能瞭解它們的關係，自然也不能作判斷，讓我們拿一個簡單的例子來說明：凡是動物都有身體，牛是動物，所以牛有身體。如果我們思考一下，我們所以能作出牛有身體的這個判斷，就是因為我們把牛與動物綜合在一起，而後又把它們作比較的關係。所謂作比較，就是分離。如果我們不把牛與動物綜合在一起，而後又把它們分離，我們不能作出牛有身體的判斷。

現在有一個問題我們不能不問，那就是爲什麼在我們綜合與分析所作的判斷裡，矛盾原理是我們最先認識的原理呢？聖多瑪斯的答覆是這樣：就如除非我們先瞭解什麼是物，我們不能瞭解什麼是整體的物，什麼是部分的物。同樣，除非我們先瞭解矛盾原理，我們不能作出整體大於它的部分的判斷。聖多瑪斯的意思是：一個整體物永遠不能只是它的一部分，二者絕對不能等同。因爲部分的物只是一個整體物的一部分，一個整體的物還有別的部分。因此，如果一個人肯定一個整體的物就等於它的一部分，很明顯的，這是一個極大的矛盾；但是這也就說明，在這個整體的物大於它的部分的判斷裡，矛盾原理是我們最先瞭解的原理。[54]

聖多瑪斯爲說明爲什麼在我們綜合與分離我們所作的判斷時，矛盾原理是我們最先知道的原理，舉出了一個整體的物大於它的部分的這個例子。他舉出這個例子，是舉一反三的意思。實在，如果我們仔細思考，我們就會發現，我們所以作出正確的判斷，都是因爲先知道矛盾原理的緣故。當然，不一定明明白白的知道，但是至少暗含的有矛盾原理的觀念。矛盾原理是我們一切判斷的基礎，我們的任何判斷到最後，都歸還於矛盾原理。亞里斯多德及聖多瑪斯都非常注重矛盾原理，把矛盾原理看作一切原理的開始點及原理中的原理。關於這

---

[54] St. Thomas, Com. on the Met. of Aristotle, vol. I. BK. IV.L.6, [597]-[605], pp.241-243.

一個問題，不久以後我們要作詳細的討論。

(乙)同一原理

(一)同一原理的意義

同一原理的「同一」這兩個字，在英文是Identity，在拉丁文是Identitas，而拉丁文的這個Identitas，是來自形容詞指「同一的」意思的Idem。「同一」的字義是指：一個物在不同的情況之下，它常是它，它常是它自己，不能成爲別的物。同一原理則是指：存有是存有（Being is being），或者存在者是存在者（That which is, is that which is），再或者一物是它所是之物（A thing is what it is）。

在同一原理的意義之下，是否我們也可以說非存有是非存有（Non-being is non-being）？因爲我們不難看到，有的知識論作者在討論同一原理的問題時，把非存有是非存有也列入同一原理的公式之內。的確，亞里斯多德曾說過這句話。[55]不過，我們應當注意亞里斯多德說這句話的上下文。這句話是亞里斯多德在講解存有的問題時所說的。他說有的物稱爲存有，因爲它的本身就是存有，譬如實體（Substance）的本身就是存有，這也是存有

---

[55] Aristotle, Met. BK. IV. Ch.1, 1003 b 10.

的眞正意義。另外有一些物稱爲存有，因爲它們是實體所有的性質；實體的一切依附體都是實體的性質，所以一切的依附體也都是存有。還有，出生（Generation）、運動（Motion）和腐壞（Corruption）也都稱爲存有，因爲出生和運動是走向實體的過程，過程當然是存有，不能是虛無。至於腐壞，那是走向非存有的過程，也應當是存有，不能什麼都不是。出生終止於物的形式（Form），腐壞終止於物的缺乏（Privation）；形式是存有，是沒有問題的；然而缺乏在這種情形之下，也不能不是一種存有，因爲那是物腐壞到達的終點，和虛無有所不同。由於這種關係，物的腐壞或缺乏，也都可以稱爲存有。因此，亞里斯多德說：「非存有是非存有。」聖多瑪斯爲清楚起見，在註釋亞里斯多德的這個問題時說，「非存有是非存有」是不可能的，除非我們所說的非存有，在某種意義下，具有存有的意思。[56]

我們對於聖多瑪斯所說的「非存有是非存有，是不可能的」這句話，可以瞭解，因爲非存有什麼都不是，什麼都沒有，完全是虛無。我們只能說物或存有是什麼，我們不能說虛無或非存有是什麼。那麼，我們是否能把非存有是非存有列爲一個同一原理的公式呢？很清楚的，答案應當是否定的。

同一原理和矛盾原理一樣，是自明的原理，不需要證明。因爲有誰不知道存有是存有？或者有誰不知道存有就是它自己？但是既然同一原理是指存有就是它自己，所以同一原理也

[56] St. Thomas, Com. on the Met. of Aristotle, vol. I. BK. IV. L. 1, [539]. pp.218-219.

是限定的原理。這也就是說，每一個物都是它自己的限定，不能是別的物。譬如張三是張三，不能是李四或任何別的物；這本書是這本書，不能是那本書或任何別的物。非如此，我們便不能判斷任何物。因爲如果物不限定是它自己，一切的物都沒有分別了。

很明顯的，同一原理也是分析的原理，因爲只要我們把它的主詞與述詞稍微分析一下，就可以看出它的眞實性來。在同一原理中，述詞就是主詞。因此，爲瞭解同一原理，不必非是研究哲學的人不可，凡是理智正常的人，都可以瞭解。

在先蘇格拉底的哲學家們（Pre-Socratic philosophers）裡，最先注意到存有問題的是巴美尼德斯，在某方面而言，最先注意到同一原理的，也是巴美尼德斯。當然，在他的時代還沒有同一原理這個名詞，不過，他已討論到這個原理。根據巴美尼德斯所說，我們只能承認存在（Existence）與不存在（Non-existence），所有的思想問題都在於這兩點；但是只有存在者存在（Only what is, is.），不存在者不存在（What is not, is not.）。而且也只有存在者是眞實的（Only what is, is real.），不存在者是虛無，什麼都不是。我們只能談論和思想存在者，我們談論和思想的事，都是存在的事。我們不能談論和思想虛無，虛無不能是我們談論和思想的對象，因爲談論和思想虛無，其結果仍然是虛無。由於這種關係，所以巴美尼德斯又主張，「由無不能生成物」（Ex nihlo nihil fit），以及「由物不能生成物，因爲已經是物」（Ex ente non fit ens, quia jam est ens.）。這就是在哲學上所說的「巴美尼德斯的存有」

（Ens parmenideum）或「不變的存有」（The changeless being）。[57]

由以上所說，我們沒有懷疑的可以看出，在巴美尼德斯有關物與無的學說裡，實在也涉及到同一原理的理論；雖然他沒有明白的指出，他在談物與無的問題時，也兼談同一原理。然而事實上，在他的思想裡已經孕育著同一原理，因爲只有物存在，物就是物，物不能是虛無；虛無不存在，什麼都不是。

邏輯實證論者（Logical positivists）及維也納集團（Vienna Circle）的新實證論者（Neo-positivists）如維根斯坦（Ludwig Wittgenstein, 1889-1951），席里可（Moritz Schlick, 1882-1936），卡納普（Rudolf Carnap, 1891-1970），以及賴亨巴哈（Hans Reichenbach, 1891-1953）等人，認爲同一原理是同詞重複命題（Tautology），在實在界不給我們提供任何知識，所以是毫無意義的。譬如說三角形有三邊這個命題，就不給我們提供任何知識，因爲三角形自然有三邊。如果一個人告訴我，三角形有三邊，那簡直是費話。因此，同一原理只是在理論上說話的一種方式，但是這種說話的方式並沒有拘束力，因爲譬如在我說桌子是桌子時，並不排除在客觀界不是桌子，而是椅子；那只是我說桌子是桌子，其實是椅子。

否認同一原理眞實性的，不只是邏輯實證論者，在新士林哲學家們中也有，我們可以

---

[57] F. Copleston, Op. cit. pp.48-49., F-J. Thonnard, op. cit, pp.20-21.

以文斯頓貝根（Fernand Van Steenberghen）爲代表。[58]他也認爲同一原理是同詞重複命題，不是眞正的判斷，沒有任何意義。因爲在我們作一個肯定的判斷時，是要說明主詞與述詞的同一性；主詞是在我們意識中的一個經驗資料（Datum），述詞是那個資料的某種情況或性質。譬如我們作「這張紙是白的」這個肯定的判斷時，就是指出在我們意識中的資料：「這張紙」，同時也指出與這個資料「這張紙」相關的性質：「白」。「這張紙」是主詞，「白」是述詞，二者並不完全相同，在它們之間有「部分的非同一性」（Partial non-identity）或「某種不符合性」（A certain inadequateness）。肯定的判斷是藉連繫動詞「是」，說明它們的同一性；這是肯定判斷的一個複雜活動。但是同一原理所說的存有是存有，或者A是A，便沒有這種活動。

文斯頓貝根極其強調，在實際肯定判斷中的主詞與述詞之間，我們不能看到完全絕對的同一性。不錯，我們可以作出存有是存有，或者A是A這類完全絕對的同一性公式，然而那是理智想出來的一種說話的方式，是同詞重複命題，不具任何意義。文斯頓貝根爲了證實他對於同一原理的看法是對的，他說亞里斯多德及聖多瑪斯都不承認同一原理。[59]

[58] Herman Keith, The Metaphysics of St. Thomas Aquinas, The Bruce Publishing Co., Milwaukee, 1958, p.36.有些知識論作者在討論第一原理的問題時，根本不提同一原理，如Reginald F. O'Neill, Theories of Knowledge., Celeste N. Bittle, Reality and the Mind., Gerardo Esser, Epistemologia，都不提同一原理。

[59] Fernand Van Steenberghen, Ontology, trans. by Rev. Martin J. Flynn, 1963. pp.50-51., Epistemology, trans. by

對於以上反對同一原理的哲學家們的理論，我們分別來答覆。第一、同一原理不是毫無意義的同詞重複命題，同一原理所說的存有是存有，或者A是A，它們的基本意義是存有一定是存有，A一定是A。所以在同一原理裡，我們不僅是把主詞重複一次而已，而是在主詞與述詞之間加上了一個必然性，這個必然性很清楚的說明了同一原理的眞實性。❻⓪

第二、同一原理不只是在觀念中的原理，也是在實際判斷上的原理。換言之，我們不只是在觀念中說存有是存有，或者A是A；我們對實際的物作判斷時，我們說張三是張三，李四是李四，這座房屋是這座房屋，那棵樹是那棵樹等等。因此，同一原理涉及實際的物；一個實際肯定的判斷不能與同一原理相分離。所謂實際的物，就是一個本質（Essence）或本性（Nature）由於存在的的實現（The act of existence）而出現的物。更簡單的說，一個本質加上一個存在，就是一個實際的物。然而凡是一個實際的物，如果要保持它的存在，都應當是不分的（Undivided），也應當是不可分的（Indivisible）。所以一個物常有它的單一性（Oneness, unity）；一個本質不論如何複雜，在得到它的存在之後，同時也得到它的不分性（Undividedness）和單一性，因爲物都是一個。因此，物的單一性稱爲超越的單一性（Transcendental oneness）。

---

rence Moonan, Louvain, 1970. pp.143-145., p.144, note 20.

❻⓪ 袁廷棟，哲學心理，輔仁大學出版社，民國七十四年，二六三至二六四頁。

明白以上所說，我們願意指出，同一原理實在是一個有意義的原理，因爲是一個眞實的判斷。我們知道，判斷是我們聯合兩個觀念，肯定或否定它們在實在界是否是那樣。因此，判斷包括多元性（Plurality），然而多元性自然也含有區別（Distinction）。在我們說存有是存有這個同一原理時，就是這樣。因爲在我們說存有是存有時，述詞固然是重複主詞，但是在我們說存有這個主詞時，我們並沒有注意到它的不分性與單一性，雖然已暗含在它內。然而在我們說存有這個述詞時，我們便使存有暗含的不分性與單一性突顯出來。由於這種關係，在同一原理內的主詞「存有」與述詞「存有」之間，至少有一個觀念的區別（Conceptual distinction）。所以同一原理決不是毫無意義的同詞重複命題，實在是經由心靈複雜的活動而形成的一個眞正判斷，當然也是一個眞正的命題。[61]

第三、邏輯實證論者說，同一原理只是說話的一種方式，然而並沒有拘束力，因爲我們所說的物，在實在界不一定是那個物。譬如在我說桌子是桌子時，事實上可能不是桌子，而是椅子，我只是把椅子說成桌子。邏輯證論者的這種理論顯然有很大的問題，因爲如果我們的語言沒有拘束力，我們便違反了語言的自然規律。語言的目的就是在於使說話人的心意被瞭解，所謂言爲心聲，所以語言的自然規律不是我們任意可以改變的。否則，我們的語言

[61] Charles A. Hart, Thomistic Metaphysics, Englewood Cliffs, N. J. Prentice-Hall, Inc. 1959. pp.56-58., Herman Keith, op. cit. pp.40-41.

便淪爲空言，毫無意義，誰也不能和誰溝通了。因爲在我說這是一朵玫瑰花時，沒有人知道我指的是什麼，他們可能認爲我指的是菊花，是蘋果，是狗，是貓等等。因此，在我們說話時不能口是心非，或者心是口非，我們語言的自然規律絕對不容許我們有所改變。但是如果我們尋根究底，爲什麼我們語言的自然規律不能改變？惟一的答案是：我們語言的自然規律是建立在存有的同一原理上的，那就是物是物，物是它自己；每一物都是它自己，不能是別的物。不錯，在我說一張桌子是一張桌子時，我固然沒有提供新的資料來，然而我肯定了一個基本的事實：一張桌子是一張桌子，不是一把椅子，或任何一個別的物。

第四、我們說過，同一原理是一個分析的判斷，只要我們把它的主詞和述詞分析一下，就可以看出它的眞實性來。但是同一原理也是一個綜合的判斷，這也就是說，我們把在實在界的物，與在我們心靈中認識的物綜合在一起，我們便看出在實在界的物就是在我們心靈中認識的物。我們知道，邏輯實證論者不承認這種看法，他們認爲在實在界的物，與在我們心靈中認識的物並沒有同一性。然而邏輯實證論者的這種主張，卻面臨一個雙難論（Dilemma）的困難，因爲我們可以問：他們的這種主張是主觀的呢？還是客觀的？如果答案是主觀的，那麼，他們的主張便沒有任何價值，不值得討論，更不值得接受。如果答案是客觀的，這無異說，他們承認同一原理是綜合的判斷，因爲同一原理所說的存有是存有，就是說明在實在界的存有就是在我們心靈中所理解的存有。否則，我們不能肯定存有是存有；我們所以肯定存有是存有，是在我們認識存有以後才肯定的。但是如果同一原理是綜合的判斷，自然便不是毫無意義的同詞重複命題，相反的，它是一個有意義、有價值的原理。[62]

㈡同一原理的基礎

同一原理的基礎是存有或物的單一性，矛盾原理當然也離不開物的單一性。不過，已如我們在討論矛盾原理時所說，矛盾原理最明顯的基礎是物與無或者存有與非存有的分別。

我們這裡所說的物的單一性，不是數學所說的一，換言之，不是數目上的一。數目上的一是屬於「範疇」中「量」（Quantity）的一；量的一是計算物多寡開始的第一個數字，譬如一枝筆，一朵花，一棵樹，一團士兵，一群飛鳥等等，所以數目上的一不見得指物的單一性。至於物的單一性，固然也是指的一，但是那是物的基本特性的一。這也就是說，只要是一個物，它就是一個一；物與一不能分離，二者只有觀念的分別，沒有實在的分別。然而一個物所以是一個物，在於它的不可分性（Indivisibility）或單一性。換言之，一個物以其爲應當所是的物而言，它是不能分的，否則，它便失掉它的單一性，不再是它應當所是的物。

宇宙間的物不論多麼繁多，總不出單純的物（Simple being）與複雜的物（Complex being）兩種。單純的物不論在實現（Act）方面，或者在潛能（Potency）方面，都是不分的，也是不可分的。複雜的物是有部分的，所以只有在它的各部分合成之後，才有它的存在，在

[62] 袁廷棟：已引書，二六四至二六五頁。

它的各部分合成以前，沒有它的存在。然而這也足以說明，複雜物的存在也是在於它的不可分性或單一性。因此，一個物不論是單純的物，或者是複雜的物，如果要存在，必須要有它的不可分性與單一性。[63]所以我們看的很清楚，只要是一個物，一定是一個一；只要有一個一，也一定是一個物。那麼，物與一可以彼此相調換（Ens et unum convertuntur），我們可以說物是一，也可以說一是物。[64]

由以上所說，我們可以瞭解，爲什麼物的單一性稱爲超越的單一性（Transcendental unity），[65]因爲物的單一性不限於某些種類物的單一性，而是超越所有物的種類，屬於一切的物。超越性（Transcendence）一詞源自拉丁文（Transcendere）這個動詞，而這個動詞是由前置詞Trans及動詞Scandere所組成；Trans指越過的意思，等於英文的Over；Scandere指上升的意思，等於英文的Climb；二字合起來，指上升越過的意思。總而言之，所謂物的超越單一性，就是超越「亞里斯多德範疇」（Aristotelian categories）的單一性，屬於一切物的單一性。

---

[63] St. Thomas, S. T. I. Q. II. a. 1, Resp.

[64] Aristotle, Met. BK. IV. Ch. 1, 1003 b 10.

[65] 超越特性的超越這個形容詞，在拉丁文是Transcendens，由聖多瑪斯及童斯・史各都（Duns Scotus, 1266-1308）開始應用，後來到十六世紀廣泛的應用起來。參閱Joseph Owens, An Elementary Christian Metaphysics, The Bruce Publishing Co., Miwaukee. 1963. Ch. 8. p.111.

我們以上剛說過，一個物由於存在的實現，才成為一個實在的物，因此，物的存在也與物的單一性有極密切的關係。因為物的存在既然使物成為一個實在的物，那麼物的存在也必同時給予物一個單一性。由於這種關係，所以聖多瑪斯說：「單一性隨物之存在而來」（Unum sequitur esse rerum）。[66]然而這也就說明，物有什麼樣的存在，也就有什麼樣的單一性。「自有的物」（Ens a se）因為是自有的，所以也稱為「自立的存有」（Subsisting Being）或「自存的存有」（Self-existing Being），這樣的存有不但有它的單一性，而且就是單一性的本身（Ipsa unitas）；它不但是不分性（Undividedness），也是絕對不可分性（Absolute indivisibility），因為它的本質就是它的存在。相反的，「偶有性的存有」（Contingent being）不是「必然性的存有」（Necessary Being），它的存有是由別的存有接受而來的，所以它的單一性也是接受而來的。[67]

沒有懷疑的，物的單一性不但與物的存在有極密切的關係，也與物的本質息息相關，密不可分。因為一個物必須先有它的本質，而後才有它的存在。但是物的本質不同，有的物的本質只是一個形式（Form），譬如天使的本質就是如此（如果天使存在），有的物的本質是形式與質料（Matter）的組合，譬如人的本質、動物的本質，以及植物的本質等等，都

---

66 St. Thomas, In Sentences, IV. d. 10, a 3.

67 Charles A. Hart, Op. cit. pp.333-334.

是如此。因此，物的本質既然不同，物的單一性的性質也必有些差異，至少在觀念上有所區別。本質只是一個形式的物，它們的單一性稱爲「自身單純的單一性」（Simple unity per se），本質是形式與質料組合的物，它們的單一性稱爲「自身合成的單一性」（Composite unity per se）。這樣說來，物的單一性雖然都是單一性，換言之，物雖然都是一個一，然而一個天使的單一性比一個人或一個物質物的單一性，在程度上應是完善的多。

無論如何，一切的物，不論是單純的物，或是複雜的物；也不論是本質是形式的物，或是本質是形式與質料組合的物，它們都有它們的單一性，它們都是一個一。同一原理就是建立於物的單一性上的，所以我們說佳播天使（St. Gabriel Archangel）是佳播天使，張三是張三，那隻黑牛是那隻黑牛，這棵樹是這棵樹等等。每一個天使，每一個人，每一個動物，每一個植物，每一個無生命的物，都是它自己，不能是別的物。

㈢同一原理的絕對性與普遍性

沒有懷疑的，同一原理和矛盾原理一樣，它的眞實性是絕對的和普遍的。同一原理的眞實性是絕對的，因爲超越物的一切種類，並且也不受時間與空間的限制；每一個物都是它自己，都與自己相同，絕對不能是另一個物。

同一原理也是普遍的，因爲用於任何物上，沒有例外；只要是一個物，不論是什麼物，都是它自己，都是自己的限定，不能與另一個物相認同。

(丙) 排中原理

(一)排中原理的意義

排中原理是指存有是存有，非存有是非存有，其間沒有第三者；或者一個物或者存在或者不存在，沒有其他的選擇。排中原理還可以指：一個物必須存在或者必須不存在，其間沒有中間性。我們知道，在我們說非存有是非存有，或者說一個物或者存在或者不存在，再或者說一個物必須存在或者必須不存在時，我們已經犯了邏輯的錯誤。因爲在我們說非存有是非存有時，彷彿我們說非存有是一點什麼東西。其實不然，因爲非存有完全是虛無，什麼都不是。至於說一個物或者存在或者不存在，再或者說一個物必須存在或者必須不存在，我們邏輯的錯誤更是明顯的了。因爲既然我們說物，當然存在，也必須存在，不能不存在。但是已如我們以上所說，這是我們語言的不足，也是無可奈何的事。

此外，排中原理還可以這樣表示：在肯定與否定之間，沒有中間的路線。這也就是說，在我們對一個對象作一個判斷時，肯定與否定是惟一的選擇，任何第三個假定都是不可思議的，我們不可能作一個既不眞又不假的判斷。[68]

---

[68] Fernand Van Steenberghen, Ontology, 1963. pp.52-53.

排中原理應用於任何事物上，沒有例外。譬如這個人或者是張三或者不是張三；這座大學或者是輔仁大學，或者不是輔仁大學；人或者是有理智的動物，或者不是有理智的動物。我們在兩個相反的事物上必須如此判斷；或者是這個，或者是那個，不能同時是這個而又是那個，二者之中必須選擇其一。

排中原理和矛盾原理相同，是事實的原理，也是思想的原理，在判斷兩個相反的事物上有效，在判斷兩個相反的思想上也有效。一個實際的物或者是這個物，或者是那個物；一個思想的命題或者是眞，或者是假，在他們之間，只能肯定一個，不能兩個都肯定。

很明顯的，排中原理是直接由矛盾原理引伸出來的，也可以說排中原理是矛盾原理的另一種解釋。因爲如果在存有與非存有之間有第三者，那麼，這個第三者既不同於存有，也不同於非存有，這是矛盾，無法解釋。但是排中原理既然是從矛盾原理直接引伸出來的，所以與矛盾原理有同樣的重要性。矛盾原理告訴我們，在我們對於一個指定的主詞作判斷時，我們不能同時與在同樣情況之下，既肯定而又否定。排中原理告訴我們，在我們對於一個指定的主詞作判斷時，我們只能在肯定與否定之間選擇其一，不能兼容並包。

(二) 排中原理的基礎

我們剛才說過，排中原理是直接由矛盾原理引伸出來的，矛盾原理的基礎既然是存有與非存有的分別，排中原理的基礎自然也是存有與非存有的分別。存有認同所有的物，不與任何物相反，惟一相反的是非存有；而且存有與非存有絕對沒有妥協的可能，因爲非存有一無所有，完全是一個虛無，沒有妥協的條件。因此，存有是存有，非存有是非存有；不是存有，便是非存有；不是非存有，便是存有，其間不能出現第三者。排中原理就建基於此。

第五節　矛盾原理與同一原理的優先問題

首先，我們從以往對矛盾原理與同一原理所說的，毫無懷疑的可以看出，它們是兩個不同的原理；雖然它們都是關於存有的原理，但是它們的意義卻迥然不同。然而如果矛盾原理與同一原理是兩個不同的原理，我們自然就可以問：在它們之間是否有優先的問題？換言之，矛盾原理是更基本、更在先呢？抑或同一原理是更基本、更在先呢？我們在這裡不提排中原理，因爲已如我們上面剛才所說，排中原理是直接由矛盾原理引伸出來的，可以說是矛盾原理的另一種說法。因此，如果我們討論了矛盾原理與同一原理優先性的問題，也就等於討論了同一原理與排中原理優先性的問題。

也許有人認爲，矛盾原理與同一原理的優先問題不足輕重，可以置之不顧。然而這個問題在哲學上已經是一個爭論的問題了，對於研究哲學的人而言，並不是一個等閒的問題，因爲「哲學是眞理的知識。」[69]

不久以前，在我們討論「矛盾原理是最確定的原理」的問題時，我們曾經看到，亞里斯多德及聖多瑪斯都以極堅強而深邃的論證，證明矛盾原理是最確定的原理。在那裡二位大哲並沒有提到同一原理，不但在那裡沒有提到，在他們討論整個矛盾原理的問題時，都沒有提到。這是爲什麼新士林哲學家文斯頓貝根認爲，亞里斯多德及聖多瑪斯都不承認同一原理。至於二位大哲是否眞的不承認同一原理，我們認爲答案應是否定的，至少這是一個爭議的問題。因爲在二位大哲討論矛盾原理的問題時，常常涉及存有的單一性問題，我們很難說，他們不承認同一原理。不過，二位大哲並沒有特別明白的提出同一原理來討論，卻是事實。那麼，我們不能不說，在二位大哲的心目裡，矛盾原理較同一原理更基本、更在先才對。

在我們討論「矛盾原理是最確定的原理」時，我們還提到，對亞里斯多德而言，矛盾原理是「一切原理中最堅定的原理」。[70]而且矛盾原理也是「其他一切原理的開始點」，因爲「凡是作任何論證的人，都把他們的論證歸還於這個命題（矛盾原理）之上。」[71]毫無懷

---

[69] 「Philosophy is knowledge of truth.」Aristotle, Met. BK. II. Ch. 1, 993 b 20.

[70] 「一切原理中最堅定的原理」（The firmest of all principles），見St. Thomas, Com. on the Met. of Aristotle, §382, p.240. Richard Mckeon將這句話譯爲「一切原理中最不能爭論的原理」（The most indisputable of all principles）。見The Basic Works of Aristotle, Met. BK. IV. Ch. 4, 1006 a 1.

[71] St. Thomas, Com. on the Met. of Aristotle, vol. I. BK. IV. L. 6, §328, p.240.

疑的，亞里斯多德的這幾句話很清楚的說明，矛盾原理比同一原理是更基本、更在先的原理。

至於聖多瑪斯，他與亞里斯多德的意見相同，也認爲矛盾原理在性質上，先於同一原理。在他註解亞里斯多德的《形上學》的第四書第三章 1005 b 30 時，他不但同意亞里斯多德所說的矛盾原理是「其他一切原理的開始點」，他還加上一句話說：矛盾原理是「一切原理中的原理。」[72]

聖多瑪斯對矛盾原理的基本看法是：「理智最先認識的是存有，人不論認識什麼物，都包括存有的認識。因此，第一個不能證明的原理就是不能（對一個物）同時肯定而又否定；這個原理建基於存有與非存有之上，而其他的一切原理都建基於這個原理之上。」[73]在這裡我們很清楚的看出，根據聖多瑪斯的主張，同一原理是建基於矛盾原理之上的，因爲一切的原理都是建基於矛盾原理之上的。

關於聖多瑪斯對於矛盾原理的主張，我們以上引述他的那些話，已經足以說明他的看

---

[72] Ut supra, [603]. p.243. 「All demonstrations reduce their propositions to this proposition as the ultimate opinion common to all; for this proposition is by nature the starting point and axiom of all axioms.」

[73] St. Thomas, S. T. I-II. Q. 94, a 2, Resp. 「Nam illud quod primo cadit in apprehensione est ens, cujus intellectus includitur in omnibus quaecumque quis apprehendit. Et ideo primum principium indemonstrabile est quod non est simul affirmare et negare, quod fundatur supra rationem entis et non entis; et super hoc principio omnia alia fundantur, ut dicitur in IV Metaph.」

法，沒有必要再多引述了。我們可以斷言，在聖多瑪斯的思想裡，矛盾原理與同一原理相比較，矛盾原理是更有優先性的。

由於亞里斯多德及聖多瑪斯在哲學界的地位，他們二位大哲既然都認爲矛盾原理在性質上先於同一原理，所以許多研究這個問題的人，也都隨從二位大哲的主張。[74]當然，他們隨從二位大哲的主張，也不僅是因爲權威而盲從的，那是因爲經過他們研究的結果，他們認爲矛盾原理在性質上先於同一原理，應當是知識論上的一個眞理，應當承認才對。

但是不是士林哲學家們都主張矛盾原理在性質上先於同一原理的，當代的新士林哲學大師加立古·拉格郎日（Reginald Garrigou-Lagrange, 1877-1964）就持相反的意見，他認爲同一原理在性質上先於矛盾原理。他的理由是：一切的否定都是建立於肯定之上的，先有肯定，而後才有否定；矛盾原理既然是否定的，所以是建立於同一原理之上的，因爲同一原理是肯定的。事實是：我們先認識存有，而後才知道存有不是非存有。因此，同一原理在性質上是先於矛盾原理的。[75]

---

[74] Herman Keith, op. cit p.39., Celestine N. Bittle, op. cit. pp.283-284., F. O'Neill, op. cit. pp.78-81., R.P. Phillips, op. cit. pp. 125-133., Joseph Owens, op. cit. pp. 114-115.

[75] Reginald Garrigou-Lagrange, Les Sens Commun, 1922, paris. p.163.參閱：曾仰如，形上學，台灣商務印書館，民國六十八年三版，五十八頁。

加立古·拉格郎日曾執教於羅馬天使大學（Collegio Angelico），是著名的國際大學，建立於十三世紀，另一位新士林哲學大師馬立旦（Jacques Maritain, 1882-1973），也認爲同一原理在性質上較矛盾原理爲先，同一原理是我們最先認識的原理。因爲我們的理智最先認識的不是它自己，也不是自我（Ego），而是存有，存有是理智的第一個明顯性。然而如果我們最先認識的是存有，自然最先也就知道存有是存有，存有是它自己，然而這就是同一原理。所以馬立旦說：「我知道我至少『認識』一件事：存在者存在；不是我『認爲』存在者存在。」對馬立旦而言，只要理智一認識存有，立刻便形成了一個確定性，那就是存有就是它自己。所謂存有，不僅指實在界的存有，而是指一切的存有，包括可能的存有，雖然理智先由感官認識實在的存有。總而言之，任何存有都是它自己。[76]

主張同一原理在性質上先於矛盾原理的哲學家們，不只加立古・拉格郎日及馬立旦二

於一五八〇年獲有頒授學位的權利。天使大學的名字與聖多瑪斯的別號「天使博士」（Doctor Angelicus）沒有關係，雖然天使大學是由道明會（Domican Order）創辦的，聖多瑪斯也是道明會的會士。不過，天使大學一向以聖多瑪斯的學說爲主。

76 Jacques Maritain, The Degrees of Knowledge, trans. from the fourth French edition, under the supervision of Gerald B. Phelan. Charles Scribner's Sons, New York. 1959. pp.75-77. 馬立旦極不喜歡人稱他爲新士林哲學家或新多瑪斯哲學派（Neo-thomist）。他說：「我不是新多瑪斯哲學派，我寧願是一位古老的多瑪斯哲學派（Paleothomist）。最重要的是，我只是或者我至少希望是一位多瑪斯哲學派。」見Jacques Maritain, Existence and Existent, trans. by Lewis Galantie're and Gerald B. Phelan. New York. 1948, p.1.

位新士林哲學大師，只要我們翻閱一下不同的知識論和形上學，不難看到，有許多作者也有同樣的主張，而他們的理由，大致說來，也和加立古・拉格郎日及馬立旦所持的理由相同。

不過，主張矛盾原理在性質上先於同一原理的哲學家們，並不爲加立古・拉格郎日及馬立旦所提出的反對的理由所折服。他們認爲加立古・拉格郎日所說的一切的否定都建立於肯定之上的理論，應當分析而論。如果說否定的觀念（Negative idea）建立於肯定的觀念（Affirmative idea）之上，這是沒有問題的。譬如「非人」的觀念就是建立於「人」的觀念之上的，因爲除非我們先知道什麼是人，我們不知道什麼是非人。但是如果說否定的判斷（Negative judgment）建立於肯定的判斷（Affirmative judgment）之上，那就有問題了。譬如一個人作方不是圓這個否定的判斷，就不是建立於肯定的判斷之上的，因爲沒有這種肯定的判斷。對於這一點，一定會有人提出反駁說，在一個人作方不是圓這個否定的判斷時，他必須先知道什麼是方，什麼是圓，而後才能作出方不是圓的否定判斷。不過，主張矛盾原理在性質上先於同一原理的哲學們，要我們注意：一個人爲作方不是圓的否定判斷，他固然必須先知道什麼是方，什麼是圓；然而知道什麼是方，什麼是圓，不是兩個肯定的判斷，而是兩個肯定的觀念；當一個人一知道什麼是方，什麼是圓，他即刻便作出方不是圓的否定判斷。所以很明顯的，否定的判斷不是建立於肯定的判斷之上的。[77]

在這裡，主張矛盾原理在性質上較同一原理爲先的哲學家們還提出了另一個問題，那

---

77 曾仰如，已引書，五十七頁。

就是如果矛盾原理建立於同一原理之上，換言之，如果同一原理在性質上較矛盾原理為先，那麼，我們就可以問：為什麼存有是存有，而不是非存有？這一個問題也可以用另一種方式來表達：為什麼存有能保持它的同一性？這也就是說，為什麼存有是它自己、與自己相同？這個問題的惟一答案就是：因為存有不能是非存有，存有與非存有是絕對的對立，不可能有絲毫的通融，但是矛盾原理所表達的正是這個意思。因此，從存有的同一性來看，矛盾原理在性質上應當是先於同一原理的，不是反過來。這是為什麼聖多瑪斯說：「矛盾原理建基於存有與非存有之上，其他的一切原理都建基於矛盾原理之上。」78

至於馬立旦所說，我們的理智最先認識的不是它自己，也不是自我，而是存有，存有是理智的第一個明顯性；然而理智一認識存有，自然就形成了同一原理，所以同一原理是我們最先認識的原理，在性質上較矛盾原理為先。但是持相反主張的哲學家們認為，以上對加立古·拉格郎日的主張所說的，對馬立旦的主張也同樣的有效。因為如果存有是存有這個同一原理在性質上是最先的原理，我們仍然需要問：為什麼存有是存有？或者為什麼存有是它自己？這個問題的答案也仍然是：因為存有不能是非存有。這又不能不結論出，矛盾原理在性質上是較同一原理更先的原理。

對於主張矛盾原理在性質上是最先的原理的哲學家們而言，如果同一原理在性質上較

78 曾仰如，已引書，五十八頁。

矛盾原理爲先，存有的同一性將永遠是一個不能解決的問題，其結果將如亞里斯多德所說，我們對於任何物既不能說是，也不能說非，然而既說是，也說非。在這種情形之下，我們也不能對任何物作判斷，換言之，我們對於一個物既肯定，又否定；既思想，又不思想。但是人不會如此，因爲當一個人想要到麥加拉（Megara）時，他不會留在家裡不動；當他遇到一口水井時，他不會跳進去，他知道不同的行爲有不同的後果。同樣，一個人也不會把二當作三，把四當作五，或者把四當作一千，他知道那些錯誤都不同。[79]

有關矛盾原理與同一原理在性質上優先的問題，除掉以上的兩種截然不同的主張以外，還有第三種主張。這第三種主張認爲，爲瞭解矛盾原理與同一原理在性質上的優先性，應當分析而論；在理智爲獲得知識方面來看，同一原理是最先的原理，因爲理智最先認識的是存有，理智認識了存有，自然就知道存有是存有，存有就是它自己，這當然是同一原理。但是在理智爲奠定知識的確定性方面來看，矛盾原理是最先的原理。因爲我們的理智爲能得到重要的眞理，常常先作否認，而後才能肯定。譬如我們爲瞭解什麼是點？我們說點沒有部分。又譬如我們爲瞭解什麼是神或上帝，我們說上帝是非物質體的、不變的和無限的精神體。[80]

---

79 Aristotle, Met. BK. IV. Ch. 4, 1007 a 1-5., 1008 a 30-35., 1008 b 1-35.

80 St. Thomas, Com. on the Met. of Aristotle, vol. II. BK. X. L. 4, [1990]. p.726. 「The first things to be known by us are composite things. But simpler things, which are prior and more intelligible by nature, are known by us only derivatively; and this is why we define the first principles of things only by negations of subsequent things;

對於第三種主張而言，在我們的理智爲奠定知識的確定性方面來看，矛盾原理是最先的原理，還有另一個理由，那就是矛盾原理也是一個反證法（Reductio ad absurdum）。這也就是說，爲證明一個命題的眞實性，我們可以從否認命題者的論證中，引伸出一個矛盾來，使他看出他的論證如何荒誕謬誤，而不得不俯首認錯。反證法可以說是最清楚、最有力的一個證明。[81]

關於矛盾原理與同一原理優先性的第三種主張，在哲學界並沒有引起廣泛的討論，雖然把同一原理看作在理智爲獲得知識方面，是最先的原理；把矛盾原理看作在理智爲獲得知識的確定性方面，是最先的原理，不無道理。但是如果我們深加思考，我們便可以看出，眞正的知識是不能與確定性分離的。因此，把知識與確定性分開，並無必要。

到最後，我們不能不問：究竟矛盾原理與同一原理在性質上孰先孰後呢？我們認爲：統觀以上所說，矛盾原理在性質上較同一原理，應當是有優先性的。

---

for example, we say that the point is what has no parts; and we know God by way of negations inasmuch as we say that God is incorporeal, unchangeable and infinite.」

[81] Card. Mercier, op. cit. vol. I. General Metaphysics, p.474., Charles A. Hart, op. cit. pp. 55-56. 曾仰如，已引書，五八至五九頁。

第八章　論懷疑論

以前我們所討論的問題，大致而言，共有兩點：一、我們的理智能夠得到眞理，二、我們實在也獲得了某些眞理。現在我們在這一章裡所討論的問題是懷疑論（Skepticism）。懷疑論這個英文字是從拉丁文的Skepticismus演變來的，而拉丁文的Skepticismus這個字又出於希臘文指觀望、觀察、詢問的Skepsis，以後遞經嬗變，就成爲現在指懷疑論的Skepticism。

懷疑論有特殊的懷疑論（Particular Skepticism）與普遍的懷疑論（Universal Skepticism）兩種。特殊的懷疑論否認或者至少懷疑我們的某些認識官能能夠獲得眞理。因此，我們認爲由那些認識的官能所得到的眞理，特殊的懷疑論者都加以懷疑。普遍的懷疑論否認或者至少懷疑我們的一切認識官能能夠認識眞理，所以我們不論由任何認識的官能所得到的眞理，普遍的懷疑論者都加以懷疑，甚至完全否定。在此我們可以看出，懷疑論與我們以前所討論的問題，可謂一線的兩端，針鋒相對。但是懷疑論也有它的理論，自古希臘哲學開始，一直到現在，懷疑論從未間斷，我們站在知識論的立場，不能先入爲主的便對懷疑論嗤之以鼻，認爲不值一顧；也應當對它作一番研究才是。

第一節　先蘇格拉底時代的懷疑論

懷疑論在先蘇格拉底時代的哲學家們（Pre-Socratic philosophers）裡就已出現，我們提出幾位來，看看他們的理論。

（甲）色諾分尼

在先蘇格拉底時代，最先有懷疑論思想的是埃里亞學派（The Eleatics）的色諾分尼（Xenophanes of Kolophon, C.580-490 B.C.）；他的懷疑論導源於他的神學，他最反對的是大詩人荷馬（Homer, C. 8th Cent. B.C.）的奧林帕斯神學（The Olympian theology）。❶因爲荷馬的神學完全是神人同性論（Anthropomorphism），把神祇們貶低到人的階層，具有人的一切弱點，並且只有過之，而無不及。因此奧林帕斯的神祇們彼此打鬥、爭奪、姦淫、陷害，無所不爲。❷同時色諾分尼也反對與荷馬同一時代的另一位大詩人海西奧德（Hesiod, C. 8th.

---

❶ 奧林帕斯（Olympus）是希臘北部的一座高山，山頂終年積雪，雲霧彌漫，在希臘神話中是神祇們的居處。

❷ 赫拉頓利圖（Heraclitus, C.535-465 B.C.）主張在歷史上應刪除荷馬的名字，並應鞭打。Cf. F. Copleston, Op.cit. Vol. I. p.38.柏拉圖主張要嚴格審查荷馬的著作，決不能用作培養國家領袖的教材。Cf. Republic, 367E.

Cent. B.C.）的神學，因爲他在神學上與荷馬有同樣的思想。相反的，色諾分尼主張一神論，他認爲神是無限的、無形的、無所不知的。因此，我們不能用人的想法來看神，否則，「如果牛與馬都有手，也和人一樣都能繪畫，那麼，牛便按牛的形狀畫神，馬也按馬的形狀畫神。」❸

色諾分尼雖然對於神得到了一些觀念，然而也有一些問題困擾著他，使他發生許多懷疑。因爲由於他的推理方式，他認爲神應當是無限的，然而也應當是有限的。他的邏輯是這樣的：無限的物只能是非物或非存有（Non-being），因爲非存有沒有開始，沒有過程，沒有終結；然而神不是非存有，所以不能是無限的。但是神也不能是有限的，因爲一個物是有限的，是因爲被另一個物所限制的關係，然而神只有一個，不能被別的神所限制，所以神應當是無限的。❹

另一個困擾色諾分尼的問題與上一個問題相似，那就是他認爲神應當是不動的，但是也不應當是不動的。因爲一個物所以動，是因爲被另一個物所動，然而一如剛才所說，神只是一個，不能被別的神所動，所以神是不動的；但是神也應當是動的，因爲只有非存有是不動的，然而神是存有，所以神是動的。❺

---

❸ Frgs. Xenophanes, Cf. James Collins, Readings in Ancient and Medieval Philosophy, selected by James Collins, Xenophanes' Doctrine of God, by Werner Jaeger, p.11. The Newman Press, Westminster, Maryland, 1960.

❹ G. H. Lewes, Op. cit. The Philosophy of Xenophanes, p.64.

❺ Ut supra.

以上所說，並不代表色諾分尼是懷疑論者，那只是說明他對於神缺少正確的知識而已。但是由於他對於神所發生的懷疑，導致他進入懷疑論，我們看他的話：「沒有人能看到清楚的眞理，也沒人能知道有關神的事，或者瞭解我說話的意思；縱然一個人勉強說出一件事來，然而他並不瞭解他所說的那件事，那只是他的信念而已。」❻

由色諾分尼以上的話，我們可以斷定他是一個懷疑論者，當然不是一個有系統的懷疑論者，在那個時代我們不能希望他有一個系統的懷疑論，但是他開始了懷疑論。

（乙）赫拉頡利圖

色諾分尼以後，赫拉頡利圖（Heraclitus of Ephesus, C.535-465 B.C.）的學說更明顯的說明他是一個懷疑論者。對於這一點，我們從他的神學和他的宇宙論可以看出來。

首先，我們從赫拉頡利圖的神學可以看出，他是一個懷疑論者。他不相信我們的理智能夠得到眞理，因爲我們的理智是由於分享神的靈性（Divine soul）而來的，然而分享的太少，所以認識的能力極小，不能瞭解神所創造的眞理。這就如同一個兒童不能瞭解他父親所瞭解的眞理一樣。不錯，理智可以靠感官認識世界上的物，不過問題是，世界是什麼？對我

❻ [B.34] Sextus Empiricus, Against the Mathematicians, VII, 49. Penguim Books, 1987, Hazell Watson & Viney Ltd.

們而言，永遠是一個謎，也永遠是我們無法認識的。那麼，我們只有生活在懷疑論之中了。

其次，我們從赫拉頡利圖的宇宙論，也可以看出他是一個懷疑論者。在赫拉頡利圖以前的哲學家們都熱中於探討宇宙的奧秘，早期的愛奧尼亞學派（Early Ionians）的泰利斯（Thales of Miletus, C.625-545 B.C.）認爲水是物的原質，亞納西曼德（Anaximander of Miletus, C.615-547 B.C.）認爲無限是物的根源，亞納西曼尼斯（Anaximenes of Miletus, C.588-524 B.C.）認爲空氣是物的根源，亞波洛尼亞的狄奧格內斯（Diogenes of Appolonia, C. 5th. Cent. B.C.）也認爲空氣是物的根源，而且他還認爲空氣也是生命的活力（The vital force），這也就是靈魂（Soul）。而赫拉頡利圖則認爲火是物或宇宙的根源，就如他說：「世界不是神造的，也不是人造的；世界是火，現在是火，將來仍然是永恒生活的火。火於適宜的時期自然燃起，於適宜的時期自然熄滅。」❼

赫拉頡利圖在宇宙論方面有了以上的主張，因此也主張「流動說」（The theory of flux）。這也就是說，宇宙間的物都處於永恒的流動狀態之中，所以一切的物既存在，而又不存在；因爲雖然存在，但又立即流逝。這是因爲火時常燃起，而又時常熄滅，萬物在火中忽長忽消，搖曳不定。赫拉頡利圖有句名言說：「你不能兩次進入同樣的河水裡，因爲新鮮

❼ Quoted by G. H. Lewes, Op. cit. p.82.

的水常向你流來。」柏拉圖及亞里斯多德都在他們的書中提到過他的這句名言。❽由於這種關係，所以赫拉頡利圖又主張，宇宙間一切的物都是對立的合一：善就是惡，生就是死，水散之後又復合，來到之後又退去；宇宙的和諧就是衝突的合一，就像弓與弦的合一一樣。❾

赫拉頡利圖的學說撲朔迷離，曖昧不明，當時的人稱他爲「曖昧著」（The Obscurer）。柏拉圖認爲赫拉頡利圖的「流動說」是受到荷馬的「海洋理論（Okeanos）所致，❿因爲根據荷馬所說，海洋變化無常，是一種永不停止的神秘力量，統攝整個宇宙萬物。⓫無論如何，統觀赫拉頡利圖的學說，我們說他是一個懷疑論者，應是沒有問題的。

（丙）普洛大各拉斯

普洛大各拉斯（Protagoras of Abdera, C.480-410 B.C.）是第一位明認自己是詭辯者（Sophist）。⓬他受赫拉頡利圖學說的影響極大，所以在宇宙論方面他也主張一切的物都不

---

❽ Plato, Cratylus, 402a., Aristotle, De Caelo, BK. III. Ch. I, 298 b 30.

❾ G. H. Lewes, Op. cit, p.84.

❿ Plato, Theaetetus, 152 e.

⓫ Heraclitus, Frgs. 42, Cf. F. Copleston, Op. cit, Vol. I. p.38.

⓬ Sophist一字在拉丁文是Sophista，來自希臘文的Sophistes。在紀元前第五及第四世紀時，有一些希臘教師，專從事哲理的辯論，但多用閃爍雙義之詞，因而被稱爲詭辯學者或詭辯者。然而Sophist有時也指智者

斷的在流動之中，變化不已。不過在知識論方面，他有自己的主張，他特別注重感覺的知識，而不太注重理智的知識，雖然他沒有把感覺看作知識的惟一來源。

普洛大各拉斯雖然特別注重感覺的知識，然而他認爲感覺因人而異，就如他說，宇宙間的物常隨著「流動」而變化，同樣，人的感覺對於物的認知也不同；健康的人與有病的人對於物的認知不同，就如老人與少年走路不同一樣。因此，物對於我顯示如此，對你顯示不見得如此；一陣風颳來，我覺得冷，你可能覺得不冷。⓭物對於我們的顯示就是我們的認知。

有了以上的理論，所以普洛大各拉斯主張，認識的眞理就是人的認知，柏拉圖記載了他的一句名言：「人是一切事物的衡量。」⓮柏拉圖還記載了他的另外兩句話，那兩句話都說明人如何衡量事物，事物就是那樣。那兩句話是：「什麼對我是存在的物，什麼對我是不存在的物，我是審判者。」⓯「我們每一個人都是什麼存在與什麼不存在的衡量。」⓰

現在有一個不可避免的問題，那就是既然人人都是事物的衡量或審判者，而且人人對於物的認知又各不同，那麼，誰的認知是對呢？誰的認知是錯呢？普洛大各拉斯的答覆是，

（Wise man）或有學識者（The learned man）的意思。

⓭ Cf. Plato, Theaetetus, 152 b.

⓮ Plato, Op. cit. 152 a.

⓯ Plato, Op. cit. 160 c.

⓰ Plato, Op. cit. 166 a.

每個人的認知都是對的，因爲每個人都有每個人的認知情況；這不但對於物的認知如此，對於倫理、政治、美術等方面的認知也莫不如此。不過，雖然每個人的認知都是對的，但是有些人的認知較好，有些人的認知較不好。智者（Sophist）的責任就是把較不好的認知改變爲較好的認知，就如醫生的責任就是把病人的認知改變爲健康者的認知一樣。⑰

普洛大各拉斯是詭辯者，也可以說是智者，但是我們不論從那一方面看他的理論，沒有懷疑的，他也是懷疑論者。

（丁）果爾奇亞斯

果爾奇亞斯（Gorgias of Leontini, C.480-375 B.C.）是詭辯者，也是懷疑論者，著有「論非存有或論自然」（On Not-being or On Nature）。根據塞克斯都斯・恩比利古斯（Sextus Empiricus, C.150）以及僞亞里斯多德的著作（Pseudo-Aristotelian Writing）：「論麥里索斯、色諾分尼及果爾奇亞斯」（On Melissus, Xenophanes and Gorgias）所說，⑱果爾奇亞斯的那本書共有三點，我們分述於下，以便瞭解他的懷疑論。

---

⑰ Plato, Op. cit. 152 ff.

⑱ 麥里索斯（Melissus of Samos, 5th. cent. B.C.）是古希臘埃里亞學派的哲學家（Eleatic philosopher），著有《論自然或存有》（On Nature or What Exists），但已遺失，只存留一小部分，不到一千字。

㈠存在的物不存在，或者說沒有物是眞實的（What is, is not, or nothing is real）。他的理由是，如果有物存在，那麼，那個存在的物或者有開始，或者沒有開始；如果沒有開始，便是永恒的。但是物不能有開始，因爲物既然是物，便不能來自別的物，當然也不能來自無。然而物也不能是永恒的，因爲如果物是永恒的，自然也是無限的，但是沒有物是無限的。

爲了證明存在的物不存在，果爾奇亞斯還提出了另一個論證：非物一定「是」非物，但是凡是「是」，就是眞實的，就存在。所以非物是眞實的，也存在。在這個論證裡有一個關鍵的字，那就是那個「是」字，「是」字在西文也指存在的意思。因此，果爾奇亞斯便以詭辯的方法把非物一定「是」非物的「是」解釋爲存在的意思，其結果便是非物一定存在。在這裡須要再一提的是，果爾奇亞斯所以要證明非物一定存在，目的是證明存在的物不存在，因爲非物與物是對立的，然而如果非物一定存在，物當然一定不存在了。⑲

㈡存在的物不存在，而且即便存在，我們也不能認識，其原因有二：一、我們的思想與物並不相同，我的思想是固定的，而物是在流動之中。所謂思想，對果爾奇亞斯而言，也是觀念的意思。二、思想能使不可能的物在思想中實現，譬如海上行車、飛馬騰空等等。因此，思想或觀念並不能代表物的眞象。那麼，物存在不存在呢？我們不能知道，而且縱然存

⑲ 果爾奇亞斯的這個論證在英文是：Non-being is certainly non-being, but whatever is, is real and exists. Therefore non-being is real and exists. See F-J. Thonnard, Op. cit. p.33.

在，我們也無法認識。

㈢退一步而言，縱然有物存在，也縱然我們能認識物，我們也不能傳達給別人。因爲在我們把我們所認識的物傳達給別人時，我們必須用語言，但是別人聽到的是聲音，不是顏色、形狀、性質等等。況且，兩個人如何能對同一個物有同樣的觀念呢？因爲他們是兩個不同的人。

果爾奇亞斯是詭辯者，也是虛無主義者（Nihilist），因爲他否定了物的存在。同時他也是懷疑論者，因爲他認爲存在的物不存在，而且即便存在，我們也不能認識它；再退一步而言，即使我們能認識物，我們也不能傳達給別人。[20]

（戊）克拉底祿斯[21]

根據亞里斯多德所說，克拉底祿斯（Cratylus of Athens, ?）是柏拉圖的第一位老師，[22]而克拉底祿斯本人則是赫拉頡利圖的學生，受赫拉頡利圖學說的影響極大，所以也主張「萬物流動說」，但是他比赫拉頡利圖更激進。赫拉頡利圖認爲一個人不能兩次進入同樣的河水

---

⑳ Cf. F. Copleston, Op. cit. Vol. I.

㉑ 克拉底祿斯的生死年月不詳，是赫拉頡利圖的學生，可能稍早於蘇格拉底，爲蘇格拉底同時代的人。以學說而論，我們把他列入先蘇格拉底懷疑論者中。

㉒ Aristotle, Met. BK. I. Ch. 5. 987 a 30.

中，他認爲連一次也不能。㉓因爲河水時時不斷的在流動，當一個人進入河水時，水已經流逝了。對克拉底祿斯而言，宇宙間的萬物就是如此，無時不在急湍中翻騰滾流，一波一波的消失於無蹤。

有了以上的主張，所以克拉底祿斯認爲我們對於任何事都不應當作判斷，因爲在我們作判斷時，已經事過境遷，我們的判斷與事實永遠不會符合。由於這種關係，克拉底祿斯甚至主張我們不要說話。那麼，人與人之間如何溝通呢？他認爲移動手指便可。因爲說話用的時間長，用手指用的時間短。㉔

在此，克拉底祿斯面臨一個問題，那就是如果宇宙間的物都時時刻刻的在流動，變化不已，爲什麼物都有一個名字？因爲物的名字代表物是不變的。對於這個問題，柏拉圖在他的「克拉底祿斯」對話錄中有冗長的討論；㉕研究克拉底祿斯思想的人，對這冗長的討論也看法不一。不過，大致說來，大家都認爲克拉底祿斯很可能認爲，物的名字在某種意義下也是變化的。㉖

凡是受到赫拉頡利圖學說影響的人，最後都成爲懷疑論者，克拉底祿斯也不例外，我

㉓ Aristotle, Met. BK. IV. Ch. 5. 1010 a 10.

㉔ Ut supra., St. Thomas, Commentary on the Metaphysics of Aristotle, vol. I. BK. IV. Lesson 12, [684].

㉕ Plato, Cratylus.

㉖ Cf. Paul Edwards, Op. cit (2). pp. 251-252.

們看他的學說，便可以肯定這一點。

第二節　學院派的懷疑論

學院（Academia, Academy）原是一座運動場或練武場，位於亞典近郊，是紀念當時一位英雄名叫亞卡岱木斯（Academus）命名的。柏拉圖（Plato, 427-347 B.C.）於紀元前三八七或三八八年購得了一部分，隨即建立了他的學院。由於他幼年時受過極完整的教育，學術之外，還受過競技的訓練，因此，他所授的課程有哲學、數學、天文以及運動等科目。同時，又因爲聽課的學生不僅來自亞典，也來自亞典以外不同的地區，所以柏拉圖的學院有歐洲第一座大學之稱。該學院歷時很久，直到紀元後五二九年才被拜占庭皇帝查士丁一世（Byzantine Emperor Justianian I, 483-565）所關閉。

柏拉圖原名亞利斯多克利斯（Aristocles），因爲粗眉寬額，所以被稱爲柏拉圖。㉗據說他沈思寡歡，從未大笑過一次，最多微笑而已。㉘由於當時懷疑論正在盛行，已如我們以上所說，他的第一位老師就是懷疑論者克拉底祿斯。因此，雖然他自二十歲時便從師於蘇格拉

㉗ Cf. G. H. Lewes, Op. cit P.187., F-J. Thonnard, Op. cit, p.50.

㉘ Cf. G. H. Lewes, Op. cit p.191.

底（Socrates, 469-399 B.C.），直到蘇格拉底逝世為止，共八年之久，然而據亞里斯多德所說，柏拉圖在年老時仍有萬物流動的觀念，㉙不過，柏拉圖並未成為懷疑論者，倒是因為他把感覺的世界與觀念的世界清楚的分開，使他的弟子們發生一些誤會。

柏拉圖逝世後，學院由亞爾塞西勞斯（Arcesilaus of Pitane, C.314-240 B.C.）接掌，但是他放棄了柏拉圖的形上學、政治學、心理學等等，創立了第二學院（The Second Academy）或中期學院（The Middle Academy），而走向了懷疑論的路線。在當時斯多亞學說（Stoicism）業已興起，他極其反對這種學說，因為這種學說主張我們能夠得到某些眞知識，並且還主張我們應當修習德行，因為德行就是善，而且是惟一的善。亞爾塞西勞斯認為這都是獨斷論。相反的，他主張我們什麼都不能確定，即連什麼都不能確定，也不能確定。㉚

有的作者說亞爾塞西勞斯所以成為懷疑論者，是因為蘇格拉底的一句話：「我所知道的是我一無所知。」㉛不過，我們認為可能性似乎不大，因為已如我以上看到，那時懷疑論正方興未艾，他不能不受到影響。無論如何，亞爾塞西勞斯是懷疑論者，是可以確定的。

第二學院傳到卡爾尼亞德斯（Carneades of Cyrene, C.214-129 B.C.）時，又改稱為第三

㉙ Cf. Aristotle, Met. BK. I. Ch. 5, 987 a 30.

㉚ Cf. F. Copleston, Op. cit. vol. 1, p.414.

㉛ Paul Edwards, Op. cit. (7) Skepticism, p.449: All that I know is that I know nothing.

學院（The Third Academy）或新學院（The New Academy）。卡爾尼亞德斯不但反對斯多亞學說，也反對當時另一種盛行的學說：伊比鳩魯學說（Epicureanism）。他反對斯多亞學說的理由與亞爾塞西勞斯的理由相同；至於他反對伊比鳩魯學說的理由，那是因爲這個學說雖然否認理智認眞理的能力，然而卻承認感官認識眞理的能力，也因此主張我們應追求快樂，避免痛苦。對卡爾尼亞德斯而言，我們既沒有理智的眞理，也沒有感官的眞理，我們什麼眞理都沒有，當然也不知道什麼是快樂，什麼是痛苦。一言以蔽之，我們沒有分辨任何眞理與錯誤的標準。所以我們不要尋求眞理，眞理遠超越我們的能力，我們的能力只能得到概然性（Probability）而已。因此，卡爾尼亞德斯主張我們在作判斷時，只要我們認爲「大概」如此，就應心滿意足。

卡爾尼亞德斯主張在我們作判斷時，只應尋求概然性，不應尋求眞理，有兩個理由。第一個理由是：在當時的哲學家們都認爲，我們所以認識物，是來自物的表象（Representation）或心象（Phantasm）。這也就是說，我們把物的表象經由感官反映在心靈上，心靈便認出物來。但是卡爾尼亞德斯說，物的表象在心靈上的形成，與心靈的活動情況有關，心靈有什麼樣的活動情況，也就有什麼樣的物的形象。所以心靈上的物的形象也含有心靈的情感（Affection）成分在內。物反映在心靈上的形象，決不像物把自己印在蠟板上一樣。這種情形就和大力士赫丘利斯（Hercules）把自己的兒子當成敵人殺死相同；他的兒子絕對與敵人不同，但是他卻誤認他的兒子爲敵人。物的眞象與物在心靈上的表象也是如此，

二者決不相同，然而我們卻誤認它們相同，其結果是我們沒有認識物的眞象。㉜

卡爾尼亞德斯主張我們在作判斷時，只應當尋求概然性，不應當尋求眞理的第二個理由是：我們無法證明任何物的眞象，因爲爲證明一個物的眞象需要假定（Assumption），然而假定是對或是錯？還需要另一個假定來證明；如此證明下去，以至於無限，永遠得不到證明。

卡爾尼亞德斯雖然主張我們在作判斷時不應當尋求眞理，只應當尋求概然性，但是他認爲概然性是有等級的。譬如我老遠的看到一個人，不知道是否是我的朋友張三，然而如果我聽到了他說話的聲音，握到他的手，看見他的面目，在這種情況之下，我認爲那個人就是我的朋友張三，其概然性就大爲增加了。

對卡爾尼亞德斯而言，概然性是判斷的標準，這個標準應當應用於日常生活每個細節上。譬如我們在某種情況之下，應當做什麼或者不應當做什麼，都應當以概然性作指導，把概然性當作眞理來看待。㉝

學院傳到紀元前一一〇年時，又由斐洛（Philo of Larissa, C.160-80 B.C.）來主持，此時第三學院又改稱爲第四學院（The Fourth Academy）。鼎鼎大名的西塞洛（Tullius Cicero,

㉜ Cf. Paul Edwards, Op. cit. (2)Carneades.

㉝ Cf. F. Copleston, Op. cit. 1. pp.415-417.

106-43 B.C.）當時即在該學院就讀，是斐洛的高足。斐洛雖然也是懷疑論者，但是他有意恢復柏拉圖的學說，因此，傾向於折衷主義（Eclecticism），因爲他認爲中期學院及新學院完全背棄了老學院（The Old Academy）的學說，已經離經叛道。

斐洛的另一位高足是安底奧古斯（Antiochus of Ascalon, C.130-68 B.C.），他也極受斐洛的重視，同時他也極其反對懷疑論，因此，約於紀元八八年接掌學院後，於是便廢第四學院，改爲第五學院（The Fifth Academy），一直到於紀元前六八年逝世爲止。西塞洛較安底奧古斯小二十幾歲，那時仍在學院內求學，所以也聽過安底奧古斯的課，西塞洛學成後，便留在學院內任教。

當時在學院內還有另一位有名的學者瓦羅（M. Terentius Varro, 116-43 B.C.），由於他與西塞洛都是羅馬人，又同受過不同學說的教育，因此，學院在他們二人的影響之下，懷疑論由學院漸漸消失，代而取之的是折衷主義。至於懷疑論則在那時轉到皮羅懷疑派去了。

第三節　皮羅學院的懷疑論

（甲）皮羅的懷疑論

懷疑論雖然在色諾分尼的思想裡就已孕育，而後又在學院裡發展，但是眞正有系統的倡導懷疑論者是皮羅（Pyrrho of Elis, C.360-270 B.C.）。皮羅於紀元前三二三年，亦即馬其頓國王亞歷山大（Alexander The Great, 356-323 B.C.）逝世那年，在埃里亞（Elia）創立了他的學院，稱皮羅學院（The Pyrrhonian School）。所以研究哲學史的人都稱皮羅是懷疑論的創始人。

皮羅的著作都已遺失，他的學說是靠當時哲學家們的引述，尤其是靠他的弟子底蒙（Timon of Phlius, C.320-230 B.C.）的記載留傳下來的。他的懷疑論可分作三點，第一點是：我們沒有能力認識物，因爲不同的人對於同樣的物，有不同的甚至相反的感覺。譬如不同的人對於同樣的食物，有的覺得甜，有的覺得苦；對於同樣的氣候，有的覺得熱，有的覺得冷。所以我們認識的物，只是物的現象，而非物的本質；物究竟是什麼？我們無從得知。而且物的現象是什麼？我們也無從查考，因爲我們無法把物的現象與物的本身相比較。第二點是：我們既然不能認識物，那麼，對於任何事都不應當作判斷，對於不同哲學家們的主張，既不接受，也不駁斥，常常保持緘默。第三點是：由於我們對於物一無所知，又常保持緘默，因此，我們應當追求安靜（Ataraxia），度一個平安寂靜的生活。

皮羅有一位老師，名叫亞納撒爾古斯（Anaxarchus of Abdera, C.400 B.C.），號稱「快樂的人」（The Happy Man），極其強調安靜幸福的生活，皮羅受他的影響極大，因此，也把安靜幸福的生活作爲他教學的中心。底蒙認爲他的老師在哲學上最大的貢獻，就是度一個

快樂、安靜、自主的生活，只要不違犯法律和社會的習慣就好。㉞

由於皮羅對於生活有以上的主張，所以他也極其強調，對於任何事的發生，都要保持英雄式的無所謂態度（Heroic indifference）。因此，他在日常生活中常遭遇到許多危險，據狄奧格內斯·拉爾修斯（Diogenes Laertius, 3rd. Cent. A.D.）記載，皮羅走路時，有時不看前面，他的朋友們必須保護他，以免他受傷或死亡。又據波綏多紐斯（Poseidonius of Apamaea, C.135-50 B.C.）記載，一次皮羅乘船遇到暴風浪，船上的人都嚇得魂飛魄散，惟獨皮羅神色自若，若無其事，同時還指著在甲板上吃東西的豬說：「如果豬能這樣鎮靜，明智的人更能在任何情況之下生活。」然而另一次當皮羅走路時被惡犬所追襲，他奮力倉惶而逃，旁觀者笑他言行不符，他回答說：「完全脫離本性是一件困難的事。」㉟

但是根據艾內西德謨斯（Aenesidemus of Gnosos, C.270-B.C.-?-210）和其他同時代的人所記載，皮羅並不像以上所說的那樣，彷彿一點頭腦都不用，對於周遭發生任何的事都漫不經心：他只是對哲學家們的主張不屑一顧而已，同時對於不可抗拒的自然環境，抱著隨遇而安的態度。

㉞ Cf. Paul Edwards, Op. cit. (7) pp.36-37.

㉟ Cf. Celestine Bittle, Op. cit. p.46.

（乙）艾內西德謨斯的懷疑論

艾內西德謨斯是皮羅懷疑派的一位大師，但是他的生活史很少爲後人所知，有些學者們認爲他生活在皮羅逝世那年，即紀元前二七〇年，到塞克斯都斯・恩比利古斯（Sextus Empiricus, C.150-210 A.D.）逝世那年，即紀元後二一〇年，其間的某一個時期；然而大多數的學者認爲他生於紀元後第一世紀。他曾於亞歷山大城（Alexandria）執教，他不但反對斯多亞學派、伊比鳩魯學派，也反對漫步學派（Peripatetics）或亞里斯多德學派，因爲這些學派的人都認爲我們能夠得到眞理，至少某些眞理，所以都是獨斷論者。

艾內西德謨斯是一位完全的懷疑論者，可惜他的著作都已遺失，他的學說是靠塞克斯都斯・恩比利古斯的記述，才得以流傳；他有十個論證（Ten tropoi），證明懷疑論的主張是正確的，我們簡述於下。

㈠不同的動物的感官認知不同，因爲牠們感官的構造不同。譬如不同動物的眼睛有不同的形狀、不同的眼簾，以及不同的血液溫度。因此，不同的動物對於同一個物的觀看方式也不同，究竟那一種動物看物看的最正確，我們無法得知。

㈡我們人也有同樣的問題，因爲不同的人對於同一個物有不同的認知。譬如以味覺來說，有些地區的人以蛇蠍作食物，另一些地區的人則認爲是不可思議的事，但是那些地區的人的認知是正確的？我們同樣無法得知。

㈢我們不同的感官對於同一個物也有不同的認知，譬如眼睛看畫，有遠近高低的感覺，手便摸不出遠近高低的分別來。又譬如有些食物聞起來很臭，吃起來很香，那麼，那個感官的認知正確？我們仍然無法得知。

㈣人的體格不同：有老有少；情感不同：有愛有恨；狀態不同：有睡有醒。當一陣風颳來時，青年人覺得精神抖擻，老年人卻覺得寒風刺骨；心中有愛的人，看什麼都美麗，心中有恨的人，看什麼都醜陋；睡眠時人的眼看物是一種情況，清醒時看物又是一種情況。我們如何確定人的那一種體格、那一種情感、那一種狀態，是人認識物的最合適的體格、最合適的情感、最合適的狀態呢？我們沒有一個標準。

㈤不同的地方和環境對於同一個物有不同的作用，一根木桿拿在手裡看是直的，放在水裡看是彎的。一座方形的塔在近處看是方的，在遠處看是圓的。任何一個物在近處看都是較大的，在遠處看都是較小的。我們如何確定那一個地方和環境是認識物最合適的地方和環境？我們同樣沒有標準。

㈥物呈現於我們的感官時，不是單純的出現，常與媒介物在一起。譬如地上的草在中午的陽光照耀下，呈現出翠綠色，在傍晚太陽的餘暉裡呈現出黃綠色；一件藍色的衣服在太陽光下是藍色，在昏暗處是黑色。究竟在什麼的光線下，草與衣服才呈現出它們眞正的顏色？我們無法得知。

㈦物在不同的情況下，有不同的性質，因此，我們對它也有不同的認知。譬如一些沙粒從我們的手指縫流下時，我們覺得它們光滑柔軟，但是我們用手指揉搓它們時，便覺得粗糙堅硬。究竟沙粒的性質是光滑柔軟呢？還是粗糙堅硬呢？我們無法確定。

(八)由以上所說，我們可以知道，物在其本身方面有許多相對性，在我們方面也有許多相對性。這無異說明，我們實在生活在相對性裡，我們不可能認識眞理。

(九)物出現次數的多寡，影響我們對它們的認知。有的物我們常常看到，譬如太陽；有的物很少看到，譬如彗星；很少看到的彗星給予我們的印象，較常常看到的太陽給予我們的印象要深刻的多。問題是物應當出現多少次，才給予我們正確的印象？我們無法知道。

(十)人們不同的生活方式、不同的倫理規範、不同的法律制度，以及不同的哲學思想，都影響我們的判斷，我們不可能得到眞理。因爲我們不能知道究竟那一種生活方式、那一種倫理規範、那一種法律制度，以及那一種哲學思想，是最合適的生活方式、最合適的倫理規範、最合適的法律，以及最合適的哲學思想。[36]

相傳艾內西德謨斯共著有三十八本有關懷疑論的著作，惜已全部遺失。[37]不然，我們對於這位懷疑論大師的理論，更能登堂入室，以窺其堂奧。然而他仍然遺有證明懷疑論的十個論證，足以使我們看出他對懷疑論的基本理論來。

---

[36] Cf. F. Copleston, Op. cit. 1. p.443.

[37] Cf. F-J. Thonnard, Op. cit. p.164.

（丙）亞格里巴的懷疑論

歷史上對於亞格里巴（Agrippa）的記載，幾乎付之闕如，所以關於他的身世、生活，以及著作等，也一無所知，我們只知道他是希臘人，大約生活於紀元後第三世紀的前半葉。不過，他對於懷疑論的主張倒是被人記述下來了。他有五個論證（Five tropoi），這五個論證對後來的懷疑論者也有很大的影響，我們敘述於下。

(一)意見的衝突論證（Trope of Conflict）

這個論證是指哲學家們在認識物上意見的分歧，因爲有的哲學家們認爲只有感官才能認識物，另有一些哲學家們認爲只有理智才能認識物，更有一些哲學家們認爲感官與理智都能認識物。然而究竟孰是孰非？我們無法判斷，因爲沒有判斷的標準。因此，我們在對於認識物的問題上，應當擱置我們的判斷，不表示任何意見。

(二)無限追溯的論證（Trope of Infinite Regress）

這個論證是指，如果我們要證明一個問題的眞實性，需要有一個前提來證明，然而這個前提的眞實性也需要另一個前提來證明，這樣證明下去，一直到無限，我們永遠得不到一個最後的證明。而且縱然有人說某個前提是自明的眞理，然而那個眞理如何是自明的呢？這仍然需要論證提來證明，因此，這同樣陷入無限追溯的證明裡。無限追溯的證明永遠得不到一個結論，等於沒有證明。所以我們對任何事不要作判斷。

㈢相對性的論證（Trope of Relativity）

這個論證是指，在我們認識物時，常依照我們與物的關係來認識，因爲每個人都有他自己與物的關係。譬如我看我的朋友就和另一個人看我的朋友不同。同時，在我們認識物時，也與我們所認識的別的物有關係。譬如我們看到了美麗的東西以後，再看醜陋的東西，覺得醜陋的東西更醜陋。因此，究竟物是怎樣的物？我們不可能認識，那麼，我們也不要作判斷。

㈣假設的論證（Trope of Hypothesis）

這個論證是指，在我們證明一個眞理時，爲了避免無限的追溯，於是我們便拿我們認爲是眞理的大前提來證明；然而我們只是認爲那個大前提是眞理，並未證明它是眞理，所以是假設的眞理。但是如果我們用假設的眞理證明一件事，其結論當然是無效的。因此，我們得不到眞理，所以我們同樣不要作判斷。

㈤循環的論證（Trope of Circularity）

這個論證和第二及第四個論證相似，這是指在一個論證裡，它的大前提的眞實性來自結論的本身。很明顯的，這樣的大前提不能證明結論的眞實性，因爲結論的眞實性還沒有證明。譬如說安眠藥使人睡眠，因爲安眠藥含有安眠劑。循環的論證也就是我們所說的竊取論點（Petitio Principii）。㊳

（丁）塞克斯都斯・恩比利古斯的懷疑論

塞克斯都斯・恩比利古斯（Sextus Empiricus, C.150-210 A.D.）及艾內西德謨斯是晚期懷疑論的兩位大師，懷疑論得以留傳，主要是靠他們二人。塞克斯都斯・恩比利古斯把他以前的懷疑論者們的理論編纂成書，是研究懷疑論最清楚、最有系統，且最具權威的著作。他著有《皮羅的基本理論》（Pyrrhoniarum Hypotheses, The Outlines of Pyrrhonian Hypotheses）及《反對數學家們》（Adversus Mathematicos）或《反對獨斷論者》（Adversus Dogmaticos）。《皮羅的基本理論》分三部，《反對數學家們》分十一部，按部就班的闡明懷疑論的理論，並駁斥主張有眞理的各種學說。

其實，懷疑論的懷疑（Skepsis）這個字，就是塞克斯都斯・恩比利古斯加與皮羅的學說上的。他用這個字的用意，在於指出：皮羅的學說一方面與柏拉圖、亞里斯多德、斯多亞學派的創始人芝諾（Zeno of Citium, C.336-264 B.C.），以及伊比鳩魯學派的創始人伊比鳩

㊳ Cf. Paul Edwards, Op. cit. (1) Agrippa, pp.59-60., F. Copleston, Op. cit. vol. 1, pp.443-444.

魯（Epicurus of Samos, 341-271 B.C.）的學說有別，另一方面也與學院的懷疑論不同。因爲學院派的卡爾尼亞德斯及其隨從者主張，雖然我們不能得到眞理，然而卻可以得到概然性，而且也可以得到不同等級的概然性。塞克斯都斯．恩比利古斯認爲他們都是獨斷論者；至於皮羅派的懷疑論則主張，我們既得不到眞理，也得不到概然性，對於任何事都不要置評。

塞克斯都斯．恩比利古斯主張懷疑論的理由是：一、我們對於物的認識與普通動物對於物的認識不同，我們無法知道：我們對於物的認識是對的，而普通動物對於物的認識是不對的。二、不同的人對於物的認識也不同，我們無法知道：那一個人的認識是對的，那一個人的認識是不對的。三、我們有不同的感官，不同的感官以不同的方式認識同一個物，我們無法知道：那些感官的認識是對的，那些感官的認識是不對的。況且，我們是否有足夠的感官認識物？也是未知之數。四、我們常在不同的環境中認識物，我們同樣無法知道：那一種環境使我們眞正的認識物，那一種環境使我們不能眞正的認識物，何況物隨著環境而改變。

除了以上的理由之外，塞克斯都斯．恩比利古斯所以主張懷疑論，因爲對他而言，他所謂的獨斷論者在證明眞理時，不是犯了竊取論點的弊端，便是犯了無限追溯的錯誤。獨斷論者犯了竊取論點的弊病，因爲他們把應當被證明的事，拿來作爲論證中的大前提；獨斷論者又犯了無限追溯的錯誤，因爲他們的論證常需要另一個論證，證明那個論證的眞實性，而且這樣一直證明下去，至於無限。

塞克斯都斯．恩比利古斯認爲懷疑論所以反對獨斷論，只有一個目的，那就是接受皮羅的學說：不要對任何事作判斷、不要對任何的主張作無謂的爭執，因爲不會得到眞理的結論；人生就是要度一個安靜的生活，不爲任何事情所騷擾。

塞克斯都斯・恩比利古斯所提出主張懷疑論的各種論證，對後代的懷疑論者影響極大；他以後的懷疑論者不論提出什麼樣的懷疑論證，大都是從他的論證發展出來的。㊴

第四節　阿拉伯及猶太哲學家們的懷疑論

皮羅學派的懷疑論延續到紀元後第三世紀，到希臘文化的晚期，已經式微，然而並未絕跡，我們看聖奧斯定（St. Augustine, 354-430）的《反對學院派人士》（Contra Academicos）一書，便可以知道。不過，雖然懷疑論在哲學界沒有銷聲匿跡，但是一直到中古時代，並未出現一位負有盛名的懷疑論者。

在中古時代，有些阿拉伯的哲學家們受到希臘哲學的影響，連帶的也受到懷疑論的影響，波斯的哲學家阿爾加匝里（Al Gazali, 1059-1111）就是一位，也可以說，他是阿拉伯懷疑論者的代表。他認爲人在神學及宇宙論方面，沒有能力得到眞理，所以他特別反對亞里斯多德的哲學，因爲亞里斯多德的哲學處處講眞理。阿爾加匝里的懷疑論與皮羅的懷疑論有點

㊴ Paul Edwards, Op. cit.(7) Sextus Empiricus., Skepticism.

相似，但又不相同；皮羅要人度一個安靜的生活，不要作判斷；阿爾加匝里要人度一個神秘的生活（A mystic life），在神秘生活裡求眞理。

在猶太哲學家方面，哈勒味・猶大（Ha-Levi Judah, C.1075-1141）可以說是懷疑論的代表。他和阿拉伯的懷疑論者阿爾加匝里一樣，都是對宗教方面知識的懷疑，認爲人沒有能力得到有關宗教方面的眞理，人應當以直觀的方式來看宗教的問題。他還有一個特殊的理論，那就是他認爲猶太人中的先知們（The prophets）是人類中最典型的人，同時他也認爲，猶太人天生有一種宗教倫理感官，是猶太人的一種近乎生理特質（A quasi-biological quality）；猶太人以外，巴勒斯坦人也有這種特質。

哈勒味・猶大本來也受了亞里斯多德哲學的影響，但是由於他有以上的主張，因此，他完全脫離了亞里斯多德的哲學；他信奉猶太教，然而他反對以哲理證明上帝的存在，他認爲能證明上帝存在的是歷史，因爲上帝在歷史中把自己啓示給猶太民族。不過，這不是理智所能瞭解的。㊵

第五節　近代的懷疑論

在文藝復興開始時，也就是在第十四世紀，西塞洛及塞克斯都斯・恩比利古斯的著作

㊵ Cf. Paul Edwards, Op. cit.(3) Halevi Yehuda.

再度在歐洲出現，引起哲學家們的極大興趣，因此，懷疑論也隨之再度出現。在一四四一年塞克斯都斯．恩比利古斯的希臘文書籍自君士坦丁堡（即現在之伊斯坦堡）流傳到歐洲，他的《皮羅的基本理論》拉丁文譯本於一五六二年在法國巴黎問世，而後他的《反對數學家們》的拉丁文譯本也在一五六九年出版。再往後，他的希臘文著作在德國的科倫印行，接著又在巴黎及瑞士的日內瓦也都付梓。在英國只有塞克斯都斯．恩比利古斯的一些零星的文章譯成了英文，定名爲《懷疑論著》（The Skepticke），而他那整部的《皮羅的基本理論》，於一六五五年至一六六二年之間，才在倫敦完全譯妥出版；至於法文譯本則於一七二五年出版。[41]

由於懷疑論的書籍在歐洲廣泛的流傳起來，所以懷疑論的思想也被一些哲學家們所接受，我們提出以下幾位來討論。

（甲）蒙戴聶的懷疑論

蒙戴聶（Michel De Montaigne, 1533-1592）是近代最著名的一位懷疑論者，他堅決的主張，我們的理智是無法得到眞理的。我們可以把他主張懷疑論的理由，分作以下幾點來說明。

(一)我們的知識都是靠推理和經驗得來的，但是推理也必須靠經驗。問題是我們經驗不到物的本質，譬如火的本質我們就經驗不到。而且連我們認識的官能：理智和感官的本質我

41 Paul Edwards, Op. cit.(7) p.451.

們也經驗不到，更遑論其他物的本質了。

㈡我們認識的能力與我們所處的環境，以及我們當時所有的信念，都有密切的關係；然而我們的環境與信念常常改變，因此，我們認識的能力也常常改變。那麼，在這種情況之下，我們便無法談眞理。因爲我們以前認爲是眞的，現在可能認爲是假的；以前認爲是假的，現在可能認爲是眞的。蒙戴聶爲了證實他的這個理論是正確的，他提出哥白尼（Nicolaus Copernicus, 1473-1543）推翻托勒密（Claudius Ptolemaeus, C.90-168）天文學說的例子，而後又提出巴拉柴蘇斯（Theophrastus Paracelsus, 1493-1541）駁斥亞里斯多德時代的哲學家們對科學所有的種種錯誤學說的例子。因此他說，我們現在在科學上認爲是金科玉律的眞理，誰知道不被將來的科學家們所推翻，而證實是錯誤的？我們對科學的眞理如此，對其他的眞理也莫不如此。

㈢看起來，我們的知識都是來自感官的經驗。但是也許我們沒有足夠數目的感官，我們實際所有的感官，很可能不能得到一切的經驗。而且，縱然有足夠數目的感官，然而幻想與錯覺可以欺騙我們，疾病與醉酒也可以誤導我們。還有，有時夢境與事實也很難分清，我們認爲是事實的事，很可能是在夢境裡。最後，我們的經驗不但與普通動物的經驗不同，我們彼此間的經驗也不同，甚至我們自己的經驗前後也不同，究竟我們的那些經驗才是眞正的經驗？我們無法分辨，我們認爲正常的經驗，很可能是錯誤的經驗。

㈣我們往往認爲我們的經驗是可靠的，然而爲了證明我們經驗的可靠性，我們便用一種方式或標準來證明，但是我們用的標準是否可靠？所以那個標準也需要另一個標準來證明；這樣證明下去，一直到無限。因此，永遠得不到一個結論。也許我們想：我們可以用理智作爲我們經驗可靠性的標準。換言之，我們可以用理智判斷我們經驗的可靠性，但是我們仍會陷入同樣的困難中。因爲我們不能憑空的就認爲我們的理智有這種能力，所以我們必須證明我們理智的眞實性，然而爲了證明我們理智的眞實性，我們需要一個理由。在這裡，同樣的問題又來了，那就是我們用以證明理智眞實性的理由可靠嗎？因此，這個理由的可靠性還需要另一個理由來證明，這樣證明下去，一直到無限，所以也同樣永遠得不到一個結論。

有了以上四種理由，蒙戴聶認爲眞理對我們而言，遙不可及；如果我們要想得到眞理，就如以手握水，要想把水保住，是毫無希望的。因爲蒙戴聶是天主教徒，他有他信以爲眞理的信仰，因此，他又強調，我們所以得到某些眞理，完全是天主的恩典，單憑我們自己，我們永遠得不到眞理。由於這種關係，他認爲在一切學說裡，只有皮羅的學說與天主教的教義相符合，因爲其他的學說都以理智作依據，然而理智是無法得到眞理的。相反的，皮羅看清了理智的弱點，所以不作任何主張。天主教徒也應當不作任何主張，使自己的心靈成爲一片空白，任憑天主在我們的心靈上寫他所願意寫的事。因此，如果我們接受皮羅的學說，我們永遠不會走入異端或錯誤的教義裡。[42]

---

[42] Ut supra, (5) Michel Montaigne.

（乙）夏隆的懷疑論

夏隆（Pierre Charron, 1541-1603）是蒙戴聶的學生，被蒙戴聶收爲義子，所以克紹箕裘，承繼了蒙戴聶的懷疑論。他和蒙戴聶一樣，認爲除非我們得到天主的啓示，不能認識眞理，他的理由大致可以歸納爲以下兩點。

㈠在感官方面

我們不知道我們是否有足夠的感官，去認識感覺方面的眞理，也許我們需要更多的感官，才能完全認識物。而且，縱然我們有足夠的感官，我們也不能分辨眞實與幻想的分別。還有一個大困難，那就是我們無法證實我們感官的經驗是否與客觀的事實相符合。感官的經驗太複雜、太變化無常了。

㈡在理智方面

首先，我們沒有分辨眞理與錯誤的標準，我們認爲是眞理的事，可能是錯誤的；反過來一樣，我們認爲是錯誤的事，可能是眞的。況且我們認爲是眞理的事，常是根據個人的情感，以及社會上風俗習慣的壓力所形成的，並非來自理智。人的行爲與普通動物並無二致，我們爲得到眞理，實在並沒有一個眞正的原理去遵循，只有靠天主的啓示。

看到以上兩點，我們不難瞭解，對夏隆而言，我們根本沒有希望得到眞理；得到眞理的惟一方法，就是拋棄一切主張和學說，使我們的心靈成爲一片空白，準備接受天主啓示在這條上的眞理。夏隆和他的老師蒙戴聶一樣，認爲作一個懷疑論者，永遠不會成爲一個異端人，因爲他既然沒有任何主張，自然也不會有錯誤的主張。夏隆的懷疑論實在就是蒙戴聶懷疑論的翻版。[43]

（丙）桑篩司的懷疑論

桑篩司（Francisco Sanches or Sanchez, 1550 or 1552-1623）的懷疑論完全包括在他的《論無物可被知》（Quod Nihil Scitur）一書中，在該書內他對亞里斯多德有關知識的理論先作了一番檢討。他所以如此作，因爲亞里斯多德的學說被認爲是正統的學說。在他檢討了亞里斯多德的知識論後，他指出亞里斯多德的知識論是錯誤的，他有以下三個理由。

(一)亞里斯多德所講的知識論是從物的定義開始的，但是物的定義不代表物的本質，因爲物的定義來自物的名字，而物的名字則是人隨意所定的，所以亞里斯多德的知識論是錯誤的。其實，任何的知識論都是從物的定義開始，所以也都是錯誤的。

(二)亞里斯多德的三段論證（Syllogism）含有循環推理論的荒謬，因爲三段論證的結論

[43] Ut supra, (2) Pierre Charron.

是大、小前提的一部分，所以是無效的。實在，除非我們知道大、小前提的意義，我們不能得到一個眞正的結論；然而如果我們知道大小前提的意義，那就不需要論證了。因此，三段論證並不給我們帶來新的知識。

㈢亞里斯多德還指出，我們對於物的眞知識，是與物的原因有關係的；如果我們知道一個物的原因，我們也就有那個物的眞知識。但是，物的原因是我們永遠不能知道的，因爲我們爲了知道一個物的原因，必須知道那個原因的原因，以及原因的原因的原因，如此，一直往後推，永遠沒有一個終結。所以爲知道一個物的原因，人需要無限的知識，然而對於人而言，這是絕對不可能的。

桑篩司藉著駁斥亞里斯多德的知識論，間接的證明知識對我們而言，是不可能的。爲了證明知識的不可能性，他還有另一個理由，那就是所謂眞知識，就是對於一個物或一件事有完全的瞭解；但是對於一個物或一件事有完全的瞭解，就是對於一個物或一件事所有的性質有直接而直觀的瞭解（Immediate and intuitive understanding）；然而這是人做不到的，只有上帝才能作到。因爲一切的事物，都是事事相連，環環相扣，人不可能對於物的一切的關係都完全瞭解。而且一切的事物時時刻刻都在變化，沒有一個固定的形式使我們可以瞭解它們。更何況我們認識的官能根本不可靠，因爲在我們認識物時，我們對於物所有的觀念，是由感官得來的，然而感官只能認識物的外表，不能認識物的本質。因此，我們並沒有認識物。

桑篩司有了以上幾種理由，所以堅決的相信，眞知識對我們是不可能的。他自認他什麼都不知道，甚至連什麼都不知道，也不知道。雖然如此，桑篩司對於知識的態度並不完全是消極的。不錯，他不要我們尋求眞知識，但是他要我們重視並研究我們的經驗，並對所得到的資料作愼重的整理和判斷。不過，他再次的強調，這樣做不是爲得到眞的知識，而是爲得到最佳的資訊。當然，站在他的宗教立場，他認爲信仰可以使我們得到絕對的眞理，然而這是另一個問題。

在這裡我們可以看出，桑篩司的懷疑論近乎學院派的懷疑論，不是皮羅的懷疑論。我們知道，有些學院派的懷疑論者如卡爾尼亞德斯派主張，雖然我們不能得到眞理，但是我們可以得到不同等級的概然性。皮羅的懷疑論者則完全不同，他們主張我們不要作任何判斷，因爲我們沒有能力作判斷，我們應當作的，就是度一個安靜的生活。[44]

（丁）加森地的懷疑論

加森地（Pierre Gassendi, 1592-1655）的才氣很大，二十一歲便在底涅（Digne）大學任修辭學教授，二十五歲便在亞克斯大學（Aix）任哲學教授。他受塞克斯都斯·恩比利古斯、蒙戴聶、夏隆、桑篩司等人懷疑論的影響極大，成爲懷疑論者。不過，他不是絕對的懷疑論者，人稱他的懷疑論爲緩和的懷疑論（Mitigated Skepticism）。

---

[44] Ut supra, (7) Francis Sanches.

加森地受伊比鳩魯原子論（Atomism）的影響也很大，認爲人的身體是原子構成的，所以以原子論解釋人的感覺。首先，加森地主張，我們認識的來源只有感覺經驗一途，但是感覺不能使我們得到物的本質的定義，因爲感覺只能使我們認識物的外表，不能使我們認識物的本質。而且我們的感覺只能感覺局部的物，不能感覺普通的物。更何況我們的感覺常有新的經驗，所以我們不能有普遍的命題，自然也不能得到確定而絕對的原理。因此，我們也不能證明任何的眞理。

其次，根據加森地所說，即便我們能感覺物的外表或現象，然而物爲什麼有那種現象？也是我們不能瞭解的。譬如我們嘗到蜜是甜的，但是爲什麼蜜是甜的？它的原因是什麼？遠遠超過我們理解的能力。總而言之，認識物的眞實性，爲我們是不可能的。不過，既然我們能認識物的現象，我們可以發展在這方面的知識；我們瞭解物的現象越多，對於我們越是有用的。而且因爲我們只研究物的現象，所以與天主或上帝的眞理不相衝突，同時也不涉及任何無法證實的獨斷主義。[45]

（戊）休謨的懷疑論

我們以上所談的四位近代懷疑論者，除桑篩司是西班牙的哲學家外，[46]其餘三位都是法

45 Ut supra, (3) Pierre Gassendi.

46 桑篩司可能生於葡萄牙的Braga，也可能生於西班牙，迄無定論。

國的哲學家。休謨（David Hume, 1711-1776）則是英國哲學家，他與洛克（John Locke, 1632-1704）以及柏克萊（George Berkely, 1685-1753）共稱爲英國系統的三位大經驗主義者。但是他也是懷疑論者，雖然他不承認他是懷疑論者，然而他的學說實在是懷疑論，康德就是特別爲他的懷疑論所震驚，而寫出了《純粹理性批判》。休謨的學說影響相當的大，我們對於他的學說不妨多作一些論述，我們分以下三段來討論。

㈠印象與觀念

印象（Impression）與觀念（Idea）是休謨學說的兩個基本觀念。根據他的主張：我們的心靈對於物的認知（Perception），只有印象與觀念。印象是我們對於物直接而實在的認知，觀念是印象所留下來的形象；印象刺激心靈的力量大而且很活躍，觀念刺激心靈的力量小而且不那麼活躍；印象先出現於心靈，觀念在印象以後發生；印象逼眞，觀念不像印象那樣逼眞；有什麼樣的印象，也就有什麼樣的觀念，觀念是印象的影像或副本。印象與觀念的分別，可以用一個例子來說明：譬如我看一棵樹，我有那棵樹的印象，在我閉上眼睛想那棵樹時，我有那棵樹的觀念。任何一個印象都有一個相連的觀念，不能只有印象而沒有觀念，二者在實質上沒有什麼分別，他們的分別在於對心靈所產生的力量與活躍性的大小而已。[47]

---

[47] L. A. Selby-Bigge edited David Hume, A Treatise of Human Nature. Oxford at the Clarendon Press, 1975. BK. I. Sec. I.

休謨說：「一個觀念就是一個較弱的印象。」㊽

爲了更清楚的瞭解休謨所說的印象與觀念的分別，我們不妨再用另一個例子來說明。譬如我們願意使一個兒童有紅黃兩種顏色的觀念，或者有甜澀兩種味道的觀念，我們必須先給兒童紅黃兩種顏色的東西看，和先給兒童甜澀兩種味道的東西吃。換言之，我們必須先使兒童有紅黃兩種顏色的印象，和有甜澀兩種味道的印象；待兒童有了這些印象後，自然就有它們的觀念。所以我們認識物時，常是先有物的印象，而後才有物的觀念，二者如影之隨形，不能分離。至於說我們的感官如何能製造物的印象，休謨說這是我們不能解答的問題，因爲我們不知道它的原因是什麼，那可能是來自物的本身，也可能是來自心靈創造的能力，再或者是來自我們的創造者。㊾

根據休謨所說，印象又分爲感覺的印象（Impression of sensation）與反省的印象（Impression of reflection）兩種。感覺的印象已如我們剛才所說，是由於某種我們不瞭解的原因出現於我們的心靈上的。反省的印象則是出自我們的觀念，那是因爲物先刺激我們的感官，使我們認知譬如冷、熱、饑、渴、快樂，以及痛苦等等不同的感覺，這也就是印象；有了印象，自然也就有觀念；這些不同的冷、熱、饑、渴、快樂，以及痛苦等觀念，使我們的

㊽ Ut supra, BK. I. Sec. VII, p.19.
㊾ Ut supra, BK. I. Part. III, p.87.

心靈又產生希求、厭惡、願望和恐懼等新的印象，休謨稱它們爲反省的印象，因爲那是由反省而來的。不過，反省的印象並不到此爲止，反省的印象也有新的觀念相繼而來。所以反省的印象又產生新的觀念，新的觀念又可能再產生新的反省的印象，這樣彼此產生下去，可能產生很多新的反省的印象和新的觀念。然而無論如何，反省的印象常是先於隨它而來的觀念，但是卻後於感覺的印象，因爲一切的印象都是由感覺的印象開始的。總而言之，我們一切的觀念都是由感覺的印象和反省的印象產生的。[50]有時休謨也稱反省的印象爲內在感覺的印象（Impression of inner feelings）。

又根據休謨所說，不論是我們的印象，或是我們的觀念，都有單純的與複雜的分別。單純的印象（Simple impression）和單純的觀念（Simple idea）在結構上都沒有部分，因此不能作進一步的分析。相反的，複雜的印象和複雜的觀念都是由不同的印象和不同的觀念所組成的，所以都可以分析成不同的部分。譬如一個蘋果有它的物質、顏色、形狀、和味道等不同的性質，這些性質共同組成一個蘋果。由於那些性質各不相同，可以分開，所以我們對於蘋果所有的印象和觀念是複雜的印象和觀念。[51]單純的印象與單純的觀念完全相似，只是已如我們以上所說，印象對我們心靈的刺激較強烈也較眞實，觀念對我們心靈的刺激便不那

[50] Ut supra, BK. I. Sec. II, p.7-8.

[51] Ut supra, BK. I. Sec. I, p.2.

麼強烈，也不那麼眞實。至於複雜的觀念，因爲是由不同的部分所組成，又因爲觀念必須與印象相符合，因此，複雜觀念的每一部分也必須與複雜印象的每一部分相符合。然而事實上，一個複雜的觀念不一定是一個複雜印象的拷貝，換言之，不一定與一個複雜的印象完全相符合。

休謨很贊成柏克萊（George Berkeley, 1685-1753）的主張，認爲我們不可能有抽象的觀念（Abstract idea）。柏克萊說，哲學上有許多錯誤，都是來自抽象觀念的主張。對柏克萊而言，我們的心靈沒有能力作出一個抽象的觀念來，因爲心靈不可能用抽象去形成一個顏色的觀念而沒有延展（Extension），也不可用抽象去形成一個運動的觀念而沒有顏色，自然也不能沒有延展；因爲顏色必須存在於一個物體上，運動也必須存在一個運動的物體上。柏克萊用人與三角形爲例，說明我們不可能有抽象觀念的理由：在我們想一個人時，我們沒有辦法想一個沒有顏色、沒有身材的人，因爲一個人不可能沒有顏色、沒有身材。同樣，在我們想一個三角形時，我們也不可能想它既不是等邊三角形，也不是不等邊三角形，也不是直角三角形，總而言之，什麼三角形都不是。然而一個三角形必須有一個形狀，什麼樣的形狀，無關緊要，但是必須有一個形狀。[52]休謨非常贊成柏克萊的這個主張，認爲是哲學上多少年

---

[52] George Berkeley. The Principles of Human Knowledge, edited by David A. Armstrong. Collier Books, Collier Macmillan Publishers, London, 1974, Introduction, V. 6, 7, 8, 9, 10, 11, 15.

來最偉大、最有價值的發現。[53]

休謨認為那些主張有抽象觀念或普遍觀念的哲學家們，面臨一個雙難論證（Dilemma）的困難，他也以人的普遍觀念作例說：人的普遍觀念或者代表一切的人，或者不代表任何一個個體的人，只是一個抽象的人；然而這二者都是不可能的。首先，人的普遍的觀念代表一切的人是不可能的，因為如果人的普遍觀念代表一切的人，如長人、矮人、白人、黑人、胖人、瘦人、男人、女人、兒童、壯年、老人，以及數不清各式各樣的人；這無異說，人的心靈有無限的能力，因為它能把一切的人都包括在人的觀念裡，這顯然是不可能的。其次，人的普遍觀念不代表任何一個個體的人，只是一個抽象的人，這也是不可能的。因為我們的心靈不能形成一個物的觀念，除非實在有一個既有質又有量的物，就如我們不能形成一個三角形的觀念，除非確實有一個既有邊又有角的三角形。[54]

已如我們所知，休謨認為我們的知識來自印象與觀念，先有印象，後有觀念；有什麼樣的印象，也就有什麼樣的觀念，觀念是印象的拷貝。然而很明顯的，我們不論對於任何物都不能有一個普遍的印象，自然也就不能有一個普遍的觀念。譬如我們不能有一個普遍人的印象，不能有一個普遍馬的印象，不能有一個普遍樹的印象，因為我們不能看到一個普遍的

---

[53] David Hume, Op. cit. BK. I. Sec. VII, p.17.

[54] Ut supra, BK. I. Sec. VII, pp.17-20.

人、一個普遍的馬，或一棵普遍的樹。[55]

現在的問題是，既然我們的觀念都是個體的，那麼，我們爲什麼以個體的觀念代表同類中所有的物呢？休謨的答覆是，那是觀念的聯想（Association of ideas）。這也就是說，我們的心靈傾向由一個觀念想到另一個觀念：在我們有一個觀念時，我們看到那個觀念與同類中的物有某些相似處，於是便把它們連合在一起，因此就把那個觀念代表相同物的觀念。[56]

休謨否定了普遍觀念的存在，根據他的學說系統來說，應是他邁入懷疑論路途的開始。因爲如果我們沒有普遍的觀念，我們便不能定義任何物，我們不能定義人是什麼、馬是什麼、樹是什麼等等；我們只能說這個人或那個人；這匹馬或那匹馬，這棵樹或那棵樹等等。但是我們知道，知識的性質就是脫離物的個體性，而形成普遍的觀念。如果我們沒有普遍的觀念，我們不但沒有科學，什麼學問都沒有。當然，休謨沒有說我們什麼學問都沒有，然而他的學說會導致我們懷疑知識的眞實性。

㈡原因與後果

普通我們都認爲有後果（Effect），必定有原因（Cause），後果來自原因；原因有一種

[55] Ut supra, BK. I. Sec. VII, pp.17.18.

[56] Ut supra, P.22.

製造後果的能力。但是休謨並不這麼認爲，他對於原因與後果的關係另有解釋。

簡短的來說，休謨認爲原因與後果的關係是我們對於兩種事故常常相連發生的經驗：前者的事故常被後者的事故所隨從，後者的事故常跟著前者的事故而發生。譬如一個撞球撞到另一個撞球時，另一個撞球便移動，而且常是這樣。又譬如火遇到可燃燒的物時，可燃燒的物就會燃燒，而且也常是這樣。普通我們都認爲前者的事故有一種能力（Power, force），能導致後者事故的發生，然而問題是，我們經驗不到那種能力，那種能力是什麼？我們不知道。因此，如果我們相信一個撞球撞到另一個撞球時，另一個撞球就會移動，或者火遇到可燃燒的物時，可燃燒的物就會燃燒，這是因爲我們由於習慣它們常這樣發生，所以才相信會有這種現象發生，不是因爲我們知道撞球有一種能力，或者火有一種能力，才相信會有這種現象發生。

根據休謨所說，原因與後果的關係是不可以證明的，因爲既不能以直觀來證明，也不能以推理來證明。因爲它們之間不但沒有明顯性，也沒有必要的連繫（Necessary connexion）。原因與後果只是在時間與空間上相連續的兩個事故而已，我們稱前者爲原因，稱後者爲後果。[57]

休謨把我們推理或研究的對象分爲兩種，一種是「觀念的關係」（Relations of Ideas），

---

[57] L. A. Selby-Bigge, Op. cit. BK. I. Part I. Sec. II, pp.73-78., Sec III, pp.78-80.

另一種是「事實的問題」（Matters of fact）。「觀念的關係」是關於幾何、代數和數學的知識，這類的知識可以以直觀或以論證證明它們的確定性；至於「事實的問題」，這是人推理的第二種對象，這種對象知識的確定性是不能證實的。因爲任何一個事實命題的反面都是可能的，沒有矛盾在內。譬如明天太陽會升起的反面是明天太陽不會升起；明顯的，明天太陽不會升起並不會比明天太陽會升起，使我們更不容易了解；我們不能證明明天太陽不會升起是錯誤的，明天太陽不會升起沒有矛盾；沒有矛盾的事，我們都可以瞭解。[58]

在這裡，休謨願意所說的是：我們有關一切「事實問題」的推理，都是建立於原因與後果的關係上的，「事實問題」的必須性既然不能證實，原因與後果關係的必須性自然也不能證實。休謨爲了使我們瞭解我們有關一切「事實問題」的推理，都是建立於原因與後果關係上的，他舉了一個例子說：如果你問一個人，爲什麼他相信他的朋友在法國，他答覆的理由都是「事實的問題」。譬如他說他接到了他的朋友從法國來的信，或者他的朋友預先告訴了他。休謨又舉了另一個例子說：一個人在一座荒島上發現了一只手錶，他相信一定有人到過那裡。休謨說我們對於一切有關「事實問題」的推理都是如此：由另一個事實推論出現在

---

58 David Hume, An Enquiry Conçerning Human Understanding, in Great Books of The Western World. Robert Maynard Hutchins, Editor in Chief, 1952, by Encyclopedia Britanica, Inc. Sec. IV. Part 1, 20. p.458., Treatise, BK. I. Part III, Sec. III, pp.79-80.

的事實，二者之間常有一個連繫，沒有連繫，確定的結論是不可能的。[59]

休謨在此得到了一個普遍的原則：我們不能由先驗的推理（Reasonings a priori）獲得事實的知識。這個原則沒有例外。這也就是說，我們有關事實的知識都是從經驗得來的，沒有經驗，我們沒有事實的知識。這是因爲我們經驗過兩個事故常連繫在一起，所以我們才知道它們的關係，我們認爲前者是原因，後者是後果。如果一個人從來沒有經驗過一種新的東西，不論他如何聰明，也不會發現它的原因與後果。譬如一個人從來不知道水會淹死人，他不會從水的流動性與透明性結論出，水會淹死他。又譬如一個人從來不知道火會燒死人，他不會從火的光明與熱結論出，火會使他化爲灰燼。我們的感官也好，理智也好，如果沒有經驗，我們不能知道原因與後果的關係。[60]

有了以上的理論，所以休謨堅決的主張，原因與後果是不能用理智發現的，只能用經驗去發現。爲強調這一點，他不憚其煩的又舉例說，讓一個人分開兩片平滑重疊的大理石板，如果他沒有經驗，他不會知道把這兩片大理石板直接掀開所用的力量，遠比把它們從旁邊推開所用的力量要大的多。同樣，沒有人能先驗的推論出火藥會爆炸，磁石會吸鐵，除非他有經驗。[61]當然，所謂經驗，不只是指自己體驗到的，聽別人說的，從書本、報章雜誌看到的，

---

[59] David Hume, An Enquiry, Sec. IV. Part I. 22, p.458.

[60] David Hume, Op. cit. Sec. IV. Part I. 23, P.459.

[61] Ut supra, 24, pp.459.

都是經驗。

一切大自然的規律，一切物體的運動，都只能由經驗認識，沒有任何例外，因爲後果與原因完全不同，我們不能用先驗的推理推論出它們的關係來。第一個撞球撞到第二個撞球時，第二個撞球開始運動，但是第一個撞球的運動與第二個撞球的運動，是兩個分開不同的運動；第一個撞球的運動並不暗示非要引起第二個撞球的運動不可，因爲有很多不同的情況可以發生。譬如在兩個撞球接觸時，它們可以完全停止；而且第一個撞球可以越過第二個撞球，滾向任何方向；甚至第一個撞球撞到第二個撞球時，可以又轉回來。這些假定都是可能的，沒有任何矛盾。既然如此，那麼，爲什麼我們認定某一種情況，比別的情況更合理呢？同樣，我們把一塊石頭拋向空中，如果不被別的物擋住，便會立刻掉下來。然而我們站在先驗的立場來看，那塊石頭爲什麼不能一直向上走？或者向任何方向走？這都是可能的，我們不能以先驗的推理推論出：石頭落地的情況是對的，其他的情況都是錯的。每個後果都是與原因分開的一個事故，後果是不能在原因裡找到。[62]「凡是荒謬的，都是不可以理解的。」[63]然而火不使可燃燒的物燃燒，拋向空中的石頭不落在地上，並不是荒謬，因爲原因的觀念可以和後果的觀念分開，其間沒有矛盾或荒謬。[64]

---

62 Ut supra, 25, pp.459-460., Treatise, BK. I. Part III, Sect. VII, p.95.

63 David Hume, Treatise, BK. I. Part III. Sec. VII, p.95.

64 David Hume, Treatise, BK. I. Part III. Sec. III, p.80.

休謨極其強調，原因並沒有一種能力（Power），可以導致另一個事故的發生；我們可以用不同的名稱稱呼能力，[65]但是它並不存在。原因與後果的關係不是別的，只是兩個事故在空間上相連接（Spatial contiguity）以及在時間上相繼續（Succession in time），由於同樣的兩個事故常常如此發生，因此，我們的心靈便形成一個習慣（Custom, Habit），相信原因與後果有一個必須的連結性（Necessary connexion），其實，原因與後果的關係，只能由習慣而來。而且我們「相信」原因與後果有一個必須的連結，所謂「相信」（Belief），更好說是我們感覺的的行爲（Sensitive act），而非思想的行爲。[66]所以「相信」實在是一種感覺（Feeling）或情感（Sentiment）。[67]

我們以上曾說過，根據休謨所說，我們的觀念是從印象來的，觀念是印象的拷貝，二者的分別在於刺激我們心靈強弱的程度。但是休謨又說，我們並沒有原因與後果必須連繫性的印象，自然也沒有原因與後果必須連繫性的觀念。[68]換言之，我們不能用印象來證明原因有一種製造後果的能力，因爲這種能力是我們完全不能知道的。[69]因此，我們也可以瞭解，

---

[65] 休謨認爲Power, Efficacy, Agency, Force, Energy, Necessity, Connexion, Productive quality，幾乎都是同義字。參看他的 Treatise, BK. I. Part III. Sec. XIV, P.157., p.162.

[66] David Hume, Treatise, BK. I. Part IV. Sect. I, p.183.

[67] David Hume, Treatise, BK. I. Part III. Sec. XIII, p.153., Appendix, p.624.

[68] David Hume, Op. cit. BK. I. Part III. Sec. p.155, 165, 172

[69] Ut supra, p.159.

對休謨而言，爲什麼「原因」（Cause）、「機會」（Occasion）以及「偶然」（Chance），是沒有任何分別的。[70]

休謨既然認爲原因並沒製造後果的能力，我們「只能藉經驗推論出一個事故由另一個事故而來。」[71]那麼，我們便不能證明我們沒有經驗過的事故會發生，也不能證明將來會有相似我們經驗過的事故會發生；我們不能因爲太陽在以往每日都升起，所以就證明太陽以後每日也都將升起。因爲已如我們以上所說，對休謨而言，大自然間的事故都是「事實的問題」，不能以直觀或理論來證明。況且，大自然的一致性（Uniformity）也不能被證明，至少我們可以想大自然的運行是可以改變的。[72]人類的經驗到現在爲止，只能證明大自然以往的規律，不能證明大自然將來的規律；將來大自然的運行不必非像以前那樣運行不可。大自然到現在有它的一致性，將來如何，不是經驗可以告訴我們的。然而這也就是說，我們的經驗也不能證明大自然的一致性。所以「將來相似過去的假定，不是建立於任何論證上的，而完全是來自習慣。」[73]

我們瞭解了休謨以上的主張，我們不能不問：休謨對於科學有什麼看法呢？是否科學

---

[70] Ut supra, p.171.

[71] David Hume, Op. cit. BK. I. part III. Sec. VI P.87.

[72] Ut supra, pp.89-90.

[73] David Hume, Op. cit. BK. I. Part III. Sec. XII, p.134, 135, 105.

也沒有一致性？休謨認爲科學的工作就是搜集我們經驗到的那些彼此常相連接發生事故的資料，而後將那些資料作成科學的定律。所謂定律，不是說科學的事故非照定律發生不可，而是說提供我們一些「合理的信念」（Reasonable beliefs），好能預測將來的事故相似以往到現在發生的事故。科學不是尋找事故的眞正原因，而是尋找最好概然性的預測；科學家們由於他們的習慣和傾向，期待將來的事故相似以往的事故。[74]

㈢休謨的懷疑論

經驗論者休謨有了他對於印象與觀念以及原因與後果的主張，如果說不陷於懷疑論裡，簡直不可能，雖然他不認爲他是懷疑論者。爲了瞭解他的懷疑論，我們分三點來說明。

1.對於物的認識問題。我們知道，在英國的三位經驗論者中，洛克只承認物的第一性質如堅實性、延展性、形狀、運動、靜止等實在的存在，不承認物的第二性質如顏色、聲音、氣味等實在的存在。柏克萊根本不承認物有獨立的存在；物是心靈的認知，沒有心靈的認知，沒有物，所以更不必談物的性質了。至於休謨，他對於物有什麼看法呢？休謨不否認物有脫

---

74 Cf. Masterpieces of World Philosophy In Summary Form, edited by Frank N. Magill and Ian P. Mac-Greal, 1969. David Hume, A Treatise of Human Nature, (Book I), P.475., Treatise, BK. I. Part III, Secs. XI-XV. 新月圖書股份有限公司印，台北市，民國五十六年。

離心靈認知的獨立存在，但是爲什麼我們相信物有獨立的存在？或者說我們能不能認識物的獨立的存在？對於休謨來說，則是一個問題。就如他說：「我們要問什麼原因使我們相信物的存在？問有沒有物？都是毫無意義的。」[75]

我們能不能認識物呢？休謨先排除了我們感官的可能性，因爲只有物呈現於我們的感官時，我們才知道物的存在，如果物不呈現於我們的感官，我們便不能知道物的存在。因此，如果說感官能使我們認識物的獨立的存在，那麼，我們的感官必須時時不停的工作不可，即使在物不呈現於它們時，也不例外。這當然是一個矛盾。[76]譬如我的眼睛看見一隻蝴蝶在花叢中飛舞，沒有懷疑的，我的眼睛告訴我，那隻蝴蝶有實在的存在或獨立的存在；然而在蝴蝶飛離我的視線之後，我的眼睛便不能告訴我，那隻蝴蝶有繼續獨立的存在。所以如果我的眼睛爲使我知道那隻蝴蝶飛走以後，仍然繼續的存在，我的眼睛必須時時不停的看見那隻蝴蝶不可。很明顯的，這是一個矛盾、是不可能的事。

我們的感官不能使我們知道物有繼續獨立的存在，我們的理智能不能呢？答案也是否定的。因爲「凡是出現於心靈上的，只是一個認知（A perception）而已，而認知是中斷的，依賴心靈而存在。」[77]休謨的意思是說，我們的心靈認識物時，只是對於物的認知，而且是

---

[75] David Hume, Treatise, BK. I. Part IV. Sec. 2, p.187.

[76] Ut supra, p.188.

[77] Ut supra, p.193.

經由感官才有的認知。因此，我們的心靈認知物時，常隨感官的中斷而中斷，因為已如我們剛才所說，我們的感官不是時時與物相接觸的。而且我們的心靈對於物的認知，僅存在於心靈之上。由於這種關係，我們的理智不能從我們的心靈對於物的認知，推論出物有繼續獨立的存在。因為這種推論是由原因到後果的推論，然而我們知道，原因與後果的關係是經驗習慣的關係。因此，為使這種推論有效，我們必須看到我們的認知與物常是連結在一起的，但是我們做不到，因為我們不能走出我們的認知，看看我們的認知是否是它所代表的物。[78]

我們的感官與我們的理智既然都不能使我們知道，物有繼續獨立的存在；那麼，為什麼我們相信物有繼續獨立的存在呢？休謨認為那是因為物有恒久性（Constancy）及附著性或連貫性（Coherence）的緣故。譬如在我窗前的那些山、房屋和樹木，常以同樣的姿態顯示給我；有時我閉上眼睛，或是轉過頭去，暫時不看它們；但是我再看它們時，它們依然如故，沒有任何改變。至於在我書房裡的書桌、書籍和用具，也莫不如此；它們不因為我暫時不看它們，而再看它們時便有所改變。[79]這是物的恒久性，這種恒久性使我們相信，物有脫離我們心靈的認知的獨立存在。

很明顯的，物的恒久性並不表示物一點都不改變的，物不但在姿態上改變，在性質上

[78] Cf. F. Copleston, Op. cit. vol. V. pp.294-295.
[79] David Hume, Treatise, BK. I, Part IV, Sec. 2, pp.194-195.

也改變。譬如在冬季在我的房間的壁爐裡有炭火，在我離開我的房間時看那堆炭火，和我待一小時回來再看那堆炭火，我會發現那堆炭火改變了許多。譬如一半已經燒成了灰燼，一半還在燃燒。不過，我又發現，雖然壁爐中的炭火改變了許多，然而如果有幾堆不同的炭火，它們都有同樣的木材、同樣的體積，在同樣的時間內，它們的變化都是相同的。這是物的連貫性，這種連貫性和恒久性一樣，使我們相信物有繼續而獨立的存在，不是因爲我們心靈的認知而存在的。[80]

現在的問題是：物的恒久性與連貫性雖然使我們相信，物有繼續而獨立的存在，然而它們並不使我們的信心到達堅信不疑的程度，因爲畢竟我們對於物的認知，或者說我們對於物所有的印象是中斷的。換言之，在我們的感官與物接觸時，我們對於物才有認知或印象，但是如果我們的感官與物的接觸中斷了，我們便不再有物的認知或印象。因此，縱然物有它們的恒久性與連貫性，但是物的恒久性與連貫性並不能絕對的保證，物在脫離我們心靈認知後，有繼續獨立的存在。

爲了解決物的繼續而獨立存在的問題，休謨又想到了我們的想像力（Imagination）。這就是說，由於我們看到物顯示於我們的恒久性與連貫性，我們的心靈自然便會想像，在我們心靈的認知中斷時，必須有一個繼續而獨立存在的物，否則，物不會在顯示於我們時有恒久

---

[80] Ibidem.

性與連貫性，我們的想像力「可以推測：中斷的認知由一個實在存在的物所連繫，這個連繫是我們感覺不到的。」[81]

詳細的來說，想像力是我們心靈的一種主觀作用，那就是在我們的心靈有兩個相關的觀念時，它常有把兩個觀念看成一個觀念的傾向。我們所以認爲物有繼續而獨立的存在，就是因爲我們的想像力把物的恒久性及連貫性，和物繼續而獨立的存在連繫在一起，認爲物的恒久性及連貫性是物實在存在的現象。想像力有習慣性或惰性，只要它一開始活動，便會繼續下去，以完成所想像的事。「想像力一進入一連串的思想中，縱然事情過去，想像力傾向仍繼續工作下去；就像一隻小船，用槳把它划動後，縱然不再划它，它會按照所划動的方向駛下去。」[82]

休謨有了以上的主張，究竟他認爲我們有沒有充足的理由，相信物有脫離我們認知的繼續而獨立的存在呢？休謨持否定的態度。究其原因，是因爲他的基本主張是：我們直接所認識的對象只是我們對物的認知或印象，[83]然而我們對物的認知或對象是否就代表實在存在的物呢？對休謨而言，這是永遠不能解決的問題。其實，這也是所有的懷疑論者，都認爲是

---

[81] David Hume, Treatise, BK. I. Part IV, Sec. 2, p198.

[82] Ut supra, p.198.

[83] Perception這個字在休謨的著作中，有兩種意義，一方面表示我們認識的行爲，另一方面也表示我們認識的對象。參考：F. Copleston, Op. cit. vol. V. p.299.

永遠不能解決的問題。

2.對於自己位格同一性（Personal identity）認識的問題。普通我們都相信我們有位格的同一性。這就是說，我相信我是我，我常是我，我是不變的，除非我死亡。但是我們眞能認識自己位格的同一性嗎？休謨認爲在哲學上的一切問題中，沒有比這個問題更難的了。[84]

爲了解決我們對於自己位格同一性認識的問題，首先，我們應當問：我們能不能認識自己的身體？沒有懷疑的，一般人對於這個問題的答案都是肯定的。因爲我們看到我們的身體，觸摸到我們的身體，感覺到我們的身體。然而休謨認爲這種論證是無效的，他的理由是：「眞正的來說，我們認識的不是我們的身體，而是我們的感官所得到的一些印象而已。因此，如果我們把實在而物質的物歸屬到一些印象上，心靈可以這樣想；但是很難證實，就如證實我們位格的同一性一樣困難。」[85]

普通來說，一般人認爲我們能夠認識自己的身體，除掉我們能看到我們的身體，觸摸到我們的身體，以及感覺到我們的身體之外，還有另一個理由，那就是我們不但經驗到我們的身體，也經驗到許多別的物體；它們是在我們身體以外的物體。在我們的身體與我們的身體以外的物體之間，有一條清楚的界限：我是我，它們是它們；彼此涇渭分明，絕對不能混

---

84 David Hume, Treatise, BK. I. Part IV, Sec. 2, p.189.

85 Ut supra, p.191.

淆。因此，我們不能不認識我們的身體。不過，休謨認爲這仍然是一個無效的論證，因爲我們固然認識許多在我們的身體以外的物體，譬如我的書桌、我的書籍、我的房間，以及我房間以外的樹木和房屋等等，但是我們所認識的仍然是一些印象而已。[86]休謨的言外之意是，印象不代表物的本身，我們不能由印象結論出物的獨立存在。在這裡我們不要忘掉休謨的一個基本主張：我們直接所認識的對象只是印象，我們不能直接認識物，物的獨立存在是永遠不能證明的。

現在我們看一看：休謨如何看我們對心靈認識的問題。休謨不否認我們有心靈，然而休謨否認心靈是實體（Substance）。大致說來，哲學家們大都把實體定義爲「由自己存在的物」（Something exists by itself），但是休謨不贊成這個定義，因爲他認爲這個定義適合於我們所想像出來的任何物，所以不能分別實體與依附體，也不能分別心靈與認知。[87]

休謨對心靈還有另一種看法，那就是我們沒有心靈是實體的觀念，因爲如果我們有心靈是實體的觀念，我們也必定有心靈是實體的印象，因爲觀念來自印象，觀念是印象的拷貝，但是我們沒有心靈是實體的印象。況且印象不能代表實體，除非印象相似實體，然而印象如何相似實體呢？這是不可能的事。[88]

---

[86] Ut supra, p.190.
[87] David Hume, Treatise, BK. I. Part IV, Sec. 5, p.233.
[88] Ut supra, pp.232-233.

心靈在休謨的心目中既然不是實體，那麼，心靈究竟是什麼？休謨說：「人心靈的眞實觀念是不同的認知或不同存在的系統，由原因與後果連繫起來，彼此引起、摧毀、影響和改變。」[89]所以「心靈是一種劇院，在那裡不同的認知連續的出現、過去、消失，而混入形態與環境的無止的變化之中。在劇院內沒有一時有單純性（Simplicity），在不同的時間也沒有同一性（Identity）。不論我們如何想像單一性與同一性。」[90]

有了以上的理論，休謨非常不贊成一般哲學家們的意見，認爲我們由強烈的感覺（Sensation）與嚴重的激情（Passion），譬如痛苦和快樂，不能不使我們意識到自己的存在、感覺到自己的存在。但是休謨以他一貫的立場反駁說，我們沒自己的觀念（The idea of self），因爲我們沒有自己的印象（The impression of self）。而且縱然我們有自己的印象，然而所謂自己，不是由一個印象構成的，而是由許多連續不斷變化的印象組成的。[91]

現在我們再回到對於自己位格同一性認識的問題上：我究竟是不是常是我？我的位格是不是不變的？我有沒有位格的同一性？休謨的答覆是這樣的：我「只是一堆不同的認知，或不同認知的集合·那些認知以不可想像的速度，一個接一個的發生，且在永恒的流動之中。」

---

[89] David Hume, Op. cit BK. I. Part IV, Sec. 6, p.261. 休謨常把印象、認知及存在用作同義詞。

[90] Ut supra, p.253.

[91] Ut supra, p.251.

⑫這就是哲學家們所說的休謨的「一堆的理論」（Bundle theory）。所以我們很清楚的可以看出，休謨否認了我們位格的同一性。如果我們再看他下一段的話，更可以確定他否認了我們位格的同一性。

「在任何時間如果沒有認知，我決不能抓住我自己（I never can catch myself）；我在我身上所看的只是認知，如果我的認知被拿去，譬如被沈睡所拿去，我已不再感覺到我自己，也可以眞正的說，我已不存在。如果我一切的認知被死亡所拿去，在我的身體分解之後，我既不思想，也不感覺、也不看、也不愛、也不恨，我完全消滅了；我不知道還有什麼條件，使我成爲一個完全的虛無。如果一個人經過愼重而毫無偏見的反省，認爲他對於他自己有別的看法，我必須承認，我不能再和他理論。我只能說，他和我一樣，都有權利主張自己的意見；我們在這一點上看法完全不同，他也許在他身上看到一個單純而繼續存在的一點東西，他稱爲他自己，而我則確定，我沒有這種原理。」⑬

休謨認爲我們相信我們有位格的同一性，是因爲我們把同一性的觀念（Idea of identity）

---

⑫ Ut supra, p.252‥「They are nothing but a bundle or collection of different perceptions, which succeed each other with an inconceivable rapidity, are in perpetual flux and movement.」休謨的「人是一堆認知」的理論，不能不說沒有受到柏克萊的影響，柏克萊說：「你只是一個流動觀念的系統，沒有實體支持它們（You are only a system of floating ideas, without substance to support them.）George Berkeley, Second Dialogue, p.196.

⑬ Ibidem.

與彼此相關的物共同繼續的觀念（Idea of a succession of related objects）相混淆。譬如一個動物的身體，那是由不同肢體組成的合成體，而且那些不同的肢體時常都在變化，所以它並沒有自己的同一性。但是那些肢體的變化是逐漸進行的，不容易被我們所看見；更由於各個肢體都息息相關，彼此依賴，相輔相成，因此，我們便傾向忽視它們的部分性，認爲動物的身體有一個獨立不變的同一性，但是這是虛構的同一性，實際並不存在。[94]

我們相信我們有位格的同一性，除掉以上所說的原因之外，休謨認爲我們的記憶力（Memory）也是一個極重要的因素。我們知道，我們的認知都是一個一個的發生，都是中斷的；所以也都是一個一個的過去，一個一個的消失，彷彿都不是我們的。但是我們的記憶力使我們想起我們以往的認知，把它們連繫起來，因此，使我們相信在那些認知之中有一個共同的主體，那就是位格的同一性。

論到記憶力與位格同一性的關係，休謨又作了進一步的說明。根據休謨所說，我們的認知在原因與後果上都是有關聯的。這也就是說，我們的印象產生相對的觀念，觀念又產生另一個印象，這樣可以互相的產生下去。換言之，一個思想接替另一個思想，在這個思想以後，又引發第三個思想，到這個思想結束時，又引起一個新的思想。所以在印象與觀念之間，或者在思想與思想之間，再或者在認知與認知之間，都有因果的關係。然而因果不論如何變

---

[94] David Hume, Treatise, BK. I. Part IV, Sec. 6, p.259.

化，主體常是一樣的。休謨把因果與主體的關係比作一個政府的組織，在政府裡的主管與屬僚，彼此運作互動，更換遞補，但是政府仍然是政府。[95]休謨在這裡主要所說的是：我們所以有認知因果的觀念，是來自我們的記憶力，我們的記憶力使我們想起我們以往的認知，以及它們之間的關係。如果我們沒有記憶力，我們不可能有因果的觀念，同時也不可能有因果鏈鎖的觀念（Chain of causes and of facts），當然也不可能有位格同一性的觀念。[96]總而言之，休謨認爲我們相信我們有位格的同一性，我們的記憶力扮演一個很重要的角色。

3.對於我們的感官及理智認識能力的問題。我們看了休謨以上的種種理論，不難想像他對於我們的感官以及我們理智認識能力的理論。不過，我們仍然有需要作一番較清楚的說明，因爲我們不會完全想像出他對於我們的感官以及我們理智認識能力的理論來。

首先，我們看休謨對於我們感官認識能力的理論。休謨認爲我們對於我們感官認識的能力都有錯誤的想法，因爲我們由於自然的本能，都相信我們感官認識能力的眞實性。因此，我們的感官認爲外界的物有獨立的存在，我們幾乎完全不用理智，不加思考，便信以爲眞。同樣，我們的感官認爲它們對於外界的物所得到的形象（Image），就代表外界的物，因爲形象如何，物也如何；我們也就信以爲眞。休謨並且以桌子爲例說，譬如一張桌子，我們看

[95] Ut supra, p.261.
[96] Ut supra, pp.261-262.

它是白色的，摸它是堅實的，於是我們便相信實際上它就是這樣；我們站在它跟前，並不給它一個存在；我們離開它，也不使它消滅，它有一個完全獨立的存在，不受我們絲毫的影響。[97]但是休謨認爲我們這種信任我們感官眞實性的本能，經不起哲學的考驗，因爲只要我們稍作哲學的思考，便可以看出我們的錯誤來。以下是他的理由。

休謨強調，哲學告訴我們，我們在認識物時，物不能直接與我們的心靈相接觸，我們所認識的只是物的形象或認知，我們的感官則是物的形象或認知的入口。休謨爲證實這一點，他再以桌子爲例說，我們離開桌子越遠，桌子顯的越小；然而那不是桌子變的越小，只是桌子的形象變的越小。因此，我們經過哲學的反省，我們不能不承認，我們在認識物時，那只是在我們心靈上的形象；而那些形象是物飛馳的拷貝或代表（Fleeting copies or representations），但是物常是一樣的，不受我們認知的影響。[98]

休謨在上面願意所說的是，哲學強迫我們拋棄我們對於感官信任的本能，必須找出一個合於哲理的理論。然而休謨又認爲，這對哲學而言，無寧是一個尷尬，因爲雖然哲學使我們看出相信感官的自然本能是錯誤的，然而理智不能證明物的形象或認知只是物的代表，而實

---

[97] David Hume, Enquiries Concerning Human Understanding and Concerning The Principles of Morals. reprinted from the 1777 edition with introduction and analytical index by L. A. Selby-Bigge, Third edition, Open University set book, 1975. Sec. XII, Part I, 118, pp.151-152.

[98] Ut supra, p.152.

在的物不是形象或認知，也許我們對於物所得到的形象或認知，事實上物就是形象或認知。[99]

對於我們感官認識眞實性的問題，休謨認爲非常不容易解決，因爲我們沒有任何論證，可以證明我們的心靈所得到的物的形象或認知，是來自外界的物；然而我們也沒有任何論證，證明那些形象或認知與外界的物完全不同。再者，那些形象或認知是否由我們心靈的某種能力所製造的？或者是一個不可見的神體給我們造成的？再或者是我們不知道的一種原因給我們造成的？這都是不能證明的。[100]

爲了解決我們感官眞實性的問題，休謨認爲我們絕對不能接受笛卡爾的主張：上帝的誠實性保證我們感官的眞實性。因爲如果如此，我們的感官便是不能錯誤的了，因爲既然上帝以他的誠實性保證我們感官的眞實性，上帝便不能欺騙我們，但是事實證明，我們的感官是可以錯誤的。況且爲證明外界物的存在就有問題，爲證明上帝的存在和他的任何一個屬性，我們更找不出一個有效的論證來。[101]

由於以上對於我們感官眞實性的困難與質疑，休謨認爲爲有深度的懷疑論者發展懷疑論，是很有利的。因爲如果我們隨從我們自然的本能，相信我們感官的眞實性，這無異說，

---

[99] Ibidem.

[100] Ibidem, 119, pp.152-153.

[101] Ibidem, 120, p.153.

我們相信物的形象或認知代表外界實在的物。但是懷疑論者會指出，那是不能證明的，已如我們剛才所說的。然而在另一方面，如果我們認爲物的形象或認知只是外界實在物的象徵，不是外界實在物，懷疑論者又會指出，我們否認了我們對於我們感官信任的本能。而且我們的感官所得到外界物的形象或認知，是否與外界實在的物有關聯，我們也找不出令人信服的論證來。[102]休謨的言外之意是，他認爲懷疑論者懷疑我們感官認識眞實性的理論，是有道理的。其實，這也是他自己對我們感官眞實性的主張。

現在我們看休謨對於我們理智認識能力的理論。休謨從「抽象推理」（Abstract reasoning）與「事實推理」（Reasoning concerning matter of fact）兩方面來檢討。從「抽象推理」方面來看我們理智的能力，休謨認爲使我們對理智發生懷疑的理由，主要的是因爲幾何學家們與形上學家們所講的空間與時間的理論。根據幾何學家們與形上學家們所說，一個延展的物可以分成無限的部分。譬如甲這個延展的物，在它內包含乙這一部分；乙這一部分與甲這個延展的物相比，應當無限陪小於甲這個延展的物，因爲甲這個延展的物可以分成無限的部分。同樣，乙這一部分在它內包含丙這一部分；丙這一部分與乙這一部分相比，應當無限陪小於乙這一部分，因爲乙這一部分可以分成無限的部分。而後，丙這一部分在它內包含丁這一部分，丁這一部分與丙這一部分相比，應當無限陪小於丙這一部分，因爲丙這一部分

[102] Ibidem, 121, pp.153-154.

可以分成無限的部分。這樣推演下去，一直到無限。休謨說，這種理論「充滿荒謬與矛盾」，「震驚人類最清楚、最自然的原理。」[103]

論到幾何學家們與形上學家們對於時間所講的理論，更是荒謬絕倫，因爲根據他們所說，時間有無限的部分，每一部分都是眞實的；但是時間一部分接續一部分的耗盡而消失。休謨說這種理論是如此的荒誕不經，不論任何人，如果他的判斷力沒有被腐化，永遠不會承認這種理論。[104]

休謨從「抽象推理」方面檢討了我們理智的認識能力之後，接著便從「事實推理」方面來檢討；從「事實推理」方面來檢討，就是站在懷疑論的立場來檢討。休謨把懷疑論者分爲兩派：普通的懷疑論者（Popular scepticist）及哲學的懷疑論者（Philosophical scepticist）。普通的懷疑論者認爲我們理智認識的能力不可靠，因爲由於時代與地區的不同，人們的主張也不同；而且即連我們自己的判斷也變化無常，同一個人的判斷在病痛時與在健康時不同；在少年時與老年時不同；在順境時與在逆境時不同。此外，還有許多別的情況，說明我們理智認識的能力不可靠，不過，我們沒有必要都一一陳述。[105]

---

[103] Enquiries, Sec. XII, Part II, 124, pp.155-156.

[104] Ibidem, 125, p.157.

[105] Ibidem, 126, P.158.

以上普通的懷疑論者對於我們理智認識能力懷疑的理論，並不代表休謨的意見。他認爲這種懷疑論是皮羅主義（Pyrrhonism）或過激的懷疑論（Excessive scepticism），也是無效的懷疑論。因爲這種懷疑論在學校的教室裡，老師們可以頭頭是道的盡情發揮，不容易被駁倒，然而在我們的日常生活裡，我們都根據我們的理智而生活，誰也不懷疑我們理智認識的能力。因此，在我們的日常生活裡，皮羅主義像雲霧一般的消失，即連最堅強的皮羅主義者，也與別人一樣的生活。顛覆皮羅主義的最大力量，就是日常的活動、工作和職務，大家每天爲生活而忙碌，誰也不會去找理由，懷疑我們理智認識的能力。[106]

休謨不贊成皮羅主義或過激的懷疑論，還有另一個理由，那就是他認爲這種懷疑論，對我們沒有任何益處；如果我們問一個過激的懷疑論者，爲什麼他處心積慮，費那麼大的精力研究這種學說，他必一臉錯愕，無言以對。[107]

休謨認爲皮羅主義或過激的懷疑論再或者普通的懷疑論，不值得我們反駁，就如他以上所說，這種懷疑論在我們的日常生活中，自然會雲消霧散。他又以個人的經驗說：「我喫飯，我下棋，我和朋友談心、歡樂，三、四個小時之後，再思考這些問題時，它們顯得冷酷、

---

[106] Ibidem, pp.158-159.

[107] Enquiries, Sec. XII, Part II, 128, pp.159-160.

乏味、可笑，我不能再作進一步的思考。」108

休謨不贊成皮羅主義，但是他卻贊成哲學的懷疑論，他也稱之爲緩和的懷疑論（Mitigated scepticism）或學術的懷疑論（Academical scepticism）。因爲這種懷疑論雖然有一部分理論來自皮羅主義，然而已被我們的常情及反省（Common sense and reflection）所修正，所以是常久的而有用的懷疑論。我們所以說緩和的懷疑是常久的而有用的懷疑論，因爲它只限於我們探討事實與存在的問題（Matters of fact and existence），這類的問題看起來似乎有矛盾，但是那是不能證明的，就如他說：「任何存在者可以不存在；事實的否定不含任何矛盾；任何一個物的不存在，和它存在一樣，都是一個明白而清晰的觀念，沒有任何例外；一個命題肯定自己不存在，不比肯定自己存在更不容易瞭解。」109

對於休謨以上所說的那段話，我們可以完全瞭解。他是一位不折不扣的經驗論者，只承認事實的知識，不承認先驗的知識。因爲事實的知識都是建立在原因與後果上的，而原因與後果的關係必須靠經驗才能知道，我們不能先驗的（A priori）推論出事實的知識。如果我們先驗的推論事實的知識，任何一個事實命題的反面都是可能的，沒有任何矛盾。關於這一點，休謨說的很清楚：「如果我們先驗的推論，則任何物可以產生任何物：一個掉下來的

108 Treatise, BK. I. Part IV. Sec. VII, p.269.

109 Enquiries, Sec. XII. Part III, 131, pp.163-164.

小石頭，可以砸毀太陽；一個人的意願可以控制行星軌道上的行星。所以只有經驗才可以告訴我們原因與後果的性質與範圍，使我們推論出一個物的存在是出自另一個物。」[110]由於這種關係，休謨極其厭惡「由無中無物可生成」（Ex nihlo nihil fit）這個傳統的原理，他稱這個原理爲「那個邪惡古老哲學的原理」（That impious maxim of the ancient philosophy），因爲這個原理否定物可以由無生出來，而休謨則認爲，以先驗推論而論，不但上帝能造生物，任何物也可以造生物。[111]

到此我們可以瞭解，休謨所說的緩和懷疑論，就是只承認由經驗得到事實的知識，不承認由先驗推論出來的知識，至少應當持懷疑的態度。那麼，休謨如何看神學的知識呢？他認爲在神學裡，只有由經驗證實的部分，才是合理的知識。至於倫理與倫理批判，與其說是悟性的對象，不如說是鑑賞與情感的對象。再論到美，休謨認爲不論是倫理的美，還是自然的美，是在於感覺，不在於認知。[112]

休謨非常相信他對於我們理智能力的主張，他只承認我們由事實推理得到的知識，不承認由抽象推理得到的知識，他甚至深惡痛絕由抽象推理得到的知識，或由先驗推理得到的

---

[110] Enquiries, Sec. XII. Part III, 132, p.164.

[111] Ibidem, note 1.

[112] Enquiries, Sec. XII. Part III, 132, p.165.

知識這種理論。他在這個問題結束時，其實也是在他的《人類悟性的研究》一書結束時，作了一個結論，那是他的一段很著名的話，我們不妨錄下來，作爲參考：「我們信服了這些原理，再到那些圖書館瀏覽一下，看看我們作了什麼浩劫？我們拿起一本書來，譬如一本神學的書，或一本士林哲學家的形上學的書，我們問問，它有關於量（Quantity）或數目（Number）的抽象推理嗎？沒有。有關於事實與存在的任何經驗推論嗎？沒有。把它扔到火裡！因爲它什麼都沒有，只有詭辯與幻想。」[113]我們在這裡不禁要問休謨幾句話：神學的書與士林哲學家的形上學的書，都是抽象推理或先驗推理的知識嗎？它們沒有關於量及數目的抽象推理嗎？沒有任何關於事實與存在的經驗推理嗎？我們懷疑是不是因爲他對於經驗論的執著，認爲神學及士林哲學家的形上學的書不值得一顧，所以便沒有仔細的看看這類的書？我們的這些問題似乎有些不公平，因爲休謨不能作答了。不過，我們認爲我們也沒有必要解釋我們問休謨的這幾個問題，在較大一些的圖書館裡，關於神學及士林哲學家的形上哲學的書，隨手可取，任何人都可以看。

統觀以上休謨對我們的感官與理智認識能力的理論，沒有人會懷疑他不是懷疑論者，但是他不承認他是懷疑論者，我們看他的話：「如果我被問：是否我誠心的相信我費盡心力宣揚的理論？是否我實在是懷疑論者中的一位？主張一切都不一定，我們對於任何事的判

[113] Ibidem.

斷，都沒有眞理與錯誤的標準？我要回答說：這個問題完全是多餘的，不論是我或是任何人，都不會眞心的、恒久的主張那種意見；本性以絕對的、不可阻止的必須性，注定我們去判斷，就如注定我們去呼吸、去感覺一樣。」[114]「本性常比理論更有力量。」[115]很明顯的，休謨不承認他是懷疑論者，他的理由與他反對皮羅主義的理由是相同的。

休謨不承認他是懷疑論者，還有另一個理由，那就是如果他承認他是懷疑論者，那麼，他也必須懷疑他自己的主張。因爲對懷疑論者而言，一切的主張都是應當被懷疑的，即連我們認識的官能都應當被懷疑。關於這種道理，休謨當然十分清楚，他不會給別人留下口實，作爲被攻詰的對象，所以他說：「一個眞的懷疑論者，既不相信他對哲學的懷疑，也不相信他對哲學的信念。」[116]休謨的意思是說，一個眞正的懷疑論者，對他自己在哲學上所有的懷疑，他也懷疑他的懷疑是否是對的；同樣，對他自己在哲學上信以爲眞的理論，他也懷疑那些理論是否是眞的。休謨在這裡說明的是，他不可能是懷疑論者。

休謨雖然說他不是懷疑論者，然而他的理論證明他是懷疑論者。他的懷疑論在他的著作裡寫的那麼清楚，不論誰看他的書，都不會否認他是懷疑論者。就如我們從前所說，康德

[114] Treatise, BK. I. Part IV. Sec. XVI, p.183.
[115] Enquiries, Sec. XII. Part II, 128, p.160.
[116] Treatise, BK. I. Part IV. Sec. 7, p.273.

就是因爲被他的懷疑論所震驚，所以才寫出了他的《純粹理性批判》。我們相信，休謨會承認他是懷疑論者，如果他能解決他面臨的以上說的兩個困難，那兩個困難是：一、我們的人性強迫我們在日常生活上作判斷，但是如果我們作判斷，我們便不是懷疑論者。二、一個懷疑論者對一切的學說都應當懷疑，包括自己的學說在內。只懷疑別人的學說，不懷疑自己的學說，仍然不是懷疑論者。休謨有了這兩個不能解決的問題，他只能說他不是懷疑論者，雖然他的學說是懷疑論的學說。

第六節　評休謨的懷疑論

我們爲了對懷疑論有一個有系統的認識，便自前蘇格拉底時代到近代爲止，把一些重要懷疑論者的主張，扼要明白的陳述了一番。現在我們願意檢討懷疑論，不過，我們願意先單獨的檢討休謨的懷疑論，因爲他的懷疑論太特殊了。我們檢討了休謨的懷疑論，再對其他的懷疑論者作通盤的檢討。現在我們把休謨的懷疑論分作三點檢討於下。

（甲）評休謨的因果律的理論

原因與後果的問題在哲學上是一個很重要的問題，「沒有人能在哲學上有什麼成就，如果他沒有對這個大家熱烈討論的因果問題下過一番工夫，因爲凡是研究過這個問題的人，都認爲這是一個基本的問題。」[117]由於原因與後果的問題在哲學上是一個基本的問題，所以「如果一個哲學家把原因與後果的關係分析錯誤，我們可以打賭，他的大部分形上學是錯誤的。」[118]休謨對原因與後果的問題討論的很多，而且也非常的奇特，我們一定要對他的主張檢討一下。

已如我們所知，休謨認爲原因與後果沒有一個必要的聯繫，我們所以認爲它們有一個必要的聯繫，是因爲我們常經驗兩個事故常常前後連續發生，於是我們便形成一個習慣，相信原因有一種能力（Power），能使後果發生；其實，原因並沒有那種能力。

對於原因與後果的關係，我們的看法與休謨的看法不同。讓我們查考一下我們的意識：在我們經驗原因與後果的關係時，我們果眞沒有原因有能力的意識嗎？在火燒到我的手指時，我果眞不相信火有能力燒我的手指嗎？在我看到一個撞球撞另一個撞球時，使另一個撞球滾動，我果眞不相信那個撞球有能力使另一個撞球滾動嗎？在我看到火花引發炸藥爆炸時，我果眞不相信火花有能力引發炸藥爆炸嗎？我們不論用什麼名字稱呼「能力」這個名詞，在我們經驗原因與後果的關係時，一定會經驗到原因的能力，就如我們經驗兩個事故連續發生一樣。如果我們相信一個事故不能錯誤的一定會隨著另一個事故發生，就等於我們相

---

[117] G. H. Lewes, Op. cit. Ch. III, Hume's Theory of Causation, p.514.

[118] Ibidem.

信一個事故有能力使另一個事故發生。後果隨著原因發生的不能錯誤性（Infallibility），證明原因有能力使後果發生；原因與後果有一個必要的關係。

的確，我們對於能力的觀念，與我們對於人的觀念或樹的觀念相比，要模糊一些，因爲我們看不見能力。然而這不證明我們沒有能力的觀念，這就如我們看不見我們的心靈，不證明我們沒有心靈的觀念一樣。我們可以從我們心靈的工作，得到心靈的觀念。同樣，我們也可以從原因的後果得到原因的觀念。我們不能把心靈的工作與心靈分開，我們也不能把原因的能力與後果分開。

普通來說，人都相信原因有一種能力，可以使後果發生，但是爲什麼休謨不相信呢？關於這一點，我們在談休謨對於原因與後果關係的理論時，已經說過，他認爲我們經驗不到、看不到原因的能力。不過，剛才我們也說過，我們經驗不到、看不到的東西，不見得不存在。那麼，爲什麼身爲哲學家的休謨，竟看不出這點道理呢？尋根問底，這完全是因爲他對於印象與觀念所有的主張，使他看不出他的錯誤來。休謨的一個主要學說是：觀念是印象的拷貝。因此，我們既然沒有原因能力的印象，自然也沒有原因能力的觀念。

休謨認爲原因沒有使後果發生的能力，如果有人認爲原因有使後果發生的能力，那完全是習慣的問題。換言之，由於我們看到兩個事故常常前後連續發生，因此，使我們形成一個習慣，「相信」兩個事故有一個必須的聯繫。其實，這種「相信」（Belief）僅是一種情感，不是理性的行爲。在這裡我們願意再次反駁休謨的這種理論，我們認爲原因與後果的關係和習慣沒有任何關係。我們一次看到一個事故使另一個事故發生，和我們一百次、一千次、一萬次看到一個事故使另一個事故發生，我們同樣相信它們有一個必須的聯繫。再明白一點說，只要我們一次看到一個撞球撞到另一個撞球時，使另一個撞球滾動，足以使我們相信它們有一個必須的聯繫，不必非百次、千次、萬次看到它們的這種現象不可。

休謨對於我們相信原因與後果的關係所作的解釋，實在有很大的問題。如果我把我的手指放進火裡，我「知道」火會燒我的手指，不是我「相信」火會燒我的手指。如果說張三的手指被火燒到了，我可以說我「相信」。但是如果說我把我的手指放進火裡，我「相信」火會燒我的手指，這種說法太不邏輯。對於我知道的事，我不說我「相信」，我說我「知道」。如果我現在很冷，我不說我「相信」我很冷，我說我「知道」我很冷。[119]

已如我們所知，休謨還主張，我們是靠經驗才知道原因與後果的關係的，因為我們不能證明我們沒有經驗過的事。因此，我們也不能證明將來相似過去。這也就是說，這一次我們看到一個撞球撞到另一個撞球時，使另一個撞球滾動，但是下一次一個撞球撞到另一個撞球時，是否也使另一個撞球滾動，我們不知道，因為我們還沒有看到。休謨在這一點上的錯誤，是因為他是一個百分之百的經驗論者，對休謨而言，我們只知道經驗過的事，不知道沒有經驗過的事，所以將來相似過去，是不能證明的。但是我們不認為我們只知道經驗過的事，

[119] Ibidem, pp.515-519.

不知道沒有經驗過的事；我們認爲將來相似過去，是可以證明的。譬如我拿一根合乎標準的火柴，用適當的力量，在合乎標準的沙紙上摩擦，火柴會燃燒起來。以後我再拿相似的火柴，用相似的力量，在相似的沙紙上摩擦，火柴同樣會燃燒起來。我們說拿相似的火柴，用相似的力量，在相似的沙紙上摩擦，這是說我們不能拿失效的火柴，用不適當的力量，在有問題的沙紙上摩擦，如果這樣，火柴是不會燃燒起來的。總而言之，只要我拿的火柴和第一次拿的火柴相似，我用的力量和第一次用的力量相似，我用的沙紙和第一次用的沙紙相似，我不論多少次在沙紙上摩擦火柴，我知道火柴一定燃燒起來。因爲火柴、沙紙和摩擦的力量，都有一個相似性（Similarity），而相似性使我知道，我將來在同樣情況之下，用火柴在沙紙上摩擦，火柴一定會燃燒起來。如果我現在拿一塊小石頭用力投向玻璃窗，玻璃窗被打破了；我以後用相似的小石頭，用相似的力量，投向相似的玻璃窗，玻璃窗和這次一樣，將會被打破的。沒有問題的，將來相似過去，是可以證明的。[120]

（乙）評休謨的「一堆認知」的理論

凡是研究過休謨哲學的人，沒有不知道他那著名的學說：「一堆認知」的理論。休謨不承認我們的心靈是實體，認爲心靈好像是一座劇院，在裡面一幕一幕的認知，以極快的速

[120] Richard Taylor, Metaphysics, 2nd. ed. Prentice-Hall, Inc. Englewood Cliffs, New Jersey, 1974. pp.96-100.

度連續的出現和消失，所以心靈就是認知的集會處，哲學家們稱之爲休謨的「一堆認知」的理論。休謨斷然的否認了我們位格的同一性，沒有所謂的「自己」。對於休謨的這個理論，我們提出以下四點來討論。

㈠我們都有很多的思想和感覺，它們千變萬化，不斷的發生，這也就是休謨所說的以極快的速度，出現於心靈上的認知。但是有一個問題我們不能不問，那就是如果沒有一個思想者或感覺者，如何能有那些思想和感覺的發生？我們不能只有一堆的認知，而那些認知卻沒有一個所有人（Owner）。否則，那些認知都好像空中的飛葉，飄忽不定，不知被颳到何處。如果如此，我們如何能有有系統的思想和同樣性質的長期感覺呢？

也許有人替休謨辯護，認爲他沒有否認「自己」的存在？而只是把「自己」解釋爲「一堆的認知」而已。然而我們必須說明，休謨的確否認了「自己」的存在。關於這一點，他說的那麼清楚，沒有人可以誤解，我們把他的話在上面曾經逐字引述了。而且縱然我們姑且承認，休謨沒有否認「自己」的存在，只是把「自己」解釋爲「一堆的認知」，但是我們仍然要問：一堆沒有主體的認知如何能夠發生？這樣「一堆認知」的「自己」，沒有一個實體的主體，如何能夠站得住？一言以蔽之，這樣的「自己」如何能稱爲「自己」？

㈡我們每個人都有自己的思想和感覺，我們每個人的思想和感覺都不同。換言之，我們每個人都有自己與別人不同的認知。但是如果「自己」只是「一堆的認知」，我們如何能分辯這「一堆的認知」和那「一堆的認知」的差別？我如何能知道這是我的認知，那是你的或他的認知？在這種情況之下，我的、你的、他的三個所有代名詞（Possessive pronoun）便沒有任何意義了。然而這顯然不是事實，誰都不會承認的。

㈢我們從前曾引述過休謨的這幾句話：「我決抓不住我自己，我在我身上所看到的只是認知，如果我的認知被拿去，譬如被沈睡所拿去，我已不再感覺到我自己。」休謨在這裡所說的「我」、「我自己」，是指的誰？他又所說的「我的」，是指誰的？他爲什麼稱「我」、「我自己」、「我的」？很清楚的，他沒有任何理由，因爲他不承認位格的同一性，不承認自己的存在。因此，休謨不但在這裡所說的「我」、「我自己」、「我的」有問題，他在任何地方所說的「我」、「我自己」、「我的」都有問題。休謨不應當用任何人稱代名詞（Personal pronoun）和所有代名詞，因爲它們都指位格的同一性。

㈣休謨的「一堆認知」的理論與我們的意識相衝突，因爲在我有任何思想、感覺和心靈的經驗時，我果眞只知道那只是思想、感覺和心靈的經驗，而不知道那是「我的」思想、感覺和心靈的經驗嗎？我的意識可以證明它們是「我的」思想、感覺和心靈的經驗；「我」是那些思想、感覺和心靈經驗的主體或所有人，沒有「我」，「我」不可能有那些思想、感覺和心靈的經驗。[121]

---

[121] Cf. John Hospers, An Introduction to Philosophical Analysis, Prentice-Hall, Inc. Englewood Cliffs, N. J. 2nd. ed., 1967. pp.408-409.

休謨的「一堆認知」的理論震驚了我們，就如他的其他理論震驚了我們一樣。我們曾數次強調過，休謨的基本問題是，他是一位不折不扣的經驗論者，他認爲不論什麼問題，都應當用經驗來解釋。但是不是所有的哲學問題，都可以用經驗來解釋的，有一些哲學的問題是看不見的、聽不到的、嗅不到的、摸不到的，不論用什麼方法都經驗不到的，必須用理性來解釋，本質與實體、原因與後果、心靈與位格都是如此。然而休謨認爲本質與實體不能被經驗到，所以他否認了本質與實體的存在；他認爲原因與後果不能被經驗到，所以他改變了原因與後果的意義；他認爲心靈與位格不能被經驗到，所以他否認了心靈與位格的存在。對於一位不折不扣的經驗論者而言，這是他必要進入的衚衕，而且是條死衚衕，沒有出口。

在我們開始批判休謨的因果律時，曾引述了盧威斯的幾句話說：「如果一位哲學家對原因與後果的關係分析錯誤，我們可以打賭，他的大部分形上學是錯誤的。」我們在這裡願意再加上幾句話：如果一位哲學家把心靈與位格的問題解釋錯誤，我們也可以打賭，他的全部理性心理學都是錯誤的。

（丙）評休謨對位格同一性的理論

休謨不承認我們有位格的同一性，沒有所謂的「自己」，「我」只是一堆不同的認知集聚在一起。但是「我」爲什麼認爲「我」常是我自己？「我」是不變的？休謨說那是因爲我們有記憶力的關係，記憶力使我想起我以往的認知和它們之間的關係來，因此，我便認爲

「我」常是「我」，有一個位格的同一性。其實，那是虛構的。

我們認爲休謨以記憶力解釋我們位格的同一性，犯了循環論證的錯誤（Circulus vitiosus），因爲如果一個人能記憶他從前的認知，他應當是同一個人，否則，他不能記起他從前的認知。這也就是說，他的記憶力要求他常是他，他有位格的同一性。我們再用另一種方式來說，如果一個人以記憶力解釋他的位格同一性，我們可以問他，他如何知道那是他的記憶？他沒有別的合理的答覆，只能說那是他自己的記憶。由此我們很清楚的可以看出，休謨以記憶力解釋我們位格的同一性，應當是無效的，因爲他犯了循環論證的錯誤。

在這裡我們應當注意的是，休謨以記憶力解釋我們位格的同一性，並不是說他相信我們有位格的同一性。我們在上面曾經看過，他說的很清楚，他說如果一個人經慎重而無偏見的思考，仍然相信他有位格的同一性，他便不與這樣的人辯論這個問題。休謨以記憶力解釋我們位格的同一性，是他解釋爲什麼一般人相信我們有位格同一性的理由。休謨認爲位格同一性的問題，是文法上的問題（Grammatical difficulties），不是哲學上的問題（Philosophical difficulties），因爲哲學上沒有問題，哲學已經證明了我們沒有位格的同一性；位格同一性的問題是哲學家們在語言上的爭議。換言之，哲學家們以不同的文詞，解釋集聚在我們身上那些不同的認知，如何能有一個不變的主體或位格的同一性。但是休謨說，這是虛構的同一性。[122]

我們在休謨的《人性論》裡可以很清楚的看出，位格同一性的問題一直困擾著他，一方面他堅決的否認我們有位格的同一性，然而在另一方面，在他以記憶力解釋爲什麼人們相信自己有位格的同一性時，他認爲也不無道理。沒有懷疑的，休謨面臨一個不可避免的問題：他果眞不相信集聚在他身上許多不同的認知，說明他有一個位格同一性嗎？他果眞不相信他常是他自己嗎？如果他的答案是否定的，那麼，他如何在他的著作裡有一個中心的思想？如何在做人行事上有一個一貫的原則？如何能稱他以往的行爲是他的行爲？如何能在他的著作上署名休謨？諸如此類的問題太多了，不勝枚舉，我們不相信休謨能給一個令人滿意的答覆。我們也不相信像休謨這樣的一位哲學家，對於這類的問題沒有思考過，所以雖然他堅持我們沒有位格的同一性，然而他內心的困惑與掙扎，卻在他的《人性論》「附錄」（Appendix）裡表露無遺。我們看他下面的一段話。

「總而言之，有兩個原理我不能協調，然而我也不能拋棄它們中的任何一個，那就是我們的認知都是單獨的存在，以及我們的心靈永遠不能發現，在那些單獨的認知中有一個實在的聯繫。當然，如果我們的認知屬於一個單獨的實體，或者我們的心靈看到在它們中有一個實在的聯繫，位格的同一性自然就沒有問題了。但是對我而言，我必須選擇一個懷疑論者

[122] Treatise, BK. I. Part IV, Sec. 6, p.262.

的權利，而且我也承認，這個問題爲我太難瞭解了。我不會藉口說，別人或我如果再作更成熟的思考，或許能發現一個原理，使這兩個矛盾得以協調，（然而這是不可能的。）」[123]休謨的這些話使我們想起，他在開始時討論位格同一性的問題時所說的話：「可以確定，在哲學上沒有比關於同一性，以及構成位格的聯繫原理這個問題，更深奧的了。」[124]

第七節　對懷疑論的共同批判

我們在論懷疑論這一章裡，提出了先蘇格底時代的懷疑論、學院派的懷疑論、皮羅學院派的懷疑論、阿拉伯及猶太學派的懷疑論，以及近代的懷疑論。在那許多的懷疑論者中，除掉休謨的懷疑論極爲特殊外，其他懷疑論者的學說，可謂大同小異。因此，我們只對休謨的懷疑論作了個別的批判，對於其他懷疑論者的學說，便不作個別的批判，僅作共同的批判便可。因爲如果我們對準那些不同懷疑論者共同的「阿其利斯的腳跟」（Achilles' heel），[125]予以攻擊，懷疑論自然就會受到重創。當然這並不是說，懷疑論由於我們這一篇短短的批

[123] Treatise, Appendix, p.636.

[124] Treatise, BK. I. Part IV, Sec. 2, p.198.

[125] 阿其利斯（Achilles）是希臘敘事詩人荷馬（Homer, C. 10th. cent. B.C.）的名著《伊里亞德（Iliad）中的

判，便從哲學上永遠銷聲匿跡，懷疑論大概將與哲學永遠共存下去。但是我們認爲，只要我們把懷疑論的錯誤指出來，對於尋求眞理的人，總是有幫助的。而且指出懷疑論的錯誤，或者任何一種哲學的錯誤，是我們研究知識論者的責任。

我們以上所提出的那些懷疑論者的理論，看起來非常複雜，然而不論如何複雜，歸納而言，不出乎學院派的懷疑論與皮羅學院派的懷疑論兩種範圍。學院派的懷疑論主張我們不能得到眞理，因爲我們沒有分辯眞理與錯誤的標準，所以我們應當停止一切的判斷，對於任何事都不置可否。不過，雖然我們不能得到眞理，然而我們可以得到概然性，而且還可以得到較好的概然性，因爲概然性是有等級的。

皮羅學院派的懷疑論主張我們不但不能得到眞理，而且也得不到概然性，更遑論較好的概然性了。因爲我們爲得到眞理也好，爲得到概然性也好，我們都需要標準，但是我們什麼標準都沒有。因此，實際上我們既沒有眞理，也沒有概然性。那麼，我們就不要作任何判斷，只要度一個安靜的生活，不爲任何事情所煩惱。

現在我們把學院派的懷疑論與皮羅學院派的懷疑論合在一起，作一個共同而客觀的批

英雄，特洛伊戰爭（Trojan, War）中的偉大戰士。據言他不會受到刀槍的傷害，但與巴利斯（Paris）打鬥時，因傷及他的腳跟而死亡，原來他的弱點就是他的腳跟。因此，阿其利斯的腳跟便喻爲致命傷的意思。

判。我們的批判從兩方面著手：一、從我們實際的生活方面看懷疑論，二、從理論方面看懷疑論。但是我們不論從那一方面看懷疑論，懷疑論有許多的矛盾，不可能被我們所接受。

（甲）從我們實際的生活方面看懷疑論

在這一方面，我們分四點來說明懷疑論的矛盾。

㈠懷疑論者儘管在理論上，主張對什麼事都懷疑，認爲沒有眞理，不要作判斷，然而在實際的生活上，便不能實行他們的主張。首先，他們不能否認他們存在的眞理，因爲他們實實在在的生活，他們所以能主張懷疑論，不是因爲他們實在生活嗎？其次，他們不能否認他們在實際的生活上，不斷的作判斷：他們饑渴時要飲食，疲倦時要休息，患病時要看醫生，天冷時要加衣服；他們遇到親戚朋友時，知道該如何稱呼，到不同的地方時，知道該走什麼路。我們可以說，他們從早晨起床，到晚上再上床，幾乎無時不在作判斷。

㈡人在某些生活情況之下，人的本性不允許人作懷疑論者。當一個人面對馳向他來的汽車時，在那間不容髮的一刻，他毫不懷疑的要閃躲那輛汽車，因爲他知道事情的嚴重性。當一個人被敵人追殺時，在生死攸關，迫在眉睫的那一刹那，他毫不懷疑的奮力抗敵或逃跳，因爲他也知道事情的嚴重性。不要說在這類重大的事情發生時，人的本性不允許人作懷疑論者，即便在某些普通事情上，人的本性也不允許人作懷疑論者。當一個人在他的辦公事批閱文件時，突然颳來一陣暴風雨，他毫不猶豫的關上開著的窗戶，因爲他知道如果不把窗戶關上，會發生什麼後果。一位母親看見她那蹣跚學步的嬰兒要跌倒時，毫不猶豫的扶助她的嬰兒，因爲她也知道，如果不這樣做，會發生什麼後果。爲解釋人的本能在某些情況之下，不允許人作懷疑論者，有說不完的例子。懷疑論者只能在風平浪靜，天下太平的日子裡作懷疑論者；在兵荒馬亂，危機四伏的時候，便不能作懷疑論者；連皮羅學院的創始人皮羅也不例外，所以在一隻惡犬突襲他時，他不禁倉皇失錯，奮力而逃，他不會懷疑是不是有惡犬突襲他。

㈢懷疑論癱瘓人的生活，使人的生活變爲不可能。因爲如果一個人對懷疑論心服口服，眞正是一位懷疑論者，那麼，他便應當從心裡懷疑他所喫的食物，是否是眞的食物；他所喝的水，是否是眞的水，所以他就不要喫食物，也不要喝水。同樣，他也應當從心裡懷疑他的家，是否是他的家，他的家人是否是他的家人，所以他就不要回他的家，不要認他的家人。以此類推，他不要走路，不要乘車，不要用任何工具，不要買任何東西。實在，他不能作的事太多了。不，不是他不能作的事太多，而是他什麼事都不能作了，只能坐以待斃。

㈣我們在日常的生活裡，不論是採取一個行動，或是拒絕一個行動，這也就是說，不論決定作一件事，或者決定不作一件事，都是因爲我們承認事情的眞實性。譬如在嚴冬裡，天寒地凍，我要多加一件衣服，這是因爲我承認天氣冷的眞實性。又譬如颱風天，我不出門，這是我承認颱風危險的眞實性。但是懷疑論者便不能這樣作，因爲他們不承認有眞理，不承認有眞實性。因此，在日常的生活裡，既不能採取一個行動，也不能拒絕一個行動。然而一個人到了這種地步，日久天長，終有一日，他的精神非崩潰不可。馬立旦說的很對，他說：「如果一個人在他的日常生活裡，設法實行『沒有眞理』這種思想，他將不可避免的喪失他的理智。尼采（Friedrich Wilhelm Nietzsche,1844-1900）是一位大詩人，但是他認爲眞理是人應當解脫的最後一個束縛，這種嘗試使他付出了他的代價。」[126]尼采的確付出了他的代價，而且是不小的代價，因爲他變成了一位精神病患，直到他逝世，未有恢復他的理性。

（乙）我們從理論方面看懷疑論

在這一方面，我們分六點來說明懷疑論的矛盾。

(一)懷疑論者主張，我們的理智不能認識眞理，所以我們對於任何事都不能確定。因此，不要作判斷，對於什麼事都不置可否。但是問題是：如果懷疑論者能確定我們對於任何事都不能確定，他們至少確定了一件事，那就是我們對於任何事都不能確定。那麼，他們主張我們對於任何事都不能確定的這個主張，便不能成立。同時懷疑論者也作了一個判斷，那就是我們不要作判斷，對於什麼事都不置可否。因此，他們主張我們不要作判斷，對於什麼事都不置可否，這種主張也不能成立。

---

[126] Jacques Maritain, An Introduction to Philosophy, trans. by E. I. Watkin, IV. Criticism （Epistemology）, p.180. Sheed & Ward, New York.

(二)懷疑論者主張，我們不要接受任何主張有眞理的學說，因爲那些學說不能被證明，如果我們要證明，不是犯了「竊取論點」的錯誤，便是陷入「無限的追溯」之中，所以都是沒有理由的。然而我們要問懷疑論者，是否他們的主張有理由？如果他們的答案是肯定的，那麼，他們便不是懷疑論者，因爲懷疑論者不承認有眞理；如果他們的答案是否定的，那麼，他們便應當放棄懷疑論，因爲他們認爲懷疑論是沒有理由的。

(三)懷疑論者主張，我們對於任何事都應當懷疑，因爲我們不能認識眞理。但是如果一個人對什麼都懷疑，他一定知道什麼是眞理，否則，他爲什麼懷疑？聖奧斯定說：「凡是知道自己是懷疑的人，也就知道眞理；能確定自己懷疑，也就確定眞理。所以凡是懷疑有眞理的人，他已經有了眞理，那麼，他就不應當懷疑。我們只能從眞理才能得到眞理，此外，沒有任何眞理，因此，有所懷疑的人，不應當對眞理懷疑。」[127]

(四)懷疑論者主張，我們對於任何事都不要作判斷，因爲我們沒有認識眞理的能力。因此，如果我們作判斷，我們一定會錯誤。聖奧斯定在這裡說出了他那句名言：「如果我錯誤，我存在」(Si enim fallor, sum)。[128]聖奧斯定的意思是說，如果我錯誤，證明我存在，我存在就是一個眞理。聖奧斯定的這句話鏗鏘有力，擲地有聲，對於駁斥懷疑論，可謂簡單扼要，

---

[127] St. Augustine, De Vera Religione, C.39, n.73.

[128] St. Augustine, De Civitate Dei, Lib. XI, C.26.

深中肯綮。接著這句話聖奧斯定又說：「因爲如果一個人不存在，他便不能錯誤。所以我錯誤，我存在；那麼，我如何對我的存在能錯誤？因爲我錯誤，我存在。」誠如翟尼（Paulo Geny）教授所說，我們對於聖奧斯定的這幾句話，永遠讚美不完。[129]

懷疑論者非常強調，我們不應當作判斷，因爲如果我們作判斷，我們一定錯誤。對於這一點，聖奧斯定早在他的《論自由意志》（De Libero Arbitrio）一書裡，就提過與「如果我錯誤，我存在」類似的話，他說：「如果你不存在，你根本連錯誤也不可能。」[130]聖奧斯定的「如果我錯誤，我存在，」以及「如果你不存在，你根本連錯誤也不可能，」這兩句話，犀利尖銳，言簡意賅，直攻懷疑論的要害，一直到今天，還沒有一位懷疑論者對聖奧斯定的這兩句話，提出反駁來。

(五)學院派的懷疑論者主張，我們不能得到眞理，然而能夠得到概然性，而且還能得到較高的概然性。但是所謂概然性，是指在我們作一個判斷時，我們有重要的理由，支持我們判斷的眞實性，雖然並不排除錯誤的可能，然而我們判斷的眞實性大於錯誤性。可是在這裡，我們便看出學院派懷疑論者的矛盾來。我們再看聖奧斯定的話：「學院派懷疑論者主張，我

---

[129] Paulo Geny, Critica, ed. tertia, pp.84-85, nota 2. Universitas Gregoriana.

[130] St. Augustine, De Libero Arbitrio，論自由意志，王秀谷譯。聞道出版社，民國六十三年。卷二，第三章，六十五頁。

們能夠得到概然性或相似眞理（Verisimile）。但是什麼是概然性？什麼是相似眞理呢？只能說那是距離眞理不遠。因此，如果他們不知道什麼是眞理，如何能知道概然性或相似眞理呢？」[131]

㈥懷疑論者的基本主張，可以用兩句話來說明，那就是「我們對於任何事都應當懷疑」，以及「沒有眞理」。然而懷疑論者的基本錯誤也就在於這兩句話，因爲它們含有明顯的矛盾。我們先看「我們對於任何事都應當懷疑」這句話。很明顯的，這句話含有明顯的矛盾，因爲至少懷疑論者不能懷疑他們的存在，如果他們懷疑他們的存在，他們如何能主張懷疑論呢？關於這一點，我們在剛才闡明過。不過，爲了進一步強調，懷疑論者不能懷疑他們存在的眞理，我們仍然願意再引述聖奧斯定的話，因爲聖奧斯定的話太好了，字字珠璣，句句金石，決無空言，他說：「如果他懷疑，他生活；如果他懷疑，他知道自己懷疑；如果他懷疑，他願意確定；如果他懷疑，他思想；如果他懷疑，他知道自己無知；如果他懷疑，他認爲自己不應當貿然同意。」[132]聖奧斯定這一段的每一句話，都說明懷疑論者不能懷疑自己

---

[131] St. Augustine, De Trinitate, I. C. X, N. 14, Contra academicos，引於P. Geny, Op. cit, p.85, n.2.

[132] Ut. supra，在這裡我們不禁想起笛卡爾（René Descartes, 1596-1650）所說的「我思，故我在」。沒有懷疑的，笛卡爾的這句話很相似聖奧斯定所說的「如果他懷疑，他生活」。當然更相似聖奧斯定所說的「如果我錯誤，我存在」。所以許多研究笛卡爾哲學的人，都認爲笛卡爾的「我思，故我在」是來自聖奧斯了的「如果他懷疑，他生活」以及「如果我錯誤，我存在」。但是二人的哲學大不相同，聖奧斯定以「如

的存在，不然，就是矛盾。

我們再看懷疑論者的第二句話：「沒有眞理」。懷疑論者主張沒有眞理，他們自然也不相信有眞理。但是一個人只主張沒有眞理，只相信沒有眞理，不見得眞理就不存在。不錯，懷疑論者提出了許多證明沒有眞理的論證，我們在討論懷疑論者的理論時，都已經看過。但是在以上我們批判懷疑論時，我們也看到，懷疑論不論在我們的實際生活方面，或是在理論方面，都有許多的錯誤與矛盾。不過，無論如何，沒有眞理既然是懷疑論者最主要的兩個主張之一，我們僅就這一點，把懷疑論的矛盾指出來。但是我們想，我們可能把話說上一大堆，囉哩囉嗦，費話連篇，仍然說不出重點來。所以我們還是看聖奧斯定怎麼說，因爲聖奧斯定睿智過人，洞察隱微，知人之未知，見人之未見，而且他的話簡單明瞭，決無廢話。以下是聖奧斯定的話，只有兩句，其實是一句，就這麼簡單！

「如果沒有眞理，沒有眞理便是眞理」（Si veritas non est, verum est veritatem non esse）。[133]聖奧斯定這句話的意思是說，如果我們實在沒有眞理，那麼，在我們說沒有眞理時，我們說的是實話，不是謊話。換言之，我們說的是眞理。因此，我們看的很清楚，當懷

果他懷疑論，他生活」或「如果我錯誤，我存在」證明我們的存在是有效的。相反的，笛卡爾以「我思，故我在」證明我們的存在是無效的。因爲聖奧斯定沒有以懷疑作他哲學的基礎，而笛卡爾則把他的哲學建基於懷疑之上。關於這一點，我們在下一章討論笛卡爾的方法懷疑論時，將作較詳細的說明。

[133] St. Augustine, Soliloquia, I. II. C. 2, n. 2., I. I. C. 15, n.28，引於Paulo Geny, Op. cit. PP.80-81, n.1.

疑論者說沒有眞理時，他們已經犯了自相矛盾的錯誤，因爲「如果沒有眞理，沒有眞理便是眞理」。

聖奧斯定的「如果沒有眞理，沒有眞理便是眞理」這句話爲駁斥懷疑論，與他的「如果我錯誤，我存在」那句話互相媲美，將流芳千古；不是流芳千古，因爲已經流芳千古了，而是永垂不朽，因爲眞理永遠屹立不搖。事實上，「如果沒有眞理，沒有眞理便是眞理」這句話，早已成爲聖奧斯定的另一句名言，聖多瑪斯和許多別的神哲學家們都引證過這句話。[134]

到這裡，我們對於懷疑論的批判可以說已經完了。但是這不是說，我們再找不出別的理由來批判懷疑論了。爲批判懷疑論，我們還可以出一大籮筐理由來，然而用不著。因爲我們相信，我們以上舉出的那些批判懷疑論的理由，足以證明懷疑論的荒謬矛盾。

---

[134] St. Thomas, S. T. I. Q. 2, a. 1, praeterea 3.聖多碼斯在此處提出聖奧斯定的「如果沒有眞理，沒有眞理便是眞理」這句話，不是爲證明眞理的存在；雖然他也解釋說，眞理必須存在，因爲誰若認爲沒有眞理，那麼，「如果沒有眞理，沒有眞理便是眞理」。聖多瑪斯在此處提出聖奧斯定的這句話，是在討論上帝的存在是否是自明的問題。因爲有的人主張上帝的存在是自明的，他們的理由就是：「如果沒有眞理，沒有眞理便是眞理」，而上帝是眞理，所以上帝必須存在。同時他們又認爲如果眞理的存在是自明的，那麼，上帝的存在也是自明的。但是聖多瑪斯持相反的意見，他認爲上帝的存在不是自明的，因爲我們不能想像一個自明命題的反面，譬如我們不能想像同一原理的反面；然而我們能想像上帝存在的反面，聖多瑪斯還引證《聖詠》的第五十篇的話：「愚妄的人心中說：沒有天主。」

第八節　答覆懷疑論者的三個難題

懷疑論者提出了許多的論證，證明我們不能認識眞理，而且也沒有眞理。關於那些論證，在我們討論不同懷疑論者的理論時，大致而言，我們作了相當詳細的說明，而後我們在上一節，又對他們的論證作了共同的批判。不過，在他們許多的論證中有三個比較特殊的論證，我們應當作特殊的批判。那三個論證一方面是懷疑論者用來證明他們主張的眞實性，另一方面也是對主張有眞理的人的設難。以下是懷疑論者對主張有眞理的人的三個設難和我們的答覆。

一、我們知道，我們認識的官能有時發生錯誤，所以我們的判斷也隨著發生錯誤。然而這也就說明，我們認識的官能是不可靠的，因爲我們如何知道我們認識的官能不是常常的錯誤？我們的判斷也不是常常的錯誤？對於這個問題，我們的答覆是這樣的：我們認識的官能有時發生錯誤，所以我們的判斷也隨著發生錯誤，這是事實，誰也不能否認。但是我們不能因此便結論：我們認識的官能永遠錯誤，我們的判斷也永遠錯誤，這是以偏蓋全，「證明過分者，一無證明」（He who proves too much, proves nothing）。事實是：我們認識官能的正確認知遠超過錯誤的認知。我們不會把石頭當麵包、把蛇當作魚；我們知道水不是火、花不是草；我們認識我們的家人，也認識我們的朋友；我們知道作某種工作時，該用某種工具等等。此外，我們用我們的理智研究文學、科學、哲學、藝術等等，促進我們的人生，美化我們的人生；我們的生活完全靠我們認識官能的正確認知，才得以維持和發展；我們實際生活於我們認識官能的正確認識之中，沒有我們認識官能的正確認知，人類不會流傳下來。已如我們以上剛才所說，我們承認我們認識的官能有時錯誤，我們的判斷也隨著錯誤。然而我們並不是停留於錯誤之中不動，我們知道改正我們認識官能的錯誤，也使我們的判斷不致錯誤下去，所謂「喫一次虧，學一次乖」，我們認識的官能是可靠的。

二、主張有眞理的人在證明他們的主張時，不是犯了「循環論證」的錯誤，便是陷入「無限的回溯」之中，所以他們的論證是無效的。懷疑論者的這個設難是不瞭解主張有眞理的人的論證而設的。他們應當知道，我們有許多眞理的判斷或命題，它們的眞實性不需要任何論證來證明，我們的理智可以直接看出它們的主詞與述詞的關係，而把它們連結起來，不必經過邏輯的論證。因此，並沒有「循環論證」與「無限回溯」兩個問題的發生。

在我們討論第一原理的問題時，曾經很清楚的看到，第一原理的眞實性不需要任何論證來證明，因爲它們的眞實性是自明的，用不著證明，也不能證明。以「存有是存有」這個同一原理而言，就不需要任何論證來證明。一個命題需要別的論證來證明，是因爲缺少明顯性，然而「存有是存有」這個命題本身就是明顯性，那麼，我們用什麼論證來證明「存有是存有」呢？「存有是存有」就等於說「存有就是它自己」所以在「存有是存有」這個命題裡，主詞就是述詞，它的眞實性直接顯示於我們的理智，我們不必而且也不能再找別的論證來證明它的眞實性。因此，「循環論證」與「無限的回溯」根本不能出現於「存有是存有」

這個命題之中。同樣，對於矛盾原理與排中原理而言，也莫不如此，它們的眞實性都用不著證明，當然也沒有「循環論證」與「無限回溯」問題的發生。

我們的理智可以直接看出一個命題的眞實性，不限於以上所說的三個第一原理。我們看「整體大於它的部分」這個命題，毫無懷疑的，它的眞實性也不需要任何論證來證明，可以直接被我們的理智看出來。因爲只要我們知道什麼是一個整體的物，什麼是它的一部分，我們的理智不能不直接作出「整體大於它的部分」的判斷。所以這也就說明，在我們作「整體大於它的部分」的判斷時，自然也不會犯「循環論證」的錯誤，或陷入「無限的回溯」之中。

三、在我們認識物時，我們只能認識物的外表，不能認識物的本質或本身，同時我們也不能把物的外表與物的本質相比較，所以物究竟是什麼？我們無從得知，換言之，我們不能認識眞正的物。對於懷疑論者的這個設難，我們只能說，這是因爲懷疑論者沒有瞭解物的外表與本質關係的緣故。要知道：我們不能只認識物的外表，而不認識物的本質，因爲有物的外表，也必須有物的本質，物的外表要求物本質的存在。物的外表是依附體（Accident），沒有自己獨立的存在，所以依附體又稱爲「存有的存有」（Ens entis）。譬如張三有某種身材、容貌、膚色、重量等外表，然而他不能只有這些外表，而沒有支持這些外表的實體（Substance），這是絕對不可能的。物的外表是我們的感官所認知物的可感覺的形式（Sensible form），但是物的可感覺形式的對象，必須代表物的可理解的形式（Intelligible form）的對象。這也就是說，我們的感官所認知的物，必須代表我們的理智所認知的物。因此，如果物的外表存在，物的本質也必須存在；如果物的外表是眞實的，物的本質也必須是眞實的。[135]

物有它的外表，也必須有它的本質。對於這一點，我們的意識也可以證實。因爲我們的意識告訴我們，我們有許多不同的感覺，譬如我們有軟硬、冷熱、苦甜、酸辣等等不同的感覺；這些感覺都發生在我們身上，我們是這些感覺的主體；但是在某種意義下，這些感覺都是我們被動接受的，因爲是外界的物給我們製造的。同時我們的意識還告訴我們，這些感覺都是偶然發生在我們身上的，換言之，不是我們離不開的。不過，邏輯告訴我們：我們被動接受的感覺，必須有一個主動給我們製造感覺的物；偶然發生在我們身上的感覺，必須有一個實在物，使感覺偶然發生在我們身上。這一切都說明一點，那就是在我們以外，有實在的物存在，而實在的物自然有它的本質。

爲了對物的本質與對物的外表的關係，有更進一步的瞭解，我們需要解釋一下物的本質的意義。物的本質是一個物成爲這個物，而非別的物的基本因素。因爲一個物的構成因素很多，有的是基本的，有的不是基本的。譬如人的構成因素有動物性、理性、身材、年齡、膚色等等。在這些因素裡，動物性和理性是人構成的基本因素，絕對不能改變，否則，人便

[135] Cf. Card D. Mercier, Op. cit. Criteriology, p.380.

不是人。至於身材、年齡、膚色等等，便不是人構成的基本因素，它們可以改變，而人仍然是人。所以物的本質是限制的原理（Principle of limitation），限制一個物必須是這種物。因此，物的本質絲毫不能改變，如果改變，便成爲另一種物。

由以上所說，我們可以知道，物的本質就是一個物的定義所指的因素，也就是一個物是什麼的答案。在我們問一個物是什麼物時，它的眞正答案就是它的本質。由於這種關係，本質在拉丁文除用Essentia一字外，也用Quidditas這個字。Quidditas是把「Quid est id?」這句問話，變成的一個名詞。「Quid est id?」譯成中文是：這是什麼？同樣，英文除用Essence一字表示本質外，也用Quiddity這個字，顯然的這是把拉丁文的Quidditas改變成英文的。此外，英文還稱本質爲Whatness，這是英文仿拉丁文，把英文的「What is this?」這句問話，名詞化了。無論如何，這都說明，在我們問一個物是什麼物時，它的眞正答案就是物的本質。物的本質也就是物的本性，本性或本質就是一物所以是該物之理（Ratio rei），是我們瞭解一個物的主要因素。[136]

照以上所說，本質既然是一個物的定義，或者是一個物所以是這個物，而非別的物的基本因素，那麼，有不同本質的物，自然也應當有不同的外表，因爲它們完全是不同的物。因此，這也就說明，物的本質與物的外表有密不可分的關係；我們認識了物的外表，也不能

---

[136] Cf. Jacques Maritain, An Introduction to Philosophy, pp.201-202.

不認識物的本質，就如我們認識了人的外表或現象，也不能不認識人是有理智的動物；人有身體和理智。然而這就是人的本質。

我們在討論「認識」的問題時，曾詳細的解釋過，爲認識一個物，我們的心靈必須與物的「意向的存在」相結合，所謂物的「意向的存在」，就是物的形式（Form）。什麼是物的形式呢？物的形式也是指一個物所以是這個物，而非別的物的基本的因素，所以形式也是本質的另一個名詞。然而這無異說，在我們認識物時，我們是藉我們的心靈與物的本質的結合而認識的。這樣說來，在我們認識物時，怎麼能說我們不能認識物的本質呢？

懷疑論者當然還會反駁說，在我們認識物時，我們的感官先認識物，而我們的感官只能認識物的外表，不能認識物的抽象觀念，所以我們的感官也只能把物的外表傳達於我們的理智，那麼，我們的理智所認識的自然也只是物的外表，不是物的抽象觀念。因此，我們的理智不能認識物的本質，因爲物的抽象觀念代表物的本質。不錯，我們的感官不能認識物的抽象觀念，譬如我們的感官不能認識存有所以爲存有（Being as being），但是我們的感官可以認識個體物的存有，我們的理智所以能夠有物的抽象觀念，就是從我們的感官所認識個體物的存有形成的。因爲我們的理智認識物的基本原則是：沒有在我們理智中的物，不是先在感官中的物（Nihil est in intellectu quod non fuerit in sensu），這句話的意思是說，我們的理智認識的物，都是經過我們的感官所認識的。無論如何，雖然我們的感官只能認識物的外表，然而我們的理智可以用抽象的工作，從個體物的外表或現象得到物的抽象觀念。譬如我們所以有人的抽象觀念，就是我們的理智用抽象的工作，從個體人的外表得來的。137

第九節　對懷疑論的小結論

我們爲討論懷疑論，用了相當長的篇幅，我們認爲這是值得的。因爲懷疑論在蘇格拉底以前就已出現，直到現在從未中斷過。站在知識論的立場，我們不能不對它稍加深入的研究，便嗤之以鼻，僅作一番批判，就算了事。我們這本《知識論》的體系是，一方面闡明有關眞理的基本理論，另一方面批判幾個重要與眞理不符的學說。但是爲批判一個學說，我們不能對它的理論只說三言兩語，輕描淡寫而已，應當有較詳細的解釋才對。

懷疑論對於尋求眞理的人，不知道造成了多少困惑與傷害。當代士林哲學大師馬立旦，138與他的夫人拉依莎・馬立旦（Raissa Maritiain）在巴黎讀大學時，二人都尋找眞理，渴求

---

137 Cf. Card D. Mercier, Op. cit. p.381.

138 很多人稱馬立旦爲新士林哲學家（Neo-Scholasticist）或新多瑪斯主義者（Neo-Thomist），他極不喜歡這類的名銜，他只願作一位多瑪斯主義者。他說：「我不是一位新多瑪斯主義者，我寧願是一位上古時代的多瑪斯主義者（Paleo-Thomist）。我只是一位多瑪斯主義者，至少我希望我是。」Jacques Maritain, Existence and The Existent, trans. by Lewis Galantiere and Gerald B. Phelan, Image Books, Doubleday & Co., Inc. Garden City, New York, 1957. Introduction, p.11.

眞理，然而他們所聽到的，不是相對論，便是懷疑論，就是聽不到眞理。他們親眼看到許多同學淪爲懷疑論者手下的犧牲品，於是他們對人生感到失望，甚至絕望。最後他們決定，繼續尋求眞理，保持信心，給自己一段時間，希望能看到生命的意義，從黑暗的夢魘中解脫出來。但是如果這個希望不能達成，「結局將是自殺，長痛不如短痛，趁年輕之力尚未用盡，先行了斷一切。如果不能依靠眞理生活，我們願意自由的選擇死亡。」[139]

馬立旦和他的夫人拉依莎很幸運的接觸到了士林哲學，沒有被懷疑論所害，終於找到了眞理。馬立旦不但成爲士林哲學大師，也是當代哲學界的巨擘。拉依莎・馬立旦在哲學上也是成就非凡，二人共同爲眞理作證，並宣揚眞理。然而不是在懷疑論彌漫陰霧中尋找眞理的人，都像馬立旦夫婦那樣幸運，許多的人陷入懷疑論中，過著沒有眞理的生活。這是我們爲什麼對懷疑論作了冗長的討論，希望對於尋求眞理的人，多少能有點貢獻。

在我們討論懷疑論者的理論時，我們看到有不少理論，實在精深尖銳，令人刮目相看。但是他們苦心孤詣，潛心研究，目的只是要告訴我們：他們什麼都不能確定，什麼都不知道。就如若望・撒里斯布里（John of Salisbury, C.1110-1180）所說：「他們所有的辛勞，就是要

---

[139] Raissa Maritain, Les Grandes Amitie's《昔日舊友》，斐玫及蔣之英譯，六十四至六十八頁。輔仁大學出版，民國八十一年。

證明：他們一無所知。」[140]

對於懷疑論者，拉克當修斯（Lactantius, C.250-325）說了幾句話，很平庸卻非常的好，他說：「作夢的人不要相信夢；因爲如果他相信那是夢，所以就不應當相信夢。」[141]我們也說：誰相信自己的理智不能得到眞理，就不要相信自己的主張是眞理，因爲他不相信自己的理智能夠得到眞理。

實在，我們替懷疑論者感到惋惜，因爲他們有才華，但是用錯了。下了工夫，但是枉費了。

---

[140] John of Salisbury,「Quorum labor in eo versatur, ne quid sciant.」quoted by John Rickaby, The First Principles of Knowledge, Benziger Brothers, New York. p.136.

[141] Lactantius, Institutiones divinae, Lib. III. Cap. 6, quoted by Paulo Geny. Critica（De Cognitionis Humanae Valore Disquisitio）, editio tertia, Universitas Gregoriana, Roma, 1932. pp.80-81.「Somniasse quemdam ne somniis crederet. Si enim crediderit, tum sequitur ut credendum non sit.」

第九章　論笛卡爾的方法懷疑論

人類的知識浩瀚無邊，而且有時深奧難解。因此，在我們尋求眞理時，往往困難重重，更有時對於同一個問題，人言人殊，莫衷一是。於是有一些人感到失望，認爲眞理超越人的能力，遙不可及，甚至懷疑是否有眞理，因而陷入懷疑論裡。然而也有另一些人，認爲眞理不是不能得到的，只是需要方法而已，而方法就是從懷疑著手，稱爲方法懷疑（Methodic Doubt）。方法懷疑論（Methodic Skepticism）一詞便是由此而來。懷疑論者停在懷疑上不動，以懷疑作目的；方法懷疑論者以懷疑作方法，以眞理作目的。懷疑對方法懷疑論者而言，僅是到達眞理的一個階段，眞理是可以獲得的。

在我們作學問時，爲能得到眞理，以懷疑作方法，是很多人的經驗。譬如在我們作數學習題時，作完以後，再作一次；在我們作化學或物理試驗時，試驗完成後，再試驗一次，這都是以懷疑作方法，爲能獲得眞理。然而我們這樣作，並不代表我們是方法懷疑論者。眞正的方法懷疑論者是從心裡懷疑，是否人有能力得到眞理？甚至是否有眞理？他不是假作懷疑，而是實在懷疑。但是在這種實在的懷疑中，他要看看是否有眞理？是否人能得到眞理？

這就彷彿一個人迷失在一望無垠的原始森林裡，他不相信在那裡有人住，但是希望能有奇蹟出現，能夠看到一戶人家，好能得到救援。

第一節　笛卡爾的方法懷疑與理由

眞正的方法懷疑論者是笛卡爾（Rene' Descartes, 1596-1650）。他是不是從心裡懷疑，如我們剛才所說的，人是否有能力認識眞理？是否有眞理？我們不知道，只有他自己知道。但是從他的著作來看，他是從心裡懷疑的。

根據笛卡爾所說，在他讀哲學時，他發現不論多麼荒誕不經的學說，都有人主張。同時也沒有一個不引起爭論的問題，所以也沒有一個不使人懷疑的問題。而且縱然他信以爲眞的學說，後來他發現，也是值得懷疑的。因此，笛卡爾認爲，爲了建立知識的眞實性，必須對知識作徹底的檢討，凡是能引起懷疑的問題，不論懷疑多麼微小，必須視爲有問題的問題，絕對不可以接受。❶

由於以上所說的理由，首先，笛卡爾認爲我們感官認識的能力應當被我們懷疑，它們

❶ The Philosophical Works of Descartes, trans. by Elizabeth S. Haldane and G. R. T. Ross. Cambridge At The University, 1968. Discourse on The Method, Part II, P.90.

的眞實性不應當被我們所接受。因爲事實證明，我們的感官曾欺騙過我們，它們曾錯誤過。其次，有時實際上沒有的物，很活躍的出現在我們的睡夢中；我們在睡夢中所有的情景，與我們在清醒時的情景同樣的逼眞，所以何者爲眞？何者爲假？我們無法分辨。因此，只有懷疑。再其次，笛卡爾認爲我們理智認識的能力，也是應當被我們所懷疑的，因爲有些在數學上及形上學上被人們信以爲眞的眞理，後來證實是錯誤的。

除掉以上我們應有的懷疑以外，笛卡爾認爲我們還有兩件應當懷疑的事：一、我們應當懷疑是否上帝願意我們常常錯誤？常常受騙？因爲全能的上帝創造了我們，他可以作任何他願意的事，他既然偶爾使我們錯誤，偶爾使我們受騙，當然也可以使我們常常錯誤，常常受騙，這爲上帝沒有任何困難。二、我們應當懷疑的是，縱然上帝是無限美善的，不會使我們受騙或錯誤，然而可能有一個大能的惡魔（Evil genius），他喜歡欺騙人；所以他常常使我們錯誤，常常使我們受騙。這種假設不是不可能的。因此，我們信以爲眞的穹蒼、大地，以及宇宙間形形色色的萬物，實際並不存在，而惡魔卻使我們相信它們存在。這樣，我們既然在普通的事物上常常受惡魔欺騙，常常錯誤，那麼，我們如何知道在我們作二加三等於五時，或者在我們看一個正方形有四邊時，我們沒有受惡魔的欺騙？沒有完全錯誤呢？至於我們在判斷其他習以爲常而簡單的事物時，也何嘗不是如此？最後，笛卡爾設想自己沒有手、沒有眼睛、沒有肌肉、沒有血液，以及任何感官，只是誤信自己有這些東西而已，因爲詭計

多端的惡魔什麼都能作。❷

到此我們可以看出，在笛卡爾的心目中，沒有任何事物是我們不應當懷疑的：我們認識官能的能力、一切的學說、一切被認爲是眞理的眞理、上帝的存在、外在物的存在、我的身體的存在等等，它們的眞實性都應當被我們懷疑。笛卡爾要在這種普通的懷疑中尋求眞理，他不知道他是否能夠作到，但是他要想盡辦法試試看，就如他說：「我願意把我自己完全獻身於眞理，我想我必須走一條明顯相反（傳統）的途徑：任何事物只要我想像有可懷疑之處，我都當作絕對的錯誤，而加以拒絕，以便查看有任何我認爲是完全確定的事。❸

笛卡爾是有宗教信仰的，他至死是一位忠實的天主教徒，雖然他的學說對天主教造成了很多的困擾。在當時笛卡爾對懷疑論、無神論，以及各種哲學學說，感到極大的煩惱，他決心要找出一個人人都信以爲眞的眞理。他爲了使自己沒有任何成見，便決心假設他所知道的一切，都和夢中幻想一樣的不眞實，他要把自己完全獻出，專心尋求眞理。❹

笛卡爾以懷疑作方法去尋求眞理，他的懷疑包括一切眞理，連第一原理也不例外；這樣的方法懷疑實在是絕對的、普遍的方法懷疑。就這方面而言，笛卡爾獨樹一幟，哲學史上

---

❷ Meditations on The First Philosophy, Meditation I. pp.144-149., Discourse, Part IV. pp.100-101., Principles of Philosophy, Principles I-V, pp.219-220.

❸ Ibidem

❹ Ibidem.

尚無第二者。

第二節　「我思，故我在」與明白而清晰的觀念

笛卡爾爲尋求眞理，對哲學上的一切主張和學說都加以懷疑，並視爲錯誤而擯棄，以便空虛自己的心靈，好能沒有絲毫成見，重新尋找眞理。但是他發現，儘管他什麼都懷疑，然而他不能懷疑他是一個懷疑者。這是一個事實，他不能懷疑；懷疑證明他的存在。就如他說：「正當我思想一切都是假的時候，我立刻理會到思想這一切的『我』，應當是一點什麼東西，這絕對是一個事實。因此我注意到『我思，故我在』（Cogito ergo sum）這個眞理。這個眞理是如此的眞實而確定，即連懷疑論者所提出最深刻的理論，也不能動搖它。於是我得到一個結論，那就是我毫不猶豫的認爲，這是我尋求到的哲學的第一原理。」❺

「我思，故我在」看起來好像是一個三段論：凡是思想者都存在，我思想，所以我存在。其實對笛卡爾而言，並不是這樣。在笛卡爾的心目中，「我思，故我在」不是從另一個更具有明顯性的眞理：「凡思想者都存在」而來的，因爲笛卡爾的方法懷疑使他不承認任何明顯性與任何眞理。對笛卡爾而言，「我思，故我在」是一個單純直觀的事實（Fact of simple

❺ Oiscourse, part IV. P.101., The Principles of Philosophy, First Part. Principle VII. p.221.

intuition），因為只要我思想，我就存在。這個單純直觀的事實不需要證明，也不能證明，這是意識（Consciousness）的發現，它的眞實性也只能由意識來保證。當笛卡爾說：「我思，故我在」時，在文法上固然是兩句話，但是指的是一個事實。他所以用兩句話表示一個事實，是因為我們語言的不足，他不能不用「我」與「思想」兩個觀念表示一個事實。❻

笛卡爾的「我思，故我在」這句名言，自加森地（Pierre Gassendi, 1592-1655）開始，就受到許多人的批評，認為笛卡爾在邏輯上犯了竊取論點（Petitio Principii）的錯誤，因為那句話含有一個大前提：「思想者存在」。所以用「我思」證明「我在」，等於沒有證明，因為「我思」就是「我在」。然而這種批評，對於笛卡爾是毫無意義的，因為我們剛才強調過，「我思，故我在」在笛卡爾的心目中，並不是一個證明，是一個直觀的事實，它的基礎是意識。換言之，我對於我存在的意識就是我存在的保證。

還有的人批評笛卡爾的「我思，故我在」，在邏輯上犯了近乎論旨不合（Ignorantia Elenchi）的錯誤，所以是無效的。因為先有「我在」，而後才有「我思」，不是先有「我思」，而後才有「我在」：沒有「我在」，如何有「我思」呢？這種批評如果使笛卡爾看到，更會令他啼笑皆非。笛卡爾的「我思，故我在」，不是討論「我思」與「我在」孰先孰後的

---

❻ Cf. G. H. Lewes, A Biographical History of Philosophy, George Routhedge & Sons, Lt. 1900, pp.395-396., F-J. Thonnard, Op. cit. p.499.

問題，而且根本沒有這個問題。我們一再強調，對笛卡爾而言，「我思」與「我在」是一個事實，二者不能分開。

笛卡爾在普遍的懷疑中發現了「我思，故我在」，彷彿迷失在茫茫大海中的人，駕著一葉扁舟，發現了樹木成蔭的綠島一樣，他認爲哲學有救了。實在，他可以懷疑世界的存在，把它看成虛幻；他也可以懷疑上帝的存在，把他看成神話，但是對於那個懷疑的心靈，那個思想的東西，他絕對無法懷疑；縱然什麼都不存在，那個懷疑者不能不存在。「我思，故我在」是笛卡爾在懷疑中發現的第一個事實（The first fact），一個不可懷疑的眞理。

笛卡爾發現了「我思，故我在」這個第一個原理後，接著他又發現了另一個原理，可以稱爲他的第二個原理，那就是凡是我們對於一個物有明白而清晰的觀念（Clear and distinct idea），那個物就是眞實的，就存在。因爲對笛卡爾而言，「我思，故我在」的眞實性所以成立，沒有別的理由，只是他的意識很明白的、清晰的看到它的眞實性；但是既然明白而清晰的觀念保證了「我思，故我在」的眞實性，自然也可以保證別的事物的眞實性。笛卡爾說：「以後，我便普遍的思考，爲使一個命題眞實而確定，需要什麼條件？因爲我既然發現我認爲是一個眞實的命題，我應當知道它的確定性建立於何物上？我注意到：在這個『我思，故我在』這個命題內，沒有任何事物保證我作了一個眞實的斷言，只不過我很明白的看出：思想必須是存在。因此我得到一個結論，我認爲這是一個普遍的原則：凡是我們有明白而清晰觀念的物，那個物就是眞實的。不過，要記住，爲知道什麼是我們有明白觀念的物，尚有一

此困難。」❼

明白而清晰的觀念所代表的物都是眞實的，這個原則對笛卡爾非常重要，他以這個原則作爲眞理的標準或衡量；「我思，故我在」不是眞理的標準，而是哲學的開始點。不過，我們剛才看到，笛卡爾提醒我們，爲看到物的明白而清晰的觀念，有它的某些困難，不是我們對於物所有的觀念都是明白而清晰的觀念，明白而清晰的觀念的形成，根據笛卡爾所說，有以下四條規則：

一、不可承認任何事物的眞實性，除非它明顯的是眞實的。這也就是說，什麼都不承認，只承認把自己明白而清晰的呈現出來的事物，使我們對它沒有理由去懷疑。二、把一個問題儘可能的分成不同的部分，看清各部分後，便會看清整個的問題。三、按次序查考問題，由最簡單、最容易瞭解的開始，逐步的達到最複雜的知識。四、作精確的計算與縝密的思考，足以使我們相信沒有遺漏任何基本的因素。❽

笛卡爾是世人公認的一位偉大數學家，他爲保證我們在形成一個明白而清晰的觀念時，不致發生錯誤，他更進一步的把數學的推理方式應用在哲學上。他說：「幾何學家們用那些簡單、容易的長串推理，得到最困難的證明。這使我想到，凡爲人所能知道的事物，很可能

❼ Discourse on the Method, Part IV, pp.101-102., Meditation III, p.158.

❽ Ut supra, Part II, p.92.

像幾何一樣，是以同樣的方式連結在一起的，只要我們不把非眞實的事物，認爲是眞實的，常遵守演繹的程序，由一個結論推演到另一個結論。這樣，再遙遠的眞理，也沒有不能得到的；再隱晦的眞理，也沒有不能發現的。」❾

「我思，故我在」與「明白而清晰的觀念」，是笛卡爾哲學的兩個大基石，支持他的整個哲學體系。他以「我思，故我在」作爲哲學的起點，以「明白而清晰的觀念」作爲眞理的保證。笛卡爾由他發現的這兩個原理，發展了他的全部哲學。

第三節　上帝的存在

笛卡爾爲尋求眞理由懷疑開始，他懷疑一切眞理，當然也懷疑上帝的存在。在他得到了「我思，故我在」與「明白而清晰的觀念」這兩個原理之後，他要探討上帝存在的問題；他要弄清楚，上帝是否存在？如果上帝存在，他要知道上帝爲什麼存在；如果上帝不存在，他要知道爲什麼上帝不存在。待他探討完了這個問題之後，他確定上帝的存在，他的理由是：他對於上帝有明白而清晰的觀念。這是笛卡爾第一次用這個原理證明一個眞理，不是像有一些人所說，他第一次用這個原理證明的是「我思，故我在」。因爲已如我們多次所說，「我

---

❾ 同❽。

思，故我在」對笛卡爾而言，不是證明，而是意識直觀的眞理。

笛卡爾以明白而清晰的觀念證明上帝的存在，實際上分三個論證。第一個論證是：他查考他的意識，他發現他很明白而清晰的有上帝的觀念。所謂上帝的觀念，就是一個無限的、永恒的、完善的、不變的、自立的、全知的、全能的實體。⑩但是同時他也有他自己的觀念，他對他自己的觀念是什麼呢？他是一個有限的、有缺陷的、常改變的、缺少知識的、沒有創造能力的存有。總之，他是一個有限的、不完善的存有，然而這樣的觀念暗含有一個無限的、完善的觀念，因此上帝必須存在。因爲有限的、不完善的觀念與無限的、完善的觀念，是兩種相關連的觀念。換言之，一個有限的、不完善的觀念要求有一個無限的、完善的觀念；沒有一個無限的、完善的觀念，不能有一個有限的、不完善的觀念。因此，笛卡爾認爲他對於上帝有一個明白而清晰的觀念，所以上帝存在。

笛卡爾以明白而清晰的觀念證明上帝存在的第二個論證是：他對上帝有一個無限的、完美的觀念，這個觀念不能是人的心靈所能製造的，因爲人的心靈是有限的、不完善的。然而我們也不能用上帝是世界的必須原因（Necessary Cause），來證明上帝的存在，因爲我們只知道「我的存在」，世界存在與否，我們不知道。況且不完善的世界並不必須非要求一個

⑩ 如上引書，Part IV. pp.102-103., The Philosophical Works of Descartes, Vol. I. Notes Against Programme, pp.443-444., Vol. II. Reply to Objections, Vol. II. p.57.

無限的、完善的原因不可。

然而無論如何，由於任何事都有一個原因，我們對於上帝所有的觀念，也應當有一個原因才對。可是我們也知道，有什麼樣的後果，有什麼樣的原因，後果與原因應當相稱。那麼，我們既然有一個無限的、完善的觀念，所以也應當有一個無限的、完善的存有，這就是上帝。我們也可以這樣說，我們所以有一個無限的、完善的觀念，那個觀念應當是由一個模型拷貝來的，那麼，那個模型應當至少與我們的觀念一樣完善。然而這就說明上帝的存在。

笛卡爾以明白而清晰的觀念證明上帝存在的第三個論證，就是他的這個大原理。這是笛卡爾獨有的特殊論證，我們可以替他作成一個三段論（Syllogism）：我們對於任何一個物所包含的因素，只要有明白而清晰的觀念，那些因素便是眞實的；然而我們對於上帝所包含的他的存在，有明白而清晰的觀念；所以上帝的存在是眞實的。換言之，上帝存在。⑪

笛卡爾認爲我們對於上帝存在的觀念是如此的明白而清晰，我們不能想他不存在。也許有人想，物都有本質（Essence）與存在（Existence），存在與本質可以分開，因此，上

---

⑪ G. H. Lewes, Op. cit. pp.400-401., Etienne Gilson, The Unity of Philosophical Experience, New York, Charles Scribner's Sons, 1937. pp.177-181., Descartes, Discourse, Part IV. pp.100-105., Meditations III,, The Philosophical Works of Descartes, Vol II. Arguments Demonstrating The Existence of God And The Distinction Between Soul And Body, Drawn Up In Geometrical Fashion. Propositions, I, II. III. pp.57-58., Reply to Objections II, Philosophical Works Vol. 11. pp.34-35.

帝與他的本質也可以分開。換言之，上帝實際可以不存在。但是笛卡爾說，如果我們仔細思考一下這個問題，便很明白的可以看出，上帝的存在與他的本質是不能分開的。因爲所謂上帝，是一個至高無上完善的存有（A Being supremely perfect），然而如果上帝是一個至高無上完善的存有，那麼，上帝必須存在，因爲存在是一個完善（Perfection）。所以我們不能隨意想上帝不存在，就如我們不能隨意想三角形內的三角不等於兩個直角一樣。因此，上帝必須存在，如果我們想上帝不存在，這與我們想山沒有山谷一樣的荒謬。上帝的存在與本質是絕對不能分開的，這不是我們的心靈想出來的，因爲我們的思想不給物加上一個必須性（Necessity）；相反的，物的必須性決定我們的思想。這也就是說，上帝存在的必須性決定我們想他必須存在。⑫

---

⑫ Descartes, Meditation V. pp. 179-181.

笛卡爾以上帝爲至高無上完善的存有證明上帝的存在，與聖安瑟莫（St. Anselm, 1033-1109）以上帝是沒有比他再有更大的存有證明上帝的存在，可以說是完全同樣的論證。我們不知道笛卡爾的這個論證，是不是受聖安瑟莫論證的影響而想出來的，但是二者完全相似。聖安瑟莫的論證是這樣的：上帝是我們不能想像比他再有更大的存有；但是如果上帝只在我們的思想中存在，而實際不存在，換言之，只是我們想像有上帝，而實際沒有上帝，那麼，上帝便不是我們不能想像比他再有更大的存有。因爲如果上帝既在我們的思想中存在，同時實際上也存在，自然就比只在我們的思想中存在更大；所以上帝實際存在。（Cf. St. Anselm, Basic Writings, Proslogion, Ch. II, p.8 Open Court Publishing Co. 1966, La Salle, Illinois.）聖安瑟莫的這個論證被人稱爲存有論證（Ontological argumet）或先驗論證（A priori argument）。自聖安瑟莫發

笛卡爾認爲他對於上帝的存在所作的證明，是最確定、最明顯的證明，也是人的心靈不能再發現更好的證明；那些證明和幾何學上的證明一樣的確定和明顯，甚至超越幾何學上證明的確定性和明顯性。不過，笛卡爾也知道，有些人不瞭解他對於上帝存在所作的證明，就如有些人不瞭解阿基米德（Archimedes, 287-212 B. C.），阿波羅紐斯（Apollonius, 250-200 B. C.）以及巴布斯（Pappus, C. end of 3rd cent. or beginning of 4th cent）的幾何學一樣，雖然他們的幾何學被世人公認爲完全確定的幾何學。笛卡爾一再的強調，他對於上帝存在所作的證明，至少與數學所作的證明一樣確定。⑬

第四節　上帝的誠實性

上帝的誠實性是笛卡爾哲學中非常重要的一個主張，因爲這和他所主張的：「凡是我們對於一個物有明白而清晰的觀念，那個物就是眞實的」這個原則，有密不可分的關係。因爲這個原則的有效性不是建基於物的明顯性之上，這是笛卡爾的方法懷疑論所不承認的；明白而清晰的觀念所以證實物是眞實的，乃建基於上帝的誠實性之上。因此，如果上帝不誠實，

表的這個論證後，就受到很大的爭議，直到現在仍然如此。當然，笛卡爾的那個論證也不例外。

⑬ Dedicatory letter before Meditations, p.135., Meditations V. p.181.

我們的知識便沒有任何保證。

其實，上帝的存在得到了證明之後，笛卡爾認爲上帝的誠實性也就得到了證明。因爲已如我們所知，笛卡爾證明上帝存在的論證是：我們對於上帝有一個明白而清晰的觀念，而那個明白而清晰的觀念就是：上帝是一個無限的、完善的存有，然而上帝既然是一個無限的、完善的存有，那麼，上帝自然也應當是誠實的，否則，他不能是一個無限的、完善的存有。由於這種理由，我們可以確定，在我們對於物有一個明白而清晰的觀念時，上帝不能欺騙我們，因爲我們的認識能力來自於上帝。在這裡我們很清楚的可以看出，笛卡爾在他的方法懷疑中對上帝可以欺騙我們的假設，也因此被他所否定。

沒有懷疑的，如果我們對上帝的誠實性稍加思考，我們不難發現，對笛卡爾而言，上帝的誠實性就是上帝的存在。因爲已如我們以上所說，笛卡爾爲證明上帝的存在，曾強調上帝的本質與存在不能分開；肯定了上帝的本質，也就肯定了上帝的一切屬性（Attributes）以及他所有一切無限的美善，⓮這當然也包括他無限的誠實性。所以笛卡爾說：「我剛才所承認的規律，這就是說，我們很明白而清晰的對於物所有的觀念，證實那些物是眞實的；這個規律所以是眞實的，只因爲上帝存在。上帝是一個完善的存有，我們的一切都是由他而來的。」

⓮ Phil. Works, Vol. I, Principle of Philosophy, Principle XXII. p.228.

⓯笛卡爾在他的《首要哲學思考》（Meditations on First Philosophy）一書的結尾，直截了當的說：「上帝不可能是一個騙子，因此，我也不可能受騙。」

笛卡爾在普遍的懷疑中發現了他的第一個眞理：「我思，故我在」，他把這個眞理比作阿基米德（Archimedes, 287?-212 B.C.）所尋找的固定而不移動的支點，藉這個支點，阿基米德說，他用一根適當的槓桿，可以把地球從它所在的地方移到另一處。⓰「我思，故我在」就是笛卡爾哲學的支點，由這個支點開始，笛卡爾又得到了另一個眞理，那就是凡是我對於一個物有明白而清晰的觀念，那個物就是眞實的。笛卡爾再從這個眞理開始，得到了其他一切的眞理，而那些眞理都是不能錯誤的，因爲有上帝的誠實性作保證。到此，笛卡爾建立了他的知識論的基礎。

第五節　評笛卡爾的方法懷疑論

笛卡爾在哲學史上被稱爲近代哲學之父或近代哲學的創始人。有人認爲這兩個名詞太過於誇讚他，言過其實。但是不論如何批評笛卡爾，笛卡爾「在第十七世紀，比任何哲學家

⓯ Ut supra, Discourse, Part IV. p.105.

⓰ Ut supra, Meditation p.149.

都突顯，他劃分了由中世紀到近代世界的界限。」⓱琪爾松（E'tienne Gilson, 1884-1974）認爲這幾句話是哲學歷史學家們的共同看法，所以也是有理由的。因爲中世哲學到笛卡爾執筆寫作時爲止，委靡不振，已達二世紀之久。笛卡爾建立了一個新的哲學體系，使哲學重現朝氣，可謂振衰起蔽，開始了哲學的一個新時代。其實笛卡爾是有雄心的，自十四世紀以來，許多哲學家們都批評亞里斯多德，笛卡爾卻要代替亞里斯多德。不過，琪爾松對笛卡爾的評語，也稍作了一些修正，他認爲笛卡爾更好說從文藝復興劃分了到近代世界的界限，再確切的說，從蒙戴聶（Michel De Montaigne, 1533-1592）的懷疑論劃分了到近代積極哲學的界限。⓲好啦，我們現在對笛卡爾的方法懷疑論檢討一下。

一、笛卡爾懷疑我們一切認識官能的能力，一切眞理，包括第一原理；這樣的方法懷疑不能不陷入普遍絕對的懷疑論裡。因此，他的「我思，故我在」也就發生了問題。因爲在普遍懷疑的大原則之下，他不能把「我思，故我在」除外而不懷疑，他應當在「我思」時，懷疑是否我思？但是如果他懷疑「我思」是否我思，那麼，「我思，故我在」便不能成立；他最多只能說：「我大概思想，故我大概存在」。因爲由不確定的前提裡，只能得到不確定的結論。

⓱ R. M. Eaton, Descartes Selections, Scribners, New York, 1927, Introd., p. V. quoted by E. Gilson, Op. cit. p,125.

⓲ E. Gilson, Op. cit. p.125-126.

笛卡爾的「我思，故我在」看起來，和聖奧斯定的「如果我錯誤，我存在」一樣。其實，是不能相提並論的。聖奧斯定的「如果我錯誤，我存在」有效，笛卡爾的「我思，故我在」無效。因爲聖奧斯定沒有以普遍的懷疑作基礎證明他的存在，相反的，笛卡爾的「我思，故我在」則由普遍的懷疑開始。

有的人認爲笛卡爾的「我思，故我在」是受了聖奧斯定的「如果我錯誤，我存在」的啓示，而寫出來的。這也不能說一點理由都沒有，以笛卡爾那樣一位大哲學家，很難說他不知道聖奧斯定反駁懷疑論的那句名言。事實上，笛卡爾於一六四一年出版的《首要哲學思考》（Meditations on First Philosophy）一書中，重申他在他那部《方法導論》（Discourse on the Method）中所主張的「我思，故我在」的第一原理後，即請當時的神哲學家亞爾諾（M. Arnauld）作批評。亞爾諾指出，聖奧斯定在許多世紀以前就說過同樣的話。笛卡爾覺得這句話不是滋味，在回覆亞爾諾的信中說：「爲解釋我的論證，彷彿怕別人認爲理由不夠充足，而以聖奧斯定的權威來幫助我，我不會花時間來感謝我的高貴批判者。」⑲亞爾諾以聖奧斯定的話說明笛卡爾的「我思，故我在」，笛卡爾認爲對他是一種侮辱。然而這也就說明，笛卡爾不會不知道聖奧斯定的「如果我錯誤，我存在」那句名言了。

---

⑲ Reply to the Fourth Set of Objections, Reply to the First Part. Philosophical Works of Descartes, Vol. II. p.96., Cf. E. Gilson, Op. cit. p.157.

二、笛卡爾對惡魔的假設也摧毀了他的「我思，故我在」，因爲惡魔既然在一切別的事上欺騙我們，我們又如何保證他在「我思，故我在」上不欺騙我們呢？更明白的說，本來由「我思」並不能推論出「我在」，但是惡魔故意欺騙我們，使我們相信「我思，故我在」。惡魔的假設是笛卡爾的「我思，故我在」的另一個致命傷。

我們在這裡還願意另外指出，笛卡爾以惡魔欺騙我們，作爲他的普遍方法懷疑的一個理由，是極不合理的。因爲我們心靈的本質就是認識眞理，惡魔（如果一個人相信有惡魔的話）不能改變我們心靈的本質，否則，我們的心靈已不再是心靈，而是另一種東西。惡魔可以在似是而非的事上，或者在眞僞不易分辨的事上，使我們的心靈看不出事情的眞實性，但是惡魔不能在極明顯的命題上使我們的心靈看不出它們的同一性或非同一性。譬如惡魔不能使心靈看不出同一原理的同一性，以及矛盾原理所指的非同一性。笛卡爾實在忽略了我們心靈本質的意義，惡魔不能在一切眞理上都欺騙我們的心靈，不然，爲什麼笛卡爾還在懷疑中設法尋找眞理呢？[20]

三、笛卡爾的普遍方法懷疑不但摧毀了他自己的存在，也摧毀了上帝的存在。因爲雖然他肯定他有上帝的觀念，而且縱然他對上帝的觀念是明白而清晰的，但是他應當對上帝的觀念懷疑才對，因爲他的普遍懷疑論不允許他對任何事有所例外。

⑳ Card. D. Mercier, Op. cit, Criteriology, pp.356-357.

四、笛卡爾證明上帝存在的論證與證明上帝誠實性的論證，犯了循環論證的錯誤（Vicious Circle）。因爲他以明白而清晰的觀念證明上帝的存在與上帝的誠實性，而後又以上帝的誠實性證明明白而清晰的觀念這個原理的有效性。很清楚的，笛卡爾不論是對於上帝存在所作的論證，或者對於上帝誠實性所作的論證，都是無效的論證。

五、笛卡爾的普遍方法懷疑含有矛盾性：㈠笛卡爾懷疑一切的眞理，即連第一原理的眞理他也懷疑，但是他卻運用了矛盾原理。因爲在他的「我思，故我在」這個論證裡，他承認「我思」不是我不思；「我在」不是我不在。不承認矛盾原理，他不可能由「我思」結論出「我在」。㈡笛卡爾懷疑我們一切認識官能認識的能力，但是他卻運用了我們理智的認識能力。因爲他不論證明他自己的存在也好，或是證明上帝的存在也好，再或者證明任何眞理也好，有那一個證明不是由他的理智想出來的呢？其實，他的整個哲學體系都是由他的理智想出來的，否認理智的認識能力，他根本沒有哲學。

凡是研究笛卡爾哲學的人，幾乎對他都有所批評。千言萬語，他的基本錯誤在於他的普遍方法懷疑。其實，他的普遍方法懷疑就是絕對的普遍懷疑。如果一個人對於任何眞理都懷疑，甚至當作錯誤而擯棄，他不可能從這種懷疑中找到眞理。多瑪斯·利德（Thomas Reid, 1710-1796）和休謨都說，笛卡爾好像一個人，拆毀了一座大廈，把自己埋在瓦礫中，想重建一座新大廈，但是那已超越一位被壓碎者的能力。㉑喬貝爾底（Vincenzo Gioberti, 1801-1852）說，笛卡爾好像用自己的雙手把自己殺死，好能享受復活的快樂。㉒

我們不否認笛卡爾是一位大哲學家，他建立了一個新的哲學體系，有他的獨到之處。然而就他的知識論而言，普遍的懷疑方法卻完全封閉了他通往眞理之路，而且也決無救援。如果我們再看笛卡爾的另一個主張，我們更確定我們對他的看法是對的。依笛卡爾所說，眞理完全是上帝自由意志的規定，假使上帝願意，他可以改變任何眞理，他不但可以改變物理的眞理，也可以改變形上的眞理，四的二倍可以不等於八，㉓物的整體也可以不大於它的部分。然而果眞如此，眞理與錯誤根本沒有任何分別了，它們各自的意義完全瓦解。在這種情況之下，我們就不必談知識論，因爲連眞理與錯誤都沒有分別，還談什麼知識論？還談什麼哲學？

對於笛卡爾所說的眞理完全是上帝自由意志的規定，我們願意再多說幾句話。在我們從前討論確定性的問題時，我們曾說過，站在有神論的立場，上帝可以暫時停止物的自然律，因爲他是宇宙萬物的創造者。所謂暫時停止物的自然律，是指暫時停止物的自然律的活動，

㉑ David Hume, Inguiry, Part I, Sec. XII. Cf. J. Rickaby, Op. cit, p.152.

㉒ Cf. Francis Varvello, Major Logic（Epistemology）trans. by Arthur D. Fearon, University of San Francisco, 1933. p.38, n. 3.

㉓ Reply to Objections VI, n. 8. Phil. Works, Vol. II. pp.250-251.

不是廢除物的自然律。譬如上帝在某種情況之下，爲了某種目的，可以暫時停止火的自然律，使火不起燃燒的作用。但是上帝不會改變形上的原理，因爲形上的原理來自物的本質，如果上帝改變物的本質，那麼，便沒有物可以存在了，上帝不能作自身矛盾的事。加里古拉格郎日（Reginald Garrigou-Lagrange, 1877-1964）說的很對，他說上帝不能作一個四方的圓圈，也不能造許多沒有山谷的山；自從我們的理智一開始發揮它的正常功能，我們的理智便對上帝作出了這樣的確定性。一個四方的圓圈對我們是不可思議的事，在它的本身也是不可能的事。加里古拉格郎日認爲笛卡爾在這方面，犯了一個在哲學上不可赦免的罪。㉔

㉔ R. Garrigou-Lagrange, Le re'alisme thomiste et le myste're de la connaissance, Revue de philosophie, Jan.-Feb., March-April 1931, p.14. quoted by J. Maritain, The Degrees of Knowledge, p.78, n. 2.

第十章　論唯心論

知識論的問題是歷代哲學家們所討論的問題，近代的哲學家們對於知識論更是熱中適恒。在知識論裡有一個哲學家們不能放過的問題，那就是我們所認識的外界的物，是否有它們客觀的眞實性？中世紀以前，除懷疑論者外，大致而言，都認爲它們是有客觀的眞實性的，但是自中世紀開始，哲學家們在認識論上最大的分歧點，也是爭議最明顯的一點，就是我們所認識的外界物的客觀眞實性的問題。實在論者主張外界的物不繫於我們的認識而有客觀的存在，唯心論者主張我們所認識的物是心靈以內的物。

唯心論的英文Idealism這個字，於第十八世紀才被應用，最先提出這個字的是萊普尼茲（Gottfreid Wilhelm Leibniz, 1646-1716），❶唯心論就其爲一種哲學學說來說，是指在整個宇宙中只有心靈才有實在的存在，以外，沒有任何物有實在的存在。唯心論不但使我們知識

❶ G. W. Leibniz, Réponse aux re'flexions de Bayle(written in 1702), published in Philosophischen Schriften, C. I.Gerhard, ed., 7 vols. Berlin, (1875-1890). Cf. Paul Edwards, Enc. of Philosophy, (4), Idealism.

的本質改觀，也使物的本質改觀；我們的認識不再是心靈與物相符合，而是創造物。這也就是說，外界的物都是心靈想出來的，所以我們認識的對象是純粹思想的內容或觀念的存有。

唯心論對心靈認識的性質以及對對象的解釋不同，而有不同的唯心論，主要的有三種：㈠柏克萊（George Berkeley, 1685-1753）的經驗唯心論（Empirical Idealism）或心理唯心論（Psychological Idealism）。柏克萊以個體的心靈爲對象的根源。㈡康德的超驗唯心論（Thanscendental Idealism）。康德認爲偶然性的個別主體不能決定對象，而是超驗的主體，因爲超驗的主體有一些普遍的直覺和思維的形式，這些形式先於變化無常的感覺，因此，超驗的主體有絕對的認識能力，它的認識的有效性也是絕對的。所以我們的知識具有先驗性與普遍性。㈢黑格爾（Georg Friedrich Wilhelm Hegel, 1770-1831）的客體唯心論（Objective Idealism）或絕對的唯心論（Absolute Idealism）。黑格爾主張一切存在的物都是一個心靈（One Mind）的形式，這個心靈就是絕對的心靈（Absolute Mind）。黑格爾的客體唯心論是一元的唯心論，柏克萊的唯心論與康德的唯心論是多元的唯心論。

唯心論除掉以上三種外，還有別的唯心論。不過，我們在這一章裡都不談，我們在這裡只談柏克萊的經驗唯心論或心理唯心論，因爲普通一提唯心論，就是指的這種唯心論，而且也不加「經驗的」或「心理的」兩個形容詞，直稱唯心論。

第一節　唯心論的前導

唯心論不是一蹴即成的，而是有它的前導，主要的有兩位，那就是笛卡爾與洛克，我們分述於下。

（甲）笛卡爾的「我思，故我在」

笛卡爾對後世哲學界影響之大，在第十七世紀的哲學家們裡，無人可與他相比，許多的學說都受到他的影響，唯心論就是其中之一。

笛卡爾在懷疑中所發現的第一原理或眞理，就是「我思，故我在」，然而他所說的「我」與一般哲學家們所說的「我」，其意義大有出入。笛卡爾把「我」或人分成兩個完全不同的「完全實體」（Complete substance）。所謂實體，根據笛卡爾的定義是：「一個不需要別的物（的支持）而存在的物。」❷至於說「我」有兩個實體，那就是心靈與身體，但是眞正的「我」，就是我的心靈。

❷ Principles of Philosophy, Part I. Principle LI, p.239.The Phil. Works, Vol. I.笛卡爾對於實體所作的定義，顯然是因爲受到了士林哲學的影響作出來的。笛卡爾幼年時，曾在拉夫萊舍（La Fle'che）由耶穌會創辦的學校讀書。

我們在這裡不禁要問：爲什麼笛卡爾認爲「我」就是我的心靈呢？那是因爲「我」知道「我存在」，是因爲「我」思想的緣故；然而「我」思想，是我的心靈思想，不是我的身體思想。爲證明「我」就是我的心靈，笛卡爾說：「我能懷疑我是否有一個身體，甚至有任何物體；然而只要我懷疑或思想，我不能懷疑我是否存在。因此，懷疑或思想的我不是一個身體，否則，在我懷疑我有身體時，也應當懷疑是否有我自己。但是縱然我堅持我沒有身體，我仍然是一個東西，所以我不是一個身體。這個論點是不能搖動的。」❸

以上笛卡爾對於「我」是我的心靈所提出來的論證，只是重複他在他的《方法導論》中所作的論證而已，他在那裡說：「於是我細心的查考『我』是什麼？我發現我能設想我沒有身體，沒有世界，連我存在的地方也沒有，但是我不能同樣的設想我自己不存在。相反的，正是因爲我看到這個事實：我想到我懷疑別的物存在的眞實性，很明顯而確定的結論出我的存在。然而在另一方面，如果只要我停止思想，縱然我想過一切的物都實在的存在過，我沒有理由想我曾存在過。由此我知道我是一個實體，它的整個本質或本性就是思想（to think）；它的存在不需要任何地方，也不依賴任何物質的物。所以這個『我』，這也就是說，我藉我所以是我的靈魂，完全與身體有別，而且靈魂比身體更容易被認識；縱然如果沒有身體，靈魂不會停止它之所以是它。」❹

❸ Phil. Works, Vol. II. Objections IV, p.80.

❹ Ut supra, Vol. I. Discourse, Part IV. p.101.

「我」是我的心靈，這種主張散見於笛卡爾的著作中，我們願意再引證他在他的《首要哲學思考》中的一段話，因爲我們認爲爲徹底瞭解笛卡爾的這個主張，看他自己的解釋，比我們解釋，要清楚的多了。他說：「正是因爲我確實知道我存在，然而我並不是說，有任何別的物必須屬於我的本性或本質，我只是一個思想的物。所以我合理的結論出，我的本質僅在於我是一個思想的物的事實，（或者是一個實體，它的整個本質或本性就是思想），雖然我可能（或者更好說一定；很快我就要談這個問題），有一個身體，我和它密切連結在一起。但是在一方面，我對我自己有一個明白而清晰的觀念，那就是我是一個思想的物，不是一個延展的物。在另一方面，我對於身體也有一個清晰的觀念，那就是它只一個延展的物，而不是一個思想的物。那麼，很確定的，這個『我』，（這也就是說，我的靈魂，因爲由於靈魂，我才是我之所以是我），完全的、絕對的是與我的身體分開的，『我』可以沒有身體而存在。」❺

我是心靈，不是身體，二者是兩個完全不同的實體，因此，笛卡爾的「我」完全脫離了哲學上對人的傳統定義：「人是有理智的動物」。笛卡爾說：「我相信我是什麼？沒有懷疑的，我相信我是一個人。但是什麼是一個人？我要說人是一個有理智的動物嗎？絕對不。」❻「那麼，我是什麼呢？一個思想的物而已。什麼又是一個思想的物呢？它是一個能懷疑、

---

❺ Ut supra, Meditation VI. p.190.

❻ Ut supra, Meditation II. p.150.

瞭解、（設想）、肯定、否定、決定、拒絕、想像和感覺的物。」❼

我們剛才看到，笛卡爾相信他也有一個身體，而後他又清楚的說明他有一個身體：「本性不能再明白的，也不能再顯著的告訴我，我有一個身體；當我感覺痛苦時，它就感到很難過；在我感覺饑渴時，它就需要食物和水等東西。我不能懷疑，其中必有某些眞理。」❽現在的問題是：根據笛卡爾所說，「我」只是一個心靈、一個思想的物，然而他又承認「我」有一個身體，那麼，「我」與身體究竟有什麼關係？笛卡爾的答案是：「我」與我的身體的關係，就如舵手與船的關係，只是「我」與我的身體緊密的連結在一起，所以「我」能感覺我的身體的情況。笛卡爾說：「我在我的身體內，不但如舵手在船內一樣，而是與我的身體很緊密的連結在一起，可以說與我的身體混合（Intermingled）在一起，好像我和我的身體組成一個整體。因爲不是如此，當我的身體受到傷害時，我既然僅是一個思想的物，便不應當感覺到疼痛，我只能藉理解力知道這個創傷，就如舵手藉視覺知道他的船受了一些損害一樣。」❾

總而言之，對笛卡爾而言，身體只是與「我」緊密相連結的一個延展的物，不是「我」

❼ Ut supra, p.153.

❽ Ut supra, Meditation VI. p.192.

❾ Ut supra,

不可或缺的組織基本因素，沒有它「我」仍然存在。換言之，「我」的身體與「我」是一個偶有性的合成體（Accidental composite），因爲「我」與「我」的身體實在是兩個實體。但是在「我」與身體緊密相結合時，靈魂特別在腦部中的一個小腺上實行它的功能，身體有什麼動作，心靈便有什麼觀念，或者心靈有什麼觀念，身體便有什麼動作。❿

到此我們再進一步看笛卡爾的「我」：「我」既然是心靈，心靈的本質或本性就是思想，因此，除非心靈不存在或消失，否則，心靈必須常常思想。一個天性是思想的物，只有兩種情況：或者思想，或者不思想；思想就存在，不思想就不存在。但是如果心靈存在，它必須時時處處思想不可。關於這一點，笛卡爾斬釘截鐵的說：「我肯定，人的靈魂不論在何處，即使在海底，也時常思想。我這樣肯定，是有道理的，因爲我已經證明了，它的本性或本質就是思想，就如物體的本質是延展一樣。」⓫「我相信靈魂所以常常思想的理由，和我相信光常常照耀相同，雖然沒有人注意它；又和我相信熱常常發暖相同，雖然沒有人用它取暖；同時也和我相信物體或延展的實體有體積一樣。總之，當一個物存在時，一切組成該物的本性因素，也常常同它一起存在。因此，當一些人說靈魂停止思想時，對我來說，我寧可

---

❿ Passions of the Soul, Part I. Article xxxI; Art. xxxII. pp.345-346. Phil. Works. Vol. I.

⓫ 一六四一年八月寄自Endegeest的信，譯自E'tudes sur Descartes, par. Laberthonie're, To. I, pp.181-182.見：錢志純編譯，我思故我在。新潮文庫，民國七十一年，三九至四〇頁。

說它停止存在。我很難瞭解，靈魂繼續存在而沒有思想到底是怎麼回事。」⑫

「我」就是我的心靈，一個思想的物，只要我的心靈存在，就必常常思想。我們可以想見，笛卡爾的這種主張在當時引起哲學家們的反應如何。有人問他說：「很多人不瞭解，你如何在昏睡中或在母胎中思想？」「希望你反省一下，是否你記得你在母胎時的思想？或者記得你在出生後的前些日子裡，前些月裡，甚至前一、兩年裡的思想？如果你的答覆是你已忘掉，我願意問你為什麼忘掉？不過我認為你應當記得那時期的一些思想，不論它們多麼朦朧、多麼微小、多麼近乎不存在。⑬笛卡爾的答覆是：「我們不記得在母胎或不省人事的思想，有什麼奇怪？我們甚至不記得長大之後，在健康與清醒時很多的思想。為記得心靈與身體結合時所有的思想，必須有一些痕跡印在腦部上，這樣，在心靈回顧和應用它們時才記得；如果嬰兒或不省人事人的腦部不適合接受那些印象時，（他們不記得他們的思想），那有什麼值得注意的？」⑭

心靈必須常常思想，它不能停止而不思想，因為思想是它的本質。因此，縱然心靈不與身體連合在一起，甚至世界上沒有任何東西，心靈仍然不停的思想。問題是心靈從那裡得到

---

⑫ 一六四二年一月十九日致Gibieuf信，譯自Descartes Letters. P. U. F. Paris, 1954, p.91.見錢志純，同⑪，四〇至四一頁。

⑬ Phil. Works. Vol. II, Objections V. p.141.

⑭ Ut supra, Reply to Objections V. pp.210-211.

它思想的資料呢？換言之，從那裡得到它的觀念呢？因爲它沒有思想的對象。我們不難想到，對於這個問題，只有一個答案，那就是心靈由自己得到它的觀念，「心靈只是一個物，這個物是思想的官能及思想的內在根源。」⑮「我們可以直觀的認識某些單純的眞理。」⑯譬如我們可以認識心靈、上帝；可以認識物體的延展性，可以認識三角形等等。⑰笛卡爾的這種思想在荷蘭影響了斯比諾撒（Baruch or Benedict Spinoza 1632-1677），在法國影響了馬勒布

---

⑮ Ut supra, Vol. I. Note against Programme, p.434.

⑯ Ut supra, Vol. Rules for Direction, Rule XI. p.33.

⑰ E. Gilson, Op. cit p.162.笛卡爾認爲上帝的觀念是天生的觀念（Innate idea），就如他說：「上帝這個觀念是天生於我的，這個觀念除我以外，沒有別的根源。」（Phil. Works, Vol. II. Reply to Obj. II, p.33.）「人絕對不應當覺得奇怪，上帝創造了我，在我內置放這個（上帝的）觀念，就如工人在他的工作上留下他的記號一樣。」（Phil. Works, Med. III, p.170.）我們對於上帝的觀念不但是天生的，我們對於自己的觀念也是天生的。」（同上）論到三角形的觀念以及別的類似的觀念也是天生的。我們再看笛卡爾的話：「我在這裡有一個極重要的發現：我有某些物的無數的觀念，它們不能被視爲虛無，雖然在我的思想以外，它們可能不存在。不過，它們不是我所編製的。我有能力思想它們或不思想它們，然而它們有不變而眞實的本性。譬如當我想像一個三角形時，雖然在我的思想以外，在全世界沒有任何一處有這種三角形，而且也從未有過，但是在這個三角形內有某種固定的本性、形式或本質，它是不變的、永恒的；這不是我發明的，也絕對不依賴我的心靈而存在。事實顯示，那個三角形的不同的特性可以被證實，那就是它的三個角等於兩個直角；最長的一邊對著最大的角等等。不論我願意與否，我很明白的承認那些特性屬於那個三角形，雖然當我第一次想像一個三角形時，從未思考過這個問題，所以不能說，這是我發明的。」（Meditation V, pp.179-180.）

郎雪（Nicolas Malebranche, 1638-1715），在德國影響了萊普尼茲（Gottfried William Leibniz, 1646-1716），但是在英國卻不能同日而言。當伏爾泰（Francois-Marie Arouet De Voltaire, 1694-1778）由法國到達倫敦後，他發現很少人閱讀笛卡爾的書，他的書幾已變成廢物，人稱笛卡爾爲一位「作夢者」（A dreamer）⑱。

笛卡爾是一位卓越的數學家，數學家所研究的是從觀念到事實，不是從事實到觀念。譬如數學家所研究的圓，不是畫在紙上或黑板上的這個圓或那個圓，而是圓的本性或本質，而圓的本質只有在它的定義中才找得到。笛卡爾的哲學與數學相輔相成，有極密切的關係，只要我們看他那個極重要的原則：「凡是我們對一個物有明白而清晰的觀念，那個物就是眞實的」，就可以印證這一點。笛卡爾的這個原則不但貫徹他的整個哲學，也貫徹整個近代唯心論的思想。⑲

追根探源，笛卡爾影響近代唯心論的基本理論，就是我是我的心靈，不是我的身體；我的心靈僅是一個思想的東西，我所以知道我存在，就是由於我思想。因此，我能設想我沒有存在之處，甚至我沒有身體、沒有世界、沒有任何物，但是我不能設想我不存在，因爲我思想。近代唯心論的基本思想就是心靈創造一切，沒有心靈，什麼都沒有，這不能說與笛卡

---

⑱ Voltaire, Lettres philosophigues, ed. G. Lanson, Paris, Hachette, 1917, Vol. II, P.1. Cf. E. Gilson Op. cit. p.164.

⑲ E. Gilson, Op. cit. p.153.

爾的「我就是我的心靈」，沒有極大的關係。

（乙）洛克的「物的第二性質不存在」

洛克（John Locke, 1632-1704）對近代哲學影響之大，僅次於笛卡爾，有人稱他爲近代哲學的第二創始人，也有人稱他爲近代心理學的創始人，還有人把他在哲學的創新比作牛頓（Isaac Newton, 1642-1727）在科學上的創新。在洛克的《人類悟性的探討》（An Essay Concerning Human Understanding）出版時，正是歐洲啓蒙運動（Enlightenment）盛行時期，理性主義至上，至少在英、法兩國被譽爲「哲學的聖經」（The Philosophical Bible）。⑳

洛克是理性主義者，更是經驗主義者，他反對笛卡爾的天生觀念主張，他認爲人的心靈在開始時是一張白紙（White paper），㉑這和亞里斯多德所說的人的心靈在開始時是一塊光版（Tabula rasa），㉒其意義相同。洛克主張我們的心靈原來一無所有，我們的一切觀念和知識都是從經驗得來的。英國的經驗主義眞正的由他開始，所以人們又稱他爲英國經驗主

⑳ G. H. Lewes, Op. cit. pp.458-459., A. S. Pringle-Pattison, Editor's Introduction, John Lock, An Essay Concerning Human Understanding, Abriged and edited by A. S. Pringle-Pattison, Oxford, The Clarendon Press, 1964. p.XIV.

㉑ John Locke, Op. cit. BL. II. Ch. I. V. 2.

㉒ De Anima, BK. III. Ch. 4, 430a.

義之父。

洛克把經驗分作感覺（Sensation）與反省（Reflection）兩種；感覺是物在我們身體的某部分所製造的印象（Impression）或運動（Motion），因而在心靈上產生某種的認知（Perception）。㉓這也就是說，物以不同的方式刺激我們不同的感官，於是我們的感官便對物產生感覺性的認識。譬如顏色刺激眼睛，眼睛產生顏色的認識；聲音刺激耳朵，耳朵產生聲音的認識；冷熱刺激皮膚，皮膚產生冷熱的認識。根據洛克所說，我們大多數的觀念都是來自感覺，㉔如果沒有感覺，我們也就沒有任何知識。我們的心靈彷彿是一間小室，感覺最先讓單個的觀念進入，裝飾我們空虛的小室。㉕

感覺是我們知識的第一個來源，反省是我們知識的第二個來源。所謂反省，就是心靈注意自己，觀察自己對感覺觀念的工作，而所形成的新觀念。㉖譬如認知、信心、懷疑、意願等行爲。所以反省雖然不是感官，卻與感官相似，這是爲什麼洛克稱反省爲內在的感官（Internal sense）。㉗反省的觀念就是心靈的經驗，也稱爲內在的經驗。由此我們可以知道，

㉓ An Essay, BK. II, Ch. I. V. 3., 23., BK. II. CH. 19, V. I.

㉔ Op. cit. BK. II, Ch. I. V. 1. 2. 3

㉕ Op. cit. BK. I, Ch. 2. V. 15.

㉖ Op. cit. BK. II, Ch. 6. V. 1.

㉗ Op. cit. BK. 1I. Ch. I. V. 4.

對洛克而言，我們所有的經驗，不是來自感覺，便是來自反省。洛克被稱爲經驗主義者，其原因就在於此。㉘

很明顯的，依照洛克所說，我們的感覺經驗在先，反省的經驗在後。換言之，我們先有感官的經驗，而後才有心靈的經驗，心靈的經驗離不開感官的經驗。因此，他極不贊成笛卡爾所說的心靈的本質是一個思想的東西，時時都在思想，而且不需要任何對象，就可以思想。洛克認爲爲了思想，心靈對於事物必須有注意和思想的能力，否則心靈便不能作反省的工作。譬如兒童們沒有注意力，也不會思想，所以不能回顧自己、不能反省。㉙洛克斷然的說：「我們找不到理由去相信，心靈在感覺供給觀念以前能夠思想。」㉚

洛克認爲我們的一切經驗或知識是建立於感覺與反省之上的，我們藉著感覺與反省得到物的觀念；但是觀念的本身不是知識，觀念僅是物在心靈上赤裸的外表或認知（Bare appearance or perception），㉛它們既不眞也不假，它們的眞假完全在於是否與外界的物相符合。㉜不過，觀念是思想的資料，沒有觀念，我們便沒有知識。㉝所以洛克稱感覺與反省是

㉘ Op. cit. BK. II, Ch. II. V. 17.

㉙ Op. cit. BK. II. Ck. I. V. 8..

㉚ Op. cit. BK. II, Ch. I. V. 20.

㉛ Op. cit. BK. II, Ch. 32. V. 1.

㉜ Ut supra, Ch. 22. V. 4.

我們知識的兩條小甬道，或者兩扇小窗戶，外面的光經過它們進入我們心靈的暗室。㉞

洛克是心物二元論者，他承認心靈的存在，也承認外界物的存在，同時還承認心靈能認識外界的物。在我們的心靈認識外界的物時，二者交互作用：外界的物藉自己的性質（Qualities）把自己呈現於心靈，心靈得到物的印象，心靈因而認識物。

現在我們看，什麼是物的性質？根據洛克所說，物的性質就是物在我們的心靈上產生觀念的能力。這也就是說，我們所以有物的觀念，是因爲物有一種能力給我們的心靈製造觀念，那種能力就是物的性質。爲解釋這一點，洛克有一句名言：「觀念在心靈，性質在物體。」㉟不過，洛克把物的性質分作「第一性質」（Primary qualities）與「第二性質」（Secondary qualities），以下是他對物的兩種性質的解釋。

物的第一性質是物實在有的性質，與物不能分離；有物，就有第一性質。因此，物不論在任何狀態之下，也不論如何變化，常有它的第一性質。洛克認爲堅實性（Solidity）、延展性（Extension）、形式（Figure）、運動（Motion）、靜止（Rest）和數目（Number）等，都是物的第一性質。因爲沒有物不是堅實的、延展的；也沒有物不是運動的，或是靜止

㉝ Ut supra, Ch. I. V. 2.

㉞ Ut supra, Ch. II. V. 17.

㉟ Ut supra, Ch. 8. V. 8, 9.

的；還有，沒有物不是單純的，或是複雜的。洛克以麥粒作例說，麥粒顯然的有這些性質，在麥粒分作兩半之後，仍然有這些性質；再分，仍然如此，一直分到不能被察覺爲止，這些性質也就消失。由於這種關係，所以洛克又稱物的第一性質爲物的「原有的性質」（Original qualities）或「眞實的性質」（Real qualities）。㊱

物的第二性質不是物的眞實性質，只是物的第一性質在我們身上產生不同感覺的能力（Power），所以實際上並不存在。原來，物的種類很多，它們的第一性質如體積、形狀、數目等也都各異。這些不同的性質對於我們不同的感官有不同的影響，使我們產生不同的感覺，這是爲什麼我們有顏色、聲音、氣味等的認知。譬如紫羅蘭，由於它的特殊形狀、體積、運動，以及堅實性等，都含有我們不能察覺的小分子，那些小分子在我們不同的感官上，製造出藍色、柔軟、芬芳等性質。洛克是有宗教信仰的，他認爲上帝把藍色與芳香與紫羅蘭連結在一起，不比把疼痛與我們的傷口連結在一起更困難。㊲

爲了證實物的第二性質不是物的眞正性質，洛克以火、雪、麵包作例說：火是熱的、發光的；雪是白的、發冷的；麵包是白的、發香的。普通我們都認爲這些性質都實在的存在於火、雪、麵包之內，而且也認爲我們對它們所有的觀念，也與它們完全相符合，彷彿我們

㊱ Essay, BK. II. Ch. 8. V. 17.

㊲ Essay, BK. II. Ch. 8. V. 11, 12.

的觀念就是那些性質的鏡子，然而事實不然。因爲當我們與火保持適當的距離時，火便給我們製造溫暖的感覺，但是當我們與火距離太近時，火便給我們製造疼痛的感覺。不過很奇怪，我們都認爲溫暖是火的性質，而疼痛則不是。同樣，雪也給我們製造兩種不同的感覺：如果我們用手摸一摸雪，我們覺得我們的手發冷，如果我們把手埋在雪裡，我們覺得我們的手很痛。同樣，我們認爲冷是雪的性質，而痛則不是。至於麵包，也有同樣的情況，麵包也給我們製造兩種不同的感覺：它給我們製造可口的香味，也可以在食用後，給我們製造胃痛的感覺。但是我們都認爲香味是麵包的性質，而痛則不是。洛克說火是同樣的火，雪是同樣的雪，麵包是同樣的麵包，如果疼痛不是它們的性質，那麼，溫暖、冷、香味也不是它們的性質。所以由此我們可以知道，所謂冷熱、黑白、軟硬、苦甜等等這些物的第二性質，都不是物的實在性質。如果把我們的感覺除去，眼看不到顏色，耳聽不到聲音，手摸不到軟硬，舌嚐不到味道，鼻聞不到氣味；顏色、聲音、軟硬、味道、氣味都會消失於無形，而歸還於它們的原因，那就是物的體積、形狀、數目、運動等等。[38]

洛克爲了證明物的第二性質不是物的眞實性質，他不憚其煩的又以斑巖爲例作解釋：斑巖有紅、白、綠等顏色，但是那些顏色只有在陽光照射之下才會出現，沒有陽光照射，便沒有那些顏色。然而我們不能相信，陽光的照射與否，會使斑巖有所改變。所以我們也不能

[38] Essay, BK. II. Ch. 8. V. 16, 17, 18.

相信，不同的顏色實在在斑巖之內。我們只能相信，斑巖的本質有許多小分子，那些小分子有能力（Power）在不同的情況之下，給我們製造出紅、白、綠等顏色，而斑巖的本身並沒有那些顏色。[39]因此，洛克又稱物的第二性質爲物的「可感覺的性質」（Sensible qualities）。[40]

論到物的第二性質實際並不存在，洛克又作了更進一步的證實。他說如果我們有一雙像顯微鏡的眼睛，所謂物的第二性質，便會從我們的眼前消失。如果我們用現在我們所有的眼睛看黃金，黃金的顏色是黃的，但是如果我們眼睛的構造比我們現在的眼睛更精銳，我們看黃金將不是黃金的黃顏色，而是黃金的奇妙結構。又如我們用我們現有的眼睛看沙粒或玻璃碎渣，它們都是白色的不透明體，然而如果我們在顯微鏡下看它們，它們都是透明體。還有，如果我們用我們現有的眼睛看我們的血，我們的血是紅色的液體，但是如果我們用顯微鏡來看，我們的血是漂浮在液體中的紅色小血球；如果我們再用千倍或萬倍的顯微鏡看我們的血，我們的血恐怕又有大的變化了。在這裡洛克於是讚揚上帝的智慧，因爲上帝造了我們現在所有的眼睛，正適合我們的生活，如果我們的眼睛像顯微鏡一般的尖銳，我們可能無法

[39] Essay, BK. II. Ch. 8. V. 19.

[40] Essay, BK. II. Ch. 8. V. 23.

適應我們的生活了。❹❶

我們在這裡附帶一提：除掉物的第一性質及第二性質之外，洛克還提到物的「第三性質」（Third qualities），但是他對於物的第三性質討論的很少。看起來，物的第三性質在洛克的整個哲學體系中，其重要性並不那麼顯著，所以有些研究洛克哲學的人，也不提他的物的第三性質。根據洛克所說，物的第三性質也是物的一種能力，這種能力是出於物的第一性質的特殊構造，它能使另一個物的體積、形狀、組織發生變化；發生變化的物對於我們的感官因而製造出前後兩種不同的觀念。譬如太陽由於它的第一性質的一種能力，可以使原本黃色的蜜蠟變成白色；火由於它的第一性質的一種能力，可以使鉛熔化成液體。因此，蜜蠟與鉛給我們製造出前後兩種不同的觀念。❹❷

洛克解釋了物的三種性質之後，他結論說：「我們對於物的第一性質所有的觀念，與物的第一性質完全相似；我們對於物的第二性質所有的觀念，我們認爲與物的第二性質相似；我們對於物的第三性質所有的觀念，實際上既不與物的第三性質相似，我們也不認爲與它們相似。」❹❸

❹❶ Essay, BK. II. Ch. 23. V. 11, 12.
❹❷ Essay, BK. II. Ch. 8. V. 23.
❹❸ Essay, BK. II. Ch. 8. V. 24.

洛克主要的把物的性質分成第一性質及第二性質兩種，然而他說的很清楚，物的第二性質根本不存在，那只是物的第一性質在我們身上產生不同感覺的能力。因此，在我們認識物時，我們只能認識物的第一性質。當然，如果我們認識了物的第一性質，也就認識了物。問題是我們能不能認識物的第一性質？不錯，我們剛才看到，洛克認爲我們對於物的第一性質所有的觀念，與物的第一性質完全相似。但是洛克又說，觀念只是物在我們的心靈上的「赤裸的外形或認知」（Bare appearance or perception），我們不能說它眞，也不能說它假，㊹惟有「心靈把它的觀念與外界的物相比較時，那時觀念才可以說是眞或是假。」㊺所以也只有在這種情況下，我們才能說我們是否認識了物。觀念不是知識，觀念是「知識的工具或資料。」㊻

現在，我們爲了解決我們能不能認識物的問題，所以又必須先解決我們的心靈能不能把它的觀念與外界的物相比較的問題。這是一個老問題，這個問題的答案不言而喻。懷疑論者所以主張我們不能認識眞理，有許多理由，其中一個重要的理由，就是我們的心靈不能走出來，把它的觀念與外界的物相比較。對於這一點，洛克表示同意，他說：「心靈沒有別的直接對象，只有它自己的觀念。」㊼這也就是說，心靈只能直接的認識自己的觀念，不能直

㊹ Essay, BK. II. Ch. 32. V. 1.
㊺ Essay, BK. II. Ch. 32. V. 4.
㊻ Essay, BK. II. Ch. 33. V. 19.
㊼ Essay, BK. IV. Ch. 1. V. 1.

接的認識外界的物，當然也不能把自己的觀念與外界的物相比較。唯心論大師柏克萊（George Berkeley, 1685-1753）抓住這一點，隨聲附和的說：「觀念不能相似任何物，只能相似另一個觀念。」㊽他的意思是說，觀念是觀念，觀念不是外界的物，觀念自然也不能與外界物相似；如果觀念有相似的物，那就是心靈藉反省把自己的觀念再製成另一個觀念。

休謨很贊成柏克萊的主張，認為我們不可能證實我們的觀念與它所代表外界的物相符合，就如他說：「心靈除觀念以外，沒有任何物可以呈現於它；心靈不可能有與任何物相接觸的經驗。」㊾當代的分析哲學家賴爾（Gilbert Ryle, 1900—）更進一步的說，我們根本沒有所謂的「觀念」這種東西，而且縱然我們有，我們也不能證實我們的觀念與物相符合，除非我們能認識物的本身，就如我們認識觀念一樣；但是如果我們能認識物的本身，我們也就用不到觀念了。㊿

洛克雖然有「心靈沒有別的直接對象，只有自己的觀念」的主張，然而他不認為我們的觀念，不能與任何外界的物不能相符合。對於這一點，他也說的很清楚，我們看他的話：「明顯的，心靈不能直接的認識物，而只有藉助於物的觀念才能認識物。但是我們的知識只

㊽ George Berkeley, The Principles of Human Knowledge, edited by David A. Armstrong, Collier Macmillan Publishers, London, 1974, Principles, 8, 9. 10.

㊾ David Hume, Enquiring, Sec. 12.

㊿ Gilbert Ryle, John Locke on The Human Understanding, p.23. see C. D. Martine and D. M. Armstrong, Op. cit.

能在我們的觀念與事實相符合時，才是眞正的知識。那麼，只能認識觀念的心靈，如何能知道觀念與物的本身相符合呢？什麼是標準呢？這個問題看起來不無困難，然而我們可以確定，有兩種觀念是與物相符合的。」[51]以下是洛克認爲與物相符合的兩種觀念。

第一、洛克認爲我們的單純觀念與物相符合，因爲單純的觀念是物以自然的方法在我們的心靈上製造的，我們的心靈不能毫無根據而憑空的製造出一個單純的觀念來。譬如禽、獸、花、草等等。單純的觀念是物在我們的心靈上工作的後果或產品，這是上帝所決定的方法。因此，我們可以肯定，單純的觀念不是我們的虛構或幻想，而實在是我們心靈以外的物在我們的心靈上工作後的效驗，代表物的本相，目的是使我們瞭解並使用外界的物。所以我們的單純觀念是與所代表的物相符合的，只是實體（Substance）這個單純的觀念例外。[52]

第二、我們的複雜觀念與物相符合，然而這不是與外界的物相符合，而是與我們心靈的「原型」（Archetypes）相符合。其實，我們的複雜觀念就是我們的心靈所製造的原型，因爲我們的複雜觀念不是某些物的拷貝，也不是與某些物相比較而得到的後果，而是我們要求它們在我們的理智中與我們的觀念相符合而形成的原型。洛克認爲我們的數學觀念便是這種複雜的觀念，所以我們的數學知識也是眞實的知識；因爲我們的數學觀念可能在外界沒有

---

[51] Essay, BK. IV. Ch. 4. V. 3.

[52] Essay, BK. IV. Ch. 4. V. 4.

實際的存在，但是它們決非虛構杜撰，而是合於理智的。譬如數學家們在研究三角形或圓形的眞理時，在外界也許沒有那樣大的三角形或圓形，然而有關三角形或圓形的眞理卻是眞實的。數學家們研究數學的用意是使外界的物與他們心靈中的原型相符合。再清楚的一點來說，在數學家們的心靈內的三角形中的三角等於兩個直角，在任何地方實際存在的三角形，它們的三角也必須等於兩個直角。[53]

基於以上同樣的理由，洛克認爲我們有關倫理的知識，也是眞實的知識。因爲就如數學家們所討論的問題，不是某一個實際存在的物的問題，同樣，倫理學家們所討論的問題，也不是某一個生活上的實際問題；他們所討論的問題，是生活上普遍性的問題。因此，倫理的眞理不因爲沒有人實行而消失或減少，也不因爲它們只存在於倫理學家們的觀念中而變爲不實際。[54]

洛克證實了我們的某些觀念與物相符合之後，換言之，證實了我們某些知識的眞實性以後，他又按智識的性質，以及我們認識眞理的程度，把知識分爲三級，那就是：「直觀的知識」（Intuitive knowledge），「證明的知識」（Demonstrative knowledge）及「感覺的知識」（Sensitive knowledge）。簡單的來說，直觀的知識是我們的心靈面對兩個觀念時，可

---

[53] Essay, BK. IV. Ch. 4. V. 6.

[54] Essay, BK. IV. Ch. 4. V. 7, 8.

以立即看出它們的符合性或不符合性，不必探討，不必求證。譬如白不是黑，方不是圓，三大於二等等，都是直觀的知識。直觀的知識是我們所得到的最清楚、最確定的知識。[55]證明的知識是我們的心靈不能直接看出兩個觀念的符合性，必須藉助別的觀念或推理所得到的知識。譬如我們對於上帝存在的知識就是證明的知識。洛克堅決的相信，我們對於上帝存在的知識是眞實的知識，因爲上帝的存在有充足的論證，那就是：虛無不能產生任何物，但是宇宙內有無數的物，所以必須有一個自永恒便存在的物，它是一切物的開始。換言之，它就是上帝。洛克認爲在這個論證裡有一個「直觀的確定性」（Intuive certainty），所以是不能錯誤的。但是他不認爲我們有上帝存在的天生觀念。[56]論到感覺的知識，洛克也肯定那是眞實的知識。因爲我們的心靈有關於外界物的觀念，然而如果我們的心靈有關於外界物的觀念，外界的物必須存在；否則，我們的心靈不可能有它們的觀念。譬如我們有太陽、玫瑰花、火的觀念，這些觀念都是太陽、玫瑰花以及火刺激我們的感官而形成的，[57]所以太陽、玫瑰花

---

[55] Essay, BK. IV. Ch. 2. V. 1.

[56] Essay, BK. I. Ch. 4. V. 8., BK. IV. Ch. 10. V. 1.洛克對於上帝的存在，既不贊成天生觀念的主張，也不贊成先驗的論證（Argumentum a priori）或存有的論證（Argumentum ontologicum），他所作的論證有四個，都是根據事實作的論證。沒有懷疑的，那是受到聖多瑪斯證明上帝的「五路」（Quinque viae）的影響所寫的。不過，仍有他自己的觀點，相當深刻。可以參考：Essay, BK. IV. Ch. 10. V. 4, 5, 6, 7.；又王臣瑞：洛克的心靈哲學，哲學與文化，第十四卷，第三期，民國七十六年三月一日，一六二頁至一六三頁。

[57] Essay, BK. IV. Ch. 2. V. 14., Ch. 11. V. 8, Ch. 3. V. 5., Ch. II. V. 1, 2, 4.

以及火都實際的存在。

上剛才所說，我們很清楚的可以看出，洛克承認我們的某些觀念與物相符合，也承認我們有眞實的知識；我們的眞實知識包括我們的感覺知識，而我們感覺知識的基礎就是物的第一性質。有關物的第一性質的問題，我們上面剛才討論過。根據洛克所說，物的第一性質就是物的眞實性質。換言之，物的第一性質實在存在。但是如果如此，洛克說我們必須把它們歸屬於「某個東西」（Something），洛克稱這個「某個東西」爲「實體」（Substance）。論到實體的本性（Nature），洛克說那是「我們不知道是什麼的某個東西」。雖然如此，洛克仍然對實體作了一些解釋。他說實體就是「支持性質的東西」，或者實體就是「性質所依附的東西」。[58]不過，洛克有時也稱實體爲支持觀念的東西。[59]究竟這個東西是什麼？洛克

---

[58] 關於實體的理論，參考：Essay, BK. II, Ch. 23., Ch. 13, Secs. 16-17., 68-81.

[59] Essay, BK. II. Ch. 23. Sec. 1.洛克用詞不一致，是研究洛克哲學的人都知道的，他在這裡把性質與觀念相混用，在別處他也把印象與觀念相混用。賈克遜（Reginald Jackson）說的很對，即便洛克的最友好的批評者，也不認爲他用詞是一致的。（Reginald Jackson, Lock's Distinction Between Primary and Secondary Qualities. in Locke and Berkeley, A Collection of Critical Essays, edited by C. B. Martin and D. M. Armstrong, Anchor's Books, Doubleday & Co., Garden City, New York, 1968, p.53.不過，雷味斯（G. H. Lewes, 1817-1878）說的也很對，他說：「假使他的話偶而隨便或搖擺，而他的意思常可以由他的上下文看出來。」（G. H. Lewes, Op. cit. p.474.）

認爲那是我們不能知道的。然而無論如何，我們可以肯定一點，那就是洛克承認有實體的存在。

現在我們統觀洛克對於我們的心靈與外界物的整個主張：雖然他承認我們有眞實的知識，也承認實體的存在，看起來，在知識論上似乎問題不大，然而事實不然。首先，他的學說不能不導致懷疑論，[60]其次，他的學說也不能不導致唯心論。我們在這裡不討論他的學說如何導致懷疑論，只討論他的學說如何導致唯心論。

洛克的學說所以導致唯心論主要的理由有兩點：第一，他否認了他所說的物的第二性質的眞實性；他認爲顏色、聲音、冷熱、軟硬、氣味等等根本不存在，它們都是我們不同的感覺；這些感覺都是物的第一性質在我們身上製造的，因爲物的第一性質有一種能力給我們

---

[60] 洛克不承認有顏色、聲音、氣味、軟硬等他所謂的物的第二性質，同時他也不承認我們的心靈能直接認識物，只能直接認識自己的觀念，由於這種關係，他的學說不能不陷入懷疑論中。因爲在這種學說之下，我們不知道我們所認識的物是什麼樣的物，甚至我們不知道我們是否能認識物。此外，他的學說還有極明顯的懷疑的理論：他認爲上帝能創造具有另一些官能的動物，比我們認識外界的物認識的更清楚。他還有另一種理論，更難使他的學說免於懷疑論。那就是如果我們只有四個外在感官，而沒有五個，那麼，屬於第五個外在感官的對象，我們便一無所知。同理，如果外界的物有屬於第六、第七、第八外在感官的對象，我們也一無所知。在這浩瀚無垠而令人驚奇的宇宙裡，我們不能斷言，沒有屬於第六、第七、第八外在感官的對象，否則，我們便否定了一個極可能的假設。（Essay, BK. II. Ch. 2, V. 3.）事實上洛克並未成爲懷疑論者，那是因爲完全靠他的信仰以及常情判斷（Common sense）的關係。

製造這些感覺。然而我們知道，我們的感覺離不開我們的心靈，心靈是我們生活的原理，沒有心靈便沒有感覺，譬如死人就沒有感覺。在這裡，柏克萊便利用洛克所說的物的第二性質不存在的理論，證明第一性質也不存在的理論，但是如果物的第一及第二性質都不存在，物自然也不存在。那麼，一切物的存在都是心靈的認知了，沒有心靈的認知，便沒有物。至於柏克萊如何證明物的第一性質不存在，不久我們就要詳加討論。

洛克的學說所以導致唯心論的第二點是：已如我們所知，洛克認爲在我們的心靈認識物時，物先把自己呈現於心靈，心靈因而得到物的觀念，心靈再藉物的觀念而認識物。然而洛克又認爲心靈不能由自己走出去直接認識物，它只能認識在自己內的物的觀念。洛克有時也稱物的觀念爲物的「符號」（Sign）或「表象」（Representation）。[61]無論如何，洛克認爲心靈在認識物時，心靈直接所認識的是物的觀念，不是物的本身，因此他說：「心靈沒有別的直接對象，只有自己的觀念。」柏克萊非常贊成洛克的這個理論，所以他便毫不懷疑的說：「觀念不能相似任何物，只能相似另一個觀念。」這也就是說，心靈所認識的觀念不是由外界的物得來的，所以不能相似外界的物；觀念只相似心靈由反省這個觀念所得到的另一個觀念。言外的意思是，一切的物都是心靈的認知。

洛克的哲學對柏克萊的影響極大，柏克萊主張唯心論的理論藉助於洛克哲學的地方很多。我們可以說，洛克的哲學給了柏克萊很多的啓示，使他完成他的唯心論。阿姆斯壯說的

[61] Essay, BK. IV. Ch. 21, V. 4.

很對，他說：「洛克的《人類悟性探討》（An Essay Concerning Human Understanding）幾乎是柏克萊在他的《論人的知識原理》（Treatise Concerning the Principles of Human Knowledge）以及《希拉絲與斐洛諾斯的三對話錄》（Theree Dialogues Between Hylas and Philonous）兩部書中思想的惟一起點。」[62]

洛克是一位大哲學家，他不能不看出他的學說能發生的後果：導致懷疑論與唯心論。但是他認爲我們不應當那樣解釋他的哲學，因爲我們的認識能力就是這麼大。因此，我們對我們的知識應當感到滿足；我們不能作的事，就不要去顧慮，反正不影響我們實際的生活；我們在實際生活上不會懷疑物的眞實性，也不會認爲顏色、聲音、氣味、冷熱、軟硬等等性質只是我們的感覺，實際上並不存在。所以洛克認爲他的學說是沒有問題的。不過，這只是洛克自己的看法，別人不這麼想。柏克萊就利用洛克的學說完成了他的唯心論。

第二節　柏克萊的唯心論

柏克萊（George Berkeley, 1685-1753）是唯心論的領導人，眞正的唯心論由他開始，他

[62] Berkeley's Philosophical Writings, edited with an introduction by David M. Armstrong. Collier Books, Macmillan Publishing Co., Inc. New York, 1974. Editor's Introduction, p.8.

的學說主要的陳述於他的《論人的知識原理》以及《希拉斯與斐洛諾斯的三對話錄》❻❸兩部書裡。我們可以用兩句話概括他的學說，那就是存有就是被認知（Esse est percipi）與沒有心靈便沒有物質的物；這兩句話又可以用一句話來說明：不被心靈認知的物不存在。我們以下所討論的幾點，都是對這句話的解釋及證明。不過，在我們討論柏克萊的學說之前，我們應當瞭解他所用的幾個名詞，這爲瞭解他的學說有關係。柏克萊把觀念（Idea）也稱爲感覺（Sensation），把可感覺的物（Sensible thing）也稱爲可感覺的性質（Sensible quality）。對柏克萊而言，觀念與感覺是異詞同義，可感覺的物與可感覺的性質也是異詞同義。此外，柏克萊也稱心靈爲思想的物（Thinking thing），我自己（Myself）和精神體（Spirit）。以下是柏克萊唯心論的幾個重點。

（甲）物質的物沒有第一性質與第二性質的分別，它們都不存在

我們知道，洛克把物的性質分爲第一性質與第二性質兩種；延展、形狀、運動、數目等屬於第一性質；顏色、聲音、氣味、軟硬等屬於第二性質。第一性質是物的眞實性質，與

❻❸ Hylas及Philonous是柏克萊由希臘字編的名字，前者指唯物論者（Materialist）的意思，後者指心靈的愛人（Mind-lover）的意思。（Editor's Introduction, by David M. Armstrong. Berkeley's Philosophical Writings, Collier Books, Macmillan Publishing Co., Inc. New York, Third printing, 1974, p. 7.

物不能分開；第二性質不是物的眞實性質，那只是物的第一性質在我們身上產生不同感覺的能力。柏克萊認爲洛克的這種主張完全錯誤，不合邏輯，因爲如果物質的物或可感覺的物（Sensible things）有所謂的第一性質與第二性質，它們應當是緊相連繫，不能分開的；有其一，必有其二。因爲我們不能想像一個物質的物只有延展，而沒有顏色；我們也不能想像一個物質的物只有運動，而沒有快慢。因此，如果延展是物質物的第一性質，顏色也是，如果顏色不是，延展也不是。同樣，如果運動是物質物的第一性質，快慢也是，如果快慢不是，運動也不是。[64]

洛克爲證實物質的物並沒有第二性質，曾以我們距離火的遠近證明火沒有溫暖的性質，又以我們的手摸雪以及把手埋在雪裡，證明雪沒有冷的性質，而後又以我們用我們的肉眼看黃金，然後再用顯微鏡看黃金，證明黃金沒有顏色。此外，洛克還舉出了一些別的例子，證明物質的物沒有第二性質。對於這一點，我們已經談過，現在不再重述。柏克萊順手推舟，幾乎完全用同樣的例子，證明物質的物，或他常說的可感覺的物，連第一性質也沒有。柏克萊利用洛克證明物質的物沒有第二性質的論證，證明物質的物也沒有第一性質，這實在是「反證法」或「矛盾證法」（Reductio ad absurdum）。這也就是說，如果物質的物有第一性質，便有矛盾出現。以下是柏克萊利用洛克證明物質的物沒有第二性質的論證，證明物質的物也

[64] Principles, Secs, 9-15.

沒有第一性質的幾個論證。

柏克萊說，如果我們在近距離看一個物時，那個物便顯得大，但是如果我們在遠距離看那個物時，那個物便顯得小，所以物質的物沒有延展。又如果我們把雙手浸入水中，有時一隻手覺得暖，另一隻手覺得涼，所以水沒有熱與冷。還有，如果我們用一隻肉眼看一個物，另一隻眼用顯微鏡看同一個物，那個物便成爲兩個完全不同的物，所以物質的物沒有數目或結構。最後，在我們看一個物時，往往那個物對一隻眼顯得小、平坦、圓一些；然而對於另一隻眼顯得大、不平坦、有稜角。這說明物質的物不但沒有延展，也沒有形狀。[65]但是如果物質的物沒有延展，那麼，自然也就沒有運動、堅實性、重量等等所謂的第一性質。[66]

柏克萊借用洛克證明物質的物沒有第二性質的論證，證明了物質的物也沒有第一性質，自然也證明了沒有物質的物。因爲如果有物質的物，物質的物不能什麼性質都沒有。這是柏克萊唯心論的開始。不久以前，我們在上面曾說過，阿姆斯壯認爲洛克的《人類悟性探討》可以說是柏克萊的《論人的知識原理》以及《希拉斯與斐洛諾斯的三對話錄》的惟一起點。[67]他的這種看法，在這裡可以說得到證實。

---

[65] The First Dialogue, p.153.

[66] The First Dialogue, p.155.

[67] David M. Armstrong, Op. cit. p.8.

（乙）物的實體不存在

我們還知道，洛克主張有實體（Substance）的存在。根據洛克所說，實體是支持物的性質的東西，或物的性質所依附的東西。洛克的這個實體的定義，沒有懷疑的，是受到士林哲學家的影響而作出的。[68]不過，在這裡我們不談這個問題，我們所談的是，柏克萊極其反對洛克所主張的實體，他稱實體這個字只是一種聲音（Sound）[69]，甚至稱它爲譫語（Jargon）。[70]無論如何，由於柏克萊反對洛克對實體的主張，使他進一步的發揮他的唯心論。

柏克萊在討論實體的問題時，也常用物質的實體（Material substance）、物體的實體（Corporeal substance）、物質（Matter）和底基（Substratum）這些名詞，代替實體。他認爲實體根本不存在，因爲已如我們所知，洛克認爲實體是「支持」物的性質的東西，或物的性質所「依附」的東西。但是柏克萊反問說，在這兩句話裡，「支持」與「依附」究竟有什

---

[68] 實體在拉丁文作Substantia。這個字是由前置詞Sub（指在下）及動詞Stare（指站立）所組成的，意指站在下面，支持依附體（Accident）不變的東西。但是實體的眞正意義，不在於它對依附體的關係，而在於它的自立性（Subsistence）。實體的定義是：存在於自身，而非存在於另一物者（Id quod exsistis in se, non in alio）。

[69] Principles, Sec, 17, p.67.

[70] Philosophical Commentaries, Sec. 517, p.359.

麼意思？他認爲我們決不能以字義來解釋那兩個字，就如柱石支持房屋，或者針依附在針墊上一樣。然而也不能以類比的意義來解釋，因爲沒有類比的意義。所以柏克萊認爲洛克在這裡所說的「支持」與「依附」，完全是空話。[71]

實體的存在是哲學界的一個普遍的主張，柏克萊知道很多的人會反對他反對實體存在的學說；他在他的著作裡，也多次提出別人反對他的理由來，最主要的就是：可感覺的物或物質的物有許多形態和性質，它們必須有一個物質的底基支持它們，否則它們便不能存在。然而柏克萊認爲這種解釋實體或物質底基存在的理由，只說明了實體與物的性質的關係，僅僅的把實體相對的概念（Relative notion）告訴我們，並沒有說明實體的眞實意義，所以不能使我們相信實體的存在。而且柏克萊認爲，如果有實體或物質底基的存在，物質底基也必須伸展（Spread）在物的性質之下，才能支持那些性質。這樣說來，底基應當有延展才對。然而如果如此，底基也必須有另一個底基支持它，因爲它有延展。如此延續下去，以至於無限，這顯然是荒謬和矛盾。[72]

柏克萊說他並不否認實體的存在，他只拒絕哲學家們所說的實體。他說試問一個沒有受過哲學熏染的人：物質的底基是什麼？他會答說：軀體、堅實性或其他類似的名詞，而這

---

71 Principles, Sec. 16, p.67., David M. Armstrong, Op. cit. p.15.

72 The First Dialogue, pp.160-162.

此名詞都是指可感覺的性質。至於哲學上所說的「非任何物，非任何質，亦非任何量」（the Philosophic nec quid nec quantum nec quale），柏克萊說他不懂，他拒絕這種實體。⑬

對於以上柏克萊所說的話，我們需要解釋。他所說的沒有受過哲學熏染的人，也就是他多次所說的普通的人（The vulgar）。對柏克萊而言，普通的人因為沒哲學上的偏見，所以在判斷上是正確的。然而如果普通的人認為物質的底基或實體是物的形狀、堅實性等性質，那麼，實體就是如此。已如我們所知，根據柏克萊所說，物的性質根本不存在，都是心靈的認知，因此，物質的底基或實體自然也不存在，也是心靈的認知。我們在這裡順便一提，柏克萊認為他的學說與普通的人意見相同，其他的學說都與普通的人的意見相背。⑭

至於柏克萊說他拒絕「非任何物，非任何質，亦非任何量」，就是說他拒絕第一質料或原質（Materia prima）的意思，因為這是亞里斯多德對原質所下的定義。⑮所謂原質，是指物體的共同原始基礎，然而它的自身尚未成為物體，所以是物體沒有限定的部分，當然也是純粹的潛能（Pure potency），但不是虛無。柏克萊非常反對這種原質的學說，因為這種學說假定原質脫離心靈的認知而存在，這是柏克萊的唯心論絕對不能接受的。在柏克萊看來，

---

⑬ Philosophical Commentaries, Sec. 3, §517, p.359.

⑭ The First Dialogue, pp.135-136.

⑮ Aristotle, Metaphysics, BK. VII, Ch. 3, 1029 a 20., BK. VIII, Ch.5, 1044ss.

亞里斯多德以及他的追隨者所說的第一質料或原質，其意義簡直可笑。[76]因爲物的第二性質與第一性質都不存在，都是心靈的認知，不需要物質的底基或實體的支持。[77]

（丙）抽象的觀念不存在

我們有抽象的觀念（Abstract ideas），是很多哲學家們所主張的。但是柏克萊也非常反對這種學說，他爲他的《論人的知識原理》所寫的導言，主要的就是攻擊抽象觀念的理論。他認爲我們在尋求知識的路途上所以受到阻礙，抽象觀念的學說是主要的原因，就如他說：「我們先把灰塵揚起來，而後抱怨看不見。」[78]

柏克萊在攻擊抽象觀念的學說時，特別提出洛克來。[79]因此，他雖然攻擊所有主張抽象觀念的哲學家們，然而特別攻擊洛克，因爲洛克在他的《人類悟性探討》裡，極其強調抽象觀念的重要性。我們曾說過，洛克的《人類悟性探討》幾乎是柏克萊的《論人的知識原理》及《希拉斯與斐洛諾斯的三對話錄》的惟一起點，這裡又是一個證實。不過，柏克萊既然把攻擊抽象觀念的焦點放在洛克身上，我們有必要先瞭解一下洛克對抽象觀念的主張。

---

[76] Principles, Sec, 11, p.65.
[77] Principles, Sec, 73, p.91.
[78] Introduction, Sec. 3, p.46.
[79] Introduction, Sec. 11, p.49, Sec. 18, p.55., Phil. Com.§650, p.368., §567, p.372.

洛克是經驗主義者，他反對天生觀念（Innate ideas）的主張，但是非常贊成抽象觀念的主張，他認爲抽象的觀念是我們不能不有的觀念，因爲在我們表示我們的思想時，我們必須用言語或文字，而「字」就是觀念的可感覺的記號。⑩然而如果我們要把每一個觀念都起一個名字，那是絕對作不到的事，因爲那需要無限的名字。如果一個將軍把他部下士兵的名字都能叫出來，他的記憶力應是超群絕倫，絕無僅有的。但是我們可以斷言，世界上沒有一個人能給世界上所有的羊都起一個名字，更沒有一個人能給世界上所有的樹葉和沙粒都起一個名字，而且即便有這樣的人，這對於表達我們的觀念與溝通我們的思想，也絲毫無濟於事。因爲我們向別人表達我們觀念的目的，是要他們瞭解我們心中的意思，然而這需要大家所用的字，是大家都知道、都同意有同樣意義的字。問題是如果世界上的每一匹馬、每一頭牛、每一隻狗、每一隻羊、每一棵樹、每一根草、每一座房屋、每一塊石頭、每一片樹葉、每一粒細沙，總之，每一個物，不論大小，都有一個固定的或專有的名字，那麼，在這種情形下，勢必有許多名字，是我們所知道的，而別人不知道。同樣，也有許多名字，是別人所知道的，而我們不知道。因此，如果我們要彼此溝通思想，將是不可能的事。由於這種關係，普遍的名字或抽象的名字是我們必須有的名字。⑪當然，抽象的名字就是代表抽象的觀念。

⑩ Essay, BK. III. Ch. I, V. I., Ch. II, V. I.

⑪ Essay, BK. II. Ch. XI, V. 9., BK. III, Ch. III, V. 2.

洛克更進一步認爲，即便世界上的物都有一個固有的名字，而且即便人人都知道，也都同意那些固有名字的意義，因此，在我們彼此溝通思想時不會發生障礙，但是爲發展我們的學術並沒有任何助益。不錯，我們的知識固然建基於個體的物上，因爲如果我們不知道個體的物，我們便一無所知；然而爲發展我們的知識，我們則必須利用普遍的觀念或抽象的觀念不可。普遍的觀念就是把個體的物歸納爲不同的類，用共同的名字來表示它們，惟其如此，我們才能說明它們的性質，也惟其如此，我們才能有普遍的知識。不過，這也不是說我們不需要固有的名字，因爲在某些情況下，我們必須談到某個人、某匹馬，或者某座山等等。[82]然而話又說回來，普遍而確定的知識是建立於普遍的觀念之上的。[83]

根據洛克所說，爲形成一個抽象的觀念，我們只看物在心靈上的存在，不看它們在外界實際的存在。一個物在外界實際的存在，常有它的獨特的情況與性質，譬如時間、空間、體積、重量等等。相反的，一個物在心靈上的存在，便沒有這些特殊的性質和情況，因此，可以代表同類中的任何一個物。譬如白的觀念，可以代表粉筆的白、雪片的白、牛奶的白、以及任何白。[84]人的抽象觀念也是一樣，它可以代伯鐸、保祿、威廉，或任何其他一個人。

---

82 Essay, BK. III. Ch. 3, V. 2, 3, 4, 5.

83 Essay, BK. IV. Ch. 12, V. 7.

84 Essay, BK. II. Ch. 11, V. 9.

同樣，馬的抽象觀念也不例外，它可以代表任何一匹馬，包括亞歷山大王（Alexander the Great, 35-323 B.C.）的名駒布柴法路斯（Bucephalus），因爲在馬的抽象觀念裡，我們不看馬的特殊性質，只看馬的共同性質。85

沒有懷疑的，洛克所說的抽象觀念，是以物的相似性作基礎；抽象的觀念，是理智的產物，存在於理智之內。我們的理智根據物的不同的相似性，把它們分成不同的「類」（Genus）和「種」（Species），而後給它們加上一個名字，凡屬於同一「類」或同一「種」的物，便用那個名字來稱呼，譬如人、獸、花、鳥、石頭等等。所以這些名字都代表抽象的觀念，然而這也就說明，抽象的觀念就是「類」或「種」的本質。86由於這種關係，這是爲什麼在我們爲一個物作一個定義時，必須用「類」與「種差」。87不過，洛克也說，在我們

85 Essay, BK. III. Ch, 3, V. 9.

86 Essay, BK. III. Ch. 3, V. 13.

87 「種」與「種差」不同，「種」是一個普遍的觀念，說明一個物的全部本質。譬如人是有理智的動物；理智的動物是人的全部本質，不多也不少。「類」有時也稱「共類」，這也是一個普遍的觀念，說明一個物的部分本質。譬如人是動物；動物只說明人的部分本質，這是人與其他動物共有的本質。動物對於人而言是「類」，對於其他的動物而言是「種」。在我們對於一物作一個定義時，是由「共類」與「種差」（Specific difference）而作成的。所謂「種差」，也是一個普遍的觀念，也說明一個物的部分本質。譬如理智說明人的部分本質，因爲人除理智外，還有動物性。在這裡我們可以看出，「種差」是在「共類」中的一個「種」所以與其他「種」的分別，譬如理智是人的「種」與在動物「共類」下其他的「種」

對於一個物作一個定義時，我們可以不用「類」與「種差」，然而那要費許多原本可以省掉的話了。[88]

形成一個抽象的觀念，對於兒童們是非常困難的事，譬如一個三角形的觀念，它不是一個等邊三角形，也不是一個等腰三角形，也不是一個斜形三角形，不是任何具體的三角形，這是兒童們很不容易瞭解的事。抽象的觀念是理智的產物，沒有實際的存在，所以能代表在同性質中許多不同的物，對於我們思想的溝通以及知識的發展，是必須而不可或缺的條件。[89]

洛克認爲抽象的觀念表示人的尊高地位，因爲只有人才有抽象的觀念，其他的動物因爲沒有理智，所以絕對不能有抽象的觀念，因此，也沒有字或其他觀念的記號，否則牠們便不是單純的機械了。不過，有一些普通的動物由於牠們的感官能認識物，所以有單個物的觀念，然而沒有抽象的觀念。[90]

柏克萊極其反對洛克以上所講的抽象的觀念，他把我們知識的一切錯誤與障礙都歸咎

的分別。

[88] Essay, BK. III. Ch. 3, V. 10, 11.

[89] Essay, BK. IV. Ch. 7, V. 9.

[90] Essay, BK. II. Ch. XI, V. 10. 在這裡我們可以看出，洛克受到了笛卡爾思想的影響。笛卡爾認爲人是心靈、一個思想的物；普通的動物沒有心靈，不能思想，只是一個機械。

於抽象觀念的學說，就如他說：「普遍的觀念是瑣碎與錯誤的原因，」[91]然而有些哲學家們爲討論這個問題，卻用了很大的篇幅，認爲那是邏輯學或形上學。[92]

對柏克萊而言，一個可感覺的物有不同的性質或形態，它們不能彼此分開，不能單獨的存在，而是混合在一起，共同存在一個物上。譬如顏色、延展、運動、大小等等共同存在一個可感覺的物上。但是柏克萊說，主張有抽象觀念的哲學家們認爲，我們的心靈可以把其中的一個性質和其他的性質分開，單獨的思考那個性質，而後形成一個抽象的觀念。譬如心靈把可感覺物上的顏色和其他的性質分開，而後形成顏色的抽象觀念。然而事實是，顏色、運動、大小等性質，都不能與延展分開，所以我們的心靈不可能形成顏色或其他性質的抽象觀念。[93]

在柏克萊的心目中，抽象觀念的學說實在荒謬悖理，不可以理解。因爲我們的感官認知許多不同個體的物，它們都有延展；然而主張有抽象觀念的哲學家們認爲，我們的心靈可以在那許多的不同的個體物上，只看它們延展的相似性，而棄摒其他的性質於不顧，於是形成延展的抽象觀念。至於這種延展的抽象觀念，既沒有直線，也沒有表面，也沒有堅實性；

---

[91] Phil. Comm. II, §524, p.371.
[92] Introduction, Sec. 6, p.47.
[93] Introduction, Sec. 8, p.47.

總之，沒有任何形狀和體積，它只是一個延展。這就如同顏色的抽象觀念，既沒有紅色，也沒有藍色，也沒有白色，總之，沒有任何特殊的顏色，它只是一個顏色。這種所謂的抽象觀念，是柏克萊絕對不能接受的。

柏克萊更不能瞭解的是，根據主張有抽象觀念的哲學家們所說，我們的心靈不但能對物的性質作抽象的觀念，而且也能對具有不同性質複雜的物作抽象觀念，因爲我們的心靈看到那些許多複雜的物時，注意到它們在形狀與性質上有共同的相似處，因此，形成它們的抽象觀念。譬如我們的心靈看到伯鐸、保祿、詹姆士、若望等人，他們固然彼此不同，然而他們也有共同的相似處，我們的心靈抽出他們的相似處，不看他們不同的情況與性質，因而形成人的抽象觀念。但是柏克萊反駁說，人不可能沒有顏色，他不可能既不白，也不黑，不能什麼顏色都沒有。同樣，人也不能沒有身材，他不可能既不高，也不低；既不胖，也不瘦。至於人的其他的性質，也有同樣的困難。因此，如果要把人從一切的性質中抽出來，形成人的一個抽象觀念，簡直是癡人說夢，不可能的事。

此外，柏克萊認爲比人的抽象觀念還更荒謬的，就是主張有抽象觀念的哲學家們所講的動物的抽象觀念。那些哲學家們說，在人以外，還有許多別的不同的動物，如鳥、獸、魚、昆蟲等等，我們的心靈從那些的動物中，把牠們的共同動物性抽出。換言之，把牠們的身體、生命、感官，以及自動的移動能力抽出，這樣，我們就得到了動物的抽象觀念。但是柏克萊又反駁說，這種動物的抽象觀念一定沒有任何特殊的性質與形狀：沒有毛髮，沒有羽翼，沒有鱗甲，但也不是赤裸。同時，動物的抽象觀念既然代表動物，而動物有自動移動的能力，然而又因爲那是動物的抽象觀念，所以在抽象觀念裡的動物，既不走路，也不飛翔，也不爬行，但是仍然是移動的動物。柏克萊認爲這一切的一切，都是無法思議的。[94]

柏克萊特別反對洛克抽象觀念的另一點是：洛克認爲抽象觀念是人與普通動物之間的最大分別，普通動物絕對沒有能力作出抽象觀念來，因爲牠們沒有代表抽象觀念的字或普遍的記號，所以抽象的觀念使人與普通動物完全相分隔。柏克萊說他同意普通動物沒有抽象的能力，但是如果僅以這一點作爲人與普通動物的分別標準，他說他害怕許多的人，要被列入普通動物之中了。[95]

現在有一個問題：如果我們沒有普遍的觀念，那麼，爲什麼我們有普遍的字呢？（General words）？普遍的字代表什麼呢？柏克萊說他並不絕對的反對我們有普遍的觀念（General ideas），然而反對我們有抽象的普遍觀念（Abstract general ideas）。[96]他認爲每一個觀念都是一個個別的觀念（Particular idea），它所以成爲一個普遍的觀念，是因爲我們使它代表同一類中（The same class）中所有的個別觀念。言外之意是說，一個普遍的觀念並不是由抽

---

[94] Introduction, Sec. 9, p.48.

[95] Introduction, Sec. 11, p.50.

[96] 在哲學上，普通而言，普遍的觀念就是抽象的普遍觀念，二者互相通用。柏克萊在此特意將這兩個名詞分開，以表示他反對抽象觀念的主張，其實，他在他的書中也多次混用這兩個名詞。

象而來的。[97]

柏克萊爲什麼如此強烈的反對抽象的觀念？因爲對他而言，抽象的觀念是把物質的物或可感覺的物從被心靈的認知而分開，承認抽象觀念的存在，無異是承認物質物的獨立存在。柏克萊絕對不能承認這一點，他的基本學說是，沒有心靈的認知，沒有物質的物；物質物的存在永遠不能脫離心靈的認知。

統觀以上所說，我們很清楚的看出，柏克萊堅決的反對抽象觀念的學說，他毫不猶豫的說：「一切的觀念都是來自外界，都是個別的。」[98]他常說他的主張是合於常情的主張，也就是合於普通人的主張，就如他說：「普通的人決不會有存有或存在的抽象觀念，也決不會用存有或存在代表抽象的觀念。」[99]

（丁）存在就是被認知或認知

存在就是被認知或認知（Existence is percipi or percipere）[100]是柏克萊唯心論的中心學說，我們以上所討論的柏克萊的幾點主張都是指向這個學說。不過，爲闡明他的這個學說，

---

[97] Introduction, Sec. 12, p.51.
[98] Phil Comm. II. §318, p.371.
[99] Phil Comm. II. §552, pp.371-372.
[100] Phil Comm. I. §429, p.356.

我們仍需要分三個小題目來解釋。

(一)可感覺物的存在就是被認知

柏克萊在他的《哲學註釋》（Philosophical Commentaries）裡，所標立的第一部分的題目，就是「不被認知物質的物不能存在」（Physical Objects Cannot exist unperceived）。這可謂開宗明義，先點明他的學說的中心點。

柏克萊說，我們的思想、情感和觀念如果不被我們的心靈所認知，便不能存在，因爲我們根本沒有理會到它們。同樣，我們感官上的感覺如果不被我們的心靈所認知，也不能存在，因爲我們也沒有理會到它們。柏克萊認爲，這都是公認的眞理，也是直觀的眞理。論到物質的物或可感覺的物的存在，也必須被我們的心靈所認知不可，他以他寫字的桌子爲例說，他說他的桌子存在，不是因爲他看見它、摸到它嗎？換言之，不是因爲他的心靈認知它嗎？所以如果他離開他的書房，他只能說他的桌子存在過，不能說現在存在。至於其他可感覺物的存在，如氣味、聲音、顏色等等，也莫不如此，「它們的存在就是被認知」（Their esse is percipi）。因此，任何可感覺的物在心靈的認知外，不可能存在。柏克萊稱心靈也爲思想的物（The thinking thing），稱可感覺的物或物質的物也爲不思想的物（The unthinking thing）。[101]

---

101 Principle, Sec. 3, p.62.

在這裡，有一點我們要說明：柏克萊雖然主張物質的物必須被我們的心靈認知才存在，否則，不能有物質的物。然而他多次強調，他並不否認日月星辰，山川樹木，以及我們所看到、摸到和其他感官認知的物的眞實性，他只是否認哲學家們所講的物或物質的實體。[102]不過，我們應當注意的是，他常把物的眞實性與心靈的認知連結在一起，就如他說：「在我們的感官上所印上的觀念是眞實的物，它們的確實在的存在；但是我們否認它們沒有認知的心靈而存在，或者它們是原型（Archetypes）的相似物，然而沒有認知的心靈而存在。因爲一個感覺或一個觀念在於被認知，一個觀念不能相似任何物，只能相似一個觀念。」[103]

柏克萊的思想非常古怪，雖然他自認他的思想與普通人的思想相同，其實是南轅北轍，適成其反。由於他的思想與普通人的思想相去甚遠，所以他用的許多哲學名詞，在意義上也與普通哲學家們所說的意義，大不相同。爲了瞭解柏克萊的思想，我們對他上面的那一段話，應當稍作解釋。

他說：「在我們的感官上所印上的觀念是眞實的物，它們實在存在。」柏克萊所說的觀念，就是感覺的意思，一如我們曾經說過，柏克萊稱感覺也爲觀念，對他而言，感覺與觀念是異詞同義。但是不論是感覺也好，或是觀念也好，都是心靈的認知，因爲「形成一個觀

---

[102] Principle, Sec. 35, p.74.

[103] Principle, Sec. 90, p.98.

念和認知完全是一件事。」[104]然而如果心靈有認知，自然也必須有物的出現，不然心靈爲什麼有認知？由於這種關係，所以柏克萊說：「在我們的感官上所印上的觀念是眞實的物，它們實在的存在。」但是這種眞實的物只是在心靈的認知上是眞實的物，也只是在心靈的認知上實在的存在，它們在心靈的認知外，並沒有獨立的存在。

在上面的那一段話中，柏克萊還說，他也否認「原型的相似物，不被心靈認知而存在。」我們都知道，柏克萊是英裔愛爾蘭人，屬英國國教（Anglican Church），且是英國國教的主教，他相信上帝在宇宙的開始，創造了日月星辰、土地海洋、樹木禽獸，以及宇宙間所有的一切，這些物都實在的存在。當然，在上帝創造宇宙萬物時，對於宇宙萬物有他的認知，換言之，有他的觀念；而上帝的觀念就是我們觀念的原型。這也就是說，我們認知的物都是上帝認知過的物，我們按著上帝的觀念去認知物。因此，我們所認知的物與上帝的原型相類似，但是雖然我們認知的物與上帝的原型相類似，然而如果物不被我們所認知，對我們而言，它們仍然不存在。至於上帝所創造的物是否能脫離他的認知而存在呢？是否有物質的實體（Corporeal substance）呢？答案是否定的，上帝所創造的物也必須在上帝的認知內才是眞實的，才實在的存在。[105]

---

[104] Principle, Sec. 7, P.63.

[105] The Third Dialogue, p.213.

普通我們都認爲物的存在與被認知是兩件事，譬如在公園中的樹或在我書房裡的書，我們都相信沒有人認知它們時，它們同樣存在，怎麼說不被認知便不存在呢？柏克萊早已看到這個問題，但是他認爲這個問題不成問題。因爲依他所說，在一個人思想公園中的樹或他書房裡的書沒有人認知時，他一方面思想公園中的樹或他書房中的書，另一方面他思想沒有人認知公園中的樹或他書房中的書，然而這正是他時時都在思想或認知公園中的樹或他書房裡的書。[106]

爲解釋上面的問題，柏克萊又舉了一個例子說，在我思想生長在荒野的一棵樹，沒有人認知它，而它仍然存在時；於是我認爲沒有人認知的樹，能夠脫離我們的心靈而存在。其實，我時時正在思想或認知那棵樹。[107]在我思想一個物質的物，沒有人認知他時，他仍然存在，是因爲我思想或認知它的緣故。這個理論被唯心論者視爲金科玉律，不能動搖的眞理。

(二)可感覺物的存在如果不被我的心靈所認知，必被別的心靈或上帝所認知

柏克萊爲了闡明他的唯心論的中心點：可感覺物的存在就是被認知，他又用另一句簡

[106] Principle, Sec. 23, pp.69-70.
[107] The First Dialogue, p.164.

單的話表示他的這個理論，那就是「一切存在的物只存在於心靈之內」（All things that exist exist only in the mind）。[108]換言之，任何可感覺的物或物質的物不能存在，除非被我的心靈所認知，如果不被我的心靈所認知，必須被別的心靈或上帝所認知。

柏克萊看的很清楚：如果在他的心靈不認知物時，不能說世界上什麼物都沒有，世界便變成一個空虛的世界；這當然不能是事實。因爲如果如此，那麼，便沒有世界之可言了。所以在他的心靈不認知物時，世界上仍然可以有物存在。就如他說，在他認知物與不認知物之間，譬如認知物之後，又合上眼睛，雖然不思想那些物，那些物仍然可以存在。又譬如在他出生之前，世界上也一定有物存在；在他逝世之後，世界上仍然會有物存在。但是必須有一個條件，那就是它們必須存在於別的心靈之內，如果別的心靈都不存在了，它們必須在於無所不在、無所不知、瞭解一切、認識一切，永恒無限的上帝的心靈之內。[109]

柏克萊也稱別的心靈爲有限而受創造的心靈（The finite created minds），稱上帝的心靈爲無限的心靈（The infinite mind）。同時他也稱心靈爲神體（Spirit）或精神的實體（The spiritual substance）。心靈或神體在於認知，物質的物或不思想的物在於被認知。因此，物

---

[108] Principle, Sec. 34, p.74.

[109] The Third Dialogue, p.193., p.197., The Second Dialogue, p.175., Phil. Comm. Sec. 7, pp.363-364., Principles, Sec. 6, p.63., Sec. 48, p.80.

質物的存在必須被認知，或是被我的心靈認知，或是被別的心靈認知，再或者是被上帝的心靈認知；沒有心靈的認知，沒有物質的物。

論到上帝的心靈，柏克萊十分清楚，會被物質論者與無神論者加以反駁。因此，他在他的《論人的知識原理》及《希拉斯與斐諾斯的三對話錄》裡三番五次的證明上帝的存在。他認爲上帝的存在比人的存在更明顯，更容易證明。因爲對於人的存在或別的心靈的存在，我們沒有直接的明顯性和證明，我們僅能從它們工作的記號（Signs）及後果（Effects）知道它們的存在。⑩然而上帝在大自然裡的記號與後果，要比人的記號與後果多出無限倍，宇宙間一切的物都指明有一個神、大自然的創造者（The Author of nature）。⑪因爲雖然我們的意志有能力控制我們的思想，然而我們的感官所認知的物，卻不在我們的意志控制之下：在大白天只要我們睜開眼睛，不論我們願意或不願意，我們看到許多的物，聽到許多的聲音，經驗到許多的事情，這都不是我們所選擇要認知的，它們早已存在。同時這也說明它們已經被神所創造，換言之，上帝存在。⑫而且如果我再思考那永恒、協調、偉大、完美的宇宙秩序或自然律，以及萬物構造的精美等等，我們更不能不承認有一個永恒的、無限的、盡善盡

---

⑩ The Third Dialogue, p.195.

⑪ Principles, Sec. 147, p.123., Sec. 150, p.125., Sec. 151-Sec. 155, pp.125-128.

⑫ Principle, Sec. 29, p.72.

美的神或上帝的存在。[113]尤其如果我們進一步再作自我反省，我們不難發現，我們在一切事上完全依賴上帝；其實，我們是「在他內生活、行動和存在」（In Him we live, and move, and have our being）。[114]

總之，一切可感覺的物或物質物的存在都是被心靈所認知，不被心靈認知，便不能存在；否則，那是矛盾。柏克萊在他的著作中，不憚其煩的一再證明這一點。他說試問一個園丁，爲什麼他知道在花園裡有一棵櫻桃樹？他會告訴你，因爲他看見它、摸到它，這也就是說，他認知它。同樣，試問他爲什麼他知道在花園裡沒有橘子樹？他也會告訴你，因爲他沒有認知它。物的存在全在於心靈的認知。[115]

到此，我們可以瞭解，爲什麼柏克萊極其強調：凡是被我們認知的物都是一個觀念，就如他說：「凡是可認知的物都是一個觀念，一個觀念不能存在，除非被認知。」[116]同時，我們也可以瞭解，爲什麼他還極其強調：如果物質的物有獨立的存在，那是一個極大的矛盾。

---

[113] Principle, Sec. 146, p.123., The First Dialogue, p.175.

[114] Principle, Sec. 149, 124., The Third Dialogue, P.198.「我們在他內生活、行動和存在」一語，乃引自「宗徒大事錄」中聖保祿的話。（十七章，二十八節（Actus Apostolorum, Ch.17, Versus 28:In Ipso enim vivimus, movemur, et sumus.）

[115] Pr. Sec. 2,pP.61., Sec. 23, p.70., Sec. 7, p.63., First Dial. p.163. Third Dial. p.192.比喻見。Third Dial p.196.

[116] The Third Dialogue, P.197., Principles, Sec. 48, P.80.

[117]因爲我們對於物所有的觀念不代表有實在而獨立的物，「觀念只能相似觀念，」或者「感覺只能相似感覺。」「我們不能把觀念與任何物相比較，一個聲音相似一個聲音，一個顏色相似一個顏色。」「如果說一個氣味相似一個不能被嗅到物，一個顏色相似一個不能被看不到的物，那是無稽之談。」[118]柏克萊的這些話都說明一點：「一切存在的物只存在於心靈之內。」

(三)存在就是被認知或認知

我們看到了柏克萊以上的種種主張，自然就會得到一個結論：世界上只有認知者與被認知的物，或者說「只有精神體與觀念。」[119]再或者更清楚的一點說：在世界上只有認知物的心靈與被心靈認知的物。

柏克萊常把心靈、精神體、靈魂、我自己（Myself）相混用。[120]無論如何，心靈是非物質的、不可分的、非延展的，所以是不死不滅的。[121]由於心靈的性質如此，因此，心靈常常

---

[117] Principle, Sec. 24, p.70., The Second Dialogue, p.169., The Third Dialogue, pp.195-196.

[118] 以上所引諸語，皆見Phil. Comm. Sec. 5, p.361.

[119] The Third Dialogue, p.198.

[120] Principle, Sec. 2, P.61., Sec. 139, P.120., Phil. Comm. Sec. 10.

[121] Principle, Sec. 27, P.71., Sec. 141, p.121.

在思想，即使在睡覺時也不停止；如果說心靈存在而不思想，那是矛盾，是無稽之談。[122]但是心靈或精神體不能以觀念來表示；它不是觀念，也不相似觀念，然而它是實體。[123]在這裡我們不應忘掉，柏克萊所說的觀念就是感覺，也就是被認知的物。總之，心靈是主動的存有，它的存在不是被認知，而是在認知。[124]

一言以蔽之，根據柏克萊所說，世界上只有兩種物存在，那就是心靈與可感覺的物；心靈的存在在於認知，可感覺物的存在在於被認知，「如果你拿去認知，你拿去心靈。」[125]同樣，「如果你拿去一切可感覺的性質，便沒有可感覺的物。」[126]世界上除了認知的心靈，與被心靈認知可感覺的物，再沒有別的物存在，所以柏克萊說了那句名言：「存在就是被認知或認知。」

（戊）結論

柏克萊反對物質物的獨立存在或絕對存在，到了深惡痛絕的程度，他認爲承認物質物

---

[122] Phil. Comm. Sec. 10. §651, 652. P.368. 柏克萊主張心靈常常在思想，顯然的是受到了笛卡爾主張的影響。

[123] Principle, Sec. 139, p.120.

[124] Ut supra.

[125] Phil. Comm. Sec. 10. §580, p.367.

[126] The First Dialogue, p.193.

的絕對存在，是一切知識最公開與最有害的敵人。[127]他爲倡導他的唯心論，在他的著作裡，遣詞用字都是經過一番考慮，他稱物質的物爲可感覺的物，稱感覺爲觀念，都是爲證實他的唯心論的伏筆。他不稱他的學說爲唯心論，而稱它爲非物質論（Immaterialism）。[128]

柏克萊認爲他的非物質論最能避免懷疑論，因爲這個主張最相信我們的感官。相反的，其他的主張因爲不相信我們的感官，所以都會導致懷疑論。[129]當然，柏克萊認爲他的主張最能避免懷疑論，那是根據他的學說所說的。我們知道，根據柏克萊的學說所說，物質物的存在是我們感官的認知。因此，我們相信物質物的存在，也就是相信我們的感官。在這裡，我們應當記得，對柏克萊而言，感官的認知也就是心靈的認知。

柏克萊的學說是一個非常特殊的學說，雖然他自稱他的學說爲非物質論，但是我們認爲，稱他的學說爲唯心論最合適不過，因爲他的學說的中心固然是「存在就是被認知或是認知」，然而它的基本重點是「認知」；而認知就是心靈的能力；先有心靈，而後才有心靈的認知；世界上物質的物或可感覺的物都是心靈的認知。

柏克萊是一位唯心論者，而且是一位徹頭徹尾、不折不扣的唯心論者。

[127] Principle, Sec. 133, p.118.
[128] The First Dialogue, p.219.
[129] David M. Armstrong, Op. cit. pp.8-9.

第三節　對唯心論的檢討

我們在這裡要檢討的是柏克萊的唯心論，不對笛卡爾與洛克有關唯心論的理論作個別的檢討，因爲他們二者的學說僅是唯心論的嚆矢，在某方面能導致唯心論，沒有建立唯心論；而柏克萊則建立了唯心論的理論，完成了唯心論。由於這種關係，如果我們檢討了柏克萊的唯心論，也就等於檢討了笛卡爾與洛克有關唯心論的理論。我們對柏克萊唯心論的檢討有以下幾點。

（甲）柏克萊的唯心論在理論上的錯誤

總歸來說，柏克萊的唯心論有兩個理論，兩個理論都有錯誤。以下是柏克萊唯心論的兩個理論與錯誤。

一、柏克萊爲證明他的唯心論的第一個理論是：物質物的可感覺性質是心靈的觀念，而物質的物就是那些可感覺的性質，所以物質的物是心靈的觀念。柏克萊沒有明白一字不錯的寫出這個論證來，但是他證明物質物存在的論證，其意義就是如此。關於這一點，在我們討論他的唯心論時，已經很清楚的看到。

在這個論證裡，柏克萊把我們所認知的物都看成可感覺的性質（Sensible qualities），也就是感官的印象（Sense-impressions）。譬如我看到紅色的杜鵑花，聽到鋼琴的聲音，摸到茶杯的形狀等等，它們都是我藉我的感官所認知的可感覺的性質或感官的印象，所以它們需要一個認知者。換言之，我們所認知的物質的物都是我們心靈的觀念。

不過，柏克萊在這個論證裡犯了一個邏輯的錯誤，他沒有分清物原有的性質與物呈現於我們的性質。如果一朵杜鵑花有紅色可感覺的性質，我們說：「這朵杜鵑花是紅色的」；如果一朵杜鵑花呈現於我們的是紅色的可感覺的性質或感官的印象，我們只能說：「這朵杜鵑花對我們看起來是紅色的」。物所有的性質與物呈現於我們的性質或感官的印象，完全是兩回事；一朵杜鵑花是紅色的，不見得對我看起來是紅色的。柏克萊把二者混爲一談，這是一個明顯的錯誤。[130]

柏克萊始終認爲他的這個論證是正確的、理所當然的，但是他從來沒有證明它的正確性。他在《希拉斯與斐洛諾斯的第一對話錄》的前半部，[131]曾翻來覆去的證明：我們所認知的物質的物就是我們心靈的觀念。然而他的整個論證都是細心經營的「竊取論點」。換言之，拿待證明的事當作證明。譬如柏克萊證明高度的「熱」在我們的身上是「痛」，所以只能存在於心靈上；因爲沒有心靈，我們不會感覺痛。然而希拉斯卻提出質疑：他認爲熱是痛的原因，而不是痛。柏克萊假托斐洛諾斯的名字反駁說，當我們的手靠近火時，我們並不是先有

---

130 David M. Armstrong, Op. cit. Introduction, pp.8-9.

131 The First Dialogue, pp.137-158.

熱的感覺，而後才有痛的感覺，它們是一個單純的感覺，那就是痛。柏克萊的這個理論顯然的是不合邏輯的，因爲他先把熱與痛看成一個東西，而後證明痛存在於心靈上。但是這實在是「竊取論點」，因爲他應當先證明熱是痛，而後再證明痛存在於心靈上；然而他並沒有這樣作。[132]而且我們可以這樣說，即便他這樣作了，仍然不能證明痛只存在於心靈上。因爲痛是手距離火太近，火將它的熱傳於手上，手的生理組織因而受到傷害，發生變化；手的神經將這個訊息傳達於心靈，心靈於是有痛的意識，感覺到痛。所以希拉斯認爲熱只是痛的原因，並不是痛。我們認爲希拉斯的意見是對的。但是這也就說明，痛不是只存在於心靈，換言之，痛並不只是心靈的觀念而已。

二、柏克萊證明他的唯心論，或者說證明物質物的存在是心靈的觀念的第二個論證是：物質的物不被認知不能存在，因爲縱然在我們思想物質的物不被認知而存在時，我們已經思想了它。就如我們以上所提的柏克萊所說的幾個例子：在我思想在我書房內的書和公園中的樹，沒有人認知它們時，它們仍然存在；或者在我思想遠在荒涼之處的一棵樹，沒有人認知它時，它仍然存在，柏克萊說那是因爲我那時正在思想它們。

我們認爲柏克萊的這個論證實在有問題，比上一個論證更不能使人折服。因爲他在這個論證裡，犯了一個更嚴重的錯誤，那就是他把「認知」（Perceiving）與「思想」

[132] David M. Armstrong, Op. cit. p.9.

（Thinking）看成等同，認爲它們是同一個意義；然而它們有極大的分別。我認知一個物與我思想一個物，二者的意義絕對不同。我認知一個物是我的心靈藉我的感官所認識的物，譬如我看到一個物，或者聽到一個物，或者觸摸到一個物，我的心靈因而認識那個物。至於我思想一個物，那僅是我的心靈想到或者思維一個物，實際上我的心靈並沒有藉我的感官認識那個物。因此，我們不能把「認知」與「思想」等量齊觀、同一化它們的意義。然而這無異說，柏克萊的這個理論不能證明不被心靈思想的物不能存在，最多只能說不被思想的物，可能不存在。[133]

柏克萊的這個論證實在太有問題了，因爲如果他的這個論證有效，那麼，不論如何荒謬的事都可以成爲眞實的。因爲只要我思想一個物，那個物就存在：我不但思想現在沒有的物，那個物存在；而且我思想過去沒有的物，那個物也存在；同樣，我思想將來沒有的物，那個物也存在。明顯的，這種論證不論在理論上，抑或在事實上，都是不可思議的事。

（乙）唯心論相反我們的經驗

凡是相反經驗的理論，都是相反事實的理論；但是我們知道，「相反事實的論證是無效的論證」（Contra factum nihil valet argumentum）。我們僅提出以下幾點，看看唯心論如

---

[133] Ut supra, pp.9-10.

何相反我們的經驗。

㈠我們很多人大概都有過這類的經驗，那就是在黑暗中遇到料想不到的障礙物。譬如在沒有燈光的夜晚，在屋中摸索，尋找東西，碰到桌椅或牆壁；如果在外面走路，更可能受到傷害，譬如跌入坑洞，被木樁絆倒。這類的事不但能發生於黑夜，而且也能發生於光天化日之下，譬如陷入被人所設計的陷阱，或被敵人狙擊。這一切都說明，物的存在並不在於我們心靈的認知。

㈡有時我們想得到的東西，我們得不到；我們想見的人，我們見不到。相反的，我們不想要的東西，偏偏離不開；我們不想見的人，偏偏常常在一起。同樣，這也都說明，物的存在與否，不在於我們心靈的認知或不認知。

㈢如果一個人缺少某種感官，便不能認識那種感官的對象。譬如天生的盲者不能認識顏色，天生的聾者不能認識聲音。所以物並不因爲我們願意認知而就存在，我們爲了認識物，首先我們必須有適當的感官，而後也必須有感官的對象；只有感官，沒有對象，我們不能認識物；同樣，只有對象，沒有感官，我們也不能認識物；感官與對象都存在，我們才能認識物。然而這也就說明，物的存在並不只在於我們心靈的認知。我們以前曾提到士林哲學的一個原理：「沒有在理智中的物，不是先在感官中的物」（Nothing is in the intellect which was not first in the senses）。這句話的意思是說：凡是理智所認識的物，都必須先經感官認識不可。我們認爲士林哲學的這個原理，實在是反駁唯心論的當頭棒喝。不錯，柏克萊也主張在我們的心靈認知物的存在時，必須先經過我們感官的認知，但是他所講的與士林哲學的這個原理所講的，具有天壤之別。因爲爲了認識物，他只要求感官的存在，不要求對象的存在，相反的，士林哲學要求二者都要存在。我們在這裡主要願意所說的是，我們爲了認識物既然要求感官與對象都存在，這就很清楚的說明，物不是因爲心靈認知而存在，而是因爲物存在，所以才被心靈所認知。

㈣一個人的成長，不論在精神方面，或是在身體方面，都需要別人的幫助與物質的供應。譬如剛出生的嬰兒都需要父母的呵護與乳汁的供應；然而我們很難相信，父母與乳汁的存在，都是嬰兒的認知。

當然，對於以上我們爲反駁唯心論所提出來的四點質疑，柏克萊會答覆說，在那些情形下，物的存在雖然沒人心靈的認知，然而有上帝的認知。不過，我們認爲這不免有詞窮詭辯之嫌。不錯，這是他的學說，但是這是有問題的學說。因爲如果我們爲解決一切哲學的問題，都以上帝爲擋箭牌，那麼，我們就不必討論任何哲學的問題了，我們只要把上帝拿出來，什麼哲學的問題都可以解決。聖多瑪斯・亞奎那說的很對，他請神學教授們，絕對不要用理智的論證證明一個信條，因爲信條不是建立在理智上的，而是建立在上帝的啓示上的；如果我們設法以理智的論證證明信條，我們便摧毀信條。同樣，他請神學教授們絕對不要以上帝的啓示證明哲學的眞理，因爲哲學不是建立在上帝的啓示上的，而是建立在理智上的；如果我們以上帝的啓示解決哲學的眞理，我們便摧毀哲學的眞理。我們知道，聖多瑪斯・亞奎那是有信仰的神學家兼哲學家，但是他主張我們應當把神學和哲學分開：神學是我們由於信仰從上帝的啓示所接受的知識，哲學是從我們自然理智的原理建立的知識。然而不論是神學也好，或是哲學也好，它們共同的根源是上帝，因此，這兩種學問終必趨向一致。但是如果我們眞正要它們趨向一致，我們必須不可忘掉它們的基本分別，因爲只有有分別的物，才能趨向一致；如果我們試圖把它們混合在一起，我們所得到的，不是一致，而是混亂。[134]

（丙）唯心論相反科學

科學上所講的眞理，不見得都是眞理，但是科學上有一些眞理，它們的眞實性是不容質疑的。譬如科學證實我們不能生活在沒有氧氣的地方，我們不能觸摸有電流的導電體，不能食用有毒素的食物等等。這些科學證實的眞理，不在於我們認知或不認知。無論如何，我們看唯心論如何相反科學的例子。

(一)天文學證實，宇宙的存在不論在時間上，或是在空間上，都遠遠超越人類知識的範圍。在人類出現不知道多少億年以前，宇宙即已存在，而且宇宙之大，廣闊無垠，不是人類能力所能探測的。人類對於宇宙的認識，不啻恆河一沙，滄海一粟，實在是微乎其微。但是這樣的宇宙如何因人心靈的認知而存在呢？當然，柏克萊又會拿上帝的認知作屛障。然而對

---

134 Etienne Gilson, The Uncty of Philosophical Experience, Charles Scribner's Sons, New York, 1937, p.62.

於這一點，我們剛才已經批判過，沒有必要再反駁。

㈡科學上有物質不滅定律；宇宙間的物既不增多，也不減少；科學只是利用、改變宇宙間的物，以發展人類的物質生活。因此，如果唯心論是眞理的理論，人類物質的進步便屬不可能，因爲物質的進步先假定物質的存在，有了物質的存在，我們才能利用、改變它。實在，如果一切物的存在都是我們心靈的認知，那麼，我們爲什麼還要接受教育？爲什麼還要改善生活？我們只要認知我們所願意有的物就可以了。

㈢生理學證實：正常的人都有正常的五官；五官功能的大小固然因人而異，然而大致相同。譬如有的人的眼睛看的遠一點，有的人的眼睛看的近一點；有的人的手感覺非常的靈敏，有的人的手感覺就不那麼靈敏。但是人的視覺不論如何差異，沒有人可以看到臺北市的中正紀念堂可以放進在它旁邊的一間小店舖裡，也沒有人可以看到一塊小腳墊可以當作地毯用，鋪滿整個房間。鯨魚比鯉魚大，不論誰看都是一樣。同樣，人的觸覺不論如何不同，在他們觸摸煮沸的水與冰凍的水時，都覺得煮沸的水燙，冰凍的水涼。物的存在與性質決不在於人心靈的認知。

㈣生理學還證實，我們的感官工作時，既主動也被動。譬如我們的眼睛受到陽光的照射時，我們的眼睛既主動的看陽光，然而也必須被動的被陽光所照射。又譬如我們的手指被小刀割傷，我們的手指既主動的去接觸小刀，然而也必須被動的被小刀所割傷。陽光與小刀的存在，不在於我們心靈的認知。在第二次世界大戰時，美國空軍在一九四五年八月六日與九日，先後在日本廣島和長崎投下了兩枚原子彈，死傷數十萬人。整個二次大戰期間，死亡人數，據歷史記載，約在三千五百萬到六千萬之間。我們很難相信那些死傷的人都是人心靈的認知。何況當時受到原子彈傷害的人，有些現在仍然還活著。

㈤物理學證實，物體有堅實性或不可透入性，如果我們願意走出我們的房間，我們必須從房門走出；我們不會異想天開，想穿過牆壁走出去。關在監獄的犯人，也不會想從鋼筋水泥的牆壁鑽出來；他不會像關在籠中的鳥，拼命的向外飛，因爲人有理智，他知道那是徒勞無益，自討苦吃。物的存在或不存在，決不在於我們心靈的認知。

（丁）唯心論使人陷入相對論（Relativism）

我們多次說過，根據唯心論所說，物的存在在於人心靈的認知。然而人不同，人的心靈自然也不同，至少不能完全相同。因此，人在認知上也必有所差別。那麼，我們便不能有共同的知識，那只有各是其是，各非其非，我們的知識都是相對的了。

（戊）唯心論使人陷入唯我獨存主義（Solipsism）

唯心論既然主張，物的存在都是我們心靈的認知，所以對我而言，外界一切的物，包括外界一切的人，都是我心靈的認知。那麼，必然的結論是，宇宙間只有我一個人存在；而且所謂我，只是我的心靈。這樣說來，我、你、他在我的心靈中，實際上便沒有什麼分別之可言。

夠了，我們對唯心論所作的批判已經夠多的了，沒有必要再多批判。其實，只要一個人有普通的知識或常識（Common sense），稍作一下反省，便可以知道唯心論是不可取的。一個嬰兒自蹣跚學步時第一次跌倒，到他年邁進入墳墓之前，由於體弱多病，步履維艱，最後一次跌倒，他知道在他的心靈以外有物質物的存在，因爲他摔倒後，碰到了堅實的物質的物。[135]

有的人也許認爲，爲駁斥唯心論，不必煞費苦心，尋找理由。唯心論者不是主張沒有人的認知，物質的物不能存在嗎？然而爲揭發這種主張的荒謬，是輕而易舉的事。譬如我在我的書房裡裝上一架自動攝影機，在我離開我的書房再回來之後，只要放射自動攝影機，就可以知道是否在沒有人認知我的書時，我的書是否仍然存在？不過，我們要知道，對唯心論者而言，自動攝影機就是心靈的伸延，自動攝影機當然也是心靈的認知。[136]

唯心論是一個非常古怪的學說，也是一個非常天眞的學說，這就如同兩個小兄弟，晚上在街上看街燈，哥哥對小弟弟說：「如果你把眼睛合上，街上的燈就會完全關閉。」小弟

---

135 此比喻見John Rickaby, The First Principles of Knowledge, Benziger Bros. New York, p.261.

136 Cf. John Hospers, An Introduction to Philosophical Analysis, Prentice-Hall, Inc., Englewood Cliffs, N. J. 1967, p.518.

弟於是合上眼睛，但是待了一會兒，小弟弟說：「我合上了眼睛，可是街上的燈沒有關閉，因爲我偷看過。」哥哥說：「在你合上眼睛的時候，街上的燈眞的都關閉了，但是在你偷看的時候，街上的燈又都亮了。」用這樣的例子可以看出唯心論是多麼荒謬，但是用這樣的例子也永遠不能反駁唯心論。137

柏克萊是英國經驗主義大師，但是他所說的經驗與我們所說的經驗大不相同，他所說的經驗就是他心靈的認知，所以你、我和宇宙間的一切都是他的經驗，因爲都是他心靈的認知。這眞是異想天開，很古怪，但是也很有興趣。

137 同136。

十一章　唯我獨存主義

我們在上一章批判唯心論時曾說，唯心論有一個不可避免的危機，就是陷入唯我獨存主義裡。我們的意思是說，唯我獨存主義不合理，所以唯心論也不合理，這是「反證法」（Reductio ad absurdum）。不過，這是我們站在我們哲學的立場對唯我獨存主義所說的，然而有的哲學家們並不這麼說，他們認爲唯我獨存主義是有道理的。因此，我們應當對唯我獨存主義作一些稍微深入的討論。

第一節　唯我獨存主義的意義

唯我獨存主義的英文名詞是Solipsism，這個英文字是由兩個拉丁字：Solus及ipse所組成的；Solus指單獨一個人，ipse指自己；二字合起來，指單獨自己一個人。至於ism，我們知道，這是學說或主義的意思，也是一個接尾詞（Suffix），接到一個字尾上，使那個字成爲學說或主義的意思。因此，Solus加ipse，再加ism，便成爲Solipsism。這個字直譯，應當是「唯自己獨存主義」，但是普通都譯爲「唯我獨存主義」，這是因爲這個主義的講解與論證，都是站在第一人稱（First person）所作的。如果我們把Solipsism編成一個純粹的英文字，那就是Myself-alone-ism。

很明顯的，唯我獨存主義不是說，因爲在某一地區只有一個人居住，所以他便成爲唯我獨存主義者。笛福（Daniel Defoe）於一七一九年寫的那本膾炙人口的小說：《魯賓遜飄流記》（Robinson Crusoe），描寫魯賓遜因船難飄流到一座荒蕪無人住的小島上，長達二十八年之久，魯賓遜也不因此成爲唯我獨存主義者。假如人類將發生第三次世界核子武器大戰，戰後只剩下一個人，然而那個人也不因爲地球上除他以外，再無第二人，便成爲唯我獨存主義者。

唯我獨存主義是一種哲學學說，對於主張這種學說的人而言，世界上只有他一個人的心靈存在，其他的一切都是他心靈的認知，所以他是世界上唯一思想者，世界上所有的思想和經驗，都是他的思想和經驗。

對我們一般人來說，如果說世界上只有我一個心靈存在，其他的人和物都是我心靈的認知或經驗，那簡直是不可思議的事，如果我們稱一個人爲唯我獨存主義者，這不是恭維的話，必含有嘲笑的意味。但是問題也並非那麼簡單，因爲如果一個人接受笛卡爾、洛克、柏克萊的哲學思想，他也不能不接受唯我獨存主義。所以馬爾克木（Norman Malcolm）對於那些認爲沒有眞正的大哲學家主張唯我獨存主義的人，大不以爲然。他認爲有這種想法的人，是因爲沒有瞭解唯我獨存主義的理論。❶馬爾克木的話也不是沒有道理的，事實上，當代說英語地區很多的哲學家們，以及北歐的挪威、瑞典和丹麥許多的哲學家們，每一談到心靈的問題，幾乎也都談到唯我獨存主義，而且還贊成唯我獨存主義，雖然實際上他們並不是唯我獨存主義者。

第二節　唯我獨存主義的前導

（甲）笛卡爾的「我思，故我在」

我們知道，笛卡爾的哲學由懷疑開始，在懷疑中他得到他所謂不可動搖的眞理：「我思，故我在」。這也就是說，在「我思」裡有「我在」。但是我所以思想，是我的心靈思想，不是我的身體思想；我的身體不能思想，因爲它是物質體；相反的，我的心靈能思想，因爲它是精神體。因此，我不能懷疑我有一個心靈，但是我能懷疑我有一個身體，因爲「我在」

---

❶ Norman Malcolm, Problems of Mind, A Torchbook Library edition, Harper & Row Publishers, New Your, 1971, p.24.

是由我的思想證明出來的，不是由我的身體證明出來的，所以我不必非有一個身體不可。由於這種理由，笛卡爾多次強調：「我只是一個心靈」，「我只是一個思想的物」，「我所以是我，是因爲我的心靈，不是因爲我有一個身體」，「我可以沒有身體而存在」。關於笛卡爾的這些話，我們在上一章已經引述過。不過，笛卡爾也承認「我」有一個身體，只是心靈與身體的關係就如舵手在船內一樣，它們是兩個實體，不是一個眞正的個體，而是偶然的合成體。對於這一點，我們在上一章也討論過。

我們在這裡有一個問題：笛卡爾所說的「我」的身體，是否就是我們這樣的身體？換言之，是否他所說的身體，必須有頭？有四肢？有五官以及各種生理組織？有的哲學家們認爲，笛卡爾所說的「我」的身體，不必和我們的身體一樣，它可能是任何形狀的身體，甚至可能完全是非人形的身體；這種非人形身體的形狀、顏色、大小和結構，可以說是沒有限制的。因此，它可能是一塊石頭、一棵樹、一把椅子、一頭牛等等，不一而足。因爲身體不論是什麼身體，對心靈而言，都純粹是偶然的，就如舵手在船中一樣。再進一步而言，心靈是否要與一個身體結合，也不是必然的，因爲心靈與身體的結合也純粹是偶然的。❷

笛卡爾把人的心靈與身體的結合，看成兩個實體的偶然湊合體，這是一種心身二元論（Dualism）、賴爾（Gilbert Ryle, 1900-?）稱這種心身二元論爲「官方的學說」或「正式的

❷ Ut Supra.

學說」（Official doctrine），因爲這種學說流傳的很廣，被許多人接受。❸而後賴爾對笛卡爾的二元論又作了一些解釋，他說根據這種「官方的學說」，人都有一個心靈和身體，心靈不佔空間，它的活動不屬於機械律（Mechanical laws），只有我自己能觀察我心靈的狀態與過程，別的人是無法觀察到的。因此，每一個人都有兩種生活的歷史：一種是關於身體生活的歷史，那就是他的身體發生的事故，以及外界對於他的身體所發生的事故；另一種是關於心靈生活的歷史，那就是他的心靈所發生的事故，以及外界對於他的心靈所發生的事故；前者是公開的，因爲是發生於物質世界的事故，後者是隱密的，因爲是發生於心靈世界的事故。由於這種關係，在身體與心靈之間形成兩極性的對壘：物質的事故都發生於公共的場所，那就是空間，所以都彼此相關連。心靈的事故都發生於孤立的場所，那就是心靈，所以發生於一個心靈上的事故，與發生於另一個心靈上的事故，彼此沒有任何關係，因此我們每一個人都生活一個魯賓遜的生活。我們能活動我們自己的身體，也能看、能聽外界所發生的事故，然而我們對於別人心靈所發生的事故，卻是絕對的盲目、耳聾，既看不見，也聽不到，當然也不能對別人的心靈有任何影響。❹

---

❸ Gilbert Ryle, The Concept of Mind, Barnes & Nobles Books, a Division of Harper & Row Publishers, New York, 1949, p.11.

❹ Gilbert Ryle, op. cit. pp.11-13.

賴爾進一步解釋笛卡爾的二元論說，根據「官方的學說」，一個人的心靈事故只能被他個人所知道，而且事無大小，鉅細靡遺，直接的爲他所知道。心靈的狀態與過程就是一個人意識的狀態與過程，因此，一個人不能錯誤的，必須的知道在他的心靈上所發生的一切事故。除此以外，人還有一種特殊的能力，那就是「內在的認知」(Inner perception) 或「內在的觀察」(Introspection)。這就是說，人能觀察在他的心靈上所發生的事故。再較詳細的說，人不但能用眼睛看一朵玫瑰花，用耳朵辨別傳來的鐘聲，他還能反省或內在的觀看他的心靈對這些事故所有的狀態與過程。這種「自我觀察」(Self-observation) 不能發生幻想、混亂和懷疑，因爲這是心靈所作的確定性。相反的，感官的認知則能發生錯誤，譬如眼睛可以把顏色看錯，耳朵可以把聲音聽錯。❺

賴爾稱以上笛卡爾的「官方學說」爲「在機械中的精靈教條」(The dogma of the ghost in the machine)。他說他要常常用這個輕蔑的名稱，稱呼笛卡爾的「官方學說」。❻

由以上所說，有些當代的哲學家們認爲，笛卡爾的二元論衍生出一個很重要的問題：我們不能知道別人的心靈與狀態，別人的心靈有什麼思想、意願和動機等等，我們自然也一無所知。那麼，在我們看到一個人作出一個外在的行爲時，我們也無從得知他爲什麼作出那

❺ Gilbert Ryle, op. cit. pp.13-14.

❻ Gilbert Ryle, op. cit. p.16.

個行爲來，甚至我們也無從得知他作出的那個行爲，是有意識的行爲或是無意識的行爲。因此，我們永遠無法分辨別人的行爲，是有理智的行爲或是無理智的行爲；或者是有目的的行爲或是無目的的機械行爲。所以什麼是人？什麼是機器人？我們也永遠不能分辨。

有了以上的看法，那些當代的哲學家們更進一步的認爲，我們在笛卡爾的二元論裡，找不到任何一個充足的理由，可以保證在我的心靈以外，還有別的心靈存在。我能看見你的身體所作的行爲，然而我不能看見你的心靈所有的狀態。因此，我不但不能從你的身體所作的行爲，推測你的心靈所有的狀態，而且也不能從你的身體所作的行爲，推測你有一個心靈。那麼，我只有走入唯我獨存主義一途，那就是只有我一個心靈存在，你的身體所作的行爲，很可能是一個機器人所作的行爲。其實對我而言，任何人的身體所作的行爲，也莫不如此，都可能是機器人所作的行爲。❼

（乙）洛克的「反省」與「物的第二性質」

洛克受笛卡爾的影響很大。不錯，笛卡爾是理性主義者（Rationalist），洛克是經驗論者（Empiricist），但是洛克並不因爲他是經驗論者，便不接受理性主義的任何思想；理性主義與經驗論不是處處針鋒相對，水火不相容；洛克極其重視理智的重要性，我們看他自己

❼ Gilbert Ryle, op. cit. p.60.

說的話：「理智是上帝置於人心靈中的蠟燭，吹滅它，就會陷入黑暗中。」❽「在一切事上，理智必須是最後的裁奪者和嚮導。」❾事實上，洛克極不喜歡別人告訴他如何去思考，上課時他拒絕作筆記，因此，也不喜歡亞里斯多德的哲學。❿由於他在探索眞理上討厭權威，所以他連「原則」一詞也極厭惡，常把「原則」與「惡」字相連，因爲人只要提到「原則」，便認爲那是一成不變的眞理，誰也不能動搖。因此，以訛傳訛，永無終止。⓫在尋求眞理時，「人必須自己去思考，自己去瞭解。」⓬只有「我們自己思考以後，瞭解多少眞理，才有多少眞知識。」⓭只相信別人的話，那是「借來的財富，一如幻想的金錢，雖然在接受者的手中看來是黃金，然而用起來，卻是樹葉和塵土。」⓮洛克在他的名著《人類悟性的探討》的前面所寫的「給讀者的信」（Epistle to the Reader）中，敦促他的讀者，要拋棄乞食的筐籃，自己去尋找眞理。

---

❽ John Locke, An Essay Concerning Human Understanding, BK. IV, Ch. 3, V.6.

❾ John Locke, op. cit. BK. IV, Ch. 19, V.14.

❿ G. H. Lewes, op. cit. p.458.

⓫ John Locke, op. cit. BK. I. Ch. 4, V.24.,25.

⓬ John Locke, op. cit. BK. I. Ch. 4, V.14.

⓭ Ut Supra.

⓮ Ut Supra.

有關洛克重視理智的話，我們引證的似乎有些太多，不過，這說明爲什麼一位經驗論的大師，能受一位理性主義者的影響，應當是許可的。我們在這一節的開始便說，洛克受笛卡爾的影響很大，洛克當然也知道他受了笛卡爾的影響，甚至普林格・柏底松（A. S. Pringle-Pattison, 1856-1931）在他爲洛克出版的《人類悟性的探討》的導言中說，洛克受笛卡爾的影響之大，遠較洛克自己所知道的還要大，如果沒有笛卡爾，洛克不可能寫出他的《人類悟性的探討》。⓯我們現在看洛克的學說，所以導致唯我獨存主義的兩個重點。

㈠洛克的「反省」

洛克受笛卡爾的影響最明顯的一點，也是最大的一點，就是洛克所說的「反省」（Reflection）。我們在討論洛克的學說時曾說過，洛克認爲我們的知識有兩個來源，那就是「感覺」與「反省」。感覺是物在我們身體不同的部位上所產生的不同印象，這也就是說，物以不同的方式刺激我們不同的感官，於是我們對於物產生不同感覺的認知。譬如顏色刺激眼睛，眼睛產生顏色的認知；聲音刺激耳朵，耳朵產生聲音的認知；冷熱刺激皮膚，皮膚產生冷熱的認知等等。反省是心靈注意自己，觀察自己對於感覺印象所有的活動，因而形成新的觀念，譬如信心、懷疑、意願、認知等等。由於心靈意識到這些新的觀念，因此，又產生

⓯ A. S. Pringle-Pattison, op. cit. p.XIII.

別的新觀念；如果心靈願意，它可以無止境的製造出別的新觀念來。

洛克所說的反省，也就是當代的分析哲學家們所說的「內在的觀察」。不同的哲學家們對於「內在的觀察」的解釋不盡相同，然而大致而言，都認爲「內在的觀察」就是心靈由於觀察並瞭解在自己內發生的事故，所產生的內在的經驗和觀念。因此，心靈可以沒有感官的協助，自己有能力形成一些新的觀念。我們剛才看到，這也正是洛克所說的反省。

洛克所說的反省，休謨有同樣的主張。根據休謨所說，我們對於物實在而直接的認知是物的印象，我們對於物所有的觀念，是印象留給我們的形象；印象先在我們的心靈上出現，觀念在印象以後發生；有什麼印象，有什麼觀念，觀念是印象的拷貝或副本。然而印象又分「感覺的印象」(Impression of sensation) 與「反省的印象」(Impression of reflection)。「感覺的印象」是我們不知道的一種能力，在我們的心靈上製造出來的。「反省的印象」是出自我們的觀念。原來，在我們認知物時，物先刺激我們的感官，使我們產生冷熱、饑餓、快樂、痛苦等感覺，這就是印象；我們有了這些印象，自然也就有與這些印象相對的觀念，那就是冷熱、饑餓、快樂、痛苦等觀念；而後這些觀念又使我們產生希求、厭惡、願望、恐懼等新的印象，這些新的印象就是「反省的印象」。但是這還沒有完，這些「反省的印象」又能產生新的相對的觀念，新的觀念又能產生新的「反省的印象」。這樣互相產生下去，永無止境。沒有懷疑的，休謨所說的「反省的印象」，就是受洛克的「反省」啓示想出來的，甚至我們可以乾脆的說，休謨的「反省的印象」就是洛克的「反省」。

對洛克而言，觀念不只是物的相似物（Resemblance），而是物的肖像（Picture）或樣本（Pattern）。[16]對休謨而言，已如我們剛才說，觀念是印象的拷貝或副本。其實，這就是笛卡爾的主張，他早就認爲觀念是物的「肖像」（Picture）或「形象」（Image）。[17]在這裡我們可以看到一個事實，那就是有很多的現代的哲學家們，在討論人心靈的本質時，都同意笛卡爾的主張：心靈是脫離物質的存有，是非物質體；它有自己的思想、情感和經驗。一個具有身體而實際生活的人，是心靈使他生活，但是心靈以及心靈的活動，以心靈的本質而言，並不需要與身體相結合，它自己能單獨的存在與工作。心靈與身體相分離，是笛卡爾的中心思想，也是笛卡爾以後三世紀以來，許多哲學家們的思想。[18]

洛克既然主張我們能由「反省」或「內在的觀察」得到我們的觀念，而且心靈的直接對象也是自己的觀念，那麼，我們爲表達我們的觀念，必須用文字或言語不可，所以洛克說：「字的最先而直接的意義，是表示用字者心中的觀念。」[19]這當然也說明，我們可以把我們的觀念傳達於別人。不錯，我們的話有時被誤解，然而那都是在表達複雜的觀念時發生的，

---

[16] John Locke, op. cit. BK. II, Ch. p11, Sec. 17.

[17] The Philosophical Works of Descartes, Vol. I. Meditation III, P.163.

[18] Norman Malcolm, op. cit. p.12.

[19] John Locke, op. cit. BK. III, Ch. 2, Sec. 2.

對於單純的觀念，普通是不會發生的。⑳但是這裡有一個問題，馬爾克木認爲洛克沒有想到，那就是我如何知道別人心靈中隱而不見的觀念（Invisible and hidden idea），和我的觀念相同呢？㉑這也就是說，雖然說話的人表達了他的觀念，然而我如何知道我瞭解了他的觀念？也許他所表達的觀念與我所瞭解的不同。

馬爾克木認爲，我們由「內在的觀念」或「內省」得到的思想、意願、記憶等等，我們給它們起一個名字，而後用那些名字使別人瞭解我們的觀念。然而那些名字都是表面的定義（Ostensive definition），換言之，都是描述的定義，用以表達在個人心靈上發生的現象；問題是別人不能直接知道在我心靈內的思想、意願和記憶等等。㉒

由以上所說，我們可以看出，洛克所說的「反省」，在一些當代哲學家們的解釋之下，使我們心靈的知識與我們身體感官的知識，彼此互相分開，成爲兩種獨立的知識。因此，在心靈的活動與身體的狀態之間，同樣，在身體的活動與心靈的狀態之間，它們的關係都是偶然的，不是必須的。而且我們爲瞭解它們之間的關係，我們仍然需要反省或內在觀察我們心靈的活動與內容。那麼，在這種情形之下，以某種程度而言，我們也可以用笛卡爾的話說：

---

⑳ John Locke, op. cit. BK. III, Ch. 2, Sec. 18.
㉑ Norman Malcolm, op. cit. pp.14-15.
㉒ Norman Malcolm, op. cit. p.16.

「我是我的心靈，」「我是一個思想的物。」

如果洛克所說的「反省」眞能演變爲「我是我的心靈」，或者「我是一個思想的物」。這樣，人的心靈便是「在機器中的精靈」，其結論應當與對笛卡爾二元論的結論一樣，那就是心靈可與任何一個物體相結合，我們永遠不能分辨什麼是一個眞人，什麼是一個機器，我們自然也不能保證在我的心靈之外，還有別的心靈。這不能不是唯我獨存主義。

(二)洛克的「物的第二性質」

我們在討論洛克的學說對於唯心論的影響時曾說過，洛克把物的性質分成第一性質及第二性質兩種，第一性質是物的實在性質，與物不能分離，有物，就有第一性質；延展性、堅實性、形狀、運動、靜止等，都是物的第一性質。第二性質不是物的實在性質，那只是物的第一性質在我們身上產生的不同感覺，實際並不存在，顏色、聲音、氣味、冷熱、軟硬等，都是物的第二性質，如果我們失掉了我們的感覺，這些物的第二性質便雲消霧散，消失於無蹤。

物的第一性質既然是物的實在性質，物的第二性質不是物的實在性質，所以洛克說：「我們對於物的第一性質所有的觀念，與物的第一性質完全相似；我們對於物的第二性質所有的觀念，我們認爲與物的第二性質相似。」洛克的這幾句話很清楚的說明，我們只有物第一性質的觀念，沒有物第二性質的觀念，因爲物的第二性質根本不存在。我們所以有物第二性質的觀念，那是心理的作用、錯誤的認知。

洛克有關物的第二性質不存在的學說，不但給唯心論鋪了一條路，也給唯我獨存主義鋪了一條路。因爲我所以認識我以外的人，不能不藉助於他們的第二性質與觀念：顏色、聲音、冷熱、軟硬等等；沒有這些第二性質與觀念，我很難承認我以外還有別的人。因此，我便不能不走入唯我獨存主義之途，因爲我以外的人的第二性質根本不存在。

洛克的「反省」與「物的第二性質不存在」，導致了唯我獨存主義，是洛克始料未及。然而事實就是如此，柏克萊的唯心論就是藉他的物的第二性質不存在的理論完成的，而唯心論是通往唯我獨存主義的康莊大道。

（丙）柏克萊的「存在即是被認知」

柏克萊所以完成他的唯心論，受洛克學說的影響極大，已如我們在討論他的唯心論時所說，洛克的《人類悟性的探討》，可以說是柏克萊的《論人的知識原理》及《希拉斯與斐洛諾斯的三對話錄》的惟一起點，沒有洛克的《人類悟性的探討》，柏克萊要想完成他的唯心論，恐怕要費一番大工夫了。

柏克萊接受洛克所說的物的第二性質的理論，主張物的第二性質不存在。但是他也證明了洛克所說的物的第一性質同樣不存在，而幾乎完全用洛克證明物的第二性質不存在的論證證明的。關於這一點，我們在討論柏克萊的唯心論時，已有詳細的說明，在此不再贅述。

然而如果物既沒有第一性質，也沒有第二性質，換言之，物什麼性質都沒有，物自然也就不存在。

這裡有一個不可避免的問題：我們看見日月星辰，山川石木，人獸花草，以及無數物質物的存在，那麼，我們怎麼說沒有物存在呢？我們如何解釋這個事實呢？柏克萊的解釋是：宇宙間一切物質的物或可感覺的物的存在，是因爲心靈認知的緣故，沒有心靈的認知，沒有物質的物，所以他說：「存在即是被認知」。物質物的存在與心靈的認知同時出現。

柏克萊爲了證實「存在即是被認」，他自問說，在他書房中書桌的存在，不是因爲他看見它、觸摸到它嗎？至於在公園中的樹沒有人認知時，仍然存在，或者在荒野中的樹沒有人認知時，也仍然存在；柏克萊說，在我們想公園中的樹或荒野中的樹，沒有人認知時仍然存在，豈不知我們正在思想那棵樹，換言之，正在認知那棵樹。況且不被我們認知物質的物而存在，必被上帝所認知。因此，「一切存在的物只存在於心靈之內」，「宇宙間只有心靈與被心靈認知的物」，「存在就是被認知或認知」，「不被認知物質的物不能存在」。

總之，經過心靈的認知，才有物質的物或可感覺的物。柏克萊學說的這個中心一方面說明，物質物的存在只是一個觀念，另一方面也說明，觀念就是感覺。因此，柏克萊說：「一個感覺或一個觀念就是在於被認知」。然而柏克萊又接受洛克所說的「心靈沒有別的直接對象，只有自己的觀念。」，所以他也說：「觀念不能相似任何物，只能相似另一個觀念」。他的意思是說，觀念不是來自外界的物，當然不能相似外界的物；觀念只能相似由心靈反省得到的另一個觀念。在這一點上，英國的經驗論者一脈相承，因此，休謨也說：「心靈除觀念以外，沒有任何物可以呈現於它，心靈不可能有與物接觸的經驗」。㉓

在我們簡短的敘述了柏克萊的學說之後，可以很清楚的看出，儘管他不是二元論者，然而就觀念是心靈的對象而言，他和洛克一樣，不能不陷入唯我獨存主義裡，這可以說是殊途同歸。

在這裡我們不難想見，有些研究柏克萊學說的人，一定會提出異議來，認爲柏克萊的學說不會導致唯我獨存主義，因爲他明白的主張有別的心靈存在，而且也證明了別的心靈的存在。由於這種關係，我們應當瞭解一下柏克萊證明別的心靈存在的論證，看看他的學說是否會導致唯我獨存主義。不過，在我們看柏克萊證明別的心靈存在的論證之前，他有幾個名詞，我們應當先瞭解，這爲瞭解他的論證是很重要的，雖然我們在上一章已經提到過。

柏克萊也稱心靈爲精神（Spirit），人的精神（Human spirit），精神實體（Spiritual substance）、靈魂（Soul），人（Person），有時也稱心靈爲我自己（Myself）。柏克萊稱心靈爲我自己，我們可以瞭解，因爲對柏克萊而言，就如對笛卡爾一樣，我就是我的心靈，我的心靈就是我自己。㉔

㉓ David Hume, Enquiring, Sec. 12

㉔ George Berkeley, The Principles of Hman Knowledge, §27,p.71., §136,173,138,139, pp.119-120.

柏克萊還有一個名詞也是我們應當注意的，那就是他也稱觀念爲感覺。關於這一點，我們在上面也曾經提到過。此外，他把認知（Perception）與存在（Existence）也常混用，因爲物質物的存在就是被認知。好了，現在我們看他證明別的心靈存在的論證。㉕

首先，柏克萊指出，我們不能直接的證明別的心靈存在，我們只能間接的證明，因爲我們沒有心靈或精神的觀念。根據柏克萊所說，心靈是一個單純的、不可分的、非延展的，而活動的存有；它的本質是思想、願意與認知。所以心靈是認知，不是被認知。因此，「心靈是認知的集合，拿去認知，拿去心靈；有了認知，就有心靈。」㉖然而如果心靈的本質是這樣，我們不可能有它的觀念，自然也不能直接的證明別的心靈存在。

柏克萊證明別的心靈存在的間接論證是這樣的：「人的心靈或人（Person）是不能被感官認識的，因爲它不是一個觀念。在我們看到一個人的顏色、大小、形狀和活動時，我們沒有看見人，如果人是一個生活、行動和認知的物；我們所看見的只是顏色、大小、形狀和活動，在我們的心靈上所引起的不同感覺或觀念，這些觀念的集合告訴我們，有別的心靈存在。」

㉕ G. Berkeley, Philosophical Commentaries, §580, p.367,
「Mind is a congeries of perceptions. Take away perceptions and you take away the mind, put the perceptions and you put the mind.」

㉖ G. Berkeley, Phil. Comm. §557, p.367,「The very existence of ideas constitutes the soul.」

㉗柏克萊這個證明別的心靈存在的間接論證是說，我們得不到心靈的觀念，但是我們可以得到顏色、大小、形狀和活動的觀念，我們把這些觀念集合在一起，可以推論有別的心靈存在。

柏克萊還有另一個證明別的心靈存在的間接論證：我們沒有心靈的觀念，所以不能藉觀念證明別的心靈存在；然而如果我們看到某些記號與後果（Signs and effects），與我們的心靈所發生的記號與後果相同，我們便知道有別的心靈存在。㉘這個間接的論證很清楚，那是說因爲我們有心靈，所以我們能推理、能計算、能寫作、能發展科技等等。因此，如果別的物也能這樣作，它們也必定有心靈。

柏克萊認爲他以上的兩個間接論證，爲證明別的心靈存在是有效的。但是它們的有效性是有問題的，因爲與他的整個哲學體系相違背。柏克萊的哲學是唯心論，也就是他自稱的非物質論。他的基本思想是「存在即是被認知」，一切物質物的存在都是他的認知或觀念，物質的物不可能在他的觀念以外存在。然而我們可以問他：爲什麼他不認爲別的心靈的存在也是他的觀念呢？爲什麼別的心靈能在他的觀念以外存在呢？不錯，根據柏克萊所說，「存在即是被認知」是對物質的物所說的，不是對於心靈所說的。但是問題是：他證明別的心靈存在是由心靈的觀念證明的，雖然他不是由心靈的觀念直接證明的，而是由心靈所表現的觀

㉗ G.berkeley, The Principles, §145, p.122., §148, p.124.

㉘ G. Berkeley, The Third Dialogue, p.195

念，或者說由心靈所發出的記號與後果所證明的。但是這仍然是由心靈的觀念證明的。因此，如果柏克萊認爲物質的物是他的觀念，不可能在他的觀念以外存在，那麼，他也應當相信別的心靈存在同樣是他的觀念，同樣不能在他的觀念以外存在，柏克萊沒有注意到這一點。㉙

柏克萊相信別的心靈存在，也證明了別的心靈存在，然而因爲他的主要學說是「存在就是被認知」，所以今天的哲學家們在討論唯我獨存主義時，都對於他證明別的心靈存在的論證置之不顧，認爲他是導致唯我獨存主義的主要哲學家之一。

第三節　類比論證與唯我獨存主義

導致唯我獨存主義的，除掉我們以上所說的一些哲學家們外，凡是以類比論證（Argument from analogy）證明有別的心靈存在的哲學家們都有極大的影響。這些哲學家們認爲：我知道我的心靈存在，這是毫無問題的，但是我如何知道在我的心靈以外，還有別的心靈存在？因爲我只知道我自己心靈的活動與內容，不能知道是否有別的物，也有與我的心靈同樣的活動與內容。對我而言，爲證明有別的心靈存在，最自然而又最明顯的論證就是類比論證。所謂類比論證，就是說我能夠知道在我的心靈以外，還有別的心靈存在，因爲有的

㉙ David M. Armstrong, Op. cit. pp.16-17.

物與我有相似之處，然而如果它們與我有相似之處，那麼，我有心靈，我可以推知它們也必定有心靈。約翰·穆勒（John Stuart Mill, 1806-1873）就有這種理論。他問說：「有什麼證據我確實知道，或者有什麼理由我確實相信，有別的有知覺的物存在？我如何知道，我所看到和聽到的那些走動和說話的形象，有感覺？有思想，或者說有心靈？」以下是他自己的答覆。

「我認爲別人像我一樣，是有感覺的。因爲第一、他們有像我一樣的身體。以我自己的情形而言（In my own case），我知道身體是感覺的先決條件。第二、他們有行爲的表現和某些外在的表記。然而以我自己的情形而言，那些行爲和表記都是由於感覺而發生的。我知道我的行爲都是因爲先有身體的變化，而後有感覺，最後才有行爲的出現。在我觀察別人時，固然只能看到他們身體的變化和行爲的出現，看不到其間的感覺，但是其間必有感覺作連繫，因爲我知道，在我的身體上是這樣：沒有感覺，不會有行爲的出現。」㉚

約翰·穆勒雖然以類比的論證證明有別的心靈存在，但是他的類比論證沒有絕對的確定性，只能提供一個概然性。凡是以類比論證證明有別的心靈存在的哲學家們，都同意這一點。斯泰司（W. T. Stace）也主張以類比論證證明有別的心靈存在，然而他就認爲類比論證

㉚ J.S. Mill, An Examination of Sir William Hamilton's Philosophy, 6th ed. New York, 1889, pp.243-244, quoted by Norman Malcolm, Op. vit. pp.17-18.

不能給我們一個確定性，只能給我們一個概然性。他說：「我們必須承認，身體的論證（類比論證）是惟一眞正的邏輯論證，然而它不能產生一個確定性，只能產生一個概然性的結論；一切類比的推理都是如此，我們沒有一個論證，可以使我們絕對的確定，在我的心靈以外，有任何別的心靈存在」。[31]

很明顯的，以類比論證證明在自己的心靈以外，有別的心靈存在的哲學家們，都接受笛卡爾的心身二元論，同時也接受洛克的反省或內在的認知；認爲由於內省我們才能認識我們的思想與感覺，認識了我們的思想與感覺，而後才能瞭解我們的思想與感覺和我們身體的活動關係。因此，在我們看到別人有同樣的身體活動時，自然就認爲他們有與我們同樣的思想與感覺，換言之，認爲他們有心靈。但是這種結論，就如斯泰司所說，不能給我們一個確定性，只能給我們一個概然性。因爲只以我個人身體的活動，並以我自己的情形作基礎，去證明有別的心靈存在，而不考慮其他的問題，這是以一個人的例子，涵蓋其他一切相似的情形，而那些情形未必完全相同，所以實在沒有邏輯的必然性。然而如果一個人不能以類比論證證明在他的心靈以外，還有別的心靈存在，但是同時又認爲類比論證是證明別的心靈存在的惟一論證，他可能認爲他的心靈是惟一存在的心靈了。

在這裡還有另一個問題：如果一個人完全相信心靈的狀態與身體的活動互相分離，沒

---

[31] W.T. Stace, The theory of Knowledge and Existence,Oxford, 1932, P.196, quoted by N.Malcolm, Op. cit. p.18.

有連繫的關係；那麼，他爲瞭解他心靈的狀態，只作反省便可，不必而且也不可能看他的心靈與他身體的關係。這也就是說，由於反省，一個人便可以知道他心靈的狀態，譬如他正在發怒，或正在發愁等等。然而如果如此，他便無法知道別的人是否也能發怒或發愁，因爲一個人看起來正在發怒或發愁，但是他可能沒有發怒或發愁，因爲心靈的狀態與身體的動作沒有任何連繫的關係。在這種情形之下，一個人爲證明在他的心靈之外，是否還有別的心靈存在，很明顯的，他便不能用類比論證。其實，什麼論證他都不能用。

到此我們不妨一提，馬爾克木認爲，在我們證明別的人是否有心靈時，我們不能用「別的人」這種字樣，因爲我們既然承認「別的人」，便不能懷疑「別的人」是否有心靈。所以在我們證明「別的人」是否也有心靈時，應當把「別的人」改爲「別的人形」。因此，約翰．穆勒以自己的感覺與身體動作的關係，證明「別的人」有心靈時，已經犯了邏輯語言的錯誤。[32]但是這樣說來，在我們證明有別的心靈存在的問題時，我們連「我們」這個代名詞也不能用，只能用「我」這個代名詞，因爲如果我們用「我們」這個代名詞，表示在我以外，還有別的人有心靈。

馬爾克木一再強調，如果一個人完全接受笛卡爾的二元論，那麼，對那個人而言，在人的心靈與身體結合時，身體不必非是我們這樣的身體，它可以是任何形狀的物體，它可以

---

[32] N. Malcolm, Op. cit. p.19.

是石頭、桌子、椅子等等。因此，如果我們認爲「別的人形」有心靈，能悲傷，能高興，我們也可以認爲石頭、桌子、椅子有心靈，能悲傷，能高興。我們不能說石頭、桌子、椅子不流淚、不嘆氣、不笑，不手舞足蹈，便說石頭、桌子、椅子不悲傷，不高興；流淚、嘆氣、笑、手舞足蹈，不是悲傷和高興的絕對表記。反過來說，如果我們認爲石頭、桌子、椅子沒有心靈，不悲傷，不高興，我們也應當認爲「別的人形」也是這樣。如此說來，我們便不能把心靈以及心靈的狀態加與任何物上，因此，我們也不能不走入唯我獨存主義的途徑。[83]

第四節　唯我獨存主義的論證

我們在上兩節已經看到了唯我獨存主義的論證，不過，那是導致唯我獨存主義的論證，不是唯我獨存主義的論證。現在我們要討論的是，唯我獨存主義的基本而有系統的論證。

研究唯我獨存主義的論證，最詳細、最深刻、最有系統的，應當是卡伯爾（V. C. Chappell）。他用「痛」這個心靈的現象，作爲討論唯我獨存主義的起點。其實，今天的心靈哲學家們都喜歡用「痛」代表心靈的其他一切現象，這可能是因爲「痛」是我們最普遍和最明顯的心靈現象。卡伯爾不是唯我獨存主義者，但是他認爲唯我獨存主義的論證，看起來

---

[83] N. Malcolm. Op. cit. pp.26-28

合理，雖然結論不能被我們所接受。卡伯爾把唯我獨存主義的論證分爲三個層次，每個層次有不同的論點，現在我們分述於下。

（甲）唯我獨存主義的第一層次論證

大概人人都有過「痛」的經驗，我有過，別人也有過。因此，我可以看出來是否一個人有「痛」；也許我不能常常看出來，然而大致我可以看出來。我所以能看出另一個人有「痛」來，是根據他所表現的行爲，也就是根據他所言所行。不過，這也不能一概而論，因爲一個人沒有「痛」，可以假裝有「痛」，或者有「痛」，而假裝沒有「痛」；有時他假裝的維肖維妙，非常成功。在這種情況之下，我認爲他有「痛」，其實他沒有「痛」；或者我認爲他沒有「痛」，其實他有「痛」。所以一個成功的假裝者，在他假裝時的所言所行，與他不假裝時的所言所行，我便無法分辨。這樣說來，在我認爲一個人有「痛」或沒有「痛」時，如果是根據他所言所行，我很可能被騙了，因爲他極可能是一個成功的假裝者。因此，現在的結論是：「痛」不是人的所言所行，換言之，不是人所表現於外的行爲；「痛」與行爲完全是兩件事。那麼，「痛」與行爲有沒有連帶的關係呢？答案是它們可能有連帶的關係，然而它們連帶的關係最多是偶然的，不可能是必須的，否則，成功的假裝者便屬不可能。總之，「痛」與行爲完全是兩件獨立的事。

由以上所說，我可以確定，爲知道一個人有「痛」或沒有「痛」，我不能專靠他所言所行，我必須直接知道他的感覺或經驗。但是對我而言，這是絕對不可能的，因爲直接知道一個人的感覺或經驗，就是感覺那個人的感覺，經驗那個人的經驗；然而我和他是兩個人，我永遠不能感覺他的感覺，經驗他的經驗；我只能感覺我自己的感覺，經驗我自己的經驗。在我感覺或經驗我有「痛」時，我說我有「痛」；感覺或經驗「痛」，就是有「痛」。對於另一個人的感覺或經驗，我是永遠不能感覺或經驗的，所以另一個人有「痛」或沒有「痛」，也是我永遠不能知道的。

我固然不能直接知道另一個人的感覺，所以也不能知道他有「痛」或沒有「痛」。然而這以外，是否有一個完全可靠的方法，可以使我推測出另一個人的感覺？答案是否定的。爲了說明這個道理，我們不妨用比喻的方式來解釋。譬如有一個方法，它可以使我由甲事故推測出乙事故來；然而這就等於說，我知道每次甲事故發生時，乙事故也就同時發生。但是這需要在那個使我知道由甲事故推測乙事故的完全可靠的方法之外，必須還有另一個方法，它可以使我知道乙事故發生。因爲如果沒有一個方法使我知道乙事故發生，我又如何知道每次甲事故發生時，乙事故也同時發生呢？然而問題是：這個使我知道乙事故發生的方法完全可靠嗎？所以這個方法又需要另一個方法保證它的可靠性。不過，縱然有另一個方法保證使我知道乙事故發生的可靠性，但是問題仍然沒有解決，因爲我還可以問：這個保證那個方法可靠性的方法，它本身有完全的可靠性嗎？因此，它也需要另一個方法保證它的可靠性。如此推演下去，永無終止。其結論是：我永遠不能知道乙事故發生。這無異說，我永遠不能知道另一個人的感覺，當然也永遠不能知道他有「痛」或沒有「痛」。

（乙）唯我獨存主義的第二層次論證

縱然我不能知道另一個人是否有「痛」，然而在某種情況之下，似乎我有把握相信他有「痛」；如果我不能絕對的確定他有「痛」，我可以合理的相信他有「痛」。其實，這個問題也並不那麼簡單，因爲我爲了有把握相信另一個人有「痛」，我必須有一個事實，作爲我相信他有「痛」的證明。譬如我爲了有把握相信丙事故的發生，我必須有另一個事故譬如丁的發生，以作爲丙事故發生的證明。在一個人說「他有痛」這句話時，我很自然的便以他的行爲，也就是他所言所行，作爲那句話眞實性的證明。然而事實上，不論是他的行爲也好，或是他的任何事情也好，都不能作爲使我知道那句話眞實性的證明。因爲譬如爲知道丁事故是丙事故眞實性的證明，我必須知道丁事故發生時，丙事故常常或多次是眞實的。但是既然我永遠不能知道另一個人有「痛」或沒有「痛」，我便永遠也不能知道他所說的「我有痛」這句話的眞實性。因此，我也永遠不能知道他的行爲，或者他的任何事情，就是那句話眞實性的證明。換言之，我永遠不能有把握相信另一個人是否有「痛」。

也許有人會想，爲了知道丁事故是丙事故眞實性的證明，我不必非知道在丁事故發生時，丙事故常常或者多次是眞實的。因爲只要我有適當的理由，甚或有某些理由，認爲丙事故是眞實的，那就夠了。然而縱然如此，結論仍然是一樣的：我不能知道任何事故是另一個人說「他有痛」這句話眞實性的證明。因爲如果我有適當的理由，或者有任何理由，相信丙事故是眞實的，這就是說，在丁事故的證明之外，我能有別的有關丙事故眞實性的證明。再更清楚的說，在這個「別的證明」發生時，我就能知道丙事故常常或者多次是眞實的。但是如果我從來不能知道丙事故是眞實的，或者說我從來不能知道「他有痛」這句話是眞實的，那麼，我也不能知道這個「別的證明」是丙事故眞實性的證明。到此我可以結論：我沒有適當的理由，甚至我沒有任何理由，相信丙事故是眞實的。這自然也說明，我沒有適當的理由，甚至沒有任何理由，相信另一個人說「他有痛」這句話是眞實的。

（丙）唯我獨存主義的第三層次論證

縱然我不知道另一個人有「痛」，甚至我也不能有把握相信他有「痛」，然而在某種情形之下，似乎我能推測他有「痛」，或者至少我能想像他有「痛」；如果我不能有理由說他大概（Probably）有「痛」，至少我能有理由說他可能（Possibly）有「痛」。這種說法看起來很有道理，但是道理只是表面的。因爲譬如我爲了能推測丙事故的發生，或者爲了有理由相信丙事故發生的可能性，我必須能指出丙事故所有的一切條件，瞭解了那些條件，我才能推測，或者才能想像丙事故發生的可能性。因爲如果我不知道丙事故的一切條件，丙事故對我而言，便毫無意義。我不能推測我不瞭解的事，如果我不瞭解一件事是什麼，我不能說那件事的發生是可能的。

以上的解釋，對於另一個人有「痛」的問題也是一樣。我既然不能知道另一個人有「痛」，甚至我不能有把握相信他有「痛」，我便不能指出他有「痛」的一切條件。因此，另一個人說「他有痛」這句話，對我而言，便毫無意義。所以如果我不瞭解另一個人說「他有痛」是什麼，我自然也不能推測他有「痛」，而且也永遠不能有理由，認爲他可能有「痛」。

也許有人想，如果我能直接認識「痛」，我便可以指出另一個人有「痛」的一切條件來，那麼，我也便能知道另一個人有「痛」。事實上，我確實直接認識我的「痛」，所以我知道有時我有「痛」。因此，我爲了知道另一個人有「痛」，只要我能直接認識他的「痛」，問題便迎刃而解。但是顯而易見的，直接認識另一個人的「痛」，是邏輯的不可能（Logically impossible），也就是絕對的不可能，因爲我只能直接認識我的「痛」，我不能直接認識另一個人的「痛」。爲了直接認識另一個人的「痛」，我必須變成那個人，這當然同樣的也是邏輯上的不可能；況且縱然我變成了另一個人，我直接所認識的「痛」，仍然是我的「痛」，不是那個人的「痛」，因爲那個人已經變成了我。

由以上所說看來，不但另一個人有「痛」這句話對我毫無意義，即連另一個人有「痛」的思想，我也不能有。因爲如果我對於另一個人的「痛」我一無所知，甚至我連認爲另一個人有「痛」的一點理由都沒有，那麼，我如何能有另一個人有「痛」的思想呢？因此，如果不是我的「痛」，我不可能有另一個人有「痛」的觀念；另一個人有「痛」是我永遠不能瞭解的，「痛」只是我心靈的現象或活動。「痛」這個字僅有一個含義，那就是指「我有痛」。其實「我的痛」的「我的」二字也是多餘的，因為除我以外，沒有人有「痛」。所以一切的「痛」都是「我的痛」，只有「我的痛」才是邏輯的眞理（Logical truth），如果說另一個人有「痛」，便是邏輯的錯誤（Logical Falsity）或邏輯的荒謬（Logical Fallacy）

很明顯的，「痛」只是心靈的一種活動，「痛」以外，心靈還有思想、認知、意願、喜、怒、哀、樂等等很多別的活動。以上卡伯爾以「痛」為唯我獨存主義所作的論證，自然也適用於心靈的其他活動。這樣說來，既然只有我有「痛」，所以也只有我有其他的心靈活動，別的人都沒有。別的人都是「人形」或「沒有心靈的人」（Mindless people）。[34]

以上卡伯爾所提出有關唯我獨存主義的三個層次論證，密切相連，不能分開；每個層次中的每個步驟，也都以「反證法」（Reduction ad absurdum）或「不可能證法」（Reductio ad impossibile），使它們環環相扣，節節緊繫，其中任何一個步驟被否認，便得到一個荒謬或不可能的結論。所以承認了第一個步驟，也必須承認其他的步驟。我們已經看到：論證中的第一層次的結論是，我不能知道另一個人有「痛」；論證中的第二層次的結論是，我不能相信另一個人有「痛」；論證中的第三層次的結論是，我永遠不能有理由認為另一個人有「痛」；論證的三個層次的總結論是，只有我有「痛」，「痛」的意義就是指「我的痛」。

[34] V. C. Chappel, The Philosophy of Mind, edited, Dover Publications, Inc. New York, 1981, Introduction, pp.1-6.

然而已如我們剛才所說，「痛」是心靈活動的一種，心靈還有許多別的活動。因此，這也就說明，心靈不論有什麼活動，都是我心靈的活動，世界上只有我一個人。

第五節　唯我獨存主義與科學

在今天，英、美、澳等地區的許多哲學家們，對唯我獨存主義熱中非凡，廣泛的討論這個問題。大致而言，他們認爲唯我獨存主義是有道理的，主要的原因是因爲我只能知道另一個人的外在行爲，不能知道他心靈的活動，也不能感覺他的感覺，所以我不能知道他是否有一個心靈，我可能是世界上惟一有心靈的人。現在的問題是：是否科學能幫助我認識另一個人心靈的活動？感覺他的感覺？他們認爲這是不可能的，以下是他們的論點。

也許將來科學發展到一定程度，使我看到另一個人的腦神經有什麼活動，便知道他有什麼認知或感覺。譬如他的腦神經有某種活動，他便看見紅色。但是那另一個人看見紅色時腦神經的活動與他看見紅色，完全是兩件事；我可以看見另一個人腦神經的活動，然而紅色的經驗只有他自己可以經驗到，我永遠經驗不到他的紅色經驗。當然我也有紅色的經驗，不過，那不是他的經驗。即便可能有一天，因爲科學的發達，我和另一個人能夠彼此看我們腦神經的活動，但是問題是，我們不能看彼此的經驗。

我們都知道，「痛」是一種感覺，沒有獨立的存在；我看不見「痛」，也摸不到「痛」，所以另一個人的「痛」是無法感覺到的。有時我也對遭受病痛的朋友說：「我感覺到你的『痛』，然而那只是我同情他所說的話，我永遠感覺不到我朋友的「痛」。不錯，有時我心裡的確也感覺到朋友的「痛」，然而我感覺的「痛」與朋友的「痛」，完全是兩個不同的「痛」；我的「痛」是我感覺的「痛」，他的「痛」是他感覺的「痛」，兩種感覺不同，兩種「痛」也不同。

每一個人的經驗都是他自己的，我不可能經驗另一個人的經驗；我可以從他所表現的行爲，推測他的經驗。譬如一個人摀著他的下巴，愁眉苦臉，不時發出哼哼聲，我推測他牙痛。但是如果我牙痛，我不必照鏡子，看看我的行爲和臉面的表情，我直接知道我牙痛，因爲我感覺到我牙痛。「我的痛是我感覺到的痛」這個命題，必須是眞的；因爲這是一個分析眞理的命題；這就等於說，我感覺到的痛就是我的痛。

論到推測另一個人的「痛」，還有一個困難，那就是沒有一個邏輯可能的方法（Logically possible way），可以使我知道他有「痛」。我可能完全不知道他有「痛」，因爲他可能是一位極好的演員，裝什麼，像什麼；而且他也可能是最進步的機器人，和眞人一模一樣，不但能做人的各種動作，並且還能和我對話。

爲解決知道另一個人有「痛」的問題，我們不妨再回到科學上。也許不久的將來，科學可以確切的發現：人的腦神經末梢激動的某種狀態，就說明人實在有「痛」，不是假裝。但是問題是，我知道我有「痛」時，我的腦神經末梢有某種激動的狀態，然而我如何知道另一個人有「痛」時，他的腦神經末梢也有同樣的激動狀態呢？而且我又如何知道生理狀態與心靈活動的關係，在我身上與在別人身上一樣呢？所以在這裡只有一個結論：世界上只有我一個人，這個結論最確定。㉟

第六節　評唯我獨存主義

唯我獨存主義是一種非常新穎的哲學思想，四、五十年來主導英國、澳洲、美國的哲學界，影響所及，到達北歐之挪威、瑞典和丹麥。這種新分析哲學（Analytic philosophy）或語言哲學（Linguistic philosophy）受賴爾（Gilbert Ryle, 1900-?）於一九四九年發表的《心靈的概念》（The Concept of Mind），以及維根斯坦（Ludwig Wittgenstein, 1889-1951）於一九五三年出版之《哲學研究》（Philosophical Investigation）的影響極大。不過，雖然這種新哲學在上述地區是一種劃時代的新哲學，然而值得檢討之處卻不少，我們僅提出以下幾點，作爲參考。

㈠首先，我們可以肯定，在實際的生活上，沒有一個人是唯我獨存主義者。否則，他

㉟ John Haspers, An Introduction to Philosophical Analysis, 2nd. ed. Prentice-Hall, Inc. Englewood Cliffs, N. J. 1967, pp.381-384.

寫的書讓誰看？他說的話讓誰聽？他的思想和誰溝通？他的情感向誰宣泄？他總不能說，他寫的書是讓機器人看，他說的話是讓機器人聽，他的思想是向機器人溝通，他的情感是向機器人宣泄。如果如此，他的精神一定有問題。

實在，一個唯我獨存主義面臨的問題太多了。在家庭生活方面，他有父母，也許還有丈夫、妻子和兒女，如果世界上只有他有心靈，或者唯他獨存，那麼，他的父母和家人是什麼？在社會方面，他一定要與人交往，譬如他要到商店買東西，到餐館用餐，有病要看醫生，訴訟纏身要請律師等等。然而如果他是世界上唯一獨存的人，他與交往的人都是什麼？唯我獨存主義面臨有說不完的問題。

㈡唯我獨存主義相反科學。科學證實，世界上有礦物、植物、動物和人類，所以我們有礦物學、植物學、動物學和人類學。我們在這裡只稍微談一下人類學，不談其他的科學。所謂人類，當然不是說世界上只有一個人，一個人不能稱爲人類。世界上有人類是不可質疑的事實，人類學可以證實這個事實。我們知道，人類學是研究人類的科學，這包括人類的起源、分佈、發展，以及在物質與精神方面的各種成就。人類學所研究的這些資料，我們還可以用考古學和歷史學來印證。這當然不是說，人類學所研究的資料完全正確無誤，但是有些資料是可靠的，至少人類存在決無問題，不然，我們連人類學也沒有。

㈢唯我獨存主義相反人類語言及文字存在的事實。人不論屬於何種族群，都有他們的語言；語言是人傳達思想與情感的工具。人有了語言，而後又由語言編成文字，文字除表達人的思想之外，還有記事的功能，所以文字是「我們所瞭解事情的記號」，[36]或者文字是「我們觀念可感覺的記號」。[37]但是不論是語言，還是文字，都是經社會大眾同意之後才用的。很明顯的，如果社會大眾願意或有需要，常可以創造新的語言和文字。然而無論如何，人類語言及文字存在的事實，說明世界上不是唯我獨存，否則，人類的語言及文字不會出現。

(四)唯我獨存主義的論證相反人的情理。我們在上面曾看到卡伯爾爲唯我獨存主義所提出的論證，同時也看到研究唯我獨存主義的哲學家們，替唯我獨存主義所提出的重點論證。綜合而言，他們論證的中心點是：我只能知道另一個人所表現出來的外在行爲，不能知道他心靈中的狀態；他心裡想什麼？願意什麼？有什麼感覺？我一無所知。所以在我從一個人所表現出來的行爲，認爲他有「痛」時，他可能沒有；相反的，認爲他沒有「痛」時，他可能有。因爲他是一位極好的演員，裝什麼，像什麼，表演的天衣無縫。況且他還可能是一個最進步的機器人，能夠模仿人的各種行爲，甚至可能與人對話，一切和眞人一樣，沒有絲毫的分別。

替唯我獨存主義提出論證的哲學家們又進一步的說，爲知道另一個人是否有「痛」，最好的方法，也是惟一的方法，就是感覺他的「痛」，但是這是邏輯的不可能。因此，合理

---

[36] St. Thomas, S. T. I-II Q. 7, a. 1.

[37] John Locke, Op. cit. BK. II. Ch. I. V. 10., Ch. 19. V.4.

的結論是：在世界上除我以外，我永遠不能知道，還有別的人和我一樣，有心靈的活動；或者說，我永遠不能知道，在世界上除我以外，還有別的人存在。那麼，最確定的結論是：我是世界上唯一存在的人。

我們認爲唯我獨存主義的論證極不合情理。我們不否認，別人可以誤導我，在他有「痛」時，使我相信他沒有，或者在他沒有「痛」時，使我相信他有，因爲他是一位極好的演員。然而這只是說，在他願意誤導我時，他才那樣假裝，他不能無緣無故的，時時處處都在假裝。何況人心靈的活動不只有「痛」這一個現象，人的一切思想、一切意願，以及一切的情感，都是人心靈的活動，我可以從任何一種活動，推論出心靈的存在來。

我們在回到「痛」這個問題上，我們認爲在某些情況之下，一個人不可能掩飾他的「痛」。在我看到一位骨癌末期的病人，呻吟叫痛，請求醫生給他注射止痛劑，我知道他「痛」。在我看到一個人的腳被一塊大石頭砸到時，坐在地上不能動彈，哎喲哎喲的喊痛，我知道他「痛」。如果我否認這種事實，我也必須否認生理學和醫學。至於說我遇到的人可能是最進步的機器人，完全與人一樣。但是如果機器人完全與人一樣，它有血有肉，有思想與情感，那麼，它不是機器人，而是和我一樣的人。科技是否能製造出這樣的人來，我們必須拭目以待。不過，到今天爲止，科學家們承認，科學沒有辦法製造一個活的小細胞。

㈤唯我獨存主義的論證混淆了「知道」（Knowing）與「經驗」（Experiencing）的意義。已如我們所知，唯我獨存主義極其強調：爲知道另一個人心靈的活動如「痛」，惟一的方法就是經驗他的「痛」，然而這是邏輯的不可能，所以我永遠不能知道任何人有像我一樣的心靈活動，換言之，我不能知道任何人有心靈。因此，在世界上我是惟一獨存的人。顯然的，唯我獨存主義的這個論證把「知道」與「經驗」的意義混淆了，縮小了我們知識的範圍。

我們的知識有不同的來源，大致而言，有經驗、推理和權威。所以經驗只是我們知識來源的一種，我們不能說，凡是我們沒有經驗過的事，我們便一無所知。天文學家們對於太空所有的知識，有多少是來自親身的經驗？實在微乎其微，幾近於零。以我們所看見的銀河來說，天文學稱之爲「我們自己的銀河」（Our own galaxy），這是因爲它離我們最近的緣故。天文學告訴我們，「我們自己的銀河」，約由一千億的星球所組成，它的直徑約十萬光年所走的距離，它的厚度約兩萬光年所走的距離。所謂光年，是光在一年內所走的距離，光的速度是每秒十八萬六千二百八十二英哩，那麼，光在一年走多少英里，不難算出。我們可以肯定，天文學家們絕對沒有到過「我們自己的銀河」，數數星球的數目，或穿越過它的直徑或厚度，但是他們告訴了我們這些天文的知識。我們不能說他們百分之百的對，然而至少概然性是有的，我們只看太空科學家們發射太空船到月球，並繞火星去探測，便足以說明他們對太空很多的知識，具有真實性。我們的知識除經驗以外，還可以由觀察、探討和推理而來。

我們的知識來自觀察、探討和推理的太多了，考古學家們沒有一個在石器時代生活過，然而他們知道當時人民生活的情況；地質學家們沒有一個在上古時代生活過，然而他們知道當時大地的結構；物理學家們沒有一個經驗過原子的威力，然而他們利用原子分裂連鎖反應的理論，製造了原子彈，摧毀之力，史無前例，使整個人類生活於滅亡的陰影之下。

我們的知識除掉來自觀察、探討與推理之外，還有很多的知識是來自權威的。我們沒有見過堯、舜、禹、湯，也沒有見過埃及的法老（Pharaoh）與羅馬的凱撒（Caesar），但是我們知道他們存在過；我們知道他們存在過，因爲歷史學家告訴了我們，歷史學家們在這方面有權威。我們沒有到過月球，但是我們知道在月球上有岩石，因爲阿姆斯壯（Neil Armstrong）和阿爾德林（Edwin Aldrin）告訴了我們，他們在這方面有權威，他們曾登陸過月球。其實，如果我們稍作反省，我們在日常的生活上，離不開權威的知識。譬如我們要到故宮博物院去參觀，不知道路線，可以請教去過的人；在超級市場裡不知道賣襯衫的部門在那裡，可以詢問服務臺的小姐；如果功課不瞭解，可以請老師再講一遍。我們在日常的生活上，依賴權威的知識太多了。但是這也就說明，唯我獨存主義的論證混淆了「知道」與「經驗」的意義，縮小了我們知識的範圍。

㈥唯我獨存主義的論證作繭自縛。已如我們一再所說，根據唯我獨存主義的論證，我不能知道另一個人心靈的狀態如「痛」，除非我經驗他的「痛」，或者說感覺他的「痛」。因爲感覺另一個人的「痛」，是知道他有「痛」的最好方法，也是惟一的方法，然而這是邏輯的不可能，因爲我不是他。所以爲感覺另一個人的「痛」，我必須變成他，但是如果我變成了他，他便不是他，而是我。所以我永遠不能知道另一個人的心靈狀態，換言之，我永遠不能知道另一個人有心靈，我只知道我自己有心靈，因此，我是世界上惟一存在的人。

我們認爲唯我獨存主義的論證，面臨一個不能解決的困難；因爲我爲知道另一個人的心靈狀態如「痛」，我必須感覺他的「痛」，這是最好的方法，也是惟一的方法，此外，別無二途。但是反過來說，也是一樣。這就是說，我爲知道另一個人沒有「痛」，我也必須感覺他沒有「痛」，這同樣是最好的方法和惟一的方法，此外，別無二途。因此，如果因爲我不能感覺另一個人的「痛」，便不能證明他有「痛」，換言之，便不能證明他有心靈的狀態，再換言之，便不能證明他有心靈。同樣，如果我不能感覺另一個人沒有「痛」，我便不能證明他沒有「痛」，當然也不能證明他沒有心靈的狀態，換言之，不能證明他沒有心靈。

唯我獨存主義的論證實在是作繭自縛，而且這個繭是絕對無法突破的。因爲如果唯我獨存主義承認他們的論證是有效的，那麼，他們也必須承認反對他們論證的論證也是有效的。在另一方面，如果他們認爲反對他們論證的論證是無效的，那麼，他們也必須承認他們的論證是無效的，因爲兩方的論證都是建立在同一個基礎上的。

我們在這一節的開始曾說過，唯我獨存主義是一種非常新奇的思想，有些論點深邃精闢，引人入勝，在哲學界啓發了一條新的思路，不能不說是一種貢獻。然而我們總覺得有點可惜，因爲那麼多聰明敏銳的哲學家們，鑽研探究，絞盡腦汁，目的只是證明自己是世界上惟一存在的人，實在匪夷所思。我們想，如果他們能在正統的哲學工作上深刻的研究，對於哲學必有更大的貢獻。

第十二章　論普遍的觀念

普遍的觀念在知識論裡是一個很重要的問題，這個問題自從波斐留斯（Porphyrius（Porphyry），C.232-305）在第三世紀提出之後，便產生了不同的派別，一直討論爭辯，持續不斷。在十二世紀時，若望・撒里斯布里（John of Salisbury, C.1110-1180）就感嘆的說：「世界已經老邁了，但是爲解決普遍觀念的問題，比羅馬帝國的凱撒們（Caesars）❶爲征服世界，所用的時間還要長，比克里撒斯（Croesus）❷所有的金錢還要多。」❸對於普遍觀念

❶ 自羅馬帝國第一位皇帝奧古斯都斯（Augustus 原名爲Gajus Julius Caesar Octavianus, 63 B.C.-14 A.D.在位期間爲 27 B.C.-14 A.D.）到哈德良皇帝（Hadrian，全名爲Publius Aelius Hadrianus, 76-138）都以凱撒爲皇帝名。

❷ 克里撒斯（Croesus）爲位於小亞細亞西部之古帝國呂底亞（Lydia）之國王，呂底亞於紀元前第七及第六世紀時以富庶聞名，克里撒斯爲當時最富有之國王。

❸ John of Salisbury, Polycraticus, 7, 12. quoted by F. Copleston, Op. cit. Vol. II, 153., Card. Mercier, Op. cit. Vol. II, P.388., R.F. O'Neil, Op. cit. PP.48-49.

問題的爭議，今天在士林哲學內，大致說來，已經趨向一致，然而有一些非士林哲學家們仍然有他們的爭執。我們在這一章裡，不僅闡述有關普遍觀念的不同主張，主要的是闡明普遍觀念的眞正意義與重要性。

第一節　普遍觀念的意義

我們知道，我們的外在感官所認知的，都是單個的、具體的物。譬如我們的眼睛所看到的杜鵑花，都是單個的、具體的杜鵑花。縱然我們在花季到陽明山公園觀賞杜鵑花時，我們的眼睛看到無數的姹紫嫣紅的杜鵑花，然而我們的眼睛所看到的仍是一朵一朵的杜鵑花。我們在這裡願意所說的是：在我們在陽明山公園觀賞完了遍地的杜鵑花後，回到家裡，我們的心靈裡仍有那些杜鵑花，那些在我們心靈裡的杜鵑花就是杜鵑花的觀念。但是很清楚的，在我們的心靈中的杜鵑花的觀念，並不是只代表陽明山公園中的某一朵杜鵑花，而是代表陽明山公園中所有的杜鵑花。這就如在我們心靈中的三角形的觀念，不只是代表某一個三角形，而是代表所有的三角形。這就是普遍的觀念。

普遍的觀念在英文稱Universal Idea或Universal Concept，這顯然的是由拉丁文的Universalis Idea或Universalis Conceptus轉變來的。拉丁文的Universalis是形容詞，表示「普遍的意思；Idea和Conceptus都是名詞，表示「觀念」或「概念」。拉丁文有時把中性單數的

Universale，或者多數的Universalia，當作名詞用，表示普遍的觀念。由於這種關係，英文也用Universal或Universals表示普遍的觀念。有的人把普遍的觀念譯作共相，也有的人把它譯作共名。

為了完全瞭解普遍觀念的意義，我們想：把Universalis這個字的字源解釋一下，也許有所助益。Universalis由Unum及Versus二字所組成：Unum指「一」的意思，Versus是動詞Vertere的過去分詞，指「轉向」、「翻轉」、「轉變」等意思。所以Universalis按字源是指「一物轉向許多別的物」（Unum versus alia）。清楚一點的說，是指「一物以某種方式，並以某種理由指向許多相關連的物」。❹由於這種關係，Universalis便解釋為「普遍的」意思，再經遞嬗，又當作「普遍觀念」的意思。

普遍的觀念在不同的意義下有不同的名稱，不過，它們大都不是我們在這裡所討論的普遍的觀念，只是在某種特殊的意義下，廣義的稱為普遍的觀念。對於這些廣義的普遍的觀念，我們在這裡也簡單的解釋一下。這樣，我們對於普遍的觀念可以有一個整體的瞭解。

（甲）原因的普遍觀念（Universale in Causando）

這是指原因對於它所有的一切後果，都有同樣的影響。因此，原因對於它所有的一切

❹ Cf. Paulo Geny, Op. cit. P.236, nota 1。有一些英文大詞典把Unum及Versus二字相合，解釋為「轉而為一」（Turned into one），這是不太正確的。

後果，也有一個普遍性，這就是所謂的原因的普遍觀念。原因的普遍觀念所包括的範圍大小，要看原因的普遍性大小。第一原因（Prima causa）的普遍觀念所包括的範圍最大，因爲萬物都是它的後果。

（乙）代表的普遍觀念（Universale in Repraesentando）

這是指一個觀念，代表許多物的相似性或模型。譬如一個陶藝家根據自己的觀念，製造出許多相似的作品來。

（丙）表明的普遍觀念（Universale in Significando）

這是指某些相同事物的記號或象徵，如果我們看到那個記號或象徵，就知道它所表明的是什麼樣的事物，字就是表明的普遍觀念最好的例子。洛克（John Locke, 1623-1704）就說過：「字是觀念的可感覺的記號。」❺其實，亞里斯多德及聖多瑪斯・亞奎那早說過這類的話，亞里斯多德說：「名字是被瞭解事物的記號」，聖多瑪斯・亞奎那說：「字是我們所

---

❺ John Locke, An Essay Concerning Human Understanding, Abridged and edited by A.S. Pringle-Pattison, Oxford, The Clarendon Press, 1964. BK. III, Ch. I, V.I., Ch. II.V.I.

瞭解事物的記號。」❻譬如以「人」這個字來說，是表明一切人的記號。除掉名字或字以外，商家用的招牌，以及政府機構所用的徽章和徽號等等，都是表明普遍觀念的好例子。

（丁）存有的普遍觀念（Universale in Essendo）

這是指我們對於物的內涵（Comprehension）所有的觀念。因爲物的內涵存在於許多相同的物內。譬如人的內涵：理性與動物性存在於所有的人內，所以物的內涵有一個普遍性。不過，我們對於物所有的存有性的普遍觀念，只考慮觀念的內涵，不考慮觀念的外延（Extension）。就如我們剛才所說人的存有性的普遍觀念是「人是有理智的動物」，但是我們並不考慮如何「有理智的動物」貼合於所有的人。由於這種關係，存有性的普遍觀念又稱爲「第一意向的觀念」（Idea of the First Intention）或「直接的普遍觀念」（Direct Universals）。關於這一個問題，我們將在另一節作詳細的討論。

（戊）貼合性的普遍觀念（Universale in Praedicando）

這是指我們把一個觀念實際的貼合於許多相同的物上，因此，我們對於一個貼合性的普遍觀念，不但考慮它的內涵，也考慮它的外延。所以貼合性的普遍觀念也稱爲「第二意向

---

❻ S.T. I-II. Q. VII, a.I, Resp.

的觀念」（Idea of the Second Intention）或「反省的普遍觀念」（Reflexive Universals）。關於這一點，在我們於另一節再詳細討論第一意向的普遍觀念時，也一併討論。

以上我們所談的五種普遍的觀念，只有第五種所說的貼合性的普遍觀念是眞正的普遍觀念，也是我們在這一章所討論的普遍觀念。因爲普遍觀念的意義就是指：一個觀念可以沒有差別的貼合於許多物上。譬如樹的觀念，可以以同樣的意義貼合於每一棵樹，不論它是什麼樹；同時又可以貼合於把所有的樹集合在一起的樹這個範圍。很清楚的，以上所談的五種普遍的觀念，除掉貼合性的普遍的觀念外，其他的四種普遍的觀念，都沒有我們所說的這種普遍觀念的意義。

第二節　普遍觀念的重要性

在我們的文字和語言中，除掉「專有的名詞」（Proper names），譬如孔子、孟子、蘇格拉底、柏拉圖、臺北、羅馬、太陽、月亮等等外，都是普遍的名詞。普遍的名詞也就是普遍的觀念。因此，沒有普遍的觀念，我們便不能作任何的聲明或命題，當然也不能給任何一個物下一個定義。譬如我們不能說明什麼是人，什麼是狗，什麼是樹。我們只能說這個人或那個人，這隻狗或那隻狗，這棵樹或那棵樹。我們不能把「人」貼合於所有的人，也不能把「狗」貼合於所有的狗，同樣，也不能把「樹」貼合於所有的樹。

知識的性質要求我們脫離個體物的特殊性質，而形成一個普遍的觀念。這是知識的基本條件。我們所作的一個最簡單的聲明（Statement），都假定普遍的觀念，因爲一個聲明就是說明在一個命題內，主詞（Subject）包括於述詞（Predicate）之內。在我們說「這隻狗是動物」時，不但我們所說的動物是指的一切動物，我們所說的狗，也是指一切的狗。沒有普遍的觀念，我們不能作任何聲明。

普遍的觀念是我們一切知識的基礎，因爲我們的理智能夠得到普遍的觀念，這才使我們的科學成爲可能。科學家們在試驗室裡對於一粒原子所得到的知識，適用於一切原子。一個物的固有性質如何，在同種類中所有的物的固有性質也如何。一個三角形中的三個角等於兩個直角，任何三角形也都是如此。

普遍的觀念不但是科學離不開的，是任何學問都離不開的。歷史、地理、藝術、文學，那一種學問能離開普遍的觀念呢？哲學更不用提。爲什麼呢？基本的原因是因爲已如我們剛才所說，沒有普遍的觀念，我們連一個最簡單的聲明都不能作。換言之，我們連一句有意義的話都說不了，更遑論作什麼學問。

還有，普遍的觀念爲我們作任何論證都是必須的，因爲普遍的觀念常被用作論證的中間詞（Middle Term）。譬如我們作這樣的一個簡單的論證：凡是人都是有理智的動物，張三是人，所以張三是有理智的動物。在這個論證裡，「人」是中間詞，連繫大前提與小前提，作爲二者比較的根據。顯而易見的，「人」是一個普遍的觀念。無論如何，普遍的觀念是任何論證所必須有的，沒有普遍的觀念，也就沒有中間詞，自然也就不能作成一個論證。

從以上所說，我們可以很清楚的看出，普遍的觀念對於我們是多麼重要了。事實上，我們整個的文化是建基於普遍的觀念上的。這當然不是說，感官對於個體物的知識不重要，事實正是相反，因爲沒有感官對於個體物的認識，也就沒有普遍的觀念；普遍的觀念是理智從感官所得到的個體物的知識抽象出來的。但是文化或學問是建立於普遍的觀念上的，不是建立於感官對於個體物的知識上的。我們對於個體物的知識，只限於那一個物，對於別的物卻一無所知。因此，不能建立眞正的學問。

第三節　普遍觀念的困難

普遍觀念的問題是波斐留斯（Porphyrius, C.232-305）所發起，他在他所寫的名著「亞里斯多德範疇論導引」（Isagoge,）一書中問說：「『類』（Genera）和『種』（Species）是存在於實際界中的物呢？還是僅存在於觀念中的呢？」（Sive subsistant, Sive in nudis intellectibus posita sint?）後來這本書被稱爲「最後的一位羅馬哲學家與第一位士林哲學家」的波哀丟斯（Boethius, 480-525）❼譯爲拉丁文，引起後來士林哲學家們對於這個問題的重

❼ Cf. Frederick Copleston, A History of Philosophy, Vol. I. Greece and Rome The Newman Press, Westminster,

視。他們在開始時所問的問題和波斐留斯所問的問題是一樣的，那就是：是否我們觀念的對象：「類」與「種」是存在於自然中的「自立物」（subsistentia）？或是僅存在於心靈中的抽象物（Nuda intellecta）？再簡單的一點說，「類」與「種」是否是實在的物？給予肯定答案的哲學家們，稱爲實在論者（Realists）；相反的，給予否定答案的哲學家們，稱爲反實在論者（Anti-realists）。❽我們知道，反實在論者分不同的派別，對於這個問題，我們不久就要討論。

「類」與「種」是否是實在物的問題，漸漸演變爲觀念是否是實在物的問題，也就是說普遍的觀念是否是實在物的問題。根據絕大多數的士林哲學家們的主張：普遍的觀念是「一個」觀念，但是貼合於同類中每一個物。譬如人的普遍的觀念：有理智的動物，貼合於人類中的每一個人；任何人，包括過去的人，現在的人，以及將來的人。普遍的觀念超越時間與空間。

不過，普遍觀念的問題並不簡單，問題是：爲什麼「一個」觀念，它既是「一個觀念」，而同時又能貼合於同類中所有個體的物？譬如一個樹的觀念是「一個」觀念，但是貼合於柳樹、松樹、榕樹、楊樹、中國的樹、外國的樹、古代的樹、現代的樹、將來的樹，一切的樹。

Maryland, 1959.P.485.

❽ Card. Mercier, Op. cit. BK. II. P382.

爲什麼「一」適合於「多」？

一個普遍的觀念是「一個」觀念，應當是沒有問題的，因爲觀念就是指有「一個確定的內涵」（Una Comprehensio determinata）❾。因此，一個樹的觀念對於一棵固定的樹而言，是「一個固定的」觀念，然而那個樹的觀念對於任何一棵樹而言，都是「一個固定的」觀念。「一個固定的」觀念如何能適合於許多的物？換言之，如何能貼合於許多的物？事實上，我們感官認識的物，都是單個的或具體的物，排除眾多性（Multiplicitas），然而我們的觀念卻包括眾多性。那麼，觀念與眾多性，不能不說是有困難的。

普遍的觀念還有另一個困難，那就是我們不能有普遍的可感覺的認知（Sensible perception of a universal）；在我看一朵玫瑰花的顏色時，和聞它的香味時，我只看到這朵玫瑰花的顏色，聞到這朵玫瑰花的香味；我看不到玫瑰花上的普遍的顏色，也聞不到玫瑰花上的普遍的香味。同時，我們也知道，我們的觀念最先是由感官得到物的「可感覺的印象」，而後才由理智抽象得來的。現在的問題是：是否我們的觀念與物的「可感覺的印象」相同？如果我們說相同，那麼，觀念與物的「可感覺的印象」便沒有任何分別了，在這種情況之下，既然我們的感官不能有普遍的可感覺的認知，我們的理智自然也不能形成普遍的觀念。但是

❾ 內涵（Comprehensio）是構成一個觀念特性（Attributes）的總合，譬如人的觀念的內涵是：一個物質的、有生命的、有感覺的、有理智的實體。

如果說觀念與物的「可感覺的印象」不相同，那麼，我們的觀念如何使我們藉觀念認識物呢？因爲我們認識物，是藉感官的「可感覺的印象」所認識的。

由於普遍的觀念有我們以上所提出的困難，所以哲學家們對普遍觀念的看法或主張，便形成不同的派別，彼此相距甚遠，除掉根本否認普遍觀念可能性的哲學家們外，有過分的實在論（Exaggerated Realism）、唯名論（Nominalism）、概念主義（Conceptualism），以及溫和的實在論（Moderate Realism）。我們在下一節，對這幾種有關普遍觀念的主張，分別加以討論。

第四節　有關普遍觀念的不同主張

（甲）過分的實在論

過分的實在論又稱爲極端的實在論（Extreme Realism）或過激的實在論（Ultra-realism）。根據這派的主張：「類」與「種」如何在我們的心靈上存在，也如何在我們的心靈以外存在；我們怎樣思想它們，它們在外界也實際就是那樣；「類」與「種」在我們思想中存在的方式，與在外界存在的方式完全相同。

論到我們的普遍觀念，不論是什麼普遍觀念，過分的實在論者認爲，它們不只是在我們心靈中的抽象觀念而已，它們實際的存在於外界。換言之，在我們的心靈或理智以外，眞眞實實的有所謂的「普遍的物」（Res universales）。因此，我們認識了我們心靈中的普遍觀念，也認識了我們心靈中以外的「普遍的物」。普遍的觀念不是像士林哲學家們所說的，它們在基礎上存在於物上（Fundamentaliter in rebus），但是眞正的存在於心靈（Formaliter in mente）上。對過分的實在論者而言，普遍的觀念不但在基礎上存在於物上，而且也眞正的存在於物上。所以在我們的心靈以外客觀的有普遍的物，它們既是一，也是多（Res simul sunt unum et plura）。[10]至於普遍的觀念在我們的心靈以外如何存在，過分的實在論者不同，他們的解釋也不同，我們現在敘述於下。

最早，埃里亞學派（Eleatics）的哲學家們如色諾分尼（Xenophanes, C.580-490）、巴美尼德斯（Parmenides, born C.540 B.C. in Elea）、芝諾（Zeno, born C.500 B.C. in elea）等人的思想，多少都含有過分實在論的論調。麥加拉學派的哲學家們（Megarians）如尤克里德斯（Euclides, C.430-C.360）、尤布里德斯（Eubulides）、斯底耳波（Stilpo, C.380-C.300 B.C.）等人的學說，也都帶有過分實在論的色彩。[11]

---

[10] 參閱：R.P. Phillips, Modern Thomistic Philosophy, Vol. II. The Newman Press, Westminster, Maryland, 1954. P.48.

[11] 麥加拉學派（Megaric School）是由尤幾里德斯（Euclides, C.430-C.360 B.C.）在距離亞典不遠的麥加拉（Megara）所創的學院而得名。尤幾里德斯及其繼承人尤布里德斯（Eubulides）皆受蘇格拉底及埃里亞

在古希臘時代，眞正主張過分實在論的哲學家，士林哲學家們都認爲是柏拉圖。對柏拉圖而言，我們所以能認識這個世界上的各種偶有的、變化的和暫時的物，是因爲在這個世界以外，還有一個超越的世界（Transcendental World），在那裡有各種必須的、不變的和永恆的物，它們都是形式（Forms）或觀念（Ideas）；我們這個世界所有的偶有的、變化的和暫時的物，都是那些形式或觀念的拷貝或複製品，但是模糊不清。無論如何，在超越世界裡的觀念是我們這個世界上一切物存在的原因，也是我們認識我們這個世界上一切物的理由。

柏拉圖以上的主張一方面是爲解釋存有的問題（Problema ontobogicum）：爲什麼許多個體的物有同樣的本性或本質？另一方面也是爲解釋邏輯的問題（Problema logicum）：爲什麼我們能以同樣的觀念認識許多個體的物？並把同樣的觀念貼合於許多個體的物？這兩個問題的意義可以用一個例子來說明。譬如爲什麼張三、李四、王五等無數的個體的人都有同樣的本質或本性？又爲什麼我們把張三、李四、王五等無數的人都看作人？把「人」的觀念都貼合於他們？對於這兩個問題，柏拉圖就是用他的形式或觀念的學說來解釋。那就是在超越的世界裡，或者說在觀念的世界裡，有一個「人的觀念」（Idea Hominis），這個「人的觀念」也就是「普遍的人」（Homo universalis），在我們這個世界上的人，都分享那個「人

學派的影響極大，惟該院學者們（Megarians）的著作都已遺失，他們的思想只有從當時人們引用他們的話，得知一二。又參考：Paulo Geny, Op. cit. P.255.

的觀念」或「普遍的人」。因此，在我們這個世界裡，所有的人都有同樣的本質或本性，我們自然也可以把「人」的觀念貼合於所有的人，不論是張三、李四、王五，或任何人。

柏拉圖的觀念學說無疑是奠定了我們知識的確定性與必須性，然而同時也說明了他的過分實在論。因爲在我們的這個世界裡，所有的物，不論是什麼物，在觀念的世界裡都有它們的永恆的、不變的和必須的觀念，我們對於物所有的觀念，都是來自觀念世界裡的觀念。這無異說，我們的一切觀念都實際的存在，只是不在我們的這個世界裡存在而已。

這裡有一個問題，那就是我們對於人的觀念也好，或是對於其他任何物的觀念也好，既然都是我們分有觀念世界裡的觀念，但是爲什麼我們並沒有意識到那些觀念是我們先天就有的呢？或是說與生俱來的呢？柏拉圖的解釋是：我們的靈魂與我們的身體結合以前，在觀念的世界裡對於一切的觀念都有直觀的知識（Intuitional Knowledge），因爲我們的靈魂在觀念的世界裡，都直觀那裡的觀念。在我們的這個世界裡，我們所以能夠認識物，是因爲我們對我們從前在觀念世界裡所有的直觀知識的回憶（Reminiscence）。我們現在對於物的觀念所以是有效的、眞實的，其理由就在於此。我們的一切觀念都代表觀念世界裡的「普遍觀念」。⑫

我們在本章的開始時曾提過，在中古哲學時代，普遍觀念的問題是由波斐留斯所發起，

---

⑫ Cf. Paulo geny, Op. cit. PP.255-256., Celestine Bittle, Op. cit. P.233.

波斐留斯是新柏拉圖主義柏羅丁（Plotinus, 203-269）的弟子，他把柏羅丁的著作彙集成六卷「九論」（Enneads）[13]。然而他接受亞里斯多德的理則學（Organon），寫了一本「亞里斯多德範疇導引」（Eisagoge,），爲當時極著名的一本邏輯學參考書。波斐留斯在這本書中提出了那個「類」與「種」是實在的物，抑或僅是抽象觀念的問題。但是他沒有解答。[14]兩個多世紀以後，波哀丟斯把「亞里斯多德範疇導引」譯爲拉丁文，雖然他對那個問題稍作解釋，然而也沒有作肯定或否的答覆。一直到第九世紀時，弗萊得幾斯（Fredegis, ninth cent.）及雷彌球斯（Remigius of Auxerre, ninth cent.）則持肯定的看法，認爲「類」與「種」都有一個普遍的本質（universal essence），在物質方面（A parte rei）實際存在，所有屬於「類」與「種」的個體的物，都分享「類」與「種」的普遍本質。以後，蓋伯特（Gerbert, C. tenth Cent.）、杜爾奈的奧道（Odo of Tournai, died in 1113），以及尚波的威廉（William of Champeaux, 1070-1120），都有這種主張。[15]

---

[13] 柏羅丁的著作能夠傳於後世，得力於他的弟子波斐留斯。波斐留斯按照柏羅丁著作的內容分作六部，每部有九個論題，所以稱爲「九論」（Enneads）。

[14] 波斐留斯實際提出了三個問題：一、「類」與「種」是自立物呢？還是僅存於理智中的物？二、如果「類」與「種」實在的存在，那麼，它們是精神的物呢？還是物質的物呢？三、它們是獨立的存在呢？還是與別的物合成一體呢？參閱：Card. Mercier, Op. cit. P.382., Celestine Bittle, Op. cit. P.233.

[15] Cf. F.J. Thonnard, Precis D'Histoire De La Philosophie, Desclee & Cie, Rome, 1948. P.286., Card. Mercier, Op. cit. P.382. C. Bittle, Op. cit. P.233. Paul Edwards, Editor in Chief, The Encyclopedia of Philosophy, [6] Porphyry.

關於尙波的威廉的過分的實在論，我們有進一步解釋的必要。尙波的威廉起初本是主張「同一的理論」（Théorie de l'identité）。根據這種理論所說，同一類的物性，譬如人性，在數目上只有一個，所以人性在每個人身上都是同樣的，人性完全實現於每個人的身上，人與人所以不同，完全是因爲依附體的關係。然而他的弟子亞貝拉（Peter Abelard, 1079-1142）認爲這種主張並不妥當，因爲可以產生極荒謬的結論，譬如說蘇格拉底雖然身在亞典，然而同時在羅馬也可以找到他的整個人性；如果蘇格拉底被鞭打，每個人的人性同時都被鞭打。

尙波的威廉由於他的「同一的理論」所發生的困難，於是他把「同一的理論」修改爲「中立的理論」（The'orie de L'indiffe'rence）。這就是說，只有個體的物是眞實的，本質隨個體的物而增多，所以有多少人，也就有多少實體（Substances）。不過，應當注意的是，每一個人有屬於他「本有的與個人的因素」（Proper et personnel e'lément），也有和別人「共有的與中立的因素」（Commun et indifférent 'elément），然而只有這個和別人「共有的中立的因素」構成人的「殊種」和「種」。因此，兩個人的人性，譬如伯鐸與保祿的人性，不是同一個的，而是相似的（Non est eadem utriusque scil. Petri et Pauli humanitas, sed similis）。顯然的，尙波的威廉的過分的實在論到此緩和很多。⓰

尙波的威廉以後，主張過分實在論的是夏爾特學派（School of Chartres）。這個學派是

⓰ Cf. F.J. Thonnard, Op. cit. PP.286-287.

由聖富爾伯（St. Fulbert, 960-1025）所創，以柏拉圖的思想爲主，盛行於第十二世紀。在這個學派裡的兩位大師：夏爾特的伯納（Bernard of Chartres, died in 1130）與夏爾特的戴奧道利克（Theodoric of Chartres, died in 1155）是兩位兄弟；夏爾特的伯納被當時的哲學家們譽爲「柏拉圖學派之最完美者」（perfectissimus inter platonicos Saeculi nostri）。他們爲了解決個體與普遍觀念的問題，都採取柏拉圖的學說，那就是以質料或物質（Matter）解釋物的個體性（Individuality），以永恆不變的「模型觀念」（Exemplary idea）解釋普遍的觀念與個體物的關係。這就是說，上帝按照在他的理智內的「模型觀念」造成「類」與「種」，而後與他所創造的質料結合，因此，有許多「類」與「種」的物，但是「類」與「種」都有它們客觀的存在。⓱

除以上的哲學家們外，泛神論者（Pantheists）如若望．斯格都．伊利基那（John Scotus Erigena, C.810-877）、斯比諾撒（Benedict Baruch Spinoza, 1632-1677）、費希特（Johann Gottlieb Fichte, 1762-1814）、謝林（Friedrich Wilhelm Schelling, 1775-1854）、黑格爾（Georg Friedrich Wilhelm Hegel, 1770-1831）、柏得利（Francis Herbert Bradley, 1846-1924）等人，都可以稱爲過分的實在論者。雖然他們的學說各不相同，然而大致而言，他們的共同點是，宇宙只有一個實體，這個實體是永恆的、絕對的、無限的存有，其他一切的物，包括人在內，

⓱ Ut Supra, P.288.

都不是獨立的實體，而是那個惟一實體的表現方式（Modi）。因此，物與物之間，以及物與惟一的實體之間，沒有實質的分別（Subtantial distinction），只有外在的偶有分別（Accidental distinction）。這也就是說，神以其爲產生萬物者之立場而言，神是「化育的大自然」（Natura naturans），萬物則是「被化育的大自然」（Natura naturata），所以一切的物都在神內，當然物的「類」與「種」也都在神內，這顯然的是過分的實在論。

存有主義者（Ontologists）也有過分實在論的論調。存有主義（Ontologism）由馬勒布郎雪（Nicole Malebranche, 1638-1715）所開始，而後被羅斯迷尼・塞爾巴帝（Antonio Rosmini-Serbati, 1797-1855）、馬彌亞尼・德拉・洛衛雷（Mamiani della Rovere, 1799-1885）、喬貝爾底（Vincenzo Gioberti, 1801-1855）、烏巴格斯（Ubaghs,1800-1855）等人所接受。存有主義以上帝或神的存有（Divine Being）作爲理智的惟一對象，因爲人以直觀（Intuition）認識上帝，所以人在上帝內可以發現一切的眞理。由於存有主義者把上帝看作「第一存有」（Primum Ontologicum），因此，人所最先認識的是上帝，而後在上帝內認識其他的存有。存有主義即由此而得名。

羅斯迷尼・塞爾巴帝的主要思想是：我們的最高觀念（Supreme idea）是我們對於存有所有的觀念；因爲存有的觀念是最普遍的，所以我們對於其他物的觀念才能得到解釋。以羅斯迷尼・塞爾巴帝看來，存有好似「上帝的附屬物」（Appartenance de Dieu），是上帝或天主印在我們心靈上的光亮。因此，存有的觀念並不是抽象的觀念，而是上帝在我們的心靈上創造的觀念，這也就是所謂的天生觀念。

喬貝爾底及烏格斯認爲我們的觀念既然是普遍的，自然也是無限的和必須的。因此，我們觀念的來源只能是我們對於上帝的直觀，或者說在上帝內的觀看（Vision in God），我們的觀念不能有別的來源。換言之，我們的觀念早已存在於上帝之內。

代表存有主義的是馬勒布郎雪，如果我們願意瞭解存有主義中的過分實在論，我們對於馬勒布郎雪的學說應稍作一些探討。馬勒布郎雪的基本思想是柏拉圖奧古斯定（Platonian-Augustinian）的思想，同時他也接受了笛卡爾很多的思想，他重視笛卡爾遠超於亞里斯多德之上。他認爲笛卡爾的學說要比亞里斯多德的學說清楚的多，他完全贊成笛卡爾所說的：無限存有的存在是一個明白而清晰的觀念，所以是一個不需要證明的眞理；而我們則是偶有的和暫時的物，我們整個的存有完全依賴無限的存有或上帝的支持而存在，就如聖保祿（St. Paul, ?-67?）所說：「我們都在他內生活、行動和存在。」⑱但是如果我們都在上帝內生活、行動和存在，自然「我們在上帝內觀看一切的事物」。⑲馬勒布郎雪認爲他的這個主張可以解決我們對於物認識的問題。

馬勒布郎雪和別的哲學家們一樣，認爲我們看不到物的本身，我們爲了認識物，必須

---

⑱ 宗徒大事錄，十七章，二十八節。

⑲ Nicolas Malebranche, De la recherche de la Verité, 3, 2, 6.

藉物的觀念不可。但是他極不贊成當時士林哲學家們所講的我們對於物的觀念形成的理論。根據當時士林哲學家們的主張：物先發射出它的形象（Species），而後經過一些物理的過程，再影響我們不同的認識官能，使我們得到物的觀念。然而馬勒布郎雪說這是不可能的，因爲如果所有的物都發射出它們的形象，則無數的形象會不會彼此衝擊而受損？而且如果物時時不斷的發出它的形象，它的本身是不是會消耗而減少？所以對馬勒布郎雪而言，士林哲學對於觀念形成的理論，根本是不能接受的。

在士林哲學家們以外，當時的其他的哲學家們大都認爲我們對物的觀念的形成是：物先在我們的腦部製成印象」（Impression），印象再推動我們的心靈，使心靈形成物的觀念。同樣，馬勒布郎雪也認爲這是不可能的，因爲有兩個原因。第一個原因是：我們有許多物的觀念，它們各不相同，都有自己的特徵，譬如我們對於圓所有的觀念與對於方所有的觀念，完全不同，各有各的特徵。但是如果我們所有的每一個觀念都有自己的特徵，那麼，它們便不是虛無，而是實在的存有。因此，在心靈形成一個觀念時，心靈必須創造一個實在的存在（êtres-réels）。所謂創造（Creation），應當是「從虛無中」（Ex nihilo）造成一個東西。然而如果如此，心靈便是觀念形成的原因，不是來自物，也不能代表物。第二個原因是：心靈爲形成一個物的觀念，必須知道那個物是什麼，因爲很明顯的，如果心靈不知道一個物是什麼，自然也不能形成它的觀念。然而我們知道，物的本身是我們不可能知道的。

馬勒布郎雪批判了以上兩種有關觀念形成的學說外，他又批判了第三種觀念形成的學說，那就是天生觀念說（Theory of Innate Ideas）。他認為這個學說和以上兩種學說一樣，也是不可能的，他也有兩個理由。第一個理由是：我們的任何一個觀念都含有無限數目的可能。譬如一個三角形的觀念，可以使我們想出各種大小、形狀的三角形的觀念，以至於無限數目的三角形的觀念。我們對於任何物所有的觀念，也莫不如此。但是我們的心靈是有限的，不可能想出無限的觀念。第二個理由是：如果我們心靈的觀念是天生的，那麼，我們的心靈應當有一切物的觀念。然而這裡有一個困難，那就是我們如何在那麼眾多的觀念裡找出一個觀念來，認為那個觀念就是代表某一個物？因為我們為了找出一個觀念代表某個物，必須先有一個觀念去找那個觀念，然而如此，我們就會陷入「無限的追溯」（Regressus in infinitum）的錯謬裡。

馬勒布郎雪批判了以上三種有關觀念形成的學說，他認為他批判了所有有關觀念形成的學說，然而既然有關觀念形成的學說都是錯誤的，那麼，為了解釋我們觀念的來源，只有一條道路可走，那就是「在上帝內觀看」（Vision en Dieu, Vision in God）。[20]上帝或天主是無限的造物主，以聖奧斯定的學說來說，在上帝內有柏拉圖所說的觀念世界（Ideal World）。這也就是說，在上帝內有一切物的永恆而無限的「原型」（Archetypes），上帝按物的「原型」創造了物。因此，我們在上帝內可以看到一切物的觀念。

---

[20] F.J. Thonnard, Précis D'Histoire De La Philosophie, Qesclée & Cie, Paris, 1948, P.502.

但是，馬勒布郎雪又認爲，我們不能藉觀念認識上帝，因爲嚴格的來說，一個觀念是某一個物的觀念，換言之，只能代表某一個物，不能代表別的物，所以觀念是有範圍的。由於這種關係，我們不能有上帝的觀念，因爲上帝是無限的，沒有範圍的。因此，我們觀看上帝是立刻和直接的（Immédiate et directe）。這樣說來，我們在上帝內藉觀念認識物，而我們則是在上帝自身（par lui-même）認識上帝。㉑

我們看了馬勒布郎雪的「在上帝內觀看」的理論，我們可以毫無懷疑的說，他是一位過分的實在論者。對他來說，觀念不是我們的心靈由物抽象而來的，它們在我們的心靈以外早已存在，那就是上帝創造萬物的原型。

（乙）唯名論

唯名論（Nominalism）的基本主張是：一切的物都是彼此隔離的個體的物，我們所認識的物自然也是個體的物，相連的，我們對於物所有的觀念，也是個體的觀念。所謂普遍的觀念，在事實上或在我們的心靈上都是不存在的。不錯，我們對於許多相似的物，常用同一個名詞（Nomen）稱呼或表示它們，然而它們之間並沒有一個共同的特點；我們用同一個名

㉑ Cf.paul Edwards, Editor in Chief, The Encyclopedia of Philosophy, Vol. 5. The macmillan Co. & The Free Press, New York. 虹橋書店重，民國五十七年。見Nicolas Malebranche., F.J. Thonnard, Op. cit.

詞表示許多相似的物，只是說話的習慣，容易表達我們的思想而已。其實，它們沒有什麼關連。唯名論的拉丁文是Nominalismus，這個字就是來自指「名字」意思的Nomen這個拉丁字。

在古希臘時代，唯名論已經顯出了一些跡象，赫拉頡利圖（Heraclitus of Ephesus, C.535-465）的學說就含有唯名論的思想，因爲他主張世間沒有常存不變的物，一切的物都在流逝，就如他說：「一切的物都在流動狀態之中。」「你不能兩次進入同樣的河水之中，因爲新鮮的水常向你流來。」㉒我們以前曾說過，柏拉圖曾提到過赫拉頡利圖的這種主張。柏拉圖是這樣說的：根據赫拉頡利圖的學說所說：「萬物都在運動，沒有物是靜止的。物就如河水，你不能兩次進入河水之中。」㉓以後，亞里斯多德也曾提到過這兩句話。㉔現在的問題是，如果一切的物都在變化，沒有一個物能靜止下來，那麼，不但物與物沒有相同之處，而且物與自己也時時相異。很明顯的，在這種情況之下，我們對於物不可能有普遍的觀念，我們普通所用的公共名詞，也只是名詞而已，沒有什麼特殊的意義。

在赫拉頡利圖以後，與蘇格拉底同時代的哲學家克拉底祿斯（Cratylus of Athens年代不詳），受赫拉頡利圖「流動」學說的影響極大，所以也主張萬物流動說。而且他比赫拉頡利

㉒ Fragments, quoted by Frederick Copleston, A History of Philosophy, Vol. I. Greece & Rome, Part I. P.55. Image Books, A Division of Doubleday & Co., Inc. Garden City, New York.

㉓ Plato, Cratylus, 402a.

㉔ Aristotle, De Caelo, BK. III, Chap. I. 298b 30.

圖還要激進，他認爲我們不但不能兩次進入同樣的河水之中，甚至連一次也不能，因爲在我們進入河水時，河水已經流逝。因此，他主張我們不要對事物表達意見，他甚至主張我們不要說話。那麼，我們彼此如何傳達心意呢？他說移動手指就可以。㉕關於克拉底祿斯的主張，在我們討論懷疑論時，也已曾談過。我們現在願意所說的是，克拉底祿斯既然與赫拉頡利圖有同樣的主張，那麼，我們對赫拉頡利圖的主張所得到的結論，理所當然的也適合於克拉底祿斯的主張，那就是我們對於物不能有普遍的觀念；至於我們對於物所有的公共名詞，也僅是名詞而已，不代表物有公共的性質。

在古希臘哲學家們裡，有唯名論思想的，除掉赫拉頡利圖與克拉底祿斯外，凡是主張懷疑論的哲學家們，以及詭辯論者們（Sophists），都不可避免的有唯名論的思想。我們說懷疑論者有唯名論的思想，因爲如果一個人對於什麼都懷疑，還談什麼物的觀念呢？譬如懷疑論者果爾奇亞斯（Gorgias of Leontini, C.480-375 B.C.）就主張我們不能確定任何物的存在，而且縱然存在，我們也不能把物的知識傳達於人。所以對於懷疑論者而言，我們對於物所有的觀念或所有的公共名詞，只不過是我們說話的方式，沒有任何實質的意義。

我們又說詭辯論者也不可避免的有唯名論的思想。不過在這裡，我們所說的Sophists，不是指紀元前第五世紀的前半世紀所說的Sophists。那些Sophists致力於研究物是什麼的問

㉕ Aristotle, Met. BK. IV. Ch.5, 1010 a 10.

題、世界現象的問題，以及數學的問題，譬如畢達哥拉斯（Pythagoras of Samos, C.580-500 B.C.）、奧爾斐伍斯（Orpheus，年代不詳）以及穆塞伍斯（Musaeus，年代不詳）等人都是。那些被稱爲Sophists的人，實在是指智者（Wise men）或賢者（Sages）的意思。我們在這裡所說的Sophists，也不是指紀元後第一世紀被稱爲的Sophists，他們都是研究修辭學的人，目的是要重振希臘修辭學的光榮，所以他們被稱爲Sophists，也被稱爲修辭學老師（Teachers of rhetoric）。我們在這裡所說的Sophists，是指紀元前第五世紀的後半世紀及第四世紀一些希臘巡迴講演者，他們不是在探討眞理，而是以辯論取勝爲目的，他們的言詞閃爍，一詞多義，譬如普洛大各拉斯（Protagoras of Abdera, C.480-410 B.C.）、希比亞斯（Hippias of Elis, C.400 B.C.）及普洛底古斯（Prodicus of Ceos，年代不詳）都是這裡所說的Sophists，中文把這個字譯爲「詭辯者」，可以說是非常恰當，名符其實。很明顯的，那些玩弄文字的詭辯者，隨意改變主詞與述詞的意義，他們不會承認普遍的觀念或公共名詞的眞實意義。換言之，普遍的觀念或公共的名詞，對他們而言，也只是名詞而已，以外，沒有任何的意義。㉖

論到唯名論，研究哲學的人大都認爲中世紀的羅塞林（Roscellin of Compiegne, C.1050-1120）是眞正的倡導人。可惜他的著作全部遺失，只存留致他的學生亞貝拉（Peter Abelard, 1079-1142）的一封信，不過他的學說可以從與他同時代人的著作裡看出，他被認爲是第一

㉖ Cf. Paul Edwards, Op. cit. Vol. 7, Sophism.

位反對實在論的哲學家。

在羅塞林的時代，哲學上的主要問題就是普遍觀念的問題：「類」與「種」是客觀實在存在的物呢？抑或是心靈把個體的物所作的普遍化（Generalization）呢？對於這個問題，當時的哲學家們分為兩個明顯不同的派別，一是尚波的威廉所代表的過分的實在論，二是羅塞林所代表的唯名論。尚波的威廉也曾作過羅塞林的學生，但是他反對羅塞林的唯名論，主張過分的實在論，雖然後來由於亞貝拉的反對，對於他自己的過分實在論作了一些修正，然而仍然是過分的實在論。關於尚波的威廉的過分實在論，我們在上面已經討論過。

羅塞林反對實在論，所謂實在論，當然也就是過分的實在論。他認為實在論是古老的學說（Doctrina antiqua），早已過時，極不合理，應當拋棄而尋求解決普遍觀念的新理論。對他來說，一切的物都是個體的，沒有普遍的物，因此，我們不可能有普遍的觀念；普遍的觀念只是「聲音的氣息」（Flatus vocis, A breathing of a word or a voice）而已。所以他極力反對普遍的觀念在物上有實際的存在（Real existence in the things），然而他承認普遍的觀念在語言上的存在（Existence in speech）。總之，羅塞林對於普遍觀念的主張是：普遍的觀念既不是普遍的物，也不是個體的物，僅是人說話的聲音而已。[27]

---

[27] Cf. Paul Edwards, Op. cit. Vol. 7, Roscellin., F.J. Thonard, Op. cit. See Roscellin., 「flatus vocis」 see St. Anselm, De Fide Trinitatis, 2. P.L. 158,265A. See F. Copleston, Op. cit. Vol. II. P. 143.

第十七世紀的物質主義者（Materialists）如霍布士（Thomas Hobbes, 1588-1679）也是唯名論者。霍布士和一般的哲學家們一樣，把我們用的名字或名詞分作專有的名詞（Proper names）及公共的名詞（Common names）或普遍的名詞（Universal names）。專有的名詞是用於一個物上的，如這個人、這匹馬、這棵樹等等；公共的名詞或普遍的名詞是用於許多物上的，如人、馬、樹等等。這些普遍的名詞雖然都是一個名詞，卻用於同一族群（Same class）中許多不同的個體物上。所以我們把同一族群中每一個個體的物合起來所用的名詞，便稱爲普遍的名詞。但是我們所命名的物，沒有一個不是個體的物，所以普遍的名詞只是一個名詞，沒有什麼特殊的意義。

但是爲什麼我們有普遍的名詞呢？根據霍布士所說，那是因爲有許多物在某種性質上（In some quality）或依附體上有其相似性的緣故；然而實際上，普遍的名詞只使我們在許多物中，想起其中的某一個物，不是所有的物。當然，專有的名詞使我們只想起一個物來。㉘

霍布士是唯物論者，對他而言，一切都是物，物是一切，世界是一部機械。因此，他用機械作用解釋世界和人的一切變化和知識。知識由外在的感覺開始，顏色、聲音，以及其他的感覺，都是外界的物在我們身體不同的部位上，所製造的物的表象（Representation）或外形（Appearance）。其實，我們身體以外只有物的運動（Movements），它們是我們爲什

㉘ Cf. Thomas Hobbes, Levisthan, Collier Books, New York, 1962. Ch.4. Of Speech, P.35.

麼有物的表象的眞正原因。論到我們的思想也是一樣，它們也是腦筋中某些物質的運動。對於這樣的一位唯物者來說，我們沒有普遍的觀念，是很自然的事，普遍的觀念也僅是名詞而已，實際上並不存在。㉙

有些經驗主義者也是唯名論者，㉚首先，柏克萊（George Berkeley, 1685-1753）就主張沒有抽象的觀念或普遍的觀念。他認爲我們只有個體的人、個體的三角形、個體的樹，但是我們沒有普遍的人、普遍的三角形、普遍的樹。因此，如果我們有抽象的觀念，這也就是說，如果我們的觀念經過了抽象，那就什麼形象（Image）都沒有。譬如人的抽象觀念既不高，也不低；既不白，也不黑；既不胖，也不瘦，什麼特點都沒有。但是這樣沒有任何特點的人，自然也不能貼合於任何人。我們不能想像我們有一個人的抽象觀念，有一個共同點，可以適合於所有的人，就如同我們不能想像我們有一個紅顏色的抽象觀念，有一個共同點，可以適合一切的紅顏色。一個紅顏色的普遍觀念，或者有一切的紅顏色，或者完全沒有紅顏色。然

㉙ Cf. Thomas Hobbes, Op. cit. Ch.I. of Sense. P.21., De Corpore, Ch. VII., VIII., IX., Human Nature., Ch. II. 10.

㉚ 不是所有經驗論的哲學們都是唯名論者，英國最具影響的經驗論哲學家洛克（John Locke, 1632-1704），就極其贊成抽象觀念或普遍觀念的主張，他認爲抽象的觀念是我們不能不有的觀念。不過，他卻非常反對天生觀念的學說。他在他的名著《人類悟性探討》（An Essay Concerning Human Understanding, BK. Ch. XI., BK.III. Ch. III., BK. IV. Ch. 12.）裡有極詳細的說明。

而前者是矛盾，後者是荒謬。[31]

我們看到柏克萊以上對普遍觀念的看法，不難知道，普遍的觀念對他而言，就如對別的唯名論者一樣，除掉是一個名詞以外，什麼都不是。

另一位經驗論的哲學家休謨（David Hume, 1711-1776）也是唯名論者，他非常贊成柏克萊，稱柏克萊是一位偉大的哲學家，認爲柏克萊駁斥普遍觀念的理論，是那些年來哲學上的最偉大、最有價值的發現之一。[32]因爲一切的普遍的觀念都是個別的觀念（Particular ideas），只是它們附加於某個名詞上，因此而有較廣大的意義，使我們能想起相似的物來。不過休謨願意以論證證明柏克萊的主張是對的，並願從此結束對普遍觀念的爭執。以下是他的論證，而他的論證是「雙難論證」（Dilemma）。

休謨說，主張有抽象觀念的哲學家們，認爲人的抽象觀念代表一切大小身材、一切性質的人。但是這是不可能的。因爲人的抽象觀念或者代表所有可能大小身材、所有可能性質的人，或者不代表任何一個個體的人。如果肯定前者命題，那是荒謬，因爲這需要心靈有無限的能力，才能把所有不同大小身材、所有不同性質的人，包含在自己的心靈之內。如果肯

---

[31] George Berkeley, The Principles of Human Knowledge, Introduction, V. 6-11., 15.

[32] David Hume, A Treatise of Human Nature, Reprinted and edited by L.A. Selby-Bigge, Oxford, At The Clarendon Press, 1975. BK. I. Sec. VII. P.17.休謨在這裡並沒有明白的提出柏克萊的名字，但是從他的上下文看，沒有懷疑的是指的柏克萊。對於這一點，研究休謨哲學的人，都有同樣的看法。

定後者命題，仍然是荒謬，因爲我們不能思想一個人既沒有身材，也沒有性質。

以後，休謨對他所提出的「兩難論證」，又作了詳細的分析與說明，深信普遍的觀念就是單個的觀念，不過，可以當作普遍的觀念用。這也就是說，在我們心靈上的形象（Image）是單個物的形象，然而我們也可以把它用作普遍的形象。[33]但是這無異說，普遍的觀念只是一個名詞，實際是不存在的。

休謨以後，功利主義兼經驗主義者約翰·穆勒（John Stuart Mill, 1806-1873）也非常反對普遍觀念的主張。他認爲以心理學的觀點來看，「普遍的觀念什麼都不是」（The universal concept is nothing）。這可以用內省（Introspection）來證明：因爲人只要反省一下，就可以發現，人不可能把任何物的普遍本性呈現給自己。因爲誰能形成一個人的觀念，在這個人的觀念中的人既不大，也不小？既不胖，也不瘦？既不白，也不黑？既不男，也不女？既不少，也不老？而是同時具有這一些的特點，但是又沒有其中的任何一個特點？如果一個人相信他能思想這類的事，其實他什麼都沒有思想；每當一個人思想一個物時，常有具體的形象出現在他的心靈中。[34]

---

[33] David Hume, Op. cit. BK.I. Section VII. PP.17-25.

[34] John Stuart Mill, An Examination of Sir William Hamilton's Philosophy, Ch. XVII. quoted in F.-J. Thonnard, Op. cit. transl. by Edward A. Maziarz. P.841.

那麼，爲什麼我們有公共的名詞呢？約翰．穆勒認爲那是因爲我們在認識物時，我們的心靈常注意到物的某些特點，因此，在我們遇到有相同特點的物時，雖然它們彼此相異，由於我們的心靈習慣注意那些特點，所以也就認爲它們是相同的物，自然也便用那個公共的名詞。但是公共的名詞實在只是指單個的或具體的物，因爲在我們思想物時，我們不是思想普遍的觀念，而是思想物的具體的形象。

唯名論者不止以上所說的幾位，然而我們沒有必要再多作介紹，因爲他們反對普遍觀念的理論，可謂千篇一律，大同小異。在這裡我們可以確定一點，那就是唯名論者討論物的名稱或名詞時，物的名詞是指「意謂」（Connotation），而非指「指謂」（Denotation）。換言之，物的名詞是在於物的「內涵」（Comprehension），而不是在於物的「外延」（Extention）。或者更好說，物的名詞只與物的內涵有關，而與物的外延無關。但是物的名詞是否只與物的內涵有關，而與物的外延無關呢？這是值得商榷的。對於這個問題，我們以後就會討論到的。

（丙）概念主義

英文的概念主義一詞Conceptualism，顯然的來自拉丁文的Conceptus，這個拉丁字就是指概念的意思。概念主義者主張我們有普遍的概念或觀念，普遍的觀念也有普遍的字，所以能貼合於許多個體的物上。然而概念主義者否認在我們心靈以外的物，有它們的普遍性，因爲在我們心靈以外的物，都是單個的、具體的，沒有「同時是一而又是多的普遍物」（Entia universalia quae sint simul unum et multa）。由於這種關係，所以概念主義者認爲普遍的觀念實際上並不存在，在物上沒有基礎，完全是我們心靈所製造的，當作相似物的記號（Signa）而已。因此，普遍的觀念並不能把物的性質提供給我們，靠普遍的觀念我們得不到任何知識。

在古希臘時代的哲學家們裡，斯多亞學派的人（Stoicists）多少已有概念主義的思想，因爲該學派的創始人芝諾（Zeno of Citium, C.336-264 B.C.）以及他的隨從者都主張人的靈魂是物質的，雖然靈魂的物質較別的物質的物質要精細的多，然而仍然是物質的。因此，人沒有能力認識柏拉圖的觀念世界，也沒有能力作亞里斯多德所說的抽象工作。所以，人的知識只是感覺的知識。換言之，人的知識只是有關個體物的知識，沒有的普遍的知識；所謂普遍的觀念，並不代表物的普遍性，而僅是代表許多感覺相似的物。[35]

在斯多亞學派以前，犬儒學派的創始人安提斯提尼斯（Antisthenes, 445-365 B.C.）也非常反對柏拉圖的超越觀念的理論，主張只有個體的物，沒有觀念世界中普遍的物。所以他說：「啊！柏拉圖，我只看見一匹馬，但是我看不見馬的普遍性（Horseness）。[36]亞里斯多德也曾提過安提斯提尼斯的這種主張，他說安提斯提尼斯的心靈太簡單，因爲安提斯提尼斯認爲

---

[35] Cf. F.J. Thonnard. Op. cit. transl. by Edward A Maziarz. P.147.

[36] Simplicius, In Aristotle's Categories, 208, 29 f., 211, 17f. quoted in F. Copleston, Op. cit. Vol. I. P.119.

沒有物可以被描述，一個物只能描述它自己。這也就是說，一個述詞只能貼合於一個主詞。[37]然而如果如此，我們自然便沒有普遍的觀念。不過，有的人認爲這並不表示安提斯提尼斯是概念主義者，因爲對他而言，我們我們根本沒有觀念。

沒有懷疑的，眞正主張概念主義的是中世紀的哲學家威廉・歐坎（William of Ockham, C.1280-1350）。他在許多的問題上，反對聖多瑪斯・亞奎那以及他的老師童斯・史格都斯（John Duns Scotus, 1266-1308）的主張。歐坎有一個主要的原則，那就是「事情除非有必要，不應再有所增加」（Entia praeter necessitatem non Sunt multiplicanda）。這也就是說，「能以較少的假定作的事，以較多的假定作，便是徒然」（What can be done with fewer assumptions is done in vain with more）。再清楚的一點說，沒有必要的分析，就不要分析；如果分析，就是多餘、就是錯誤。人稱歐坎的這個原則爲「節儉原則」（Principle of Parsimony）或「經濟原則」（Principle of Economy）。因爲這個原則鋒芒犀利，所以人也稱之爲「歐坎的剃刀」（Ockham's razor）。

我們在這裡提出歐坎的「節儉原則」，因爲這與他的概念主義是有關係的。歐坎的主要原則既然是「節儉原則」，因此，他在形上學方面，只承認質料與形式的分別（The distinction Between matter and form），其他的分別如本質與存在（Essence and existence）、

[37] Aristotle, Met. BK. V. Ch. 29, 1024 b 30.

實體與依附體（Substance and accident），他都不承認。他甚至認爲靈魂與官能的分別（The distinction between soul and faculties）、官能與官能之間的分別，都不是實在的分別，而是一個物的不同方面。而且上帝的屬性（Attributes）也沒有童斯·史格都斯所說的形式的分別（Formal distinction），或聖多瑪斯·亞奎那所說的有效的分別（Virtual distinction）。㊳問題是如果歐坎否認了這一切的分別，自然也會否認普遍的觀念與個體物的分別。對歐坎而言，

㊳形式的分別（Formal distinction）也稱爲實在的分別（Real distinction）。實在的分別是指在一個物上有某些分別，而這些分別不是我們的心靈作的，是它實際所有的，我們的心靈只是承認它而已。所以形式的分別或實在的分別是脫離心靈、不依賴心靈而存在的分別。譬如物的「本質」（Essence）及「存在」（Existence）便是這種分別。至於（Virtual Distinction）一詞，很難譯成恰當的中文。Virtual這個英文形容詞是直接由拉丁文的Virtualis轉來的；指有效力的、有權力的、有實質的、事實上的等等的意思。然而這些意思和「分別」（Distinction）連起來，都不太合適。我們可以勉強把這兩個字譯爲「有效的分別」，其實它的眞正意思是「在思想上的分別」。譬如凡是物就是一，就是「有效的分別」。因爲一是物的一個超越特性，一與物沒有分別，我們可以說，物就是一，也可以說一就是物。但是我們的心靈可以把物與一分開。這種分別就稱爲「有效的分別」。聖多瑪斯·亞奎那在講解上帝的屬性（Attributes）與上帝的本性（Divine Nature）的分別，以及上帝屬性彼此之間的分別時，就稱那是「有效的分別」。因爲上帝是純粹的實現（Pure Act），他的本質就是他的存在，所以上帝就是「存有的自身」（Ipsum Esse）或「自立存有」（Esse Subsistens）。但是雖然上帝是純粹的實現，不可能有任何的分別，然而我們可以以我們思想的方式，作一個「邏輯的分別」（Logical Distinction），「邏輯的分別」也就是「有效的分別」。歐坎由於他的「經濟原則」把這種分別都否認了。

只有個體物的存在，沒有物的普遍性存在。所以普遍的觀念是心靈的一種思想方式，在實在界沒有任何物是與普遍的觀念相符合的。換言之，普遍的觀念不能名符其實的貼合於任何個體的物上。因此，我們對於物所作的普遍觀念，實際上沒有任何知識的價值。㊴

歐坎承認我們有普遍的觀念或概念，但是否認普遍概念的客觀普遍性，不僅是因爲他的「經濟原則」，他還有別的理由：歐坎把我們的「名詞」（Terminus, Term）分作「說話的名詞」（Terminus prolatus, Spoken Word）、「書寫的名詞」（Terminus scriptus, Written word）及「概念的名詞」（Terminus conceptus, Concept）。前二者與第三者不同，前二者是「約定的記號」（Conventional Sign），後者是「自然的記號」（Natural sign）。譬如以『人』這個字而言，『人』代表人，所以是一個記號；然而也是一個「約定的記號」，譬如中國人約定以『人』字代表人，而英國人約定以Man字代表人，法國人約定以Homme字代表人。但是不論是中國人的『人』字，或是英國人的Man字，再或者是法國人的Homme字，字雖然不一樣，然而所代表的觀念卻是一樣的，因爲都是代表人。所以這也就說明，代表人的字也都是「自然的記號」。顯然的，「自然的記號」就是概念。

歐坎稱「概念的名詞」或概念爲「自然的記號」，因爲他認爲在我們直接理會到一個物時，我們的心靈自然對於那個物就產生一個概念，同時對於那個物也作出自然的反應，發

㊴ Cf. F.J. Thonnard. Op. cit. P.455.

出一個聲音，這就是「自然的記號」。歐坎認爲人與獸都會對於外界物的刺激作出同樣的反應，然而惟獨人的理智能眞正自然的表達物的性質。歐坎所以也被人稱爲唯名論者（Nominalist），就是因爲他把普遍的概念看作「自然的記號」，也就是他所說的「概念的名詞」。[40]

根據歐坎所說，我們和物接觸後，對於物自然形成一個概念。現在的問題是，我們只憑概念是否能知道物的存在呢？歐坎的看法是否定的，因爲以他看來，概念只不過是心靈對於物所有的一個心靈形象（Mental image or species），與物有相似處，但是這個形象絕對不能代表物，除非心靈先認識了物。這就如赫邱利（Hercules）的影像不能代赫邱利一樣，如果彫刻赫邱利像的人，從來沒有見過赫邱利。[41]

已如我們以上所說，歐坎認爲概念就是「概念的名詞」，它所代表的也是個體的物。事實上只有個體的物存在，沒有也不可能有普遍的物。因此，如果說有普遍的物存在，這是一個矛盾，因爲如果有普遍的物存在，那個普遍的物也應當是個體的物。歐坎堅持在同一種（same species）的物中，沒有兩個物有共同的實在性（Common reality）。因爲譬如上帝由無中造生一個人，並不因此而影響別的任何一個人的本質。同樣，如果上帝消滅一個人，別

---

40 Cf. F. Copleston, Op. cit. Vol. III. Ockham. PP.54-55.

41 Cf. Paul Edwards, Op. cit. Vol. 8, William of Ockham, P.310.

的人的本質也不因此而消滅。由此可見，在兩個人之間，沒有任何共同的東西，如果有，那麼，一個人被消滅，另一個人也必須被消滅，其結果是沒有人能保持他個人的本性了。㊷所以「在心靈以外，沒有普遍的觀念以任何方式存在；一個觀念能貼合於許多的物，其性質是在心靈上；不論主觀方面或客觀方面，絕對沒有屬於物本質的普遍觀念。」㊸

歐坎主張我們的理智對於物有「直觀的認識」（Intuitive Cognition），我們靠直觀的認識，能清楚的知道所看見的物是否存在，或者是否有某種性質，再或者是否有其他偶有的情況。可是，歐坎也張我們有「抽象的認識」（Abstractive Cognition），不過我們不能靠抽象的認識，知道我們所看見的物是否實在存在。譬如我直觀的看到張三正在坐著，我可以很清楚的判斷他是在坐著。但是我如果離開了張三，再判斷張三是在坐著，我的判斷很可能是錯誤的。㊹在這裡我們很清楚的看出，歐坎所說的抽象的認識不能使我們清楚的判斷物的存在，與他以上所說的我們只憑物的概念不能使我們知道物的存在，完全是一致的。

那麼，爲什麼我們由於直觀認識個體的物所得到觀念，能成爲一族或一群物的觀念呢？譬如我看到蘇格拉底，我說「這是一個『人』」，我看到柏拉圖，我也說「柏拉圖是一個

㊷ William of Ockham, I Sentiarum, 2,4, D. Cf. F.Copleston, Op. cit. Vol. III. P.56.

㊸ Ut supra, I Sent., 2,6,B. PP.56-57.

㊹ 如註㊶。

『人』」。歐坎說那是因爲在個體物之間有不同等級相似性的關係，柏拉圖與蘇格拉底相比較，比他們與一匹驢相比較更相似，這種個體物的相似性使我們形成『人』的普遍觀念。但是在我們解釋普遍的觀念時，我們應當注意：我們不應當說「柏拉圖與蘇格拉底共同分享某種東西或某些東西；而是由於某些東西，因而他們相似。這也就是說，柏拉圖與蘇格拉底由於他們自己而相似，不是在某種東西上相似；柏拉圖不是在某種東西上，而是由於他自己而與蘇格拉底相似。」㊺換言之，柏拉圖與蘇格拉底並沒有一個共同的人性，使他們能夠彼此分享，而是柏拉圖的本性與蘇格拉底的本性相似，因此，我們才有人的普遍觀念。

到此，我們可以對歐坎有關普遍觀念的主張作一個結論：對歐坎而言，我們有普遍的觀念，但是普遍的觀念不是來自共同的物性，而是來自個體物的相似性。所謂個體物的相似性，是個體物的因素與個體物的因素相似，不是因爲有一個共同的因素而相似。這就如同張三因故左眼而失明，正好李四因故左眼也失明，所以二人在這一方面彼此相似，然而這種相似性完全來自個人的因素，不是來自共同的天性。歐坎堅決的主張：一切存在的物都是單個的物或個體的物，沒有普遍的物。因此，普遍的觀念也不能以普遍的物作基礎，「譬如兩個

㊺ Ockham, 1 Sent., 2,6, EE "Respondeo quod conveniunt (Socrates et Plato) aliquibus, quia seipsis, et quod Socrates convenit cum Platone non in aliquo sed aliquo, quia seipso," quoted by F. Copleston, Op. cit. Vol. III. P.57, note 2.

物因爲都是個體的物，所以兩個物在「個體」上相似，但是兩個物沒有共同的個體性。」㊻

歐坎完成了他的大學學業之後，獲得學士學位（Baccalaureatus），稱大學學士（Baccalaureus），而後又完成了他的教授職學位（Magisterium）或博士學位，然而歐坎從未以教授身分（Magister regens）執教，常是以大學學士名義執教。大學學士在當時稱「開始者」（Inceptor），因爲歐坎的教職也稱爲「開始者」，所以當時的人便給他起了一個綽號：唯名論學派的開始者（Inceptor Scholae Nominalium），他的弟子便稱爲唯名論者（Nominalistae）。這算是有關歐坎的一個小插曲。當時的人也稱歐坎爲唯名論者，其實他是概念主義者。

在近代，代表觀念主義者是康德（Immanuel Kant, 1724-1804）。根據康德所說，單個的觀念不是知識，知識是一個觀念與另一個觀念相連結，構成一個命題或判斷，其中有主詞、述詞，以及繫動詞。譬如人、地球、熱等單個的觀念不是知識；如果說人是有理智的動物，地球是行星，熱使物體膨脹，這才是知識。

不過，康德所講的知識不是指某一個物的知識，或某一個特殊的心理狀態。換言之，康德的知識論不是研究單個的對象，而是研究對象的自身或對象性（Objectivity），這也就是說，研究對象所以成爲對象的必要條件。

㊻ Cf. Paul Edwards, Op. cit. Vol. 8, P.310.

對康德而言，我們的知識有兩個根源，那就是感性（Sensibility, Sinnlichkeit）與悟性（Understanding, Verstand），二者共同組成我們的知識。[47]我們從感性得到對象，悟性使對象進入思維，而後成爲知識；沒有對象，便沒思維，因此，也就沒有知識。不過，這需要解釋。

我們先解釋感性的問題。根據康德的主張：我們的知識由感官開始，感官接觸到對象，便產生「直觀」（Intuition, Anschauung），這是經驗的直觀（Empirical Intuition, Empirische Anschauung）。所以我們藉「直觀」與對象相連繫，而「直觀」只有在對象呈現於我們時，才能發生。這也就是說，我們必須被對象所影響才能得到「直觀」，我們有了「直觀」，也就有對象的「表象」（Representation, Vorstellung）。所謂感性，就是接受對象「表象」的能力。

我們以上剛才所說的「直觀」，也稱爲「現象」（Phenomenon, Erscheinung），在「現象」或「直觀」裡有兩個因素，那就是質料（Matter）與形式（Form）。質料是與感覺相應的東西，[48]換言之，就是使感覺發生的材料；形式則是使許多的現象按照某些關係排列起來。

---

[47] 康德的超驗感覺論（Transcendental Aesthetics）討論感性的問題，他的超驗分析論（Transcendental Analytic）討論悟性的問題。

[48] B, 34., A.20. quoted by Frederick Copleston, A History of Philosophy, Vol. VI. The Newman Press, Westminster, Maryland, 1960, P.236. A代表「純粹理性批判」（Critique of Pure Reason）的第一版，B代表第二版。

[49]質料是後驗的（A Posteriori），因爲那是與感覺相應的東西；形式是先驗的（A Priori），因爲那是屬於感性的結構，是一切直觀的必須條件。根據康德所說，感性有兩個先驗的形式：空間（Space）與時間（Time）。然而這也無異說，空間與時間是一切直觀的必須條件。

我們說空間與時間是一切直觀的必須條件，因爲在我們認識一個對象時，至少應當理會到對象或物在我們的感官上所製造的表象或感覺，然而我們不能理會到對象在我們的感官上所引起的感覺，除非對象發生於空間與時間裡。因爲兩個不同的感覺發生時，必須有先有後，或者同時發生；而且也必須發生在空間裡，因爲那是感覺。所以空間與時間是構成感覺的先驗架構，在這個架構裡，許多的感覺被分門別類，安排成序。這也就是說，空間與時間將那些雜亂無章的感覺，加以分析和綜合，而成爲不同的感覺。

不過，這也並非說，我們先知道那些零亂的感覺，而後把它們安置在空間與時間的先驗形式裡。因爲我們絕對無法知道沒有在空間與時間之內的感覺，就如我們以上剛才所說，空間與時間是我們感官經驗的先驗必須條件。因此，凡是我們在經驗直觀裡所知道的感覺，都已經是在空間與時間內安排爲有秩序的感覺了。空間與時間把零亂無序的感覺安置爲有秩序的感覺，是我們知道感覺的條件，不是後果。經驗的直觀只要一被我們知道，已經是在感

---

[49] B, 34., A, 20 ut supra.

的兩個先驗形式之內了。㊿

在這裡我們應當注意的是，我們在空間與時間內所知道的物，不是物自身（Ding an sich, noumena, Thing in itself）。空間與時間彷彿是感性的兩片眼鏡，也是我們永遠擺脫不了的兩片眼鏡，我們透過這兩片眼鏡所看到的是爲我們的物（Things for us），不是離開我們而獨立存在的物，物自身是我們永遠不能認識的。空間與時間是我們知識的界限、我們絕對無法跨越的界限。所以我們在空間與時間內所認識的一切，都是物的現象，不是一切的物都在空間與時間內。

康德稱空間與時間爲兩個先驗的純粹形式，他也稱它們爲先驗的直觀，因爲它們不是我們從經驗得來的概念。已如我們以上多次所說，我們除非在空間與時間內，我們不能認識物的現象，空間與時間是我們認知現象的必須條件，因此，它們也必須是先驗的直觀。實在，我們能想一切外在的現象都不存在，而空間的概念必須存在，因爲如果有外在的現象出現，它必須出現於空間內。同樣，我們也能想我們一切的內在狀態都不存在，而時間的概念必須存在，因爲如果有內在的狀態出現，它必須出現於時間內，空間與時間不是我們從經驗得來的概念，它們是我們認知的必須條件，不過，它們是主體認知的條件。[51]

㊿ 參閱：Frederick Copleston, Op. cit. P.238.

[51] 參閱：Ut supra, PP.239-240.

康德和別的哲學家們一樣，把我們感官分作內在的感官與外在的感官兩種。不過，根據他的學說：外在的感官認知我們以外的對象，內在的感官認知我們內在狀態的現象。空間是我們外在的感官所得到的一切現象的形式；只有在空間內，外在的直觀對我們才爲可能。[52]時間是我們內在的感官的形式，有關我們一切內在狀態的直觀，都是我們在時間內得到的。[53]我們內在狀態的直觀或現象都是出現於時間內，不是出現於空間內，因爲我們的內在狀態沒有上下左右的分別。然而一切外在的現象，雖然出現於空間內，但是也離不開時間，因爲一切的現象不論有沒有外界的物作爲它們的對象，都是心靈的決定，所以也屬於我們的內在狀態。換言之，都屬於內在感官的必須條件，那就是時間。不過，很清楚的，時間只是外在現象的間接條件，而是一切內在現象的直接條件。[54]

空間與時間是實在的物呢？還是理想的物呢？這個問題值得我們稍作探討，因爲這與康德的概念主義有關。有的研究康德哲學的作者，認爲在康德的學說裡，空間與時間是理想的物，既不存在於事物之先，也不是存在於事物間的關係之內，僅是構成直觀的現象而已。[55]不過，我們同意科普爾斯東（Frederick Copleston, 1907-?）的看法：這個問題應當分析來

---

[52] B, 42., A, 26. quoted by F. Copleston, Op. cit. P.239.

[53] B, 49., A, 33. Ut supra.

[54] 參閱：Ut supra.

[55] 南庶熙，康德哲學大綱，正文書局，三重市，民國六十年，三十六頁。

說。我們曾不斷的說明，根據康德所說，我們在經驗直觀裡所有的一切表象，都是在空間與時間內出現的，所以都是時空化的。因此，空間與時間應當有經驗的實際性（Empirical Reality）才是。

我們知道，康德主張我們只能認識物的表象或現象。同時康德還主張，現象是由質料與形式所組成的，這也就是說，現象是不確的質料加於感性的兩個純粹形式：空間與時間之上而形成的。由於這種關係，我們外在的感官所有的現象，沒有不是出現於空間中的，我們內在的感官所有的現象，以及一切外在的感官所有的現象，也沒有不是出現於時間中的。這樣說來，我們經驗的實際性絕對不能脫離空間與時間的關係。因此，雖然空間與時間是感性的兩個先驗的純粹形式，然而在經驗方面，不能不有它們的實際性。

但是在另一方面，空間與時間既然是感性的兩個先驗的純粹形式，只是現象可能性的必須條件，與物自身毫無關係。因此，是一切的現象在空間與時間內，不是一切的物在空間與時間內。那麼，合理的結論是，空間與時間應當是理想的物，而不是實在的物。

到此，我們統觀以上所說，關於空間與時間實在性的問題，康德的主張應當是：空間與時間在經驗方面是實在的，在超驗方面是理想的（Space and time are empirically real, but transcendentally ideal）。我們說空間與時間在經驗方面是實在的，因爲我們所經驗的現象都是在空間與時間內經驗到的，所以空間與時間並不是幻想。我們又說，空間與時間在超驗方面是理想的，因爲只有現象界才是空間與時間的眞實界，空間與時間在物的現象以外，與物自身沒有任何關係。[56]

我們曾說過，康德認爲感性與悟性是我們知識的兩個根源，二者合作，才能產生知識。我們藉感性在直觀界得到許多現象，譬如黃色、甜味、圓形等感覺，我們藉悟性在觀念界知道，譬如說那是一個橘子。因爲悟性有先驗的概念（A priori concepts），自然會把實體（Substance）與依附體（Accident）連合起來。又譬如我們藉感性在直觀界感覺到日曬、石熱，我們藉悟性在概念界知道日曬使石熱，因爲悟性有先驗的概念，自然會把原因（Cause）與後果（Effect）連合起來。悟性有自發的能力，把雜多的現象綜合與安排後，形成我們的知識。

由以上寥寥數語，我們可以看出，康德相信在悟性裡有純粹的或先驗的概念（A priori Concepts），悟性根據那些先驗的概念綜合感性所供給的現象，以形成知識。然而問題是，我們有無數的概念，我們如何知道那些概念是先驗的呢？我們有沒有一個方法或標準去分辨先驗的概念與經驗的概念（Empirical Concepts）呢？康德認爲是有的。那就是我們要全盤檢討判斷的邏輯形式，如果我們仔細檢討判斷的邏輯形式，便不難發現先驗概念的數目。[57]

原來，康德把「悟性的一切工作都歸屬於判斷，因此，悟性就是代表判斷的能力，因

[56] F. Copleston, Op. cit. PP.240-241

[57] B, 94., A, 69. quoted by F. Copleston, Op. cit. P.247.

爲悟性就是思想的能力。」㊽什麼是判斷呢?作判斷就是去思想，把不同的現象綜合在一起，藉先驗的概念使它們成爲一個知識。所以判斷也就是綜合。不過，康德在這裡所講的判斷不是個別的概念，他所講的判斷是判斷的先驗種類，因爲每一個個別的判斷都是由一個先驗的概念所決定的。根據康德所說，悟性統一或綜合的能力，具有先驗的範疇結構（A priori categorical structure），這是悟性的本性；悟性必須按照先驗的範疇綜合感性所提供的表象。我們曾多次說過，沒有悟性的綜合，我們便沒有知識，所以悟性的先驗範疇無疑的是知識的先驗條件（A priori Condition）。

在這裡，我們須要一提，康德也稱先驗的概念爲先驗的範疇（Categories）。範疇這個名詞爲我們更熟習。顯然的，康德的範疇這個名詞是沿襲亞里斯多德所用的名詞，雖然二人所講範疇的意義大相徑庭。康德認爲悟性的先驗範疇有四類，每類又分三種，所以共有十二個範疇。㊾悟性藉這十二個先驗的範疇可以綜合感官所提供的一切直觀或表象，而且所有的

㊽ B, 94., A, 69. Ut supra, P.249.

㊾ B, 95., 106., A. 70., 80 康德認爲悟性的活動是思想，思想就是判斷，判斷的基本形式是範疇，範疇共分四類十二種，如左表：

	判斷（Judgments）	範疇（Categories）
㈠量（Quantity）	單個的（Singular）：此人是醫生。	單一性（Unity）
	部分的（Particular）：有人是博士。	部分性（Plurality）
	普遍的（Universal）：凡人皆有死。	全體性（Totality）

表象必須經過先驗範疇的綜合以後，才能成爲知識。先驗的範疇也可以簡稱爲範疇。

現在的問題是：悟性的十二個範疇如何能綜合感性所有的表象呢？因爲範疇是主觀的思維的方式，表象是客觀的事實。所以在範疇如何能綜合表象時，是否能發生錯誤？對於這個問題，我們可以想見，康德的答覆是否定的。因爲我們知道，空間與時間根據康德所說，是經驗的先驗條件，沒有空間與時間，我們便沒有對象可言。同樣，範疇對康德而言，則是對象被思維的先驗條件，沒有範疇，便沒有對象可以被思維。換言之，對象被思維必須經過範疇不可，然而思維的對象就是認識的對象。因此，這也就說明，我們爲了認識對象，必須經過範疇，但是既然我們爲了認識對象必須經過範疇，那麼，範疇的自然功能就是綜合表象。這無異說，範疇綜合表象是它們的本能，因此，絕對不能發生錯誤。

(二)質（Quality）	肯定的（Affirmative）：人是有理智的動物。	實在性（Reality）
	否定的（Negative）：心靈不是物質的。	否定性（Negation）
	限制的（Infinitive）：只有他是法律家。	限制性（Limitation）
(三)關係（Relation）	斷言的（Categorical）：地球是行星。	實體與依附體（Substance and accident）
	假設的（Hypothetical）：若日曬則石熱。	因果性（Cause and effect）
	選言的（Disjunctive）：水銀或是液體或是固體。	相互性（Reciprocity）
(四)樣態（Modality）	未決的（Problematic）：他可能成爲科學家。	可能性（Possibility）
	平敘的（Assertoric）：地球爲橢圓形。	存在性（Existence）
	必然的（Apodictic）：人必定要死亡。	必須性（Necessity）

以上關於範疇對於綜合表象不能錯誤的證實，康德稱之為「範疇的先驗演繹」（Transcendental Deduction of Categories）。這裡所說的繽繹，不是普通邏輯學所說的繽繹，普通邏輯學所說的繽繹，是從普遍的原理或命題推論出不普遍的或個別的眞理。康德在這裡所說的繽繹，是證實（Justification）的意思。那就是證實範疇是表象被綜合的先驗條件。⑩關於這一點，我們在上面剛才說過了。

我們由以上康德對知識所作的解釋，可以得到兩個結論：一、沒有感性，便沒有對象；沒有悟性，便沒有對象可以被思維；思維沒有內容是空虛的，直觀沒有觀念是盲目的。⑩b二、感性在空間與時間內所得到的只是物的現象，與物自身沒有任何關係。悟性的範疇也只能統一那些現象，所以與物自身也毫無關係。那麼，我們只能認識物的現象，物自身是我們永遠不能認識的。康德知識論的基本思想是：物與心靈相符合，不是心靈與物相符合。因此，他不承認普遍的概念在外界物上有任何基礎，普遍概念的基礎對康德而言，是在悟性的範疇內。這樣說來，康德是一位概念主義者，應當是沒有問題的。

（丁）溫和的實在論

我們從字義上可以看出，溫和的實在論是針對過分的實在論所說的。這一派所以稱為

---

⑩ 參閱：F. Copleston, Op. cit. PP.252-253.

⑩b B. 75; A.51. Cf. F. Copleston, Op. cit. P.247.

實在論，因爲它主張普遍的觀念實在存在於理智內；又所以稱爲溫和的實在論，因爲它主張普遍的觀念只存在於理智內，理智以外並沒有普遍的觀念這個物；不過，在理智內的普遍觀念在理智以外的物上，有它的基礎。溫和的實在論的主要主張是：普遍觀念的基礎是在物上，但是眞正的是在理智內（Idea universalis est fundamentaliter in rebus, formaliter in mente）。

拉・波雷的基爾貝（Gilbert de la Porre'e, 1076-1154）在建立溫和的實在論上，有決定性的影響；他強調普遍的觀念，在物上有它的客觀基礎。因爲我們的心靈在形成一個普遍的觀念時，在許多不同的個體物上，集合並比較它們的相同因素，把那些相同的因素連合在一起，我們稱這相同的因素爲「類」（Genus）或「種」（Species）。在解決普遍觀念的問題上，拉・波雷的基爾貝的最大貢獻，就是提出物的本質的相似性，這是我們的理智形成普遍觀念的根據。[61]

拉・波雷的基爾貝以後，他的弟子奧託・馮夫萊辛（Otto von Freising, C.1114-1158），承繼衣缽，倡導同樣的學說。在十二世紀的後半，有一本匿名的著作《論理智》（De Intellectibus），更特別強調普遍觀念的重要性。接著，撒里斯布里的若望（John of Salisbury, C.1110-1180），他被譽爲十二世紀最卓越的作者，也是夏爾特學派（School of Chartres）的

---

[61] Card. Mercier, A Manual of Modern Scholastic Philosophy, Vol. II, Part IV, P.387.

領導人，對普遍觀念的意義及形成，作了更清楚的說明。62

在發展溫和的實在論的過程中，除掉以上的幾位哲學家外，另一位最有影響的哲學家是彼德．亞貝拉（Peter Abelard, 1079-1142）。普通，很多討論普遍觀念問題的哲學家們，都把彼德．亞貝拉和拉．波雷的基爾貝列爲概念主義者，其實，他們都是溫和的實在論的先驅。在他們的時代，哲學家們主要討論的問題，就是普遍觀念的問題。我們曾經提過，那是由於波斐留斯所作的「亞里斯多德範疇論導引」所引起的。我們還提過，在當時，關於普遍觀念的問題分兩派，一派是羅塞林所代表的唯名論，另一派是尙波的威廉所代表的過分的實在論。彼德．亞貝拉和尙波的威廉都是羅塞林的弟子，但是彼德．亞貝拉不但反對尙波的威廉的過分的實在論，也反對他的老師羅塞林的唯名論。彼德．亞貝拉主張「共同的本質」（Common essence）或「共同的本性」（Common nature）存在於一個「種」中的每一個個體物上；個體的物與個體的物的分別在於它們的依附體，不在於它們的本質。所以個體的物常是個體的物，但是由個體物所抽出來的「共同性質」，這也就是說，從個體的物利用抽象所得到的普遍的觀念，並不是由字母所組成的字的聲音而已，就如他的老師羅塞林所說的「聲音的氣息」，而實在是「有意義的聲音」（Vox significativa）。「有意義的聲音」就是「名字」（Nomen），就是「語言」（Sermo）；而「名字」與「語言」都是用於彼此相似的個

62 同上。

體的物上的。

對彼德．亞貝拉而言，物的共同相似性（Common likeness）並非指在個體的物上，有一個普遍性的實在的物；個體物的普遍性（Universality）表現在「字」（Words）上。因此，抽象的「類」與「種」也沒有普遍性的實在的物，譬如表示人的觀念的這個「人」字，並沒有一個普遍性的實在的人一樣。沒有一個實在物是抽象的人，只有個體的人是實在的人。「人」這個字所表示的普遍性，是指人的觀念符合於每個個體的人，然而並非說在個體的人以外，有一個被個體的人所分享的獨立存在的本質或本性。

彼德．亞貝拉認爲爲瞭解普遍的觀念，有兩件事要注意：第一、要知道在個體的物上有實在的相似性，因爲個體的物相似，所以普遍的觀念才能貼合於許多個體的物上。因此，普遍的觀念縱然不是實在的物，然而卻能表示實在的物。第二、普遍的觀念只存在於理智內，在外界沒有獨立的存在。

由以上所說，我們可以看出，彼德．亞貝拉瞭解抽象的形式（The Abstract Form）與物的具體形式（The Concrete Form）不同。同時他也知道，如何形成一個觀念。依他所說，心靈爲形成一個普遍的觀念，必須把物分別的（Divisim）來思考，然而不能認可分開的物（Divisa），否則，便發生錯誤。㊸他的意思是說，心靈爲形成一個普遍的觀念，應當把物

㊸ Peter Abelard, Dialectica, Geyer's edition, P.26. see F-J. Thonnard. Op. cit. P. 309.註❷。

的共同本質與物的個別特徵分開，但是心靈不能把物的共同本質看成獨立實在的物，也不能把物的個別的特徵看成獨立實在的物，這兩種看法都是錯誤的。

我們上面說過，很多的知識論作者認爲彼德·亞貝拉是概念主義者，而且與他同時代的撒里斯布里的若望，還認爲他是唯名論的創始人。其實，撒里斯布里的若望稱他是唯名論的創始人，是指概念主義的創始人的意思。[64]彼德·亞貝拉被人稱爲唯名論者或概念主義者，很可能是因爲他常把「名字」（Nomen）看作是表示普遍的觀念的關係。然而從他的理論來看，他應當是溫和的實在論者。當然，他所講的溫和的實在論，不像今天的溫和的實在論者所講的溫和的實在論那麼清楚、那麼有系統。[65]

眞正完成溫和的實在論的理論的是聖多瑪斯·亞奎那，他因爲受到他的老師大亞爾培（Albertus Magnus, Albert the Great, C.1200-1280）的影響，對亞里斯多德的哲學作了徹底的研究，也徹底的瞭解。其實，聖多瑪斯·亞奎那不但徹底瞭解亞里斯多德的哲學，他還對亞里斯多德的哲學作了相當多的補充和修正，所以新士林哲學大師塞底琅日（A.D. Sertillanges, 1863-1848）說：「如果亞里斯多德在十三世紀復活起來，他會發現這位追隨者（聖多瑪斯·

---

[64] Ut supra[1]

[65] 參閱：Paul Edwards, Editor in Chief, The Encyclopedia of Philosophy, 虹橋書店板，民國五十七年，Vol, I, abelard, Peter, PP.4-7., F-J. Thonnard, Op. cit. PP.308-310.

亞奎那）比他自己更是亞里斯多德思想者。」66不過，在這裡我們不是要談聖多瑪斯·亞奎那如何精通並如何補充與修正亞里斯多德哲學的問題，我們要談的是，聖多瑪斯·亞奎那如何講解溫和實在論的問題。但是在談這個問題以前，我們應當先把亞里斯多德對於普遍觀念的理論稍事敘述，因爲聖多瑪斯·亞奎那究竟是隨從亞里斯多德的哲學的。

首先，亞里斯多德極不贊成他的老師柏拉圖有關觀念世界的學說，因爲這並不能解決普遍觀念的問題，而且也不合理。因爲如果我們的任何一個普遍觀念都是分享觀念世界裡的一個獨立的觀念或形式，那麼，我們在作「否定」（Negation）或作「關係」（Relation）的命題時，「否定」與「關係」也都分享觀念世界裡一個獨立的「否定」形式和一個獨立的「關係」形式，但是「否定」與「關係」並不是實在個體的物。因此，這顯然是不合理的。67而且，觀念世界的觀念或形式不能解釋物的運動：發生與消失的現象。因爲在觀念世界裡的形式是不動的，既然如此，那麼，在我們世界裡物的發生與消失也應當是不動的，因爲它們分享觀念世界裡的形式，然而這也顯然是荒謬的。68

亞里斯多德對柏拉圖的觀念世界還作了別的批判，我們在這裡暫不多提。對亞里斯多

---

66 A.D. Sertillanges, Saint Thomas Aquinas And His Work, Trans. by Godfrey Anstruther, 1957, Blackfriars Publications, London, PP.46-47.

67 參閱：Aristotle, Metaphysics, BK. I. Chap. 8, 990 b 5-15.

68 同上，Ch. 9, 991a 10.

德而言，普遍的觀念不是單獨存在的物，然而也不只是主觀的想法。這就是士林哲學所說的「在物後的普遍觀念」（Universale post rem），意思是指，普遍的觀念是在理智瞭解物的本質以後所形成的。原來，凡是物都有本質，本質是使一個物成爲這一種物，而非另一種物的基本因素。同一種的物有同一樣的本質，物的本質雖然在物以外沒有實際的存在，然而理智可以藉它的抽象工作，使本質與物相分離。普遍的觀念就是在理智內分離出來的本質。但是這也就說明，普遍的觀念在理智以外沒有單獨的存在，否則，我們便沒有科學的知識，因爲科學的知識不研究個體的物，科學的知識研究物的普遍性質。無論如何，對亞里斯多德而言，普遍的觀念是實在的觀念，不是虛構，在物上有它的基礎。

在這裡我們可以看出，亞里斯多德所說的普遍觀念比柏拉圖所說的普遍觀念簡單。我們的意思是說：亞里斯多德所說的普遍觀念只涉及一個世界，柏拉圖所說的普遍觀念則涉及兩個世界；亞里斯多德所說的普遍觀念，是理智從物上抽象出來的本質，柏拉圖所說的普遍觀念，是早已存在於觀念世界裡的獨立觀念。以中世紀士林哲學的術語來說，亞里斯多德所說普遍觀念，是「在物上的普遍觀念」（Universale in re），柏拉圖所說的普遍觀念是「在物前的普遍觀念」（Universale ante rem）。

現在我們回來看聖多瑪斯·亞奎那對普遍觀念的理論。聖多瑪斯·亞奎那對普遍觀念的理論與他所主張的形式（Form）與質料（Matter）、本質（Essence）與存在（Existence），以及潛能（Potency）與實現（Act）的理論都有關係。他認爲普遍的觀念不是個別獨立的物，而是原本存在於單個物體上的物性。譬如人性，是存在這個人和那個人上的人性，人性的普遍觀念是理智抽象的結果。換言之，理智把人的性或本質與實際存在個體人的種種個別因素相分開，分開的人性留在理智中，又被理智貼合於有同樣人性的每個人上，這就是人的普遍觀念。

聖多瑪斯．亞奎那認爲普遍的觀念包含兩件事，那就是物性與對物性的抽象。物性本來是在物上的，然而被理智以抽象的能力抽出之後，則是在理智之內的，在理智之內的物性自然可以貼合於同一種的每個物上。

對於以上的理論，聖多瑪斯．亞奎那以感官的認識能力作比喻來說明：譬如我們的眼睛看蘋果的顏色，如果有人問蘋果的顏色在那裡？答案當然是在蘋果上。然而在我們的眼睛看了蘋果的顏色之後，留在視覺上的顏色與在蘋果上的顏色是一樣的。同樣，在我們的理智對物的物性抽象時，譬如對人的人性抽象時，如果有人問人的人性在那裡？答案自然是在個體的人上，但是在我們的理智把人性抽出之後，留在我們理智的人性與在個體人上的人性是一樣的。由於這種關係，理智可以把抽出的人性貼合於每一個人上，因爲人都是人，人的人性都一樣。人的普遍觀念就是這樣形成的。聖多瑪斯．亞奎那有時也稱普遍的觀念爲普遍性的意向（Intention universitatis）。[69]

---

[69] S.T.I.Q. 85, a.2 ad 2.

以上所說的普遍觀念，是我們對於同一種（Species）的物所作的普遍觀念，我們也可以對於同一類（Genus）的物作普遍的觀念，那就是在我們對於同一類的物作普遍的觀念時，要以不同種的物所有的共同的基本因素作基礎，而後理智把共同的基本因素抽出，就可以形成同一類的物的普遍觀念。譬如我們對於人、馬、牛、羊等作一個普遍的觀念時，我們的理智把人、馬、牛、羊等的動物性抽出，然後我們的理智再把動物性貼合於人、馬、牛、羊等上，我們說人是動物，馬是動物等等，這就是同一類的物的普遍觀念。[70]

由以上所說，我們可以看出，聖多瑪斯．亞奎那反對任何形式的過分實在論，當然也反對任何形式的唯名論。不過，他肯定「在物前的普遍觀念」（Universale ante rem）的看法，因爲在我們形成同一種物的普遍觀念以前，同一種物的物性就已存在，但是他堅持普遍的觀念並不是獨立存在的物。沒有懷疑的，聖多瑪斯．亞奎那也贊成「在物上的普遍觀念」（Universale in re）的看法，因爲普遍的觀念是理智以抽象的能力把物的物性或本質抽出來而形成的，所以普遍觀念的基礎乃是在物上。另外，他也接受「在物後的普遍觀念」（Universale post rem）的看法，因爲普遍的觀念是經理智抽象的工作而後形成的。[71]

---

[70] 同上。

[71] 參閱：F. Copleston, Op. cit. Vol. II, P.154.
Universale ante rem, Universale in re, Universale Post rem（在物前的普遍觀念、在物上的普遍觀念、在物後的普遍觀念）三個名詞始於阿拉伯哲學家亞維柴那（Avicenna or Ibn Sina, 980-1037），他受亞里斯多德

總括起來而言，溫和實在論的主張是：普遍的觀念就是理智從物上以抽象的能力所抽出來的物的本質；物的本質原本存在於理智以外的物上，在本質被理智抽出之後，則存在於理智之內；因為物的本質在同一種的物中都相同，因此，理智可以把抽出的物的本質貼合於同一種物中的每一個物上。就如我們在開始討論溫和的實在論時所說，溫和的實在論對於普遍觀念的基本理論是：普遍的觀念以基礎而論是在物上，但是眞正的是在理智內。

第五節　第一意向的普遍觀念與第二意向的普遍觀念

我們討論了溫和的實在論對於普遍觀念的主張之後，現在提出第一意向的普遍觀念與第二意向的普遍觀念這個問題來討論，這是因為這個問題與溫和的實在論對於普遍觀念的主

思想的影響很大，雖然他說在開始讀亞里斯多德的形上學時，讀了四十遍仍然不懂，但是事實證明，至少後來他融會貫通了亞里斯多德的哲學，而且在哲學上成就極大，躋身於名哲學家之列。亞維柴那和亞里斯多德一樣，把我們的理智分為主動的理智（Active Intellect）與被動的理智（Passive Intellect），然而他對於兩種理智的講解不同。他認為主動的理智是獨立的、惟一的理解力；在理解方面，被動的理智沒有任何作用。因此，只有主動的理智能認識物的本質，也只有主動的理智能以抽象的能力抽出物的本質，而抽出來的本質就是普遍的觀念，所以普遍的觀念是「在物後的普遍觀念」，不是「在物前的普遍觀念」也不是「在物上的普遍觀念」。參閱：F. Copleston, Op. cit. Vol. I. P.190., Vol. II. P.193.

張有連帶關係的緣故。如果我們瞭解了第一意向的普遍觀念與第二意向的普遍觀念的意義，我們對於溫和的實在論有關普遍觀念的主張，也會有更進一步的瞭解。而且第一意向的普遍觀念與第二意向的普遍觀念的意義，也值得我們討論一下。

我們曾經提過，「意向」一詞在拉丁文是Intentio，而這個字又是由前置詞In加動詞Tendere的過去分詞Tentum組合所成的，In指「在」、「向」的意思，Tendere指「伸」、「張」、「進」等的意思，二字合起來，指「伸向」的意思。在哲學上，意向（Intentio）指心靈決定趨向某種行動或結果，士林哲學家們大都把意向解釋爲「心靈趨向對象的行爲」（Actus mentis quo tendit in objectum）。

我們現在再看「第一意向」（Intentio prima）及「第二意向」（Intentio secunda）的意義。第一意向是理智的直接行爲，也就是理智直接認知對象的行爲。第二意向是理智的反省行爲，也就是理智經過反省所認知對象的行爲。[72]那麼，什麼是「第一意向的觀念」（Idea of the first intention）及「第二意向的觀念」（Idea of the Second intention）呢？我們知道，觀念是一個物的可理解的形式或形象，那是理智從個體物的相似性中抽出來的本質。所謂第一意向的觀念，就是在理智認識一個觀念時，直接所瞭解的對象；這當然是觀念的內涵

[72] Cf. Andre' Lalande, Vocabulaire Technique et Critique De La Philosophie, Sixiéme Édition, Presses Universitaires De France, Paris, 1951, Intention.

（Comprehension），而不是觀念的外延（Extension）。所以觀念的內涵就是理智的第一意向的觀念。譬如我們看到張三時，我們知道張三是人；「人」自然是一個觀念，因爲那是理智由抽象得來的人的本質，換言之，有理智的動物。然而在理智認識張三是人時，理智只注意張三是人，而不考慮「人」這個觀念是否也貼合於整個的人類，以及人類中的每一個人。這也就是說，理智只注意到張三有「人」的觀念的內涵，至於都有什麼物有「人」的觀念的內涵，則不爲理智所考慮。

由以上簡單所說，我們可以知道，第一意向的觀念就是理智對一個物直接所認識的觀念，也正是因爲第一意向的觀念是理智所直接認識的觀念，所以第一意向的觀念又稱爲「直接的普遍觀念」（Direct Universals）。以外，第一意向的觀念還稱「形上的普遍觀念」（Metaphysical Universals），這是因爲理智在認識物的本質或本性時，不看物的偶有特點，只看它的本質。然而這是形上學所討論的問題。

不過，第一意向的觀念或直接的普遍觀念有不同的樣式（Types），因爲一個物可以以不同的形態（Modes）實現自己。經亞里斯多德的研究，第一意向的普遍觀念或直接的普遍觀念有十種樣式，這也就是著名的亞里斯多德十種範疇（Aristotelian Ten Categories）。所謂範疇，此字源自希臘文的Kategorein，指陳述的意思，十種範疇就是指一個物，可以以十種不同的方式來陳述，所以十種範疇也就是物的十種樣態。它們是實體（Substance）、量（Quantity）、質（Quality）、關係（Relation）、行動（Action）、被動（Passion）、狀態、

(Posture)、時間(Time)、地方(Place)、和裝備(Habitus)。[73]

十種範疇代表十種第一意向的觀念或直接的普遍觀念。我們不妨在此各舉一個例子，以便有更清楚的瞭解。一、杜鵑花是植物(實體)；二、張先生有六尺高(量)；三、這朵玫瑰是紅色的(質)；四、他是父親(關係)；五、學生們在打籃球(行動)；六、國旗已經升起(被動)；七、老師正走進教室(時間)；八、汽車停在車庫裡(地方)；九、兒童們在遊戲(形態)；十、他穿了一件紅上衣、他厭惡那個人的行爲；最後第十的這兩個例子都是指的裝備(Habitus)。

論到第二意向的觀念，即如字義所指，是理智的第二個活動的觀念。這也就是說，在理智得到一個物的第一意向的觀念後，理智對它再作進一步的反省，因此而有一個新的認識；這時第一意向的觀念或直接的普遍觀念的性質也就因之而改變，稱爲第二意向的觀念。對於這一點，我們再用張三是人這個第一意向的觀念或直接普遍的觀念作例子來解釋：理智在張三是人這個觀念裡，只看張三是人，不看還有別的物是否也是人。但是理智能夠作反省，它看出「人」的觀念不但貼合於張三，也貼合於李四、王五、趙六等人，以及整個的人類，因爲「人」這個觀念代表人的本質或本性。因此，這時張三是「人」的這個觀念，便稱爲第二

---

73 Habitus這個拉丁字指衣著、裝備、習尚等意思，甚至有時也指心境的意思。所以很難譯成一個適當的中文名詞。有的人在此把它譯成英文的Habit，顯然的也不很恰當。

意向的觀念，因爲這是理智第二個活動的後果。

由以上所說，我們可以知道，爲什麼第二意向的觀念也稱爲反省的普遍觀念（Reflective Universals），這是因爲理智由於反省所得到的觀念。所謂反省，就是在理智得到一個物的第一意向的觀念或直接的普遍的觀念後，便把那個觀念與相同的物作比較，因而看出那個觀念不但貼合於那個物上，也貼合於相同的物上。所以在這種情況之下，理智不但看到觀念的內涵，也看到觀念的外延。第一意向的觀念或直接普遍的觀念所以能普遍化，就是因爲理智藉反省看到了觀念的外延。由於這種關係，第二意向的觀念或反省的普遍觀念又稱爲「邏輯的普遍觀念」（Logical Universals）。這是因爲反省的普遍觀念表示一個物的本質或本性，那個本質或本性既屬於那個物，也屬於許多別的相同的物。因此，反省的普遍觀念也貼合於許多別的相同的物。但是這個問題是邏輯學所研究的問題。

第二意向的觀念或反省的普遍觀念有五種，那就是邏輯學所說的「五種述詞式」（Five Predicables）。五種述詞式是：種或殊種（Species）、類或共類（Genus）、種差（Specific Difference）、固有性（Property）和偶有性（Accident）。以下我們對五種述詞式稍作解釋。

「殊種」是表示一個物的整個本質的普遍觀念，譬如我們說「人是有理智的動物」，我們是把人的整個本質貼合於人，因爲人的整個本質就是「有理智的動物」。所以「有理智的動物」這個觀念是代表人的「殊種」的觀念，既貼合於整個的人類，也貼合於人類中的每一個人。同樣，「無理智的動物」是人類以外的一切普通動物的「殊種」，所以能貼合於所有的飛禽、走獸、爬蟲、昆蟲等有生命而無理智的動物。如果我們說「植物只是有生命的物」，這句話的述詞表示植物的整個本質，因此是植物的「殊種」，能貼合於一切樹木花草。在此我們不難明瞭，「無生命的物」是所有的無生命物的「殊種」，能貼合於所有的金、銀、銅、鐵、土、石等無生命的物。當然，「非物質的物」或「精神的物」是一切沒有物質物的「殊種」，所以能貼合於整個精神界中的每一個物。[74]

「共類」是表示一個物的部分本質的普遍觀念，這個部分的本質是一個物在同類中與別的「殊種」的物共同所有的部分本質。譬如我們說「人是動物」，「動物」這個述詞表示人的部分本質，而人的這個部分本質是人與普通動物所共同有的部分本質，因爲人與普通動物都是動物，人與普通動物在「動物」的這個「共類」中是兩個「殊種」。很明顯的，「共類」的普遍觀念要大於「殊種」的普遍觀念。同樣，我們看動物與植物在「有生命的物」這個「共類」中也是兩個「殊種」，因爲動物與植物都有生命，只不過動物的生命是感覺的生命（Sensitive life），而植物的生命是生長的生命（Vegetative life），然而都是生命。無論如何，「有生命的物」是動物與植物共同所有的部分本質，是「有生命的物」的「共類」中的兩個「殊種」。那麼，「有生命的物」這個普遍的觀念自然大於「動物」與「植物」兩個

---

[74] 我們在此可以看出，「述詞式」的Species（種差）與我們從前所說的「心象」的Species，以及一物所以爲其物的「形式」的Species（亦稱Form），其意義大不相同。

「殊種」的普遍觀念。最後，我們看「實體」（Substance）這個「共類」，它包括「物質的物」與「非物質的物」，二者都成爲「實體」的「殊種」，因「物質的物」與「非物質的物」都是「實體」。換言之「實體」是「物質的物」與「非物質的物」共同所有的部分本質。「實體」的這個普遍觀念遠超越「物質的物」與「非物質的物」這兩個「殊種」的普遍觀念。

「種差」是表示一個物的部分本質的普遍觀念，這個部分的本質使一個「殊種」與在同一類中的另一個「殊種」互相有別，彼此不同。譬如人與普通動物都屬於「動物」這個「共類」，但是人與普通動物是兩個「殊種」。人所以異於普通動物而有自己的「殊種」，是因爲人的「理性」（Rationality）這個部分本質的關係；普通動物所以異於人，而有牠們的「殊種」，是因爲由於普通動物的「非理性」（Irrationality）這個部分的本質所構成。換言之，人是有理智的動物，普通動物是沒有理智的動物。同樣，普通動物與植物同屬於「有機體」（Organism）或「有生命體」這個「共類」，然而普通動物與植物也都是兩個「殊種」，彼此大不相同。這是因爲普通動物的「感覺生命」這個部分的本質，使牠們自成一個「殊種」，而與植物有別；植物又因爲它們的「生長生命」這個部分本質，使它們自成一個「殊種」，而與動物有別。這也就是說，普通動物是有感覺生命的有機體，植物是只有生長生命的有機體。我們都知道，有生命的物與無生命的物都屬於「物體」這個「共類」，然而顯然的是兩個「殊種」，彼此相差懸殊。這是因爲有生命物的「生命」這個部分的本質，與無生命物的

「無生命」的這個部分的本質所造成。這也就是說，「生命」加「物體」成爲有生命的物體，「無生命」加物體成爲無生命的物。最後，物質的物與非物質的物或精神的物都屬於「實體」這個「共類」，然而物質物的「物質性」（Materiality）這個部分的本質，與非物質物的「非物質性」（Immateriality）這個部分的本質，使它們各成爲一個「殊種」，畫分爲兩個世界。沒有懷疑的，我們在此很清楚的看出，「種差」使「共類」的範圍縮小，使它成爲一個「殊種」。

「固有性」是表示由一個物的本質必須生出的特質或能力的普遍觀念。這也就是說，「固有性」是一個普遍的觀念，這個觀念表示物的特質或能力，而物的這個或這些特質或能力是物的本質必須生出來的。因此，「固有性」與本質不能分離，有本質，也必須有「固有性」。然而這也就說明，凡有同樣本質的物，自然也有同樣的「固有性」，所以「固有性」也就是一種普遍的觀念。譬如我們說「人是有說話能力的動物」、「人是有烹飪食物能力的動物」、「人是有能力製造並運用工具的動物」，以及「人是有能力笑的動物」等等，在這些語句中的述詞都表示對人的一種普遍觀念。

沒有懷疑的，我們從以上對人所說的那幾個「固有性」的例子，可以很清楚的看出，那些「固有性」都是從人的本質必然生出來的。因爲那些「固有性」要求人既要有理智，也要有身體，然而這就是人的本質。因爲如果人沒有理性，人自然便不會知道如何利用言語表達自己的心意，也不會烹飪食物，也不會製造和運用工具，還有，也不會笑。同樣，如果人沒有身體，只有理智，也不會有這些能力。

笑是不是人的一個「固有性」？換言之，是不是從人的本質必然生出的能力？答案應該是肯定的。事實上，在動物中只有人會笑。因此，稱笑是人的「固有性」，應該是沒有問題的。不過，這不是我們稱笑是人的「固有性」的主要理由。笑是心靈喜悅的透露，雖然沒有說話，卻把內心的愉快和歡樂表達的淋漓盡致，絲毫無遺，實在無聲勝有聲。不錯，普通的動物也有快樂的表現，但不能像人一樣，把心中的喜悅以笑完全的表現出來。在展現人心內的喜悅而言，笑實在等於語言。

「固有性」有「固有性」的性質，士林哲學有一句格言這樣表示說：『「固有性」貼合於一切，惟有那一切，且常是一切』（Proprium convenit omni, soli, et semper）。這意思是說，「固有性」貼合於同一類中一切的物，也只有貼合於那一切的物，而且常貼合於那一切的物。因此，如果一個性質不能貼合於同一類中一切的物，或者也能貼合於同類以外的物，再或者不能常貼合於同類中的物，那麼，這個性質便不是「固有性」。

「偶有性」是一個普遍的觀念，這個觀念表示物的某些性質或能力，然而那些性質或能力並非來自物的本質，也不與物的本質必須相連，而是「偶然的」與物的本質相連的。譬如我們說黃種人；有學問的人；有德行的人；健康的人；病弱的人；結了婚的人；未結婚的人；男人；女人等等，這些性質都是「偶有性」，也都表示普遍的觀念。我們說這些性質都是「偶有性」，因爲它們不是來自人的本質，也不是與人的本質必須相連的，而是偶然爲人所有的。我們又說這些性質都是普遍的觀念，因爲當我們說「黃種人」時，代表所有的黃種人；當我們說「有學問的人」時，代表所有的有學問的人。同樣，當我們說「有德行的人；有健康的人；病弱的人；結婚的人；未結婚的人」時，也莫不代表每一個範圍中所有的人。至於我們說「男人」或「女人」時，自然代表所有的男人和女人。

很明顯的，以上所說的那些「偶有性」，有的是與人可以分開的，譬如有學問的；有德行的；健康的等等這些性質，都不是必須與人相連的，可以分開的。但是有的「偶有性」如白的，男的和女的，便是與人不可分開的。[75]

到此，我們可以說，我們對於第一意向的觀念及第二意向的觀念，或者說對於直接普遍的觀念及反省普遍的觀念，作了極詳細的說明。我們認爲我們有必要瞭解它們的分別，因爲如果我們瞭解了它們的分別，自然便瞭解爲什麼一個普遍的觀念，貼合於許多的個體物上，而每個個體的物仍能保持它們的個體性或獨立性。第一意向的觀念或直接普遍的觀念僅代表該觀念的內涵，然而並沒有考慮它的外延，所以並沒有使它普遍化。相反的，第二意向的觀

[75] 在這裡五個「述詞式」中所說的「偶有性」，拉丁文是Accidens，英文是Accident，這和形上學所講的「依附體」的拉丁字和英字是同一個字，但是它們的意義卻大相逕庭，相去甚遠。「依附體」是存在於他物之上的物，自己不能獨立存在，所以雖然是存有，不如說是「存有的存有」（Ens entis）。「依附體」有九種，即十種範疇中除掉「實體」以外的九種範疇。

念或反省的普遍觀念所考慮的就是觀念的外延，因此，使它普遍化，並實際地貼合於許多個體的物上，而那些個體的物仍能保持它們的個體性或獨立性。

統觀以上所說，沒有懷疑的，我們可以看出，第一意向的普遍觀念與第二意向的普遍觀念，就是溫和實在論的理論。

第六節　對有關普遍觀念不同主張的批判

（甲）對過分實在論的批判

我們在討論過分的實在論時看到，主張過分實在論的哲學家們雖然都是過分的實在論者，然而他們主張過分實在論的理論並不相同。大致說來，可分爲四種：㈠柏拉圖的過分實在論；㈡經驗的過分實在論（Empiric ultra-realism, or Empiric extreme realism）；[76] ㈢泛神論的過分實在論（Pantheistic extreme realism）；㈣存有論的過分實在論（Ontological extreme realism），我們分別批判如下。

---

[76] 經驗的過分實在論（Empiric ultra-realism）這個名詞爲Celestine N. Bittle所用，見其所著之Reality And The Mind, The Bruce Publishing Co., New York, Third Printing, 1940, P.233.

(一)對柏拉圖的過分實在論的批判

已如我們所知，根據柏拉圖所說，我們在這個世界裡所以認識各種偶有的、變化的、暫時的物，是因爲在觀念世界裡有各種必須的、不變的、永恆的普遍物（Universal things）；在我們這個世界裡的物所以存在，都是因爲分享觀念世裡的普遍的物。同樣，我們現在所有觀念，也都是分享觀念世裡的普遍觀念。但是這種主張沒有懷疑的會導致許多的矛盾和荒謬。

我們說柏拉圖的主張能導致許多的矛盾，我們不妨舉一個例子來說明。譬如我們有動物的觀念，那麼，按照柏拉圖的主張，在觀念的世界裡就實際的存在著一個動物的普遍觀念。然而我們知道，所謂動物，就是有感覺的有機體，這個有感覺的有機體既包括有理智的人，也包括無理智的普通動物，所以在觀念世界裡的那個普遍動物的觀念，既貼合於有理智的人，也貼合於無理智的普通動物。但是顯而易見的，這是一個矛盾，因爲有理性與無理性是兩個相反的觀念，彼此互相排斥，不能並立。如果一個物是有理智的，它便不能同時又是無理智的。反過來也是一樣，如果一個物是無理智的，它便不能同時是有理智的，否則，就是違反矛盾原理。但是柏拉圖觀念世界的主張所衍生的結論就是這樣。

我們再看一個例子，說明柏拉圖觀念世界的主張導致矛盾的結論。我們都有生物的觀念，按照柏拉圖的主張，在觀念的世界裡實際的有一個普遍生物的觀念存在。我們都知道，生物就是有生命的物，而生命分三種，那就是生長生命（Vegetative life）或植物生命、感覺生命（Sentient life）或動物生命，以及理性生命（Rational life）或人的生命。這也就是說，在觀念的世界裡實的存在著一個普遍的生物，在我們的這個世界裡所有一切的植物、一切的動物、一切的人都分享觀念世界裡的那個普遍的生物；所以在觀念世界裡的普遍生物的觀念也貼合於我們這個世界裡的一切的植物、一切的動物和一切的人。但是顯然的這是一個矛盾，因爲在觀念世界裡的那個普遍的生物既是一切的植物，也是一切的動物，也是一切的人。這也就是說，在觀念世界裡的那個普遍的生物既有理性，又沒有理性，既有感覺，又沒有感覺，因爲它是三個生命。如果我們再以我們對於實體（Substance）所有的觀念，與觀念世界裡實際存在著的普遍實體觀念作思考，柏拉圖的主張所牽連的矛盾便更複雜了。

不久以前，我們曾說過，亞里斯多德極其反對柏拉圖對於觀念世界的主張，因爲已如他說，如果我們的每一個觀念都有一個同樣的觀念，在觀念的世界裡實際的存在著；這就會在觀念世界裡存在著一些我們認爲不應當存在的觀念。譬如我們有「否定」（Negations）與「關係」（Relations）的觀念，那麼，在觀念的世界裡，也有獨立的「否定的觀念」及「關係的觀念」。但是這是不合理的，與我們的思想不符合。[77]

對於亞里斯多德以上駁斥柏拉圖觀念世界的這個理由，我們可以瞭解。我們知道，我們有否定的觀念，譬如我們有「惡」的這個否定的觀念。我們說惡的觀念是否定的觀念，因

[77] Aristotle, Met., BK. Ch. 1, 900b, 10-15.

爲惡不是積極的物，沒有獨立的存在；我們對於惡所以有觀念，是因爲我們瞭解善；沒有善，我們不可能有惡的觀念。總之，我們有惡的否定觀念，那麼，根據柏拉圖的主張，是否在觀念的世界裡也有一獨立惡的存在呢？如果說有，這與我們這個世界的事實不符合，因爲我們沒有獨立的惡；如果說沒有，這與柏拉圖的主張相抵觸，因爲他的主張是：凡是我們所有的觀念，在觀念的世界裡就有一個相對的獨立的觀念。因此，我們不論怎麼看，柏拉圖的主張都免不了矛盾。這是我們對於惡這個否定的觀念所說的，對於別的否定觀念如死亡、疾病、黑暗等等也莫不如此。

論到「關係」的觀念，柏拉圖的觀念世界也面臨著同樣的困難。我們有關係的觀念，這是事實；在許多情況之下，爲表達我們的思想，我們必須用關係的觀念，關係的觀念是我們不能不有的觀念。譬如父母與子女的觀念、師長與學生的觀念、公義與和平的觀念、戰亂與兵燹的觀念、健康與快樂的觀念、疾病與痛苦的觀念、火與熱的觀念、雪與寒的觀念，以及因與果的觀念等等，我們的關係的觀念太多了，不勝枚舉。問題是是否在觀念的世界裡也有有那些永遠的、不變的、獨立的觀念存在？我們認爲，不論答案是肯定的或是否定的，都有以上對否定觀念所說的雙難困難，也都突顯柏拉圖觀念世界主張的矛盾。

我們在此願意再提出另外幾個亞里斯多德反對柏拉圖有關觀念世界的理由。亞里斯多德說，柏拉圖所以主張有獨立的形式（Forms）或觀念，目的是在解釋爲什麼在所有的物上都有一個「一個在許多物上的物」（A one-in-many）⑱，譬如同一樣的人性在所有的人身上。柏拉圖爲解釋這個問題，於是想出一個超越的觀念世界，在那裡有各種獨立的、永恆的、不變的觀念，它們是我們這個世界上物的典型，我們這個世界上的物都是分享它們的存在。亞里斯多德認爲這是弄巧成拙，多此一舉，不但沒有解決問題，反而使問題益形複雜。因爲這樣一來，柏拉圖一方面既要解決我們這個世界上物的問題，另一方面還要證實超越世界的觀念存在。這就彷彿一個人不能數清小的數目，認爲數目再加多一些，他便可以數清了。⑲

對亞里斯多德而言，柏拉圖的觀念世界不但不能解釋爲什麼所有的物都有一個「一個在許多物上的物」，也不能解釋爲什麼物有運動或變化：出生與消失。我們知道，我們這個世界上的物都有出生，也都有消滅，但是柏拉圖所說的觀念是永恆的、不變的。那麼，爲什麼永恆的、不變的觀念被我們這個世界上的物分享以後，我們這個世界上竟然有變化呢？亞里斯多德認爲柏拉圖沒有對這個問題作解釋。⑳

實在，以亞里斯多德看來，柏拉圖的觀念世界，實在是有問題的主張，因爲在我們這

---

⑱ St. Thomas Aquinas, Commentary on The Metaphysics of Aristotle, Trans. by John P. Rowan, Vol. I. Lesson 14,（103），P.86.（Library of Living Catholic Thought, Chicago, 1961.）譯Unum in multis爲A one-in-many. The B-asic works of Aristotle, edited by Richard Mckeon,譯作A one over many.見Met. BK. I. Ch. 9, 990b5.

⑲ Aristotle, Met. BK.I. Ch.9, 990b5.

⑳ 同上，991a10.

個世界的物以外，在另一個世界裡還有與我們這個世界相同的物，只不過在我們世界的物能毀滅，而另一個世界的物是永恆的、不變的、不能毀滅；在我們這個世界裡有人、馬、健康等等，在另一個世界裡有一個人自身（A man-himself）、一個馬自身（A horse-itself），一個健康自身（A health-itself）等等。這樣說來，在另一世界裡的各種物自身，應當都是可感覺的物或物質的物才對，因爲這就如同有人主張有人形的神一樣，如果神有人的形狀，這樣的神自然是物質的了。[81]然而我們也知道，在另一個世界裡的物自身都是形式或觀念，這無異說，觀念都是物質的，這豈不是矛盾？

亞里斯多德反對柏拉圖有關觀念世界的理由，不止以上所說的那幾個，不過，我們認爲沒有必要都完全提出來。我們倒是願意再提出兩點我們的看法，進一步指出柏拉圖關於觀念世界的矛盾。以下是我們兩點的看法。

第一：根據柏拉圖所說，觀念世界裡的觀念都是觀念自身，換言之，都是在自己單獨存在。在這個前提之下，就會發生兩種矛盾：一、觀念世界裡的那些觀念既是普遍的，同時也是單個的。我們說它們是普遍的，因爲它們就是在解釋爲什麼物都有一個「一個在許多物上的物」，這也就是說，爲什麼許多的物有共同的性。我們又說觀念世界裡的觀念都是單個的，因爲凡是在自身單獨存在的物都是單個的，而且已如我們以上所說，它們也都是物質的

[81] 同上，997b5-10.

物。二、觀念世界裡的觀念既有它們的「類」與「種」，同時又沒有它們的「類」與「種」。我們說它們有它們的「類」與「種」，因爲如果沒有「類」與「種」，單個的物便不能存在，然而觀念世界裡的觀念都是單個的，所以有它們的「類」與「種」。我們又說它們沒有它們的「類」與「種」，因爲它們在自身存在，在自身存在的物不需要「類」與「種」。

第二：根據柏拉圖所說，觀念世界裡的觀念也存在於我們這個世界的單個物上，因爲我們這個世界上的物都是分享它們的存在而存在。在這個前提之下，同樣會發生兩種矛盾：一、這和以上在第一個前提下所說的第一個矛盾相同，那就是觀念世界裡的觀念既有普遍性又有單個性。它們所以有普遍性，因爲它們本來就應當是普遍的；又他們所以有單個性，因爲它們存在於單個物上，然而凡是存於單個物上的物，它們本身應當是單個的。二、在我們這個世界上的同一「類」或同一「種」的物，不但有相似的本質（Similar essence），也有同一個或惟一的本質（Unique essence）。我們先看同一「類」的物：譬如人與普通動物都屬於動物這一類，但是因爲人與普通動物都分享觀念世界裡的惟一的動物這個「類」的觀念，因此，人與普通動物既都是有理智的，也都是沒有理智的。這顯然是一個矛盾。我們再看同一「種」的物：譬如在人中有天賦極高的人，也有智力低能的人；有生性勤奮的人，也有生性懶惰的人；有心地單純的人，也有詭計多端的人等等。但是不論是什麼樣的人，因爲都是分享觀念世界裡惟一的人這個「種」的觀念，所以一個人既是天賦極高的人，也是智力低能的人，也是生性勤奮的人、也是生性懶惰的人等等，總之，什麼樣的人他都是。這實在是極大的荒謬，但是這是柏拉圖對觀念世界主張的必然結論。[82]

在這裡我們願意順便強調一點：我們雖然對柏拉圖的形式或觀念的主張作了一些批判，然而這並不意味我們否認柏拉圖在哲學上的崇高地位，他在哲學上的地位將會永遠屹立不搖。我們只看他對新柏拉圖主義者（Neo-Platonist）柏羅丁（Plotinus, 203-269）的影響，以及經新柏拉圖主義對大神學家兼哲學家聖奧斯定（St. Augustine, 354-430）的影響，便可以知道。在近代，柏拉圖思想的影響似乎已經消沉，其實不然，許多哲學家或神學家們如費啓諾（Marsilio Ficino, 1433-1499）、比各・戴拉・彌郎多拉（Picco della Mirandola, died in 1494）、愛拉斯木斯（Erasmus of Rotterdam, 1467-1536）等人，都是柏拉圖思想的追隨著。在當代，懷海德（Alfred North Whitehead, 1861-1947）及尼各拉依・哈特曼（Nicolai Hartmann, 1882-1950）的哲學都受到柏拉圖思想的影響。我們曾看到柏拉圖的高足亞里斯多德如何批評柏拉圖的觀念主張，但是他讚揚他的老師說：「關於那個獨一的人，他的名字不應由邪惡者的口說出，他們沒有權利讚美他，他最先以言語、以行爲指出：只有有德行的人是快樂的人。我們中沒有一個人可以和他相比擬。」[83]

---

[82] Francis Varvello, Op. cit. P. PP. 125-126.

[83] Frederick Copleston, Op. cit. Vol. I. P. 261.引Aristotle, Frag. 623. （Rose, 1870）

㈡對經驗過分實在論的批判

經驗的過分實在論是指弗萊得幾斯、雷彌球斯、蓋伯特、杜爾奈的奧道，以及尙波的威廉等人所主張的過分實在論。已如我們曾說過，根據他們的主張，「類」與「種」都有一個普遍的本質，這個本質只是一個。不過，不是存在於柏拉圖所說的實體世界裡或觀念的世界裡，而是存在於個體的物上。因此，存在於某一「類」或某一「種」個體上的普遍本質，便常與我們理智中的普遍觀念相符合，因爲那的確是一個「一個在許多物上的物」。然而我們不難看出，這種主張會產生不同的矛盾或荒謬，我們僅提出兩點來說明。

1.在同一「類」或同一「種」中的個體的物，沒有實體上的分別，只有依附體上的分別，如形狀、顏色、動作等等。如果如此，在同一「類」或同一「種」中的個體的物，便失去它們的個體性，而成爲一個普遍的物。譬如在動物這一「類」中，便沒有個體的動物，而只有一個普遍的動物（Animal-in-general）。這也就是說，我們有普遍的動物，然而沒有個體的動物。同樣，在人的這一「種」的人中，只有一個普遍的人，沒有個體的人。但是在這種情況之下，普遍的動物確實是「一個」而「普遍的」的動物，不過，那並不是一個「一個在許多物上的物」。這種情形對普遍的人來說也是一樣。因此，經驗的過分實在論無法解釋普遍觀念的意義，因爲普遍的觀念是指，我們的理智能把同樣的性或本質，貼合在同一「類」或同一「種」的每一個物上，而且每一個物都保持它們的個體性。簡短的說，一個普遍的觀念可以無差別的貼合於許多的物上。顯然的，經驗的過分實在論所講的實在論不可能作這種的解釋。

2.如果同一「類」或同一「種」的本質只是一個，又實際的存在於同一「類」或同一「種」中的每個個體物上，譬如以人的本質來說，如果人的本質像一個物一樣，只有它一個，卻存在於每個人身上。那麼，就如亞貝拉反對他的老師尙波的威廉所說，如果蘇格拉底在亞典，同時在羅馬也可以看到他的整個人性；又如果蘇格拉底被鞭打，所有的人都被鞭打。不但如此，由於所有的人實際地都分享同一個實在的人性，所以一個人既是生，也是死；既是善，也是惡；既是聰明，也是愚蠢；既是強健，也是病弱。總之，一個人什麼樣的人都是。這就太荒謬了！

(三)對泛神論過分實在論的批判

泛神論認爲只有一個實在的存有；這是一個永恆的、無限的、絕對的、非位格的存有，斯比諾撒稱它爲惟一的實體（Substance），費希特稱它爲絕對的自我（The Absolute Ego），謝林稱它爲絕對者（The Absolute），黑格爾稱它爲抽象而不限定的存有（The Astract and Indeterminate Being），別的泛神論者對於那個惟一的存有還有別的名稱。不過，儘管他們所說的名稱不同，但是他們所說的基本的意義是一樣的，那就是宇宙間一切的物，都是繫於那個惟一的存有或出於那個惟一的存有，那個惟一的存有與宇宙間萬物的關係，就如同化育

者大自然（Natura naturans）與被化育的大自然（Natura naturata）一樣。㉔

在這裡我們可以看出，泛神論所說的那個惟一的存有，雖然與宇宙間一切的物緊相連繫，不能分離，然而究竟有「化育者大自然」與「被化育的大自然」的分別，因此泛神論實在含有一個觀念：存有是有等級的，在等級的最上層存在著那個惟一的存有。沒有懷疑的，這種觀念是導源於柏拉圖的思想的。㉕

我們知道，泛神論與一元論（Monism）很難隔離，二者可謂難兄難弟，常相廝守在一起，因此，問題重重。首先，宇宙間一切的物，包括人在內，都不是獨立的實體，因爲都是惟一存有的表現方式。那麼，人對於自己的行爲便沒有任何負責性，人的行爲因此也就沒有善惡的分別：仁愛與讎恨，慷慨與吝嗇，勇敢與怯懦等等相對立的行爲，都應當畫上等號；人類整個的倫理完全淪喪，蕩然無存。

我們在這裡主要所要談的，不是泛神論的過分實在論對於倫理學所造成的問題，而是對於普遍的觀念所造成的問題。泛神論的過分實在論對於普遍的觀念所造成的問題，其嚴重性不減於對於倫理學所造成的問題，甚至只有過之，而無不及。已如我們所知，根據泛神論

㉔ Natura naturans及Natura naturata先爲聖多瑪斯・亞奎那所用，見S.T.I-II, Q. 85, a. 6, Resp.，後被斯比諾撒以及別的哲學家們所引用。

㉕ 參閱：Paul Edwourds, Op. cit. （6）. Pantheism, P.32.

所說，人以及宇宙萬物都出自惟一的實體，都分受惟一實體的本性或本質，換言之，人以及宇宙萬物與惟一實體共有同樣的本質。因此，在這種前提之下，我們便不能談物的「類」與「種」的問題。物的「類」與「種」便自科學與哲學上消失無踪。由於這種關係，我們也不能談普遍觀念的問題，如果要談普遍觀念的問題，只有一個普遍的觀念可談，那就是存有的普遍觀念，因爲一切的物都是存有。然而這與我們的經驗與意識都相抵觸，我們的經驗與意識告訴我們：人、普通動物、植物、礦物都是有分別的。

㈣對存有主義過分實在論的批判

存有主義者不同，大致說來，他們主張我們直觀上帝，也在直觀上帝內，我們認識萬物；由於物不同，自然有不同的「類」和「種」，因此，我們也在直觀上帝內得到物的各種普遍觀念。換言之，物的各種普遍觀念存在於上帝內，我們對於物的各種普遍觀念，都是在直觀上帝時得到時。關於這種過分的實在論，我們以以下三點來說明它的荒謬與錯誤。

1.存有論者都是信仰上帝或天主的哲學家們，他們應當知道，上帝是單純的實現（Pure Act），他的本質就是他的存在，沒有任何潛能，他具有一切的完善（Perfection）。因此，如果依照存有論者所說，在上帝內有物的各種普遍的觀念，這無異說，上帝認識物是按照物的「類」和「種」所認識的，這與上帝的本質大相抵觸。

2.如果我們由於直觀上帝，得到物的各種普遍觀念，那麼，物的各種普遍觀念應當都在上帝的本質之內才對，換言之，與上帝的本質合而爲一。因爲已如我們以上剛才所說，上帝是純粹的實現，沒有組成因素。因此，如果根據存有論者所說，我們在上帝內觀看物的各種普遍的觀念，必然的結論是，我們必須透視上帝的本質不可。然而這是絕對不可能的，因爲上帝是無限的精神體，我們則是有限的受造物，二者之間，在各方面都有無限的距離。

3.存有論者的主張與我們的經驗相反，我們沒有一個人經驗過，在上帝內觀看物的各種普遍觀念，除非上帝給他特殊的能力，然而那是例外。經驗告訴我們，我們的知識都是經年累月積來的，我們由心靈的「白板」（Tabula rasa）開始，一步一步的認識各種的物，而後形成物的各種的普遍觀念，但是我們的普遍觀念絕對不是由於直觀上帝得來的。

(乙) 對唯名論的批判

唯名論與過分的實在論在解釋普遍觀念的問題上，是兩個正相反的主張。過分的實在論者主張，普遍的觀念在我們的心靈以外實際的存在，就如在我們的心靈以外，實際的有山有水、有樹有獸存在一樣，只是普遍觀念的性質既是一又是多，換言之，既是它自己，又貼合於許多別的物。相反的，唯名論者主張，我們根本沒有普遍的觀念；在我們的心靈中沒有，在我們的心靈以外更沒有；普遍觀念的字只是我們用的一個名詞而已。明顯的，唯名論有它的錯誤，我們用以下三點來說明。

(一)從我們的語言來說：我們的語言有單數的名詞（Singular names）及集合的名詞

（Collective names）；在這兩種名詞以外，還有普遍的名詞（Universal names）。單數的名詞如張三、臺北、羅馬等等；集合的名詞如軍隊、社團、樹林等等；至於普遍的名詞如人、馬、花、草等等。所以單數的名詞代表單個物的觀念，集合的名詞代表集合物的觀念，那麼，普遍的名詞當然代表普遍的觀念。因爲名詞就是指我們所瞭解的物，就如聖多瑪斯·亞奎那引述亞里斯多德的話說：「名詞就是所瞭解物的記號。」[86]因此，如果我們語言什麼都不表示，那就不是語言。當我們說孔子是我們中國的先師、布柴法路斯（Bucephalus）是亞歷山大王（Alexander the Great, 356-323 B.C.）的名駒、天壇是中國舊時帝王祭天的地方，這都是指單個的物。又當我們說軍隊正在操演、圖書館裡的書很多、牛群正在吃草，這都是指同類聚合的團體或群體，然而並不指其中任何一個單個的物。在這以外，有時我們還說人是有靈的動物、馬是哺乳的動物、樹是有生長生命的物，這是指所有的人都是有理智的動物；所有的馬都是哺乳的動物；所有的樹都是有生長生命的物。普遍的名詞代表普遍的觀念，應當是毫無問題的。

㈡從我們的意識來說：我們用一個普遍的名詞時，譬如我們再用人這個字來說，因爲人這個字爲表達普遍的觀念更容易、更方便。我們可以把人這個字貼合於張三、李四、王五等等，以及我們所遇見的任何一個人。不但如此，我們還可以把人這個字貼合於中國人、外

---

86 S.T. I-II, Q.7,a.I, Resp.

國人、古代的人、現在的人和將來的人。總之，我們可以把人這個字貼合於自開天闢地以來的每一個人。人這個字代表一個普遍的觀念，不只是「聲音的氣息」而已，我們的意識可以證明這一點。

㈢從我們的科學來說：我們的科學是靠普遍的觀念建立起來的，沒有普遍的觀念，便沒有科學。在物理學講電子和質子時，是指一切的電子和質子；在化學講鈊和鈽時，是指一切的鈊和鈽；在生物學講細胞和血球時，是一切的細胞和血球，其他科學所用的普遍的字也莫不如此。惟有如此，科學才能建立公式、才能成立。科學證實我們有普遍的觀念，普遍的觀念代表實在的物。在此我們願意再次強調，普遍的觀念決不只是「聲音的氣息」而已，普遍的觀念代表同一「類」或同一「種」中的每個個體的物。

(丙)對概念主義的批判

概念主義者主張，我們有普遍的概念或觀念，而且我們也有表示普遍觀念的名詞，然而他們否認普遍的觀念在物上有客觀的基礎，因爲物並沒有普遍性，所以普遍的觀念對於我們的知識沒有什麼用處。對於概念主義者的這種主張，我們用以下四點來說明他們的錯誤。

㈠從我們的語言來說：這一點和我們以上對唯名論所作的第一點的批判相同。我們的語言有單數的名詞、集合的名詞，以及普遍的名詞，所以我們有單個的觀念、集合的觀念，以及普遍的觀念。因爲我們曾說過，名詞就是代表我們所瞭解的物。因此，我們既然有普遍的名詞，那麼，我們有代表物的普遍觀念，應是理所當然的。

㈡從我們的意識來說：我們的意識證明，在我們說人、動物、植物等這類的名詞時，我們不是指某一個固定的人、某一個固定的動物和某一個固定的植物。同時也不是指某一些固定的人、某一群固定的動物和某一些固定的植物，而是指所有的人、所有的動物和所有的植物。所以普遍的觀念不只是在我們心靈或理智中的普遍觀念，沒有任何意義，而實在是有所指，代表同一種或一類中所有的物，自然也以同一種或同一類中所有物作基礎。

㈢從我們的感官來說：我們有普遍的觀念，這是沒有問題的，因爲概念主義者也承認這一點。問題是我們如何形成了普遍的觀念？如果我們稍加思考，我們不難知道，首先是因爲我們的感官與物接觸後，發現有許多物是相似的，譬如發現人都是相似的、馬都是相似的、樹都是相似的等等；而後我們的理智把相似物的共同性質找出來，置物個體性的特徵於不顧，這就是所謂的普遍觀念。所以我們的理智在形成一個普遍的觀念時，必須依靠感官，不能單獨的工作。關於這一點，我們可以舉兩個例子來說明，譬如一位天生的盲者，不能眞正的有顏色的觀念，又譬如一位天生聾者，不能眞正的有聲音的觀念。但是這也就說明，普遍觀念的基礎是建立在物上的，而且是建立在個體物上的，因爲感官的對象是個體的物。決不是如概念主義者所說，普遍的觀念沒有客觀的基礎。

㈣從我們的科學來說：凡是科學，不論那一門科學，都把它們研究的物分成不同的「種」和「類」，好能建立原理，並能便利研究工作。而且科學也證實那些原理是眞實的、有效的。

譬如凡是金屬都是電導體、凡是氧氣都能燃燒、凡是物體都有吸引力、凡是基因都與遺傳有關係等等。但是我們知道，科學的原理就是以普遍的觀念作基礎的，沒有普遍的觀念，便沒有科學的原理，自然也就沒有科學。然而這不是事實，事實證明，我們是有科學的。

（丁）對康德概念主義的批判

我們對概念主義作了籠統的批判之後，願意再對康德的概念主義作個別的批判，因爲康德的概念主義非常特殊。而且康德的思想對現代的哲學有極大的影響，值得我們特別的注意。

康德是曠世奇才，能想人之未想，能見人之未見。由於他看到萊普尼茲（Gottfried Wilhelm Leibniz, 1646-1716）、斯比諾撒（Benedict, Baruch Spinoza, 1632-1677）以及伏爾夫（Christian Wolff, 1679-1754）等理性主義者過於強調理智的能力，同時又看到洛克（John Locke, 1632-1704）、柏克萊（George Berkeley, 1685-1753），以及休謨等經驗主義者過於強調經驗的功能，他認爲二者都不能對於人的知識奠定必須性與普遍性的基礎，他要協調二者，爲確保知識的眞實性而鋪出一條新路途。在當時，康德尤其被休謨的懷疑論所震驚，因爲休謨的懷疑論無疑的會摧毀我們的數學與物理科學，而數學與物理科學對康德而言，具有必須性與普遍性，是不能錯誤的知識。康德設法要把數學與物理科學從休謨的懷疑中救出來。

康德爲了替知識論鋪出一條新的道路，並爲了把數學與物理科學從休謨的懷疑論中救出，經過長期的思考後，他要推翻自亞里斯多德以來，絕大多數的哲學家們有關知識論的主張，就如哥白尼（Nicolaus Copernicus, 1473-1543）推翻了自托勒密（Claudius Ptolemaeus, C.90-168）以來，天文學家們有關天文學的主張一樣。哥白尼以太陽中心說推翻了托勒密的地球中心說，康德要以他的超驗論（Transcendentalism）推翻亞里斯多德的知識論。關於康德的超驗論，在我們討論他的概念主義時，已經闡述過。

康德的超驗論在他的《純粹理性批判》（Kritik der reinen Vernunft）裡，以及在他的《實踐理性批判》（Kritik der praktischen）裡，章章節節都有深刻的講述。康德為了寫這兩部書，曾默思十二年之久，但以不到五個月的時間便把《純粹理性批判》寫就。因此，讀者對於書中的文句不無微詞。[87]不過，這卻無關宏旨，倒是在他的兩部書出版之後，英國的哲學界普遍的認為康德是一個「作夢者」（A dreamer）、一個「神祕者」（A mystic）；哲學家們每談到他的「超驗的」（Transcendental）這個字，便帶輕視的口吻說：「超驗的胡謅」（Transcendental nonsense）以及「康德哲學的夢」（The dreams of Kantian Philosophy），這是當時在英國哲學界兩句流行的話。[88]當然，在今天英國的哲學家們對康德早已刮目相看了。

我們以上所說，願意指出，康德雖是一代奇才，然而他的思路與常人迥異。因此，在

[87] G.H. Lewes, A Biographical Story of Philosophy, George Rutledge & Sons, Lit. London, 1900. P. 543.

[88] Ut supra, P.544.

他的兩部理性批判問世之後，招致了英國哲學家們的譏諷。我們不這樣看康德的哲學，但是我們認爲他的哲學有許多不妥之處，現在我們站在他的概念主義的立場，指出他的幾點矛盾和錯誤。

㈠康德本是想以他的哲學把數學與科學從休謨的懷疑論中救出，所以他才想出感性與悟性的理論。然而數學與科學不是研究心靈結構及功能的問題，而是研究物的問題。不錯，數學研究計算的問題，這包括原理與公式；但是數學不能離開數目作計算，而數目也不能離開物單獨的存在。至於科學，更是研究物的問題。康德主張我們不能認識物自身，我們只知道有物自身，因爲那是現象的要求。科學不是這樣，科學不但研究物，而且也觸及物的本質或本性，換言之，觸及物自身。所以科學的定律能運作而無誤，不被我們的心靈所控制。但是根據康德所說，科學的定律僅與在我們心靈中的現象有關，與物自身沒有任何牽連，他說的很清楚：「沒有懷疑的，聽起來很古怪、荒謬：大自然在它的定律上，必須與我們主體統覺（Apperception）的基礎相符合；而且也必須依賴我們主體統覺的基礎。然而如果我們思考一下，我們所謂的大自然，只不過是現象的總體而已，沒有一點是物自身，那麼，我們就不會再驚訝了。」[89]

由以上所說，我們可以知道，康德的學說不但與科學相衝突，而且他的學說根本就是

[89] Critique of Pure Reason, tr. by Max Müller, 2d ed. Macmillan, 1900, P. 94. quoted by C.N. Bittle, Op. Cit. P.275.

不可知論（Agnosticism），而不可知論有一個近親，那就是懷疑論，二者幾乎是孿生兒，有其一，必有二，不能單獨存在。因此，康德想以他的超驗論把數學與科學從休謨的懷疑論中救出，我們只能說：那怎麼可能？

㈡根據康德所說，悟性有十二個先驗的範疇，這是悟性的本能，悟性按著這十二個先驗的範疇綜合感性提供的表象，使它們分門別類，成爲我們的知識。但是很多研究康德哲學的人，認爲他對於他的這種理論所提出的論證不足。不過，對於這一點，我們這裡不提。我們願意所說的是，縱然根據康德所說，我們依照悟性的範疇所作的判斷有它的必須性與普遍性，然而我們不能因此便結論，別的人依照他們悟性的範疇所作的判斷有同樣的必須性與普遍性。因爲我們不要忘掉，根據康德所說，我們只能認識現象，超越現象的物自身，是我們永遠不能認識的。既然如此，我們如何知道別人心靈的性質呢？因爲別人的心靈都屬於物自身的世界，完全在我們認識的範圍之外。所以我們無法知道別人的心靈與我們的心靈是否有同樣的本性與活動，自然我們也無法知道我們依照悟性的範疇所做的判斷，與別人依照他們悟性的範疇所作的判斷是否相同，這包括對於第一原理所作的判斷在內。

㈢康德的超驗論不但是不可知論、懷疑論，也是唯心論（Idealism），因爲康德認爲我們的心靈只能認識現象，而現象又必須靠悟性的範疇綜合並安排才能被認識。因此，現象只有在被悟性思維時才存在，不被悟性思維時就不存在。這無異說，現象是心靈的創造，這和柏克萊所說的「存在就是被認知」（Esse est percipi）沒有什麼分別，這當然是唯心論。

㈣康德的超驗論不但是不可知論、懷疑論和唯心論，還是相對論（Relativism）。因爲已如我們以上所說，由於康德主張我們的心靈不能認識現象以外的物自身，那麼，我們便不能認識別人心靈的本性與活動，因爲別人的心靈是物自身。因此，雖然康德認爲人都是人，人的心靈都一樣，然而站在我的立場，我的心靈仍然只能認識現象，不能認識物自身。因此，我不能因爲人都是人，便認爲我的心靈與別人的心靈相同。相反的，很可能不相同。如果如此，那麼人人在判斷上便各是其是，各非其非，這當然又是相對論。

㈤物自身的不可知性是康德哲學主要的論點之一，然而如果物自身不可知，對我們而言，至少對我們的知識而言，就等於物不存在。因爲不論物存在或不存在，反正我們一無所知。如此，我們知識的對象只有現象，而沒有實在的對象。在這種情況之下，我們的知識不能告訴我們物是什麼，只能告訴我們現象是什麼，這就像我們的心靈被一層厚厚的黑幕所蒙蔽，我們心靈得到的知識不能稱爲眞正的知識。[90]

（戊）對溫和實在論的批判

已如我們所知，溫和的實在論主張，普遍的觀念只存在於理智內，理智以外並沒有實

---

[90] 參閱：C.N. Bittle, Op. cit. PP. 275-278., Reginald F. O'neill, Theories of Knowledge, Englewood, N.J. Prentice-Hall, Inc. 1960. PP. 205-207., Francis Varvello, Op. cit. PP.43-47.

在的普遍觀念；然而在理智內的普遍觀念，在物上有它的基礎，因為那是理智從物抽出的物的本質。我們認為這種主張是對的，我們有以下兩點理由。

㈠我們批判了過分的實在論、唯名論，以及概念主義以後，我們可以看出：過分的實在論主張普遍的觀念是在心靈或理智內，這是沒有錯誤的，它的錯誤在於主張在理智以外，也有實在的普遍觀念。唯名論否認在理智以外有實在的普遍觀念，這也是沒有錯誤的，它的錯誤在於主張在理智內也沒有普遍的觀念。概念主義否認在理智以外有實在的普遍觀念，然而肯定在理智內有普遍的觀念，這都是沒有錯誤的，它的錯誤在於否認普遍的觀念在物上有任何基礎。那麼，究竟如何解釋普遍的觀念才是正確的呢？我們認為只有溫和的實在論的解釋才是正確的，那就是：普遍的觀念只存在於理智內，在理智以外沒有實在的普遍的觀念，但是在理智內的普遍觀念在物上有它的基礎，因為那是物的本質。我們說只有溫和的實在論對普遍觀念的解釋是正確的，因為為解釋普遍的觀念，只能有四種主張：過分的實在論、唯名論、概念主義者，以及溫和的實在論，既然前三者主張都是錯誤的，那麼，只有溫和的實在論是正確的了。

㈡經驗告訴我們，世間有很多不同的物，也有很多相同的物，相同的物都有相同的性。所謂性，就是自然而固定的傾向，譬如魚生活在水裡，狗生活在陸地上。然而雖然同樣的物有同樣的性，但是同樣的物卻彼此不同。我們再以魚與狗作比喻來說，魚有大魚、小魚、白魚、黑魚、花魚等等。狗也有大狗、小狗、白狗、黑狗、花狗等等。可是魚與狗不論有什麼顏色、什麼形狀，魚常是魚，狗常是狗。在這種情況之下，理智可以只看魚與狗的性，不看魚與狗不同的顏色與形狀。換言之，理智可以把魚與狗的性從個體的魚與狗抽出來，置魚與狗不同的顏色與形狀於不顧。沒有懷疑的，理智從個體的魚與狗抽出來的性，自然也可以把魚與狗的性再貼合於個體的魚與狗上。理智抽出來的性不是別的，就是溫和的實在論所說的普遍的觀念。

第十三章　論感官的知識

感官的知識普通稱爲感覺的知識（Sensible Knowledge）。感官的知識非常重要，如果我們沒有感官的知識，也就沒有理智的知識，因爲「沒有在理智中的物，不是先在感官中的物」（Nihil est in intellectu quod non fuerit in sensu）

我們的感官分兩種，那就是外在的感官（External senses）與內在的感官（Internal senses）。外在的感官是感覺的根源。我們知識的形成常由外在的感官開始，外在的感官與外界的物接觸後，把對外界的物所得到的「可感覺的形式」（Sensible form）或「可感覺的心象」（Sensible species）傳達於心靈，心靈因而便認識外界的物，所以外在的感官是我們知識的門戶。內在的感官不與外界的物直接相接觸，而是以外在的感官作媒介，與外界的物間接的相接觸。

感官知識的形成，在過程上相當的複雜。普通，理性心理學常作詳細的討論，我們在這裡不準備這樣做，我們主要所探討的是感官知識眞實性的問題。因爲既然感官是我們知識的門戶，因此，如果我們感官知識的眞實性發生問題，我們所有的知識也必會動搖。當然，在我們探討我們感官知識的眞實性以前，我們必須先對我們感官的性質和功能作一番瞭解，因爲它們都是息息相關的。

第一節　論外在感官的知識

（甲）外在感官的種類與對象

自從亞里斯多德研究感官的問題以來，經中世紀到現在，❶大多數的哲學家們都認爲外在的感官有五種，那就是視感官、聽感官、嗅感官、味感官及觸感官。這五種感官也簡稱爲視覺、聽覺、嗅覺、味覺與觸覺。

在五個外在的感官中，除掉觸覺以外，都有明顯的特殊器官，那就是眼、耳、鼻、舌，所以它們都很容易被辨認，惟獨觸覺沒有一個固定的器官，而是散布全身，所以觸覺也稱爲身體的感官（Somatic sense）。身體的感官又分爲皮膚的感官（Cutaneous sense）、運動的感官（Kinesthetic sense）以及有機的感官（Organic sense）或內臟的感官（Visceral senses）三種。皮膚的感官是在於感覺冷熱、痛癢以及壓力等性質。運動的感官是在於感覺身體的位

❶ Arfistotle, De anima, BK.III. Ch. I, 424 b 20., St. Thomas, S.T.I.Q. 78, a. 3, Resp.

置、動作，以及外界物體的抗力、輕重、鬆緊、軟硬等情況。有機的感官使我們知道是否我們有疲倦、饑渴、消化不良，以及內部疼痛等情況的發生。

從以上簡單所說，我們可以看出，我們的每一個外在的感官都有它自己的專有的對象（Sensibile proprium, Proper object）。❷所謂專有的對象，就是指一個感官只能認識爲它所設定的對象，不能認識爲其他的感官所設定的對象。譬如視覺只能認識顏色，不能認識聲音、氣味、軟硬等性質。同樣，聽覺只能認識聲音，不能認識顏色、冷熱，氣味等性質。每一個外在的感官都是這樣，都只能認識合於它本性的對象，不能認識其他的對象。

外在感官在它們的專有的對象之外，還有公共的對象（Sensibile commune, Common object）。公共的對象是被不同的外在的感官共同認識的對象，譬如物體的延展或面積，可以被視覺所認識，也可以被觸覺所認識；物體的形狀和大小，也莫不如此。同樣，物體的運動也是不同的外在感官共同認識的對象，因爲物體的運動既可以被視覺與觸覺所認識，還可以被聽覺所認識。

---

❷ Sensibile proprium是sensibile proprium objectum的縮寫。sensibile指可感覺的；proprium指專有的；objectum指對象；sensibile proprium objectum；三字合起來指可感覺的對象。Sensibile proprium objectum英文作sensible proper object。但是拉丁文的sensibile這個形容詞可以當名詞用，指可感覺的對象，所以sensibile proprium objectum可以縮寫爲sensibile proprium。同樣，英文的sensible這個形容詞也可以用作名詞，因此，sensible proper object也可以縮寫爲proper sensible。

外在的感官還有第三種對象，那就是偶有的對象（Sensibile per accidens, accidental objecd）或連帶的對象（Sensibile adjunctum, Concomitant object）。顧名思義，偶有的對象是偶然屬於外在感官的對象，不是眞正屬於它們的對象。這種對象所以又稱爲連帶的對象，因爲它是與專有的對象及公共的對象相連繫的。這也就是說，在外在的感官認識它們的專有的對象及公共的對象時，相連帶的也認識了偶有的對象或連帶的對象。譬如我們的眼睛看到某些顏色和形狀時，不但看到那些顏色和形狀，還看到那些顏色和形狀所代表的物，譬如說看到杜鵑花。但是我們的眼睛只能看到顏色和形狀，看不到杜鵑花。在這種情況之下，杜鵑花便是視覺的偶有的對象。又譬如我們的耳朵聽到悠揚清脆、輕快連續不斷的聲音時，我們不但聽到那些美麗的聲音，還聽到發出那些聲音的物，譬如說聽到了小提琴。但是我們也知道，我們的聽覺只能聽到聲音，聽不到小提琴。在這種情況之下，小提琴便是聽覺的偶有的對象。我們常說我們看到了張三或李四，我們看到了他們沒有？看到了。只不過張三和李四是我們視覺的偶有對象。當然，偶有的對象也是對象。❸

（乙）外在感官認識的性質

外在的感官有感覺的能力，這是明顯的事，無用贅言。外在感官的感覺在於接受外界

❸ Aristotle, De anima, BK. II. Ch. 6, 418a 15., 20., St. Thomas, S.T.Q. 17, a. 2, Resp.

物的形式（Form）或印象（Impression），不是接受外界的物，這就彷彿蠟版接受模型印上的形象，不是接受模型一樣。我們知道，這個比喻並不完全恰當，因爲我們的外在感官有感覺，和蠟版不同。不過，多少可以使我們瞭解一點我們外在感官的感覺性質。無論如何，在我們外在的感官接受了外界物的形式之後，便對外界的物發生認知的作用，所以感覺就是外在的感官對它們對象的認知活動。感覺（Sensation）與感覺性（Sensibility）不同，感覺性是感覺對於物認知的能力。

我們的外在感官對於外界物的認識，不純粹是感官的認識，也有理智的參與，雖然不是完善的參與。❹因爲人是心靈與身體共同組成的一個個體，如果人的身體沒有心靈，便不是人的身體；同樣，如果感官沒有心靈，也不是人的感官。「感覺不屬於靈魂，也不屬於身體，而是屬於二者的合成體。」❺因此，雖然感官不是理智，不能認識物的本質，不能分辨是非眞假，但是感官能分辨黑的物不是白的物；冷的物不是熱的物。沒有問題的，感官也有感覺的判斷（Judgment of sensation）❻

---

❹「Sensus est quaedam deficiens participatio intellectus.」St. Thomas, S. T. I. Q. 77, a. 7, Resp.

❺「Sensation belongs neither to the soul, nor to the body, but to the composite.」 St. Thomas, S.T.I.Q. 77, a. 7, Resp.

❻ St. Thomas, Quodl. VIII, 3 C., De veritate, I. II C. quoted by Joseph Owens, An Elementory Christian Metaphysics. The Bruce Publishing Co. 1963. p.238, n.12.

我們的外在感官與它們的對象接觸時，外在感官的器官因爲受到刺激，於是發生物理與生理的變化，也因此對它們的對象發生認識的作用。譬如日光照射我們的皮膚，皮膚發生物理與生理的變化，因而感覺到熱；聲音振動我們的耳鼓，耳鼓發生物理與生理的變化，因而認識聲音。不過，感官器官的物理與生理的變化，不是認識的本身，而是認識的條件。因爲日光照射寒暑表，也使寒暑表的溫度上升；空氣震動口琴的簧片，也使口琴發聲，但是寒暑表不知道自己的溫度上升，口琴也不知道自己發聲，它們都沒有感覺。

外在感官的感覺牽涉到心靈的問題，超越物理與生理的層面，進入心理的層面。對象刺激外在感官的器官所發生的物理與生理的變化，引起心理的變化；心理的變化也就是精神的變化。這就是說，在外在的感官與它們的對象接觸時，接受對象「可感覺的形式」（Forma sensibilis）或「可感覺的心象」（Species sensibilis）。已如我們以上所說，外在的感官不能接受物質，爲了認識對象，只能接受對象的形式，因爲外在感官對象的形式是可感覺的，所以稱爲「可感覺的形式」或「可感覺的心象」。這種形式或心象被外在的感官接受後，稱爲「印入的心象」（Species impressa），這時心靈再把「印入的心象」轉變爲「表達的心象」（Species expressa），外界的物於是被我們的外在感官所認識。❼

---

❼ 聖多瑪斯從未用過Species impressa（印入的心象）及Species expressa（表達的心象）二名詞，他只用Species（心象）、Species sensiblis（可感覺的心象）及Species intelligibilis（可理解的心象）三名詞，解釋外在感官的認識過程。

我們外在的感官爲認識它們的對象，常是由「可感覺的形式」或「可感覺的心象」開始。所謂「形式」，或「心象」，就是指相似性（Similitudo）的意思。認識的發生就在於認識者與被認識的物之間的相似性，但是我們外在的感官在接受它們對象的形式時，一方面是接受，另一方面是工作。換言之，一方面是被動，一方面是主動。論到我們的外在感官被對象刺激而印上對象的「可感覺的形式」，我們外在的感官是被動的；論到我們的外在感官藉物的形式去完成它們的認識工作，我們的外在感官是主動的。在這裡我們可以看出，我們有認識能力的人與沒有認識能力的物，在接受活動上的分別：沒有認識能力的物只是被動的接受別的物的形式，就如紙接受印刷機印上的字，就是一個例子。我們有認識能力的人不是這樣，我們是藉自己的活動認識外界的物。這也就是說，我們是靠我們認識的能力認識外界的物，不是靠別的物認識外界的物。❽

我們的外在感官在認識它們對象的過程上，是非常奇妙的。我們的外在的感官由於受到它們對象的刺激而發生的後果，既不完全是物質的，也不完全是非物質的；不完全是物質的，因爲我們外在的感官所接受的是對象的形式；不完全是非物質的，因爲那是發生在我們的外在感官上的，而我們的外在感官是物質的。我們在上面曾提到，我們的外在感官在與它們的對象接觸時，便發生物理與生理的變化，很明顯的，這種變化不是實體的變化（Alteration

❽ R.P. Phillips, Modern Thomistic Philosophy, The Nowman Press, Westminster, Maryland, 1950. vol. I. p.226.

of substance），因爲發生變化的外在感官，仍然是原來的感官。同時，對象被我們的外在感官認識以後，與它們沒有被認識以前，也是同樣的對象。換言之，對象的形式與對象分離而被我們的外在感官接受之後，對象仍然完好如初。不過，我們應當知道，在我們的外在感官認識活動上，物的形式是我們與物結合的媒介或方法，我們藉物的形式得以認識物；物的形式不是我們認識的目的。

我們的外在感官在認識的活動以前，或者在感覺以前，可以稱爲潛能的感官（Sensus in potentia），在它們的認識活動以後，可以稱爲實現的感官（Sensus in actu）。同樣，我們外在感官的對象在沒有刺激我們的外在感官以前，可以稱爲潛能的對象（Sensibile in potentia），在它們刺激我們的外在感官以後，可以稱爲實現的對象（Sensibile in actu）。因此，在我們的外在感官認識實現時，我們外在感官的對象也必實現，二者的活動是一個活動。一個還沒有刺激我們聽覺的聲音，是我們聽覺的潛能對象，既然那個聲音還沒有刺激我們的聽覺，我們的聽覺也是潛能的聽覺。但是如果一個聲音刺激了我們的聽覺，那個聲音便成爲實現的聲音，我們的聽覺因聲音的刺激而聽到了聲音，我們的聽覺也便成爲實現的聽覺；聲音與我們的聽覺同時實現，這就是所謂的「感官對象的實現就是感官的實現」（Sensibile in actu est sensus in actu）。[9]

---

[9] St. Thomas, S.T.I.Q. 14, a. 2 Resp., Aristotle, De Anima, BK. III. Ch. I, 425 b 25.

我們的外在感官是感覺的工具，也是感覺的原因，我們的理智當然也是感覺的原因，或者更好說，我們的理智更是感覺的原因，因爲人是有理智的動物。總而言之，我們的感官與理智是感覺的共同原因。然而雖然我們的理智也是感覺的原因，但是我們的外在感官基本上是物質的感官，不能認識物的本質，也不能認識存有之所以是存有（Being as being），只能認識此時此地的物，這也就是說，只能認識實際接觸到的個體的物。

（丙）外在感官知識的眞實性

我們的外在感官是可以錯誤的，沒有人能夠否認。因爲我們的經驗告訴我們：我們有時把顏色看錯了，把聲音聽錯了，把味道嚐錯了等等，這都是屢見不鮮的事。但是外在的感官以其爲外在的感官而言，基本上（Formaliter）是不能有錯誤的，如果有錯誤，應是另有原因。我們外在感官的眞實性，可以用以下四點來說明。

㈠我們的外在感官是我們天生的重要器官，爲維護我們的健康與生命是必須的、絕對不能缺少的。因此，它們必須發生它們應有的功能，因爲「本性不能使任何物成爲虛設。」[10]我們不能人人有肺，人人不能呼吸；人人有眼睛，人人不能看；人人有耳朵，人人不能聽，

---

[10]「Nature makes nothing in vain.」Aristotle, Politics, BK. I. Ch. 2, 1253 a 5.

本性不能愚弄自己。實在，「本性在必須的事上，不能有所缺少。」⓫人的本性要求人生活下去，那麼，人必須有生活的方法或條件，外在的感官便是人生活的條件之一。

㈡我們外在感官的基本工作是與外界的物相接觸，並接受外界物的形式，而後傳遞給我們的理智，使我們認識外界的物。所以我們外在感官的性質是接受外界物的形式，不是改變外界物的形式，這就如同一張白紙一樣，印上什麼，就是什麼，白紙不能改變印在它上面的東西。由於這種關係，我們的外在感官就其本身（Per se）而言，是不能錯誤的。有的人拿插在水桶裡的直棍，在遠處看卻是彎曲的，來反駁我們視覺的眞實性。但是我們的眼睛並沒有錯，因爲木桶裡的直棍，經過光的折射作用，呈現給我們的眼睛，就是彎曲的。

㈢我們的外在感官是我們生活的指導或準則，在我們的日常生活裡，我們沒有不按照我們外在感官的指導生活的，懷疑論者也不例外。譬如我們看到岌岌可危、要倒塌的建築物，我們要躲避；我們的手觸摸到沸騰的水，我們要挪開；我們覺得身體不舒適，我們要找醫生；我們感到寒冷，我們要加衣服；我們在日常的生活裡，幾乎事事都聽我們外在感官的指導；不聽，可能連生命都不能保。這一切都說明一點，那就是我們外在感官的眞實性，是不能懷疑的。

⓫「Natura non deficiat in necessariis.」St. Thomas, S.T.I.Q. 78, a. 4, Resp., Duns Scotus, Opera Omnia, I. Prologus, Pars Prima, Quaestio unica, Q.I. 5. p.3.

㈣我們有自然的慾望，自然的慾望必須實現才對，因爲「自然的慾望不會落空。」⓬否則，如果我們有自然的慾望，而自然的慾望不能實現，這是自然相反自然，換言之，這是自然本身的矛盾。如果如此，便沒有物可以存在了。所以我們有眼睛，眼睛的自然慾望是要看見物，那麼，它們應當看見才對；我們有耳朵，耳朵的自然慾望是要聽到聲音，那麼，它們應當聽見才對；我們有鼻子，鼻子的自然慾望是要聞到氣味，那麼，它應當聞到才對。至於我們的觸覺與味覺，也都有它們的自然慾望，它們的自然慾望也都應當實現才對。因此，在這裡我們可以合理的結論說：我們外在感官的自然慾望與那些慾望應當實現的密切關係，很清楚的說明我們外在感官的眞實性。

(丁) 外在感官知識眞實性的證明

我們外在感官的眞實性不需要證明，也不能嚴格的證明，因爲那是原始的事實，沒有共類，沒有種差。不過，我們可以廣義的證明或說明。其實，我們在上節討論外在感官知識的眞實性時，已經作了說明。但是我們在這一節裡，願意對外在感官知識的眞實性再作進一步的說明。

㈠外在感官的眞實性不需要證明，因爲那是明顯的事實。譬如烈日當空，曬得我滿頭

⓬「A natural desire cannot be in vain.」St. Thomas, S.T.I.Q. 75, a. 6, Resp.

大汗，我不必證明是否有太陽曬我；有惡犬向我撲來，我趕緊躲避，我不必證明是否有惡犬向我撲來；我在玫瑰花園裡聞到玫瑰花的芬芳，我不必證明是否有玫瑰花的香味。在那些情況之下，如果一個人眞的要證明我們感官的眞實性，實在是不可思議的事。外在感官知識的明顯性就是自己眞實性的證明。在這裡我們也可以引用「事實勝於雄辯」的這句成語。

(二)外在感官知識的眞實性不能證明，因爲任何論證都需要一個普遍的原則作大前提，而普遍的原則又來自物的普遍觀念（Universal idea）。但是我們知道，物的普遍觀念是理智對於外在感官所得到的個體物的知識，經過抽象（Abstraction）的工作而成的。然而這無異說，在普遍的觀念裡已經包含了外在感官的眞實性。因此，如果我們要證明外在感官知識的眞實性，我們已經承認了它們的眞實性，所以這是竊取論點，是無效的證明。

(三)我們的意識告訴我們，我們的外在感官對於它們的對象都有認知的能力。換言之，我們的意識告訴我們，我們的眼睛的確看到顏色；我們的耳朵的確聽到聲音；我們的舌頭的確嚐到味道。因此，如果我們否認我們外在感官的眞實性，也就等於否認我們外在感官的感覺與它們對象之間的關係，那麼，我們便無法解釋我們外在感官感覺的來源，除非我們願意陷入唯心論（Idealism）裡。但是在另一方面，如果我們承認我們外在感官的感覺與它們對象之間的關係，我們也便不能不承認我們外在感官知識的眞實性。⓭

⓭ Cf. Francis Varvello, Major Logic （Epistemology） trans. by Arthur D. Fearon, University of San Francisco,

（戊）外在感官錯誤的原因

我們的外在感官發生錯誤，可以說是我們每一個人的經驗，而且是司空見慣的事。就如我們不久以前所說，我們把顏色看錯了，把聲音聽錯了，把氣溫感覺錯了等等。兩條同樣長度的線，一橫一豎，把豎的畫在橫的中央，豎的看起來長，橫的看起來短。同樣，兩條同樣長度的橫線，它們的兩端都畫上箭頭：一條線的箭頭都向外伸，另一條線的箭頭都向內伸；箭頭向外伸的線看起來長，箭頭向內伸的線看起來短。有五種顏色的牛頓盤（Newton disk）以極快的速度旋轉，看起來則是白色。工人在遠處鑿石的聲音，在工人把斧頭鑿下而又舉起來以後，才被我們聽見。亞里斯多德說，如果我們把兩個手指疊起來摸一個物，感覺彷彿是兩個物。⑭接受手術切除一隻腿的人，有時還感覺那隻腿痛。這個例子笛卡爾也提到過。⑮

以上所說有關我們外在感官的錯誤，是我們經常知道的一些而已，我們所不知道的，不知道還有多少。現在的科學證實，我們所看到的種種不同的顏色，並非它們本身如此，而是由不同的光波造成的；我們都相信金屬、石頭等物都是堅實的物質，然而它們的本身也並

Calif. 1933. pp. 55-56.

⑭ Aristotle, Met. BK. IV. Ch. 6, 1011 a 25-30.

⑮ The Philosophical Works of Descartes, trans. by Elizabeth S. Haldane and G.R.T. Ross, Cambridge University Press, 1968. Cf. Meditation, VI. p. 189.

非如此，而是轉動不止的電子；我們夜晚在天空看到無數的星球，其實有許多早已轉移或消失，我們所看到的僅是它們傳到地球上的光。如果我們注意一下科學，我們不難發現，科學揭露我們外在感官的錯誤，實在太多了。

不久以前我們曾說過，我們的外在感官以其爲外在的感官而言，基本上是不能錯誤的，但是它們爲什麼錯誤呢？我們外在感官的眞實性在生理、心理，以及環境各方面，所牽連的因素，實在太複雜、太廣泛，可以說是五花八門，千頭萬緒。我們在這裡僅提供以下幾點，作爲參考。這幾點是我們外在感官錯誤的原因，也可以說是我們外在的感官在發揮它們的功能上，所需要的條件。

㈠我們外在的感官應有健全的生理組織

我們的外在感官在生理的組織上，是非常複雜而精密的器官，如果有任何缺陷或疾病，雖然微乎其微，就能影響它們的功能。譬如我們的耳朵在構造上有外耳、中耳和內耳；在中耳與內耳之間有耳膜或鼓膜，以傳達外來的聲浪；中耳與內耳還有不同的組織，每一小部分對於我們的聽覺，都有極大的關係；如果有一部分發生問題，一個人很可能只聽到某種聲音，如尖聲、低聲、大聲或小聲，甚至無緣無故的聽到一些聲音；如果問題嚴重的話，可能完全失聰，什麼也聽不見。

論到我們眼睛的構造，更是複雜的不得了。我們眼睛外層覆有一層強韌白色的物質，稱作鞏膜（sclera），眼睛前方突出的部分，上面的鞏膜是透明的，稱作角膜（Cornea），內層稱作網膜（Retina），它們都含有對光靈敏的細胞，這些細胞連接著神經纖維，把外界的物和情況傳達於腦部。如果我們把眼睛比作照像機，網膜就是軟片。網膜中有兩種不同的細胞，以便在不同的光線中，看清外界的物。還有，我們的眼球分爲兩個腔室，內部都充滿了液體。眼球就像照相機的鏡頭，爲了看清外界的物，眼睛必須調整好它的焦點；眼睛的強度是可以改變的，因爲它是一個彈性體。

我們眼睛的構造是這樣的複雜，我們不難想見，如果其中任何一個組織發生問題。我們的視覺必定會受到很大的影響。以眼睛的網膜來說，如果網膜稍微有些皺紋，我們不論看任何物，都是扭曲變形的；大的物還可以辨認，小的物便沒有辦法辨認了，所以便不能閱讀。如果網膜剝落，便什麼都什麼都看不見，變成盲目。

我們以上對我們的耳朵與眼睛所說的，對於我們其他的外在感官也是一樣。我們的外在感官不論是那一個，都是組織非常精密、非常複雜的生理器官，不能有一點缺陷或疾病，否則，便不會發揮它們正常的功能。然而如果我們的外在感官不能發揮它們的正常功能，當然只有發生錯誤了。

㈡我們的外在感官對於它們的對象應遵守它們的物理規律

我們的外在感官是生理的器官，也是物質的器官，因爲我們的外在感官是物質的。因此，我們的外在感官除掉應當有健全的生理組織外，也應當遵守物理的規律。由於我們的外在感官有三種對象，所以我們從三種對象方面看，我們的外在感官應當如何遵守它們的物理規律。

1.我們的外在感官對它的專有對象應當遵守的物理規律：我們曾經強調過，我們的外在感官對它們的專有對象，基本上是不能錯誤的，但是也不是毫無條件的；條件可以從三方面來看，茲分述於下。

第一、在距離方面。我們的外在感官對於它們的專有對象，不能距離太遠，也不能太近；太遠或太近，都與我們感官的工作性質不相符合。譬如我們閱讀書籍，我們不能把書放的太遠，那樣我們便看不清楚書中的字；然而我們也不能把書貼在眼皮上，那樣更是什麼都看不見。

第二、在運動方面。我們的外在感官爲辨認它們正在運動的專有對象，要求那些對象不能運動太快，也不能運動太慢；太快與太慢，也都與我們外在感官的工作性質不相符合。譬如旋轉速度極快的鐵鍊，看起來是一個圓環，不是一條鐵鍊。又譬如我們以上所說的五色的牛頓盤，如果旋轉的速度極快，看起來是白色，不是五種顏色。但是鐵鍊與牛頓盤也不能旋轉的太慢，旋轉的太慢，等於沒有旋轉。在那種情形之下，我們不必辨認，自然就知道那是鐵鍊和牛頓盤。

第三、在刺激方面。我們的外在感官爲了辨認它們帶有刺激性的專有對象，要求那些對象不能刺激太強，也不能刺激太弱；太強與太弱，同樣也與我們外在感官的工作性質不相符合。譬如一個人對我說悄悄話，如果他的聲音太小，我便聽不清楚他說什麼。但是如果他用一個擴聲器，在我的耳邊大喊大叫，震耳欲聾，我同樣聽不清楚他說什麼。又譬如我炒菜調味要用鹽，如果我放的鹽太少，我便嚐不到鹹味，然而如果我放的鹽太多，我仍然嚐不到鹹味，我嚐到的是苦味。

2.**我們的外在感官對於它們的公共對象應遵守的規律**：我們的外在感官對於它們的公共對象，如果要發揮它們的正常功能，除掉應當遵守它們對於專有的對象應當遵守的規律之外，還需要有關的不同外在感官共同作認知的工作，因爲外在感官的公共對象是屬於不同的外在感官共同認知的對象。譬如我願意知道我書桌的面積有多麼大，可是沒有尺子可以量；那麼，我先仔細的觀查它一下，以後再用手量一量，這樣我便可以知道我書桌比較準確的大概面積。又譬如外面颳大風，我願意知道風的強度，我沒有科學的儀器可以測量，怎麼辦呢？我可以聽聽風的聲音，看看窗外樹枝搖動的情形，然後再把手伸出窗外，感覺一下風的力量，這樣我也可以知道風的大概強度。

3.**我們外在感官對它們的偶有對象應當遵守的規律**：我們的外在感官對於它們的偶有對象，如果要發揮它們的功能，更需要我們的外在感官，遵守它們對於它們的專有對象應當遵守的一切條件。因爲一如我們所知，偶有的對象是偶然屬於我們外在感官的對象，這也就是說，在我們的外在感官認知它們的專有對象時，連帶的也認知的對象。由於這種關係，我的外在感官必須先對它們的專有對象，能發揮正常的認知功能，而後才能對它們偶有的對象，發揮正常的認知功能。譬如我聽到清脆響亮、高低快慢連續變化而有韻律的聲音，我說我聽到了鋼琴；鋼琴是我聽覺的偶有對象。但是我的聽覺爲認知鋼琴，必須先有認識聲音的一切條件，同時還必須知道鋼琴發出的聲音是什麼聲音。又譬如我吃到一口香甜潤滑、美味可口的東西，我說我吃了一口巧克力；巧克力是味覺的偶有對象。然而我的味覺爲認知巧克力，必須先有認知味道的一切條件，而且還必須知道巧克力的味道是什麼味道。

(三)認知的主體必須有正常的心理

我們爲了發揮我們外在感官的正常功能，我們必須有正常的心理不可，因爲我們的感覺不只屬於身體，也屬於心靈；感覺的認知也有心靈的參與。一個人的心理健康與否，影響他外在感官的認知功能，是毫無問題的。患有心理疾病的人，能看見實際沒有的東西，能聽到實際沒有的聲音，能聞到實際沒有的氣味，能嚐到實際沒有的味道，甚至能摸到實際不存在的物。這一切對於心理正常的人而言，都是不可思議的事，但是對心理異常的人來說，卻是眞實的。

有心理疾病的人能經驗實際不存在的物，然而在另一方面，實際存在的物，他可能經驗不到。因爲他會視而不見，聽而不聞，食而不知其味，常生活在另一個天地裡。不過，心理疾病的種類很多，影響我們外在感官的認知功能也各不相同；但是有一點可以確定：它們都影響我們外在感官的認知功能。

還有一點我們應當注意的是：心理異常不是專指狹義的心理疾病，人在激情（Passion）的衝擊之下，都可以稱爲心理異常。所謂激情，就是喜、怒、哀、懼、愛、惡、欲等，其中的任何一種情感強烈而突然的發作；這種激情都影響我們外在感官的認知功能。極度哀傷的人，看什麼都昏暗沮喪，相反的，極度歡樂的人，看什麼都光明亮麗。疾病心理學稱暴怒的人爲暫時瘋狂的人（Temporary insane）。沒有懷疑的，我們爲了發揮我們外在感官的認知功能，正常的心理是一個不可或缺的條件，而正常的心理不但指沒有心理疾病，也指沒有激情。

(己) 認知主體的科學知識與我們外在感官認知的關係

我們的外在感官在認知它們的對象時，往往牽涉到科學的問題。有的人認爲我們的外在感官不可靠，因爲常發生錯誤；然而究其實，很可能不是我們的外在感官錯誤，是他缺少科學的知識。譬如我們都知道的一個例子：有的人認爲我們的聽覺不可靠，因爲我們站在遠處看鑿石工人鑿石頭，當鑿石工人將斧錘砸下去，而後再舉起來時，我們才聽到鑿石的聲音。但是如果他知道聲音是由音波（Sound wave）傳達的；音波在空氣中以每秒一千一百英呎的速度向外傳播，（溫度每升降一度，音波的傳播速度也增或減零點六公釐），因此，遠處的鑿石聲爲傳達到我們的耳中，是需要一些時間的；那麼，他便不會懷疑我們聽覺的眞實性，認爲我們的聽覺是不可靠的。

還有的人認爲我們視覺是不可靠的，因爲也常發生錯誤。對於這一點，也有一個大家都知道的例子，那就是在夜間我們看天空的星辰時，我們知道有些星辰早已消失。因此，如果我們看到已經消失的星辰，那就證明我們的視覺不可靠，因爲我們的視覺欺騙我們。但是有這樣思想的人，如果知道天空的星辰有的是恆星，有的是行星，換言之，有的轉移，有的不轉移。如果他還知道，光是走動的，光以每秒十八萬六千二百八十二英哩的速度進行，然而有許多的星辰，距離我們的地球這麼遙遠，它們的光爲傳達到我們的地球上，需要經過億萬光年（Light year）的時間，⑯那麼，在他們聽說我們所看到的星辰，有的早已消失或轉移時，便不會認爲我們的視覺常錯誤、不可靠。

爲了瞭解認知主體的知識與我們外在感官認知的關係，我們不妨再舉一個例子，這個例子是分析哲學家們不斷提出來的：一個人拿一個硬幣在我們跟前讓我們看，在這種情形之下，硬幣是多麼大，我們看它也是多麼大。但是那個人離開我們往遠處走，他走的越遠，我們看那個硬幣也越小，漸漸的我們看那個硬幣就好像一個小點，最後完全看不見了。因此，否認我們視覺眞實性的人，認爲這就是我們視覺不可靠的一個證明，因爲如果我們的視覺是可靠的，爲什麼看同一個硬幣，有這麼大的變化？這個問題涉及到生理學。生理學告訴我們：物體離我們越遠，在我們眼睛的視網膜上所製造的形象也越小，如果物體離我們太遠，在我

⑯ 光年即光在一年的時間所行的距離，即 5,880,000,000,000 英哩。

們眼睛的視網膜上便不能製造任何形象，所以我們也看不見那個物體。因此，我們看硬幣變化的例子，並不能證明我們的視覺常錯誤，是不可靠的。

在以上的那三個例子裡，在今天科學發達的時代，稍微受過教育的人，都知道我們的聽覺與視覺沒有錯誤，那些認爲它們有錯誤的人，是因爲缺少科學知識的緣故。不過，我們在這裡，主要的願意藉那三個例子再次指出，我們的外在感官以其爲外在的感官而言，爲認知它們的對象，基本上是不能錯誤的，如果有錯誤，應當另有原因，原因之一就是認知的主體缺少科學的知識。實在，就連我們有時認爲我們的某個外在感官發生了錯誤，但是如果詳加研究，很可能是因爲我們認爲那個發生錯誤的外在感官，牽連一些較深的科學知識，而我們缺少那些知識，所以我們才認爲那個外在的感官發生了錯誤。我們的科學知識越豐富，越能證實我們外在感官的眞實性或可靠性。

第二節　論內在感官的知識

（甲）內在感官的種類與對象

我們的內在感官有幾個？董斯·史格都斯（John Duns Scotus, 1266-1308）及蘇亞雷（Francis Suarez, 1548-1617）主張有一個，高寧布里森斯（Conimbricenses）主張有兩個，

貝西（Heinrich Pesch, 1854-1926）主張有三個，亞維柴納（依本·西納）（Avicenna or Ibn Sina, 980-1037）及聖波納文都拉（St. Bonaventura, or John Fidanza, 1217-1274）主張有五個，聖大亞爾博（St. Albert the Great, 1200-1280）主張有六個。⓱但是絕大多數的士林哲學家們主張有四個，我們也認為有四個，其實，這也是聖多瑪斯的主張。⓲我們的四個外在感官是：公共感官（Common sense）、想像力（Phantasy）、記憶力（Memorial power）及評估力（Estimative power）。我們分別討論於下。

㈠公共感官

我們的公共感官有四種功能或作用，第一種功能是分辨我們不同外在感官的感覺，因為我們每個外在的感官只能認知自己的對象，不能認知別的感官的對象，所以也不能分辨自己的對象與別的感官對象的分別，譬如眼睛認知不同的顏色，耳朵認知不同的聲音，然而眼睛不能分辨顏色與聲音的分別，同樣，耳朵也不能分辨聲音與顏色的分別。當然，我們不能在兩個人身上分辨顏色與聲音的分別，因為兩個人的認知怎麼樣，我們無法得知。公共感官就是分辨我們不同外在感官對象的分別。⓳

⓱ F. Morandini, S.J. Critica, Typis Pontificae Universitatis Gregorianae, Romae, 1963. p.384.

⓲ St. Thomas, S.T.I.Q. 78. a. 4, Resp.

⓳ Aristotle, De anima, BK. III. Ch. 2, 426 b.

我們公共感官的第二種功能是：把我們不同外在感官的認知綜合在一起，使我們知道它們屬於同一個物體。譬如我的眼睛看見一個圓形的物，鼻子聞到它的芳香，舌頭嚐到它的甜味，我知道那是一只蘋果。每一個物都有不同的可感覺的性質，那些性質被我們不同的外在感官所認知，公共感官就是把那些被我們不同的外在感官所認知的性質，綜合在一起，使我們知道那是一個什麼物。這是爲什麼公共感官又稱爲綜合感官（Unifying sense）。

我們公共感官的第三種功能是：使我們知道我們外在感官的認知，是我們的認知。譬如我的耳朵聽到樹枝上小鳥的鳴聲，我的眼睛看到魚池裡的小魚在游動，我的公共感官使我知道，那是我聽到小鳥的鳴聲，是我看到小魚在游動。如果我們沒有公共感官，我們的外在感官儘管活動，但是我們不知道那是我們的活動。

我們公共感官的第四種功能是：使我們認知公共可感覺的對象（Common sensibles）。所謂公共可感覺的對象，就是不屬於任何一個外在感官所認知的對象。譬如我們知道時間與空間，然而時間與空間不是任何一個外在感官所認知的對象；因爲時間有延續、運動和先後的因素；空間有長、寬、厚的幅度。因此，我們爲了認知時間與空間，需要一個特殊的官能，我們的公共感官就是認識時間與空間的官能。

在這裡有一點，我們可以看出來，那就是我們公共感官的對象，都是來自我們外在感官的對象。我們的公共感官與外在感官的分別，不是在對象方面，而是在它們認知的能力方面。

㈡想像力

想像力是使我們想像以往過去事的能力，所以是以我們外在感官的經驗作根據。很明顯的，我們不能想像沒有經驗過的事；縱然我們想像的事，有時極其荒誕不經，然而也必須以我們外在感官的過去經驗作基礎。譬如我想像我騰雲駕霧，遨遊天空。但是我必須先見過雲、霧和天空，也必須先見過有的物在天空飛行；沒有這些經驗，我不能想像我能騰雲駕霧，遨遊天空。

想像力分「再現的想像力」（Reproctuctive phantasy）與「創造的想像力」（Creative phantasy）兩種。再現的想像力使我們外在感官的以往經驗，再次出現在我們心靈中，然而並不把那些經驗的細節都顯示出來，也並不使我們意識到那是我們過去的經驗，只使我們看到過去經驗的大概形象而已。譬如我看過北京的天壇和羅馬的聖伯鐸大殿，再現的想像力就是使天壇和聖伯鐸大殿的大概形象，再次出現在我的意識中；至於我如何到達天壇和聖伯鐸大殿，又如何參觀天壇和聖伯鐸大殿等細節，則未出現在我的意識中。否則，那不是想像，而是記憶。

創造的想像力是把我們過去外在感官的經驗，加以分析和綜合，而後形成一種新的東西，然而這種新的東西，在實在界並不存在。譬如我想像將來的人，都駕駛一架小型的飛機，在天空往來，當作交通的工具，而且空中也有交通警察，指揮交通。又譬如我想像將來的汽車，都裝有自動變換方向的安全器，以閃避衝來的車輛，保障駕駛者與乘客的安全。我所以有這些想像，是因爲我知道什麼是飛機、汽車、警察、車禍和安全，我把這些經驗分析與綜合後，就構成了我的這些經驗。文學家、藝術家和發明家，都賦有極豐富的想像力。

創造的想像力不僅指狹義的創造性的想像，凡是把我們以往外在感官的經驗，加以分析與綜合所構成的想像，都屬於創造的想像力。譬如我想像一片世外桃源，那裡的居民沒有戰爭，沒有仇恨；大家都相親相愛，安居樂業。這樣的想像就是來自創造力的想像。

想像力以其爲一種內在的感官而言，較公共感官更爲完善，因爲想像力不需要面臨對象就能工作。相反的，公共感官必須面臨對象，才能發揮它的功能。沒有懷疑的，想像力較外在的感官更是優越得多，因爲外在的感官在工作上不能脫離物質，而想像力在工作上卻能脫離物質。

很清楚的，錯覺（Illusion）與幻覺（Hallucination）都與想像力不同。錯覺是一個人在特殊的心理狀態之下，他的外在感官對事物的錯誤認知。我們普通所說的杯弓蛇影和風聲鶴唳，就是最好的例子。幻覺是一個人由於腦神經發生病變或失常，因而影響他的外在的感官認知能力，他所認知的物，實際上並不存在。譬如他常聽到刺耳的聲音，看到飛來飛去的蚊蟲。海市蜃樓可能是幻覺的最佳注釋。

(三)記憶力

記憶力使我們想起以往經驗過的事，與想像力有相同之處，因此它們工作的對象都是以過去的經驗作基礎。但是記憶力與想像力迥然不同，記憶力使我們想起過去的事，把以往的經驗重新喚到意識裡，使我們知道我們是在追憶過去的事，並且有時間、地點及情節可尋。想像力則不然，已如我們剛才所說，想像力僅使我們想起過去經驗的大概情形，並不使我們意識到那是過去的事，同時也不使我們憶起那些事情的細節、時間和地點。有時想像力使我們把已往不同的經驗加以分析，以後再綜合在一起，形成一種新的事物，但是實際上並不存在。

由於記憶力使我們在想起過去的經驗時，包括情節、時間和地點，所以能整合過去的經驗，把過去片段的經驗連結在一起，成爲一個完整的經驗。換言之，記憶力使我們想起過去的某一部分經驗時，也使我們容易的想起全部的經驗來；這是聯想（Association）的基本原理。[20]

近來有些心理學家們，把記憶分爲「感官的記憶」（Sense-memory）與「理智的記憶」

⑳ 聯想律（Law of association）可以說是亞里斯多德最先提出來的。聯想與記憶有關，因爲我們從前經驗過的事，有的彼此相似，有的彼此相反，有的彼此相近。因此，如果我們想起某一件事來，便很容易聯想到與這件事相似或相反或相近的事來。（Aristotle, Parva Naturalia, De Memoria et Reminiscentia）

（Intellectual memory）。感官的記憶是指我們想起過去的經驗時，並不清楚的意識到那是過去的經驗。相反的，理智的記憶是指我們想起過去的經驗時，不但想起過去的經驗，也明白的意識到那是過去的經驗。沒有懷疑的，普通的動物也有感官的記憶，但是只有人才有理智的記憶。

㈣評估力

評估力是使我們評估事物對我們有益或有害的能力，所以評估力也稱爲利害感。利害感這個名詞，用於普通的動物更爲合適，因爲普通的動物在維持牠們生命的安全上，有這種本能。這就是說，事物對牠們有益抑是有害？牠們有一種自然感覺的能力。普通的動物由於沒有理智，爲了保護自身的安全，必須有一種天生的能力，因爲「天性不缺少必須的事」。㉑

普通動物的生命安全，要求牠們追求或躲避喜歡或厭惡的事物，更追求或躲避有益或有害的事物。因此，普通的動物自然有一種利害感。譬如羊躲避狼，不是因爲狼的顏色或形狀，使羊躲避狼，而是羊憑牠的利害感，自然知道狼是牠的天生仇敵。又譬如鳥啣叼草稭，不是因爲草稭的氣味或形狀，使鳥啣叼草稭，而是鳥靠牠的利害感，知道草稭爲牠築巢有益。羊知道狼是牠的仇敵，鳥知道草稭爲築巢有益，不是牠們的外在感官所能認知的，而是一種

㉑ 見註⑪。

內在的能力，這種內在能力在普通的動物身上稱爲本能（Instinct）或自然的評估力（Natural estimative power），在人身上則稱爲思想的評估力（Cogitative estimative power）。由於普通的動物沒有理智，牠們的自然評估力或利害感非常顯著，而人因爲有理智，人在評估事物的利害時，理智也常參與，甚至人也常以理智代替評估力。不過，人在特殊的情況之下，尤其在突然發生的危險的情況之下，便往往不用理智，而只用評估力。㉒

（乙）內在感官知識眞實性的證明

我們內在感官的知識是眞實的，因爲我們內在感官的很多知識，是我們賴以生活的知識。不過，我們內在的感官知識的眞實性和我們外在感官知識的眞實性一樣，是不能有嚴格的證明的，因爲它們都是原始的事實（Primitive facts），換言之，都是最先的事實。由於這種關係，我們便不能用更先的知識，證明我們內在的感官知識的眞實性。當然，我們內在的感官知識的眞實性是可以說明的，或廣義的證明的。

㈠我們內在感官知識的眞實性不需要證明

我們知道，一個眞理需要證明，是因爲缺少明顯性，然而我們內在感官知識的眞實性

㉒ 此段的比喻及解釋皆見：St. Thomas, S.T.I.Q. 78, a. 4, Resp.

是如此的明顯，不容任何人質疑。那麼，我們還證明什麼？譬如我知道黑色與白色不同；我能分辨葡萄與蘋果的差異；我記得我家的地址；我可以想像我父母的容貌；我意識到我正在寫內在感官知識的問題；如果我看到我屋頂的天花板要脫落，我會毫不猶豫的奪門而出。我對於我的這一切知識的眞實性都不會有絲毫的懷疑，都信以爲眞，所以我也決不會設法證明它們的眞實性。但是我的這一切知識，都是我內在感官的知識。

(二)我們內在感官知識的眞實性不能證明

邏輯學告訴我們：爲證明任何一個眞理，我們所用的論證的大前提，必須是一個普遍的原則或觀念；然而普遍的觀念是理智由個體的物抽象得來的，但是抽象的觀念也必須經我們的想像力不可。㉓因爲理智爲認識物，不能不有物的心象（Phantasm），㉔然而這就說明，普遍觀念的形成是離不開我們的想像力的，因爲心象是由想像力所形成。因此，在我們用普遍的觀念證明我們內在感官知識的眞實性時，我們已經用了我們內在的感官的知識。換言之，我們已經承認了我們內在的感官知識的眞實性。很明顯的，這種證明是無效的，因爲這是竊取論點。

㉓ Aristotle, De anima, BK. III, Ch. 7, 431 a., St. Thomas, S.T.I.Q. 84, a. 7, Resp.

㉔ 此處所說的Phantasm（心象），即指Image（形象）的意思。

㈢我們內在感官知識的眞實性不能被否認

任何人不能否認我們內在的感官知識的眞實性，因爲如果一個人否認我們內在的感官知識的眞實性，便會發生以下不可思議的結論：第一、他必須否認他所記憶的一切事物，這包括自己的名字、自家的住地、親友的容貌等等；甚至他也必須否認人類的歷史，因爲這都是記憶力的成果。第二、他必須否認人類的文學與藝術，因爲這都是與想像力有關的。第三、他必須否認科學，因爲科學是建立在普遍的觀念之上的。其實，他何止必須否認科學而已，凡是有原理的學問，他都必須否認，甚至人類語言中的許多名詞，他也都必須否認，因爲這都是表示普遍觀念的。但是我們以上不久曾說過，普遍觀念的形成是離不開想像力的。第四、他必須否認他的一切知識，因爲那都是奠基於公共感官上的：人藉公共感官才能分辨不同的物，並藉公共感官把物的不同性質綜合在一起，歸屬於同一個物。此外，人藉公共感官才能意識到他的外在感官認知，是他自己的認知；他是認知的主體。

實在，我們無時無刻不在利用我們內在感官的知識，我們內在感官的知識與我們外在感官的知識一樣的重要，它們的眞實性也同樣的彰明較著，是沒有人可以否認的。

(丙) 內在感官錯誤的原因

我們的內在感官可以發生錯誤，而且也實際的發生錯誤，這是我們每一個人的經驗，沒有例外。譬如我們有時把事情記錯了、分辨錯了、評估錯了等等，不一而足，可謂屢見不鮮，誰也不能否認。但是雖然我們內在的感官常發生錯誤，然而那不是我們內在感官的本身錯誤。我們的內在感官以其爲內在的感官而言，也和我們的外在感官一樣，基本上是不能錯誤的，我們的內在的感官所以發生錯誤，可以歸納爲以下的兩個原因。

㈠認知的主體沒有應有的生理與心理的健康

我們在討論我們的外在感官所以發生錯誤的原因時，我們看到了，認知主體的生理與心理的健康是多麼重要。如果一個人的生理或心理不健康，都會嚴重的阻礙他的外在感官正常功能的發揮。同樣，一個人的生理與心理健康與否，也會影響他的內在感官的正常功能，因爲人的外在感官也好，內在的感官也好，都是人的感官，都與人的生理和心理的健康息息相關，不能分離。

㈡認知的主體缺少完善的外在感官

我們的內在感官是根據我們外在感官的經驗工作的，如果一個人缺少某種外在的感官，他便沒有那種外在感官的經驗，那麼，他的內在感官自然也就不會發揮那方面的功能。譬如一位天生的盲者，他的想像力再豐富，也想像不出五彩繽紛的花園是多麼美麗，因爲他沒有顏色的經驗。又譬如一位天生沒有嗅覺的人，他的記憶力再強，也記不得玫瑰花的氣味是多麼芳香宜人，因爲他沒有氣味的經驗。我們內在感官的功能常以我們外在感官的經驗作基礎，缺少某一種外在感官的人，他的內在感官也就缺少有關那一種外在感官經驗的功能；什麼外在的感官都缺少的人，他便沒有任何內在感官功能之可言。

第三節　對感官知識的結語

我們討論我們感官知識的問題，似乎佔的篇幅有些過長，然而我們認爲應當如此。因爲懷疑論者無不對我們感官知識的眞實性，大作文章，認爲我們的感官是不可靠的；懷疑論者所以主張懷疑論，這是他們的重要理由之一。我們感官知識的眞實性這樣惹人懷疑，連笛卡爾也不肯放過它，也把它當作他的方法懷疑論的重要理由之一。

我們討論了我們感官知識的問題之後，一方面我們看到我們感官知識的眞實性，另一方面我們也看到我們感官知識的重要性。實在，我們感官的知識太重要了，如果我們沒有感官的知識，我們對於外界的物，什麼知識都沒有。我們的感官是我們的心靈通往外界的門戶，缺少這扇門戶，我們的心靈既走不出去，外界的物也走不進來，我們的心靈將終身禁錮於它的小室之內，對外在的世界一無所知。

第十四章　論理智的知識

巴斯噶（Blaise Pascal, 1623-1662）說：「人只是一枝蘆葦而已，是自然界最脆弱的物，但是人是思想的葦蘆。」❶聖多瑪斯說：「人的靈魂是在物質的物與精神的物的邊界上，所以兩界物的能力都聚在它上面。」❷這兩位大哲的話，道盡了人的能力與尊嚴。人是動物界之一，然而人是有理智的動物，人的理智使人超越動物之上。

第一節　理智的意義

理智在拉丁文稱Intellectus，這個拉丁文是由介系詞Intus及動詞Legere的過去分詞Lectus

---

❶ Blaise Pascal, Pensées, trans. by A. J. Krailsheimer, Penguin Books, 1966, VX. no. 200, p.95. 「Man is only a reed, the weakest in nature, but he is a thinking reed.」

❷ S. T. I. Q.77, a. 2, C「The human soul is on the boundary line of corporeal and spiritual creatures, and therefore the powers of each come together in it.」

所合成的。Intus指在內、向內的意思，Legere指讀、念的意思，二字合起來，指向內讀、向內念；引伸其義，即研究、探討瞭解的意思。後來便當作理智來用。❸有的英文辭典認為Intellectus是由介系詞Inter及Lectus二字合成的。❹這是不正確的，因為Inter指在中間、在當中的意思，把Inter及Lectus合在一起，當理智講，實在太牽強了。因為拉丁文稱理智為Intellectus，所以英文、法文、義大利文等國的文字，也都沿用拉丁文的這個字。

理智是人的認識官能，它不但能認識物的外形，也能認識物的本質；不但能認識物質的物，也能認識非物質的物。人的感官只能認識它此時此地所接觸到的個體的物，而人的理智則能認識物之所以為物。人的理智太高貴了。

理智以其為人的認識能力（Cognitive power）而言，也稱為智力（Intelligentia, Intelligence）。智力因人而異，可以測量，可以用適當的方法使它發展。但是理智以其為人的認識官能（Cognitive faculty）而言，理智是沒有等級的，為人人相同，所以人的定義是有理智的動物；人與普通動物的分別就在於人有理智，普通動物沒有理智，理智是人與普通物的分界線。

---

❸ Cf. S. T. II-II. Q. 8, a, 1. C.

❹ Cf. The New Webster Encyclopedic Dictionary of The English Language, Virginia Thatcher, Editor in Chief, Consolidated Book Publishers, Chicago, 1971. see Intellect.

有時理智也稱爲理性（Ratio, reason）。理性在廣義方面，是指與感覺對立的精神官能；理性在狹義方面，是指它自身的活動。理智的活動不僅是認識和判斷，也是推理，那就是從已知的眞理，推知不知的眞理。

與理智有關的名詞還有心靈（Mens, mind）和靈魂（Anima, Soul）。心靈普遍的指認知、理解、思想、意願、反省、記憶等工作的官能，凡是屬於理智與意志的活動，統稱爲心靈。至於靈魂，則是指我們賴以生活、認知、思想的原理，❺所以就這個角度來說，理智是靈魂的一種能力。❻不過，應當注意的是，理智、理性、心靈、靈魂不是不同的官能，它們是同一個官能，只是從不同的角度來看，而有不同的名稱。❼然而眞正的來說，靈魂是根源，可以涵蓋理智、理性和心靈三個名詞。

理智是我們認識的官能，沒有理智，我們什麼知識都沒有。但是在理智認識物時，不能單獨的活動，必須先經過感官不可，因爲「沒有在理智中的物，不是先在感官中的物」。不過，雖然理智在工作上依賴感官，然而理智卻遠遠優於感官，感官的知識只有在理智內才得以完成，才能成爲人的知識，「感官是爲理智，不是理智爲感官。」❽

---

❺ Cf. Aristotle, De Anima, BK.II. Ch. 2, 414a 10.

❻ Cf. Aristotle, op. cit. BK. II. Ch. 3, 414 a32., S. T. Q. I. Q. 79. a. 1, Resp.

❼ S. T. I. Q.79. a, 8, Resp.

❽ S. T. I. Q. 77, a. 7, Resp. 「Sensus est propter intellectum, et non e converso.」

第二節 主動的理智與被動的理智

人只有一個理智，沒有兩個理智，但是理智有兩種能力，那就是主動的能力（Potentia activa）與被動的能力（Potentia passiva）。由於這種關係，人的理智也分爲主動的理智（Intellectus agens, Agent or active intellect）與被動的理智（Intellectus passivus or possibilis, Passive intellect）兩種。

我們的理智有認識物的能力，因爲我們理智實際上認識物。我們知道，由實際到可能性的推論，常是有效的。但是我們的理智不是常在實現（Act）的狀態，理智爲認識物，是有它的過程的；理智爲認識物，必須經過潛能（Potency），才能到達實現。這也就是說，理智必須由認識物的可能狀態，才能到達實際認識物的狀態。

由以上簡單所說，我們可以看出，理智爲認識物，是需要作準備、需要作認識活動的；作這種準備工作的理智，就稱爲主動的理智。已如我們所知，理智不能直接與物相接觸，所以不能直接認識物，必須經過感官不可。感官與物接觸時，得到物的「可感覺的心象」，「可感覺的心象」傳達於心靈後，稱爲「印入的心象」。簡單的說，「印入的心象」就是「意象」（Phantasm）或「形像」（Image）。但是理智爲認識物，還必須以抽象（Abstraction）的工作把「意象」抽出，因爲物依其脫離物質的程度，而被理智所認識，然而「意象」仍有物質性。❾無論如何，理智把「意象」抽出之後，稱爲「表達的心象」或「可理解的心象」（Species intelligibilis），這時理智便認識物，因爲「可理解的心象」就是物的觀念或相似性（Similitudo）。所以物的「可理解的心象」不是理智認識的目的，而是理智認識物的方法，就如「可感覺的心象」不是感官認識的目的，而是感官認識物的方法。否則，就如柏拉圖派所主張的，我們只能認識在我們心靈中的觀念，我們的一切知識也只是關於我們心靈中的觀念。❿

我們在這裡願意所說的是，主動理智的功能乃在於對感官所接觸的物作抽象的工作，好能對於物形成一個觀念而認識物，所以我們可以說，抽象的能力就是主動理智的意義或性質。由於主動的理智對於感官所接觸任何的物，都能作抽象的工作，都能形成一個觀念，因此，亞里斯多德及聖多瑪斯都說，主動的理智是「做成一切物」（It makes all things）的理智。⓫

我們瞭解了主動理智的意義，便不難瞭解被動理智的意義。被動的理智是眞正作認識工作的理智，主動的理智把從物所抽出來的觀念，傳遞於被動的理智，被動的理智於是便接

---

❾ Aristotle, op. cit. BK. 111. Ch. 4, 429 b 21., S. T. I. Q. 85. a, 1, C.「Things are intelligible in proportion as they are separable from matter.」

❿ S. T. I. Q.85. a. 2. Resp.

⓫ Aristotle, op. cit. BK. III. Ch. 5, 430 a 10., S. T. I. Q. 79. a. 3, C.

受物的觀念，並實際的認識這個觀念。所以主動的理智與被動的理智的分別是：主動的理智在於形成物的觀念，被動的理智在於接受物的觀念，並認識物的觀念。主動的理智所以稱爲主動，因爲它主動的作認識物應有的工作；被動的理智所以稱爲被動，因爲被動的接受主動理智工作的後果，並加以瞭解。由於主動的理智能對感官所接觸的物，都能作抽象的工作，都能形成一個觀念，因此，被動的理智也能接受主動的理智所形成的一切觀念，並能認識它們，所以聖多瑪斯說：「理智在某種意義下是一切的物」（Intellectus est quodammodo omnia）⓬亞里斯多德也說：「靈魂一方面能變成一切的物，一方面能作成一切的物」（Anima est aliquid quo est omnia fieri, et aliquid quo est omnia facere）。⓭

理智是我們最優越的認識官能，但是它原來只有一塊白板（Tabula rasa），⓮在它上面一無所寫，一片空白。然而由於理智的兩種能力，一方面把感官所接觸的物以抽象的工作形成觀念，另一方面藉觀念而認識物。這樣，日積月累，理智在它自己的這塊白板上，寫上了無數物的觀念或形式。奇怪的是，它常可以添寫新的觀念或形式，亞里斯多德稱心靈爲「形

⓬ S. T. I. Q. 14. a. 1, Resp., Q. 16 a, 3, Resp., Aristotle, op. cit. Book III. Ch. 5, 430 a 15.

⓭ Aristotle, op. cit. ut supra., S. T. I. Q. 79. a 3, C.

⓮ Aristotle, op. cit. BK. 111. Ch. 4, 430 a 1., S. T. I. Q. 84, a. 3, C.「Intellectus est sicut tabula in qua nihil est scriptum.」

式之地」（The place of forms），⑮實在是有他的理由的。

第三節　理智的對象

我們在這一節討論理智的對象，自然是討論理智的形式對象（Formal object）。所謂理智的形式對象，就是理智以其爲理智而言，所應當認識的對象，所以理智的形式對象就是理智的眞正對象或專有對象。我們知道，一個物可以被不同的感官所認識，但是不同的感官認識那個物時，只能以它的特殊能力認識那個物。換言之，不同的感官認識一個物時，都有它特殊認識的角度，這個特殊認識的角度就是一個感官的專有對象或形式對象。譬如一朵蘭花，是視覺、嗅覺和觸覺都能認識的對象，然而視覺、嗅覺和觸覺在認識蘭花時，各有各的形式對象：蘭花的顏色是視覺的形式對象；蘭花的香味是嗅覺的形式對象；蘭花的柔軟度是觸覺的形式對象。我們現在討論理智的對象，就是在對象的這種意義下來討論。那麼，理智的形式對象是什麼呢？爲答覆這個問題，我們還應當分析而論，因爲理智的形式對象分公共的形式對象（Common formal object）與專有的形式對象（Proper formal object）兩種，以下是我們的解釋。

⑮ Aristotle, op. cit. BK. 111. Ch. 4, 429 a 25.

（甲）理智的公共形式對象

理智的公共形式對象是存有以其爲存有（Ens qua ens, being as being），因爲理智最先而直接認識的，不是個體物質的物，而是存有。否則，理智與感官便沒有分別了，因爲感官認識的對象是個體物質的物，不是存有。

存有包括一切的物，不同的物只是在存有上加一個特殊的限制而已。譬如物質的存有、精神的存有、有理智的存有以及無理智的存有等等，都是在存有上加一個特別的性質。一切的物，不論是什麼物，都必須有存有的觀念，而且也只有存有的觀念，因爲任何物分析到最後，都歸還到存有這個最初的觀念上。

存有以其爲存有而言，不僅指實際存在的存有，也指可能的存有。在理智思想一個物時，不論是現在實際的物，或是將來可能的物，都必須思想它是存有，沒有存有，沒有思想。存有包括一切的物，任何物不能自外於存有的外延（Extension）。

很明顯的，我們說理智的公共形式對象是存有以其爲存在，然而這並不是說，理智除存有以其爲存有之外，別的什麼都不知道；相反的，正是因爲理智的公共形式對象是存有以其爲存有，換言之，正是因爲理智認識存有以其爲存有，所以也認識不同的存有，這就如同眼睛認識顏色，所以也認識不同的顏色。⑯

⑯ S. T. I. Q. 5. a, 2 C., Q. 79. a. 7, C.

（乙）理智的專有形式對象

理智的專有形式對象是物的本質（Essence）或本性（Nature），這是理智從感官所提供的資料，經過抽象的工作而認識的。以前我們曾多次討論過，理智不能直接認識物，必須先經過感官不可。但是感官只能認識「這個物」（Hoc aliquid）。換言之，感官只能認識個體的、具體的物，帶有質料、形狀、顏色、重量等等特性。然而在理智中的物，卻沒有這種的特性。譬如我的手可以觸摸到不同的質料、不同的高度、不同的重量，以及不同的顏色等等特性的書桌，但是在我理智中的書桌，並沒有那些不同的質料、不同的高度、不同的重量，以及不同的顏色等等特性的書桌；在我理智中的書桌，是書桌的普遍觀念；普遍的觀念也就是物的本質或本性。

理智的專有形式對象是物的本質，其原因就是因爲理智與身體結合在一起的緣故，理智爲了認識物，必須先由感官提供它們對於物所認識的資料。同時又因爲理智是精神的認識能力，所以它的專有形式對象，自然就是物的本質或本性。⓱

本質（Essentia）及本性（Natura）這兩個字，在拉丁文也常用Quidditas來代替。Quidditas這個字等於英文的Whatness，這是指「這是什麼？（Quid est？）」的答案。所以Quidditas

⓱ Ut supra., S. T. I. Q. 84. q. 7. C.

就是把「這是什麼?」的答案名詞化了，用來表示本質或本性的意思。這是很對的，因爲如果我們找出一個物是什麼的眞正答案，自然就知道那個物的本質或本性。拉丁文的Quidditas，英文把它變成Quiddity。

梅西哀樞機認爲，在我們討論理智的專有形式對象時，用本質或本性二詞，並不恰當；應當用Quidditas或Inner reason（內在理由）兩個名詞。因爲如果我們說理智的專有形式對象是物的本質或本性，這就彷彿說理智對於物的本質或本性，能有直接的認識一樣。但是梅西哀樞機問：誰能認識馬的本質？又誰能認識橡樹、金、銅、鉛的本質？⑱不過，我們認爲，以物的本質或本性作爲理智的專有形式對象，沒有什麼不妥的，因爲事實就是如此。對於這一點，我們可以從以往我們所有討論有關本質或本性的問題中，可以看出。而且所有的士林哲學家們，大概都這樣主張，聖多瑪斯也這樣主張。⑲當然，在我們談到本質和本性二詞時，也可以用Quidditas一字來代替。

我們的理智既涉及可感覺的物（Sensible things），也涉及超感覺的物（Supersensible things）。這也就是說，我們的知識有的是關於物質物的，有的是關於非物質物的。因此，我們理智的專有形式對象也包括非物質的本質。然而問題是，我們的感官不能與非物質的物

⑱ Card. Mercier, Psychology, pp. 240-242. A Manual of Modern Scholastic Philosophy, vol. I.

⑲ Cf. S. T. I. Q. 85. a. 1, Resp., Q. 84. a. 7, Resp.

相接觸，那麼，我們的理智如何能形成非物質物的普遍觀念呢？我們如何能認識它們的本質呢？因爲理智爲形成物的觀念，必由感官先提供物的資料，而後理智再經抽象的工作，找出物的本質來。所以先有感官的知識，而後才有理智的知識，感官的知識先於理智的知識。⑳這也是以往我們多次提到的一個原則：「沒有在理智中的物，不是先在感官中的物」（Nihil est in intellectu quod non prius fuerit in sensu）。

其實，以上的問題並不難解答，因爲雖然我們的感官不能與非質的物相接觸，我們的理智自然也不能從感官所提供的資料，經抽象的工作而認識非物質物的本質。但是我們可以把非物質的物與物質的物作類比（Analogy），而後來認識非物質物的本質。譬如一個人相信上帝的存在，由於上帝是非物質的物，他不能用理智從感官所提供上帝的資料，用抽象的工作去認識上帝的本質，因爲感官提供不出任何有關上帝的資料。然而他可以把上帝與物質的物作類比來認識上帝的本質。這也就是說，上帝是存有，物質的物也是存有，但是上帝是造物者，物質的物是受造物；所以很明顯的，物質的物或受造的物是有限的、偶有的、暫時的存有，那麼，上帝自然應當是無限的、必須的、永恆的存有。此外，我們還可以用對物質物性質的否定（Negation）來認識上帝的本質。這也就是說，物質的物是物質的，所以上帝是精神的；物質的物是有形狀的，所以上帝是沒有形狀的；物質的物是佔空間的，所以上帝

⑳ S. T. I. Q. 85. a. 3, Resp.

是不佔空間的。總之，我們可以用類比與否定兩種方法認識上帝的本質，當然不能完全認識上帝的本質，因爲有限的物不能完全瞭解無限的物。㉑

㉑ 我們在這裡提到「類比」（Analogy）的問題，爲了對它有一個較完善的觀念，我們需要多作一些說明。「類比」是指不同的物，由於它們有相同處，也有不相同處，因此，我們可以將它們彼此作比較；在我們將它們彼此作比較時，我們可以得到一些新的知識。由於這種關係，如果我們願意將兩個物作比較，它們必須有相同處，也必須有不相同處。因爲如果它們沒有相同處，我們便無法作比較；然而在另一方面，如果它們沒有不相同處，我們作比較也就沒有任何意義，也不能得到新的知識。

「類比」分「屬性的類比」（Analogy of Attribution）與「比例的類比」（Analogy of proportionality）兩種。「屬性的類比」是把一個物與它的主體相比，譬如河水與水源相比，後果與原因相比。所以在「屬性的類比」裡，有主體與從屬的關係或主要與次要的關係，前者稱「第一類比極」（Primary analogate），後者稱「第二類比極」（Secondary analogate）。爲瞭解它們的意義，我們還需要把「屬性的類比」分爲「內在屬性的類比」（Analogy of intrinsic attribution）與「外在屬性的類比」（Analogy of extrinsic attribution）兩種來解釋。

「內在屬性的類比」是指一個物的觀念，不但眞正的屬於「第一類比極」，也眞正的屬於「第二類比極」。譬如存有的觀念不但眞正的貼合於無限的存有（Ens infinitum），也眞正的貼合於所有的有限的存有（Ens finitum），這包含人、獸、山、水、木、石等等。在這種情形之下，無限的存有就是「第一類比極」，有限的存有就是「第二類比極」，因爲有限的存有依賴無限的存有而存在，所以有限的存有也稱爲分享的存有（Ens per participationem）；無限的存有彷彿是主體，有限的存有彷彿是從屬。然而無論如何，在我們將無限的存有與有限的存有對存有作比較時，就稱爲「屬性的類比」。因爲不論什麼存有，都屬於存有，而且內在的屬於存有，這也就是說，在本質上屬於存有，因此，又稱爲「內在屬性的存有」。

至於「外在屬性的類比」，這是指一個性質的觀念，只眞正的貼合於「第一類比極」，非眞正的貼合於「第二類比極」。譬如健康這個觀念是指我們身體健康，沒有病痛，一切正常。但是我們也稱空氣健康、環境健康、食物健康、面色健康等等。我們稱這些東西健康，不是因爲它們像我們的身體一樣，沒有疾病，一切生理組織正常，而是因爲它們對我們身體的健康有益；所以是「會意」的健康。很明顯的，我們身體的健康是「第一類比極」，所謂的空氣健康、環境健康，以及面色健康等等，是「第二類比極」。因爲身體健康是健康的本義，至於空氣健康、環境健康等等，並不是健康的本義。因此，在我們把空氣的健康、環境的健康等等，與健康相比較時，便稱爲「外在屬性的類比」。

現在我們看「比例的類比」。「比例的類比」有兩種情況，也有特殊的名稱，那就是「原義比例的類比」（Analogy of proper proportionality）與「非原義比例的類比」（Analogy of improper proportionality）。「原義比例的類比」是指：不同的物相比較時，都有同一個比較的基礎或關係，這也就是說，它們有相同處，然而也有不相同處，所以這是不同關係的類比；但是那些關係是表現於同一個名稱上的，不過，那些物的本質卻迥然不同。譬如自有的存有與分享的存有，或者說造物者與受造者都是存有，然而他們的本質卻絕不相同。但是不論如何，我們可以毫無問題的可以說：上帝是存有、人是存有、動物是存有、植物是存有、礦物是存有。很明顯的，這種類比就是「原義比例的類比」。

「非原義比例的類比」是：一個名詞的意義只貼合於「第一類比極」，不貼合於「第二類比極」；但是在某種意義之下，也可以牽強附會的貼合於「第二類比極」。譬如在初春的一個日子裡，太陽從東方冉冉升起，我們說太陽在向我們微笑。太陽怎麼會笑呢？只有人才會笑；笑只能貼合於人，不能貼合於太陽。我們說太陽微笑，是一種比喻的說法，那是說初春的太陽好可愛，使我們的心情愉快，彷彿是向我們微笑。由於這種關係，「非原義比例的類比」也稱爲「比喻的類比」（Metaphorical analogy）。

我們在這裡所以對「類比」作較長的解釋，因爲本章的㉑那裡，談到信仰上帝的人，在認識上帝的本質時，是以「類比」的方法認識的。對於這個問題，我們不妨看看當代新士林哲學家馬雷夏（Joseph Marechal, 1878-1944）的意見，也許有助於我們對於這個問題的瞭解。他說：「在一個眞正的意義下，我們能夠以上帝與受造物相比，雖然我們並非直接認識祂。因爲我們能假定有一種一定的關係可以把受造物和上帝聯繫，而且我們能從較低的關係級上認識到這種關係；這樣，當我們認識到較低這一級的關係時，我們應該藉這事實，在這幅度之下，對於較高的一級產生某種觀念，就好比我們看到一支離開弓

到此我們可以結論說，理智的專有形式對象是物的本質，應當是沒有問題的。因爲已如我們所說，理智是精神的認識官能，不能與物直接相接觸；而且又因爲與身體相結合，所以理智爲了認識物，必須先經過感官不可：感官把與物接觸所得到的資料提供給理智，理智再以抽象的能力，得到物的觀念，因而認識物。所謂物的觀念，就是物的本性或本質。至於理智能認識非物質物的本質，也是不容質疑的。對於這一點，我們剛才談過。所以理智對於非物質物的專有形式對象，也是非物質物的本質。因此，我們願意再強調一次：理智的專有形式對象是物的本質，應當是沒有問題的。

第四節　理智認識的能力

我們爲瞭解理智認識的能力，可以分作五點來說明，現在我們逐一解釋如下。

的箭時，在弓的方向我們看到了鵠的位置的指示。這也就是在我們身上所產生的：我們知道受造物是與一絕對原理有關係的存有，而且是偶有的存有：在這方式之下，而且只有在這方式之下我們認識到上帝。」(J. Mare'chal, Le Point de d'epart de la m'etaphysique, Ch.5, p.258.) 引於袁廷棟著：哲學心理學。輔仁大學出版社，民國七十四年，二八四頁。

（甲）理智認識的普遍性

我們已經強調過多次，感官認識的對象是個體的物，帶有不同的特點，所以是限於此時此地具體的物。相反的，理智認識的對象是存有以其爲存有。存有的觀念是超類別觀念（Supergeneric idea），涵蓋一切的存有，任何物都是存有。然而這無異說，理智可以認識任何物，任何物都是在存有上加上的一個限制；至少理智可以認識那是一個存有。因此，我們在這裡可以看出，理智認識的能力是普遍的，這是感官絕對不能有的認識能力。

理智認識的對象除掉存有以其爲存有之外，還有物的本質。對於這一點，我們也強調過多次。不過，在這裡我們願意再提出一點來，說明爲什麼我們理智認識的對象是物的本質。雖然關於這一點，在我們討論認識的性質時，也曾討論過。認識是理智或心靈與物相結合，但是心靈與物的結合不是物質的結合，物質的結合根本不能產生知識；何況宇宙之大，廣闊無垠，其間的林林總總，不可能進入心靈之內，而與心靈相結合。認識的原理是脫離物質，非物質性的程度越高，認識的程度也越高，「物可以被瞭解多少，和它脫離物質成正比。」㉒由於這種關係，理智或心靈與物的結合是與物的形式（Form）的結合。然而我們知道，物的形式也就是物的本質，當然也是物的普遍觀念。所以從理智認識物的本質而言，我們也可

㉒ S. T. I. Q. 85. a, 1. C., Aristotle, op. cit. 111, 4.「Things are intelligible in proportion as they are separable from matter.」

以看出理智認識能力的普遍性，因爲理智可以認識任何物。我們在這裡不妨再一次引證亞里斯多德所說的兩句話，那兩句話我們已經引證過，也是聖多瑪斯非常贊同的兩句話：「靈魂一方面能變成一切的物，另一方面能作成一切的物」。沒有懷疑的，這兩句話完全說明了理智認識能力的普遍性。

（乙）理智認識的絕對性。

我們爲瞭解理智認識的絕對性，仍須從理智認識物的普遍觀念談起，因爲它們都是相連的。我們知道，理智爲得到物的普遍觀念，必須把物的非基本的組織特點除去，只留下物的基本組織因素；理智得到了物的基本組織因素，也就得到了物的普遍觀念。因此，在物的普遍觀念裡沒有物的個體性。然而我們也知道，物的個體性的原理是被量限定的物質（Materia signata quantitate, Designated matter by quantity）。一個物有了被量限定的物質，自然就有它的重量、形狀、顏色等等特點，所以也就成爲一個個體的物；但是在普遍的觀念裡，沒有物的個體性，只有物的本質。然而在上一節我們曾經討論過，物的本質是理智的專有形式對象，所以理智對物的本質的認識是不能錯誤的；換言之，是絕對的。

再者，物質不但是物的個體性的原理，也是變化與時間的原理（Principle of change and time）。一個物所以有變化，因爲它是物質的，沒有物質的物，也就沒有變化。因此，在普遍的觀念裡既然沒有被量限定的物質，當然沒有變化，相連的也就沒有時間，因爲變化是在時間中發生的。譬如在理智中人的這個普遍觀念，不是被量限定的個體人；不是張三或李四，而只是人。由於這種關係，在理智中普遍觀念的人，已超越時間的限制，在任何時間人常是人；換言之，人常是有理智的動物。在這裡我們很明白的看出，理智的認識能力是絕對的。㉓

（丙）理智認識的必然性

所謂必然性（Necessity），是指一個物非必須如此不可，不如此，便不是此物。譬如三角形必須有三邊；人必須是有理智的動物。必然性與非必然性（Unnecessariness）正相反，非必然性也稱爲偶然性（Contingency）。非必然性或偶然性是指，一個物不必非如此不可。譬如窗戶是在開著，門是關著；但是窗戶可以打開，門也可以不關。

物的偶然性的原理是什麼呢？我們曾說過，物質是物的個體性的原理以及變化與時間的原理，同樣，物質也是偶然性的原理（Principle of contingency）。一個物質的物可以失掉它原來的形式，取得一個新的形式；物質是物質的物取得一個新形式的因素。一棵樹在大火中燒成了灰，失掉了樹的形式，取得了灰的形式；樹所以失掉了樹的形式，取得了灰的形式，就是因爲它是物質物的關係。但是如果理智不考慮樹的這一切因素，只考慮樹就是樹，那麼，

㉓ Cf. Joseph Owens, An Elementary Christian Metaphysics, The Bruce Publishing Co., Milwakee, 1963. pp. 235-236.

樹便是理智的必然對象。這也就是說，理智必然認識樹是樹，不會把樹認成灰，或任何別的物。沒有懷疑的，理智認識的能力是必然性的。

(丁)理智認識物質個體的物

我們知道，理智的公共形式對象是存有以其爲存有，理智的專有形式對象是物的本質或本性。現在我們要問：理智能不能認識物質個體的物呢？因爲如果答案是否定的，那麼，理智對於實在界一切物質個體的物便一無所知。但是顯而易見的，這不是事實。然而在另一方面，如果答案是肯定的，那麼，理智與感官在認識的對象上便沒有分別了，因爲感官認識的對象是物質個體的物。對於這個兩難的問題，我們答覆如下。

我們的理智最先而直接認識的是存有，不是物質個體的物；我們的理智不能最先而直接的認識物質個體的物，因爲它是非物質的認識能力。然而我們的理智可以間接的認識物質個體的物，因爲我們的理智與身體相結合，共同形成一個個體的人。我們也可以說，我們的理智與感官相結合,共同形成一個人的完整認識能力。事實上在我們的感官作認識的活動時，理智也會參與，所以感官也有感官的判斷，因而知道黑與白不同，冷與熱不同。同樣，在我們的理智作認識的活動時，感官也會參與。因爲理智爲了認識物的本質，感官必須先提供物的「可感覺的心象」或「可感覺的形式」；「可感覺的心象」傳達於心靈或理智後，稱爲「印入的心象」，這也就是所謂的「意象」（Phantasm）或「形象」（Image），理智再把帶有物質性的「意象」除去，成爲「表達的心象」或「可理解的心象」，理智於是認識物的本質。

我們知道，以上所說，僅說明我們的理智能認識物的本質，並沒有說明我們的理智也能認識物質個體的物。但是在我們的理智認識物本質的過程中，也實在間接的認識了物質個體的物。因爲理智的專有形式對象固然是物的本質或本性，然而物性是存在於物質個體物上的，譬如石頭的性是存在於物質個體石頭上的，馬的性是存在於物質個體馬上的。物的本性與物結合在一起，不能單獨的存在。因此，我們的理智爲了完全瞭解物的本性，必須回顧「意象」不可，因爲「意象」並沒有完全脫離物質性，仍然代表物質個體的物。㉔所以亞里斯多德說：「靈魂沒有形像，永遠不會思想。」㉕又說：「靈魂沒有意象，不能瞭解任何物。」㉖

心靈或理智沒有「意象」不能思想，是很明顯的事。我們曾多次說過，「意象」就是「形象」，我們不論思想任何物，不能沒有它的形象，試想在我們思想臺北故宮博物院時，能不能沒有它的形象？在我們思想北京的天壇時，能不能沒有它的形象？在我們思想我們的父母時，能不能沒有他們的形象？我們的思想延續多久，物的形象也延續多久；思想停止，物的形像也停止。反過來說，也是一樣。物的形象停止，思想也停止。而且即便我們思想精神的物時，或向別人解釋精神的物時，也必須用物質的物作例子，來思想、來解釋。不用物

㉔ S. T. I. Q. 84. a, 7. Resp., Q. 86. a, 3, Resp.

㉕ Aristotle, op. cit. BK. III. Ch. 7, 431 a 15. 「The Soul never thinks without an image.」

㉖ Ut supra, 「The soul understands nothing without a phantasm.」 Cf. S. T. I. Q. 84. a, 7. C.

質的物作例子，我們就沒有辦法思想或解釋。這一切都說明一點，那就是我們的理智在認識物的本質時，必須回顧物的「意象」，否則，便不能完全瞭解物的本質。然而如果如此，我們的理智在認識物的本質時，間接的也認識了物質個體的物，因為「意象」代表物質個體的物。

我們的理智能認識物質個體的物，應當是沒有問題的。這是為什麼我說：「我認識張三」、「我認識李四」、「這是我的書桌」、「這是我的原子筆」等等。而且我們有很多的認識活動，還說明我們的理智，能同時認識物的本質和物質物的個體。譬如我說：「張三是人」；張三這個主詞說明一個有物質物的個體，人這個述詞說明人的普遍觀念，然而人的普遍觀念就是人的本質；雖然在「張三是人」這句話裡，人這個述詞並沒明明白白的指出人是有理智的動物；但是在這裡的人字，卻是一個普遍的名詞，換言之，就是一個普遍的觀念。因此，在我說：「張三是人」時，就等於說：「張三是有理智的動物」。無論如何在我說「張三是人」時，我既認識了個體的張三，也認識了人的本質。

人是理智與身體組成的一個個體、是一個位格（Persona），也就是一個「理性的自立個體」。㉗所以人在認識的活動上，理智與感官彼此互相參與。因此，人既能認識物的本質，

㉗ Boethius, De duabus personis seu Contra Eutychen et Nestorium, 111, P. L. 64, 1344, trans. by H. F. Stewart and E. K. Rand, Loeb Classical Library, Cambridge, Mass. Harvard University Press. 1936.

也能認識物質的個體。我們說理智與感官彼此互相參與，當然不是說理智與感官合而爲一；理智永遠是理智，感官永遠是感官，但是它們在認識的活動上，彼此互相參與。關於這一點，我們從以往所有有關的討論中，可以很清楚的看出。

（戊）理智有反省的能力。

理智可以回顧自己的活動、自己的狀態，以及整個的自己。它不但瞭解它所瞭解的事，也瞭解它在瞭解；它不但知道工作的對象，也知道它在工作。這就是理智反省（Reflection）的能力。

反省實在是理智的一種特殊能力，理智在反省中能在自己活動時，意識到自己活動的性質，也意識到自己是活動的主體；活動的對象與活動的主體同時被理智自己意識到。沒有活動的對象，主體不會出現在意識裡；沒有活動的主體，活動的對象也不會出現在意識裡。反省是理智在它活動時，回顧它整個自己。

感官沒有反省的能力，我們的眼睛看物時，我們的眼睛不知道是它們自己在看物；我們的耳朵聽聲音時，我們的耳朵不知道是它們自己在聽聲音；我們的任何一個感官活動時，都不知道是它自己在活動。感官是物質的器官，有體積、有延展，它的一部分連接另一部分。由於這種關係，感官不能返回到整個自己，這就如同一張紙，不能遮蓋整個自己，只能把自

己摺疊起來，遮蓋自己的一部分。㉘

我們再回來看理智：理智是非物質的認識官能，沒有體積、沒有延展，它的任何一部分就是它的全部，它的全部也就是它的任何一部分；因爲理智沒有部分。由於理智是非物質的認識官能，沒有部分，所以它才能完全返回到自己，觀看整個自己。

理智的反省能力與公共感官的能力不同。我們知道，公共的感官有不同的功能，其中之一是使我們知道，我們外在感官的活動是我們自己的活動。理智的反省能力是指理智在活動時，它不但知道它所活動的事，它還能回頭看自己，知道作活動者就是它自己。理智的反省能力是一種非常特殊的能力，是我們任何一個感官絕對沒有的能力。

第五節　印入的心象與表達的心象

我們在討論主動的理智與被動的理智，以及感官認識的問題時，也曾涉及到「印入的心象」（Impressed Species）與「表達的心象」（Expressed species）的問題。這兩個名詞是理智認識物過程中兩個重要的步驟，爲了更清楚的瞭解理智認識物的性質，我們願意對這兩個名詞，再作進一步的解釋。

㉘ St. Thomas, II Contra Gentiles, C. 66.

我們的理智在認識物時常由感官開始，感官的知識是理智的知識的開始點；沒有感官的知識，沒有理智的知識；但是感官的知識在理智中完成，感官是爲理智，不可理智爲感官。感官最先而直接認識的是個體物質的物，理智不是這樣，理智最先而直接認識的是存有，理智不能直接與個體物質的物相接觸。在感官與個體物質的物接觸後，首先得到它的「可感覺的形式」（Sensible form），譬如我的手觸摸到很熱的茶杯，我的手離開了茶杯之後，我的手仍然有熱的感覺或印象，熱的感覺或印象就是熱的形式；㉙因爲熱的形式是可以感覺的，所以稱爲「可感覺的形式」。「可感覺的形式」也稱爲「可感覺的心象」（Sensible species）。在這裡「形式」（Form）和「心象」（Species）是一樣的意思，中文把Species譯作「心象」，因爲這是與心靈的認識有關係的。

我們接著談「可感覺的形式」或「可感覺的心象」的問題。在我的手得到熱茶杯的「可感覺的心象」後，我的心靈或理智自然有所反應，同時我的想像力（Phantasy）使「可感覺的心象」出現於我的心靈上，這時「可感覺的心象」便轉變爲「可感覺印入的心象」（Sensible impressed Species），因爲好像它是印在我的心靈上一樣。由於這種關係，於是我便認識了熱茶杯的熱，這種認識稱爲感覺的認知（Sense perception）。「可感覺印入的心象」也可以簡稱爲「印入的心象」（Impressed species）。

㉙ 此處所說的形式，不是指形質論（Hylemorphism）所說的形式，而是指意象或心象。

在我們理智認識的過程中，感覺的認知只是理智認識的預備，還不是理智的認識，所以稱爲感覺的認知。主要的原因是因爲形成感覺認知的「可感覺印入的心象」，還有物質的性質在內，這也是爲什麼「可感覺印入的心象」又稱爲「意象」（Phatasm）或「形象」（Image）。但是有物質性質的「心象」或「意象」不能進入理智之內，所以也不能被理智所認識。因此，理智爲認識物，理智必須以抽象的工作把「可感覺印入的心象」中的物質性質除去不可。我們再以我的手觸摸到熱茶杯爲例來說。在我的手因觸摸到熱茶杯，而得到它的「可感覺印入的心象」時；我的手認識了熱茶杯的熱。然而在手上熱茶杯的「可感覺印入的心象」仍有熱的性質，否則，我的手不能認識熱茶杯的熱。但是熱茶杯的熱不能進入我的理智，所以我的理智爲認識熱茶杯的熱，必須把熱的性質以抽象的能力從「可感覺印入的心象」中除去，只留下「可理解印入的心象」，這樣，我的理智便可以認識熱茶杯的熱。

不久以前我們曾說明過，抽象的工作是主動理智的工作。主動的理智把「可感覺印入的心象」的物質因素除去，使它完全非物質化以後，再傳遞於被動的理智，彷彿印在被動的理智上，所以這時「可感覺印入的心象」便轉變爲「可理解印入的心象」，被動的理智看見「可理解印入的心象」，自然對它有所反應，並加以瞭解。「可理解印入的心象」和「可感覺印入的心象」一樣，也簡稱爲「印入的心象」，它們兩個的分別，只有在上下文裡才看得出來。

被動的理智認識了「可理解印入的心象」所指的物，不能不把它說出來或表達出來，所以「可理解印入的心象」也便變成「表達的心象」。這就是說，「表達的心象」是被動的理智對「可理解印入的心象」反應的結果，也是理智認識物過程的完成；「可理解印入的心象」好像是物的樣本，「表達的心象」是物眞形的展示。物的眞形既然是由理智表達出來的或說出來的，因此，便稱爲「心靈之語」（Word of the mind）或「在心靈上的語言」（Word on the mind）。在這裡我們不要忘記，主動的理智與被動的理智不是兩個理智，而是一個理智，已如我們以往所說，理智只是一個，然而理智有主動的與被動的兩種功能，所以理智也分爲主動的與被動的兩個理智。當然，理智也就是心靈。

在從前我們討論理智認識性質的問題時，我們曾詳細的闡明過，理智爲認識物，必須與物相結合；然而理智不能把實際存在的物，移至在自己以內，而與它相結合；所以理智便在自己以內，給物一個「認識的存在」（Cognitional existence）或「意向的存在」（Intentional existence），理智便藉物的「認識的存在」或「意向的存在」，與物相結合。沒有懷疑的，「認識的存在」、「意向的存在」，以及「可理解印入的心象」，它們的解釋雖然各不相同；但是在實質的意義上，則是完全一樣的；它們都是理智認識物的必要方法或過程，都是指物的觀念。

從以上所說看起來，理智爲認識一個物，需要經過許多的步驟，一定也花費許多的時間。其實不然。理智爲認識物和計畫一件事不同；計畫一件事可能花費很長的時間。譬如我計畫建一座大樓，我先定好大樓的高度和式樣，而後考慮請那一位建築設計師畫藍圖？如何投標找建商？用什麼材料？到那裡買？最後一層一層的蓋，竣工後，再計畫裝潢佈置。爲建築一座大樓，可謂千頭萬緒，可能耗時很久。理智爲認識物不是這樣，理智爲認識物固然必須經過感官，然而只要感官一接觸到物，理智也就認識了物。我們仍然以我的手觸摸到熱茶杯爲例來說，我的經驗告訴我，只要我的手一觸摸到熱茶杯，我的理智隨之也就認識了茶杯的熱。但是我們爲瞭解理智認識物的性質，我們不能不對感官與理智分析而論，也不能不用不同的名詞來解釋。當然，如果我們的感官從來沒有接觸過的物，在它第一次接觸那物時，雖然把因接觸那物所得到的訊息，傳遞於理智，理智也不會認識它。譬如我從來沒有見過芒果，在我第一次看到芒果時，雖然我的眼睛把看見芒果的訊息傳遞於我的理智，我的理智也不會知道那是什麼東西；然而我的理智可以立即便知道，那是它所不認識的一個東西。不過，這不是我們在這裡所討論的問題。

第六節　理智認識的眞實性與錯誤的原因

（甲）理智認識的真實性

論到理智認識的眞實性，有的人抱絕望的態度，認爲我們的理智不可能認識眞理，像懷疑論者都是這樣的人。另外有的人抱悲觀的態度，認爲我們的理智爲認識眞理，必須盡力研討、盡力尋找，經過一番掙扎之後才可；像笛卡爾以及一些分析哲學家們，都是屬於這一派的人。我們呢？我們對於理智認識的眞實性抱什麼態度呢？我們既不抱悲觀的態度，更不抱絕望的態度，但是也不抱樂觀的態度；我們根據理智的本性看理智的認識能力，理智的本性如何，我們便認爲它如何。我們認爲眞理是理智所追求的對象，就如善是意志所追求的對象一樣；沒有人不追求爲自己是好的物，同樣，也沒有人不願意得到眞理。一個兒童剛一開始運用理智時，他便問「這是什麼？」「那是什麼？」「爲什麼？」這都表示他願意知道眞理；眞理自然屬於理智。我們不否認理智能錯誤，事實上理智也錯誤，然而對理智而言，眞理與錯誤相比較，眞理居優越地位。那麼，我們如何看待理智認識的眞實性呢？我們是事實求是，我們承認事實，我們是實在論者（Realists）。

在這裡我們必須聲明，理智認識的眞實性是不能有嚴格的證明的，因爲如果我們要證明理智認識的眞實性，我們必須用理智所作的論證來證明，然而這是竊取論點，所以是無效的論證。在我們討論「三個第一眞理」的問題時，我們曾說過，理智的眞實性不但不能否認，連懷疑都不能，因爲如果我們否認或懷疑理智認識的眞實性，我們必須用理智想出一些理由來，然而這無異說，在我們否認或懷疑理智認識的眞實性時，我們已經承認了理智認識的眞實性。不過，我們雖然對理智認識的眞實性不能作嚴格的證明，但是我們可以說明。理智對於它的公共形式對象、專有形式對象，以及本身具有明顯性的眞理所有的認識，都是眞實的，不能錯誤。以下是我們的說明。

(一)理智對於它的公共形式對象認識的眞實性

已如我們所知，理智的公共形式對象是存有；「最先進入理智的是存有，」㉚理智最先瞭解的也有存有，一如聽覺最先聽到的是聲音。㉛在一個兒童能分辨不同的存有或物之前，他先知道物；知道了物，漸漸才知道不同的物。我們一切的知識都是由物的認識開始，我們認識物不是藉助於任何東西，而是藉助物認識物。

實在，我們一切的認識都是關於物的認識，我們一切的經驗都是關於物的經驗，我們所看到的、聽到的、摸到的，不論以任何方式接觸到的，都是物。宇宙間大大小小，林林總總，數不清的物，它們的分別只是在物上加上一個限制或名稱，一切的物分析到最後只是物。物是最簡單的觀念，也是最廣大的觀念，在物的觀念下存在著一切的物，沒有一個物能脫離物的觀念而存在。

由以上所說，我們可以確定，理智對於物的認知，絕對不可能發生錯誤，縱然我們把物看錯了，拿錯了，嚐錯了，不論如何把物弄錯了，但是那仍然是物。理智對於物的認知，不受我們錯覺、幻覺、誤解的任何影響，它常是對的，永遠不會發生錯誤。因此，我們可以毫無懷疑的說，理智對於它的公共形式對象的認識，具有絕對的眞實性。

㉚ St. Thomas, De Veritate, I. 1., S. T. II-II, Q. 94 a, 2, Resp. 「Primo cadit in intellectum est ens.」

㉛ S. T. I. Q. 5. a, 2. Resp.

㈡理智對它的專有形式對象認識的眞實性

理智的專有形式對象是物的本質，因爲理智是非物質的認識官能，不能直接與物相接觸，所以也不能直接認識物，只有以非物質的方式認識物。這也就是說，在感官把有關物的資料提供於理智後，理智以抽象的能力，將其中的物質因素除去，抽出物的本質來，因此，理智所認識的是物的本質，因爲物的本質是非物質的。但是如果理智認識了物的本質，自然也就認識了物。對於這一點，我們在以往曾多次討論過。

理智對於物本質的認識，基本上（Formally）或者說以其本身而言（Per se）是不能錯誤的。理由很簡單，因爲這和感官在認識它們的專有對象時，基本上不能錯誤，是一樣的道理。㉜眼睛的存在是爲看顏色，耳朵的存在是爲聽聲音，每個感官的存在都有它認識的專有對象。如果眼睛不能眞正的看顏色，耳朵不能眞正的聽聲音，每個感官都不能眞正的認識它的專有對象，那麼，感官的存在便是本性愚弄自己；然而我們知道，這是不可能的，事實上我們離不開感官而生活。同樣，理智也是這樣，或者更好說，更是這樣。因爲理智是人的最重要的認識官能，人與普通動物的分別就在於理智；沒有理智，人與普通動物在認識物上，便沒有任何分別，所以也不是人的認識。因此，物的本質既然是理智的專有形式對象，理智

㉜ S. Thomas, S. T. I. Q. 86. a, 2. Resp.

應當認識它才對，基本上不能是錯誤的；如果有錯誤，一定另有原因。由於這種關係，亞里斯多德認爲理智在認識它的專有對象時，「理智常是對的。」㉝

人的每一個認識官能都是爲一個特殊的目的而被造，眼睛爲認識顏色而被造，耳朵爲認識聲音而被造，每一個感官都是爲認識一種特殊的對象而被造，理智也不例外，理智也是爲認識一種特殊的對象而被造，那就是爲認識存有與物的本質。所以人的感官也好，理智也好，它們的存在就是執行它們的自然任務。換言之，它們的工作必須聽命於它們的本性。因此，人的感官與理智在認識它們的特殊對象時，基本上是不能錯誤的，這也應是理所當然的。

㈢理智對自身具有明顯性的眞理認識的眞實性

我們在認識物時，常有兩個問題：一、是否有那個物？（An est?）二、那是什麼物？（Quid est?）我們不能問那是什麼物？除非我們先知道有那個物。那是什麼物？是在如果有那個物（Si est）以後的問題。但是對於自身有明顯性的眞理，或者說對於自明的眞理（Self-evident truth），我們不會有這兩個問題，因爲明顯性排除一切有關懷疑的問題。

明顯性是我們理智的亮光，照耀我們的理智，就如太陽的光是我們眼睛的亮光，照耀我們的眼睛一樣。當我們在一間漆黑的房屋裡時，伸手不見五指，什麼都看不見。但是如果

㉝ Aristotle, op. cit. Bk. 111. Ch. 10. 「The intellect is always true.」 see S. T. I. Q. 85. a, 6. C.

我們把窗簾拉開，讓陽光透進來，屋內的東西便被我們看的清清楚楚，一覽無遺。明顯性就是進入我們的理智之內，或者說靈魂之窗內的陽光，使我們的理智看清它周遭的事物。

明顯性揭示物的眞相，使我們的理智認識它。然而如果一個被明顯性照耀的物，便可以被我們的理智認識它，那麼，本身就是明顯性的物，豈不更可以使我們的理智認識它？我們再以太陽的光來作比喻說：如果太陽照耀的物，便可以被我們眼睛看得見，那麼，本身發光的太陽，豈不更被我們的眼睛看得見？我們的眼睛面對太陽的光時，不可能懷疑太陽光的眞實性。同樣，在我們的理智面對本身具有明顯性的眞理時，也是如此。本身具有明顯性的眞理，就是所謂的自明眞理。

自明的眞理是指，它的眞實性完全顯露於外，所以自明眞理的眞實性就是它的明顯性，它的明顯性也就是它的眞實性。自明眞理的眞實性與明顯性合而爲一，它們只有觀念上的分別，沒有實質上的分別。

關於自明的眞理，我們以往討論過很多，整個第七章所討論的都是關於自明的眞理；自明的眞理也就是第一原理。不過，在這裡我們願意對自明原理「自明」的意義，再作進一步的解釋，好使我們了解，爲什麼我們的理智對於自明眞理的認識，具有絕對的眞實性。

一個自明眞理的命題（Proposition）所以是自明的，因爲它的述詞包含於它的主詞意義之內，所以只要我們瞭解述詞與主詞的意義，我們便不能不即刻瞭解命題的意義。譬如一個整體的物大於它的部分；又譬如兩個物都與第三個物相等，那兩個物也必彼此相等。這樣的

命題對於人人都是自明的，人人都不能不認識它們的眞實性。㉞

在自明的眞理中，矛盾原理、同一原理，以及排中原理的自明性，最是彰明較著，在我們認識它們的眞實性時，不可能有絲毫的猶豫，更不可能有所懷疑。在我們看到這類的命題時：一個物不能同時是它而又不是它；每一個物都是它自己；一個物或者是它，或是不是它，沒有中間的選擇；我們沒有辦法不承認它們的眞實性，而且只要一瞭解它們的詞義，必須立刻承認它們的眞實性。

第一原理或自明的原理與物的本質有極密切的關係。這裡所說的物，泛指一切的物，也就是存有（Being）。存有不能有一個眞正的定義，因爲存有是一個最廣泛的觀念，超越物的一切類別；我們只能說，存有的本質是使物與虛相區分的因素，或者說存有的本質是物所以是物的因素。然而這也就說明，物的本質是不能變的，如果物的本質能變，那就沒有物了，只有變作虛無。因此，聖多瑪斯說，理智對於第一原理或自明眞理的認識常是對的，不能錯誤，這就如理智對於物本身的認識常是對的，不能錯誤，是一樣的道理。㉟

由以上所說，我們不難瞭解，爲什麼聖多瑪斯論到理智認識自明的眞理時，常用這類的字眼：立刻（Subito）、不必探討（Sine inquisitione）、不必查考（Sine investigatione）、

㉞ S. T. I-II. Q. 94. a, 2. Resp.

㉟ S. T. I. Q. 17. a, 3. ad 2.

必須的（Necessaria）、不可證明的（Indemonstrabilia）、不必推論（Absque discursu）、不必研究（Sine studio）等等。㊱實在，在我們的理智遇到自明的眞理時，不能不立即承認它的眞實性，不必研究，不必證明；而且也不能證明，因爲沒有任何明顯性比自明眞理的明顯性更明顯的了。自明的眞理是照射我們理智的太陽光，我們的理智被自明的眞理照射時，我們的理智不能佯作看不見，必須立刻承認它的光芒。

眞理是理智的對象，理智的本性是認識眞理；有些眞理所以不能被理智所認識，是因爲缺少明顯性的緣故。但是對於自明的眞理，則是另一回事。自明眞理的明顯性照耀於外，光芒四射，自然就被理智所認識；理智認識自明的眞理，實在是理智的一種本能（Instinct），不必考慮、不必思索。㊲

乙、理智認識錯誤的原因

理智的對象是眞理，但是不見得理智常能得到眞理。理智和感官一樣，實際上都發生錯誤；甚至二者相比，我們不知道究竟感官發生錯誤的次數多，還是理智發生錯誤的次數多。如果我們打開我們的歷史，我們不難看到，我們人在科學上、文學上、政治上，以及哲學上，

㊱ L. M. Régis, Epistemology, trans. by Imelda Choquette Byrne, New York, The Macmillan Co. 1959, p.377.

㊲ L. M. Re'gis, op. cit. p.375.

都有很多的錯誤，尤其在哲學上，千奇百怪的學說，不一而足。至於在我們的日常生活上，理智發生錯誤之多，更不用提了。譬如我們把事情判斷錯了；把環境估計錯了；把話說錯了，把帳算錯了等等，我們的理智發生的錯誤實在很多。

理智錯誤是事實，任何人不能否認。不過，話又說回來，認識眞理是理智的天性，它的存在就是爲認識眞理，所以理智以其爲理智而言，基本上是不能錯誤的，或者說按其本身而言，是不能錯誤的（Per se non fallitur）；如果理智錯誤，那是偶然的錯誤（Per accidens fallitur）。換言之，如果理智錯誤，應是另有原因。理智錯誤的原因可以分作外在與內在兩方面來看，以下是我們的分析。

㈠理智錯誤的外在原因

對於這一個問題，我們分三點來說明。第一、感官給理智提供了有關外界物的錯誤資料：理智知識的起點是感官，一如我們多次引述的一個原則：「沒有在理智中的物，不是先在感官中的物。」所以除非感官給理智提供有關外界物的資料，理智對於外界的物一無所知。然而也正是因爲這種關係，因此，如果感官給理智提供了有關外界物錯誤的資料，理智自然也就會作出錯誤的判斷或認知。譬如有的人把農藥看成了飲料，誤飲農藥而身亡。這是社會上發生過的事，而且不止一次。

第二、權威給理智提供了有關事實的錯誤資訊：權威人的話對於理智的判斷有極大的影響，權威人的話往往一言定江山；在許多情況之下，只要權威人一說話，誰也不再追究。但是權威人不同，權威的範圍也不同，有的人在這方面有權威，有的人在那方面有權威，一個人不能在各方面都有權威。因此，如果權威人所說的話，超出他有權威的範圍，當然可以錯誤。而且縱然權威人所說的話，在他有權威的範圍之內，他仍然可以錯誤，因爲任何一種學問都不能窮理盡性，都是沒有止境的；一個小細胞就是一個小宇宙。

權威人錯誤的例子很多，在學術界最著名的有兩個，第一個是亞里斯多德在生物學上的錯誤：他認爲一些小生物，如小魚之類的動物，是自然生成的，沒有上一代。生物學稱他的這種學說爲「自然發生論」（Spontaneous generation）或「無生源論」（Abiogenesis）。亞里斯多德的這個學說，在生物學上延續了兩千多年之久，在第十七及第十八世紀曾引起了生物學家們的一些爭論，不過，直到法國生物學家巴斯德（Louis Pasteur, 1822-1895）證實了生命來自生命，細胞來細胞，亞里斯多德所引起的「自然發生論」，才在生物學上宣告終止。

第二個權威在學術界錯誤最出名的例子，是托勒密（Claudius Ptolemy, C. 90-168）在天文學上的錯誤，他主張地球是宇宙的中心，日月星辰都繞地球運行，他的這種主張稱爲「地心系統說」（Geocentric system）。由於托勒密在天文學上的地位，「地心系統說」在天文學上也統治了一千三百餘年之久，直到波蘭天文學家哥白尼（Nicolaus Copernicus, 1473-1543）證實了「日心系統說」（Heliocentric system），「地心系統說」才被天文學家們所遺棄。哥白尼主張太陽是宇宙的中心，地球繞自轉軸自轉，並同五大行星繞太陽公轉；只有月球繞地球運轉。

第三、事情缺少明顯性：理智在認識眞理時，只看它的明顯性；明顯性是理智不能錯誤的標準，理智不會承認沒有明顯性的事爲眞理；所以理智不會貿然斷定一棵茂盛的樹上有多少樹葉，也不會貿然斷定一條河裡有多少魚，因爲它們都沒有明顯性。理智不能同意任何事，只能同意眞理，一如耳朵只能聽聲音一樣。因此，如果理智在某種情形之下，必須對一件缺少明顯性的事作判斷，那只有猜測而已，猜測當然是可以錯誤的，因爲猜測就含有懷疑。譬如我要知道天空中的星辰是單數還是偶數？對於這個問題，我只有懷疑，連猜測都不能，因爲完全缺少明顯性。所以如果我一定要答覆這個問題，我一定也是錯誤的，因爲縱然我答覆的對，也是碰對的，不能算作眞理；眞理的答覆要求我的答覆與眞理之間有一個合理的連繫，然而我的答覆與眞理之間沒有合理的連繫。

㈡理智錯誤的內在原因

對於這一個問題，我們也分三點來說明。第一、理智的有限性：我們的理智是有限的，不能瞭解一切的事理，所謂「人生也有涯，而知也無涯」。因此，我們面對許多事理時，便處於無知的狀態之中。不錯，無知不是錯誤，但是無知剝奪人選擇眞理的權利，使人面對眞理與錯誤時，作冒險的決定。無知彷彿是沒有星月的黑夜，夜行人即便有眼，也等於盲目。希臘神話有關伊底帕斯（Oedipus）所發生的悲劇，可以使我們更加明瞭無知的性質。伊底帕斯是底比斯（Thebes）的國王，於無知之中弒父娶母，待眞相大白，母自縊身亡，伊底帕斯也把自己的雙眼剜出，悔恨自己作出了傷天害理的大罪。㊳

第二、意志對理智認知的不當干預。人的行爲不論是外在的如寫作，也不論是內在的如思想，常是由理智與意志共同構成的。理智是認識的能力，意志是抉擇的能力，理智的對

㊳ 伊底帕斯（Oedipus）是底比斯（Thebes）的國王拉伊俄斯（Laius）及王后伊俄斯忒（Jocasta）的兒子。神諭告訴國王，他將被兒子所殺。因此，在他的兒子伊底帕斯出生後，國王便將他遺棄在山野中。後來，伊底帕斯幸被一個牧羊人所發現，並被科林斯（Corinth）國王收養。待伊底帕斯長大後，一天到德爾斐（Delphi）神殿求神示，神示告訴他：他注定要殺父娶母。伊底帕斯爲避免悲劇的發生，於是便離開科林斯，到鄰國底比斯去，因爲他認爲科林斯的國王及王后就是他的親生父母。在往底比斯的途中，伊底帕斯遇到拉伊俄斯，二人發生口角，伊底帕斯憤而把拉伊俄斯殺死，不知道那就是他的親生父親。後來伊底帕斯來到了底比斯，又被當地的人民立爲國王，並娶孀居的王后，也就是他的親生母親爲妻，而且生有四子；這一切都是出於無知之中發生的。後來終於眞相大白，伊俄斯忒自縊身亡，伊底帕斯也將自己的雙眼剜出，悔恨自己所犯的滔天逆倫大惡。這個神話是古希臘悲劇大詩人索福克勒斯（Sophocles, c. 496-406 B.C.）編寫遺留下來的。

也許在這裡我們可以順便一提：分析心理學家佛洛伊德（Sigmund Freud, 1856-1939）利用伊底帕斯的這個神話，發展了他所說的「伊底帕斯情結」（Oedipus complex）的理論。這也就是說，男孩在幼童期過於依戀母親，因而妒忌父親，後來發生罪惡感。同樣，對於女孩也是一樣。女孩在幼童期過於依戀父親，所以妒忌母親，後來發生罪惡感。因此，焦慮不安，常受良心的譴責。

象是眞理，意志的對象是善。㊴這裡所說的善，不僅指道德的善，凡是意志認爲爲它好，合乎它的慾望，都是善。無論如何，在人作一個行爲時，理智常是先對意志提出一個合於眞理的善，使意志作抉擇，以便付諸實行；然而意志可以拒絕理智的指示，而決定作它認爲是善的事。譬如理智指示意志不要殺人，殺人是犯法的行爲。但是意志可以不聽理智的指示，決定非要殺人不可，因爲那是報仇、是泄恨，爲它好。因此，在這種情況之下，理智也只有屈服於意志的抉擇，這當然是一個錯誤的抉擇。

第三、腦神經的缺陷與病變。理智爲發揮正常的功能，需要它的工具，就如感官爲發揮正常的功能，需要它們的工具一樣；感官的工具是生理器官的組織，理智的工具是腦神經的組織。理智爲發揮正常的功能，不但需要工具，而且需要健全的工具，這也和感官爲發揮正常的功能，需要健全的工具相同。如果感官的生理器官稍微有些缺陷，便會影響它們的認知，如果缺陷太大，便會完全喪失它們的認知，理智也是如此。心理疾病學家把心理疾病的原因分爲「機體性神經系統疾病」與「機能性心理疾病」兩種；「機體性神經系統疾病」是

㊴ 理智與意志不是兩個獨立的官能，而是一個官能，那就是理智。然而理智有兩種功能：論到認識什麼、瞭解什麼、研究什麼，便稱爲理智；論到願意什麼、要做什麼、抉擇什麼，便稱爲意志。我們知道，感官有感官的慾望，譬如眼睛的慾望是看顏色；耳朵的慾望是聽聲音。同樣，理智也有理智的慾望，理智的慾望就是意志，因爲它常追求善。康德爲表明一個理智有兩種功能，他用純粹理性（Pure reason）表示理智，用實踐理性（Practical reason）表示意志。

神經系統本身發生疾病，這是因爲大腦受到損傷、腐蝕或硬化的緣故。「機能性心理疾病」是因爲神經功能衰退所致，到今天心理疾病學家們尚未發現它的原因。但是不論神經疾病的原因是什麼，一定能影響理智的功能，甚至使它完全喪失功能。那麼，在這種情形之下，理智在認知上發生錯誤，自然不足爲奇。拉丁文有一句古老的諺語說：「健全的心靈寓於健全的身體」（Mens sana est in corpore sano）。對於理智認知的功能與身體的關係，拉丁文的這句古諺實在是一句經驗的結晶，言簡意賅，把事實完全說明了。

在這裡，如果我們再重複一次亞里斯多德的一句話：「心靈常是對的」，我們認爲不是沒有益處的。亞里斯多德的這句話，顯然是指我們多次所強調的：理智以其爲理智而言，或者理智就其本身而言，在認識它的形式對象與眞理時，常是對的，不能是錯誤的，因爲它就是這種官能，它的本性就是如此。因此，如果理智在認識它的形式對象與眞理時發生錯誤，那是偶然的錯誤，必定另有原因，就如我們以上所說。

第七節　對理智知識的結語

人是動物，然而人又遠遠的超越普通的動物之上，人是有理智的動物。人就其爲動物而言，人的身體是物質的；人就其爲有理智的動物而言，人的理智是精神的，人是物質與精神的合成體。因此，人的活動也是物質的活動與精神的活動的集合點，人的知識的領域自然也遠遠的超越普通動物知識的領域。人不但認識物質的物，也認識精神的物；人不但認識個體的物，也認識物的本質，所以人的知識日新月異，時時都在進步。但是這還不是人的理智最突出的表現，人的理智最突出的表現是它能認識眞理。人的理智把人從物質界帶入了精神界；人不是腳踏兩隻船，而是腳踏兩個世界。

寫於書後

知識論最重要的目的是探討我們知識的有效性，建立我們知識的價值。爲完成這個目的，知識論應當從兩方面著手，那就是一方面要洞悉我們心靈認識的能力，另一方面要明瞭存有的性質。這是爲什麼這本《知識論》的副名是《心靈與存有》。

知識論涉及的問題很多，那些問題都可以在知識論裡討論。不過，我們認爲：這本《知識論》的內容爲哲學系的學生以及哲學研究所的研究生，可以說夠了。而且有些問題爲哲學系的學生而言，牽連的有點太複雜、太深刻。關於這一點，我們在「序」中已經談過。但是不論是哲學系的學生，或是哲學研究所的研究生，在他們用這本書時，不宜作跳躍式的選讀，因爲書內的章節都依次相連，如果忽略了一個問題，便很難與其他的相銜接，甚至發生不明瞭的情形。

人生最大的喜悅是得到眞理並保持眞理；眞理使人自由。如果說得到眞理不難，保持眞理難；這句話只說對了一半，因爲爲得到眞理，並不是一蹴即至，輕而易舉的事；事實上有許多的人在尋求眞理時而誤入歧途，便是一個證明。知識論引領人認識眞理、欣賞眞理，進而愛慕眞理。眞心愛慕眞理的人，會抓住眞理不放，保持眞理。

參考書

中文

羅　光：知識論，（理論哲學，上篇，第四編）。民國五十九年再版，文景出版社。

趙雅博：知識論。幼獅文化事業公司，民國六十八年初版。

孫振青：知識論。五南圖書出版公司，民國七十一年初版。

柴　熙：認識論。臺灣商務印書館，民國六十年。

張振東：中西知識學比較研究。中華文化復興運動推行委員會，中央文物供應社發行，民國七十二年初版。

袁廷棟：哲學心理學。輔仁大學出版社，民國七十四年初版。

李　震：基本哲學探討。輔仁大學出版社，民國八十年初版。

曾仰如：十大哲學問題之探微。輔仁大學出版社，民國八十年初版。

錢志純編譯：笛卡兒著，我思故我在。新潮文庫七十六，志文出版社，民國七十一年再版。

吳　康：康德哲學簡編。臺灣商務印書館，民國五十年再版。

吳　康：唐德哲學（二冊）。中華文化出版事業委員會出版，民國四十四年。

南庶熙：康德哲學大綱。正文書局，民國六十一年。

王秀谷譯：聖奧斯定著：論自由。聞道出版社，民國六十三年。

裴玫及莊之英譯：昔日舊友，Raissa maritain著Les Grandes Amitiés。輔仁大學出版社，民國八十一年初版。

西文

Alston, William P. and Brandt, Richard B., The Problems of Philosophy: Introductory Readings. The University of Michigan, 2nd. ed., 1967.

Aquinas, St. Thomas, Summa Theologiae.

Aquinas, St. Thomas, Summa contra Gentiles.

Aquinas, St. Thomas, De Veritate.

Aquinas, St. Thomas, In Aristotelis Librum de Anima Commentarium, Marietti, Romae, 1959.

Aquinas, St. Thomas, Scriptum Super Libros Sententiarum Migistri Petri Lombardi Episcopi Parisiensis. (R. P. Mandonnet) etitio nova, Parisiis, sumptibus P. Lethielleux, 1929.

Aquinas, St. Thomas, Commentary on the Metaphysics of Aristotle, trans. by John P. Rowan, 2 vols., Library of Living Catholic Thought, Chicago.

St. Anselm, Basic Writings: Proslogium., Monologium., Gaunilon's On Behalf of the Fool., Cur Deus Homo. trans. by S. N. Deane, 2nd., ed., Open Court Publishing Co., La Stella, Illinois. 1966.

Aristotle, The Basic Works of Aristotle, edited and with an introduction by Richard Mckeon, Taiwan, 1970.

A. M. Armstrong, edited A Collection of Critical Essays. Doubleday & Co., Inc., Garden City, N. Y. 1968.

Augustine, St., City of God, trans. by Gerald G. Walsh, Demetrius B. Zema, Grace Monahan, Daniel J. Honan. Image Books, a division of Doubleday & Co., Inc. Garden City, N. Y. 1958.

Augustine St., The Confessions of St. Augustine, trans. by F. J. Sheed. Sheed & Ward, 1970.

Augustine, St., De Libero Arbitrio and De Magistro in Ancient Christian Writers Series. Westminster, Md., Newman Press, 1950, 1955.

Avey, Albert E., Handbook in the History of Philosophy. Barnes & Noble, Inc., New York, 1954.

Ayer, A. J., The Problems of Knowledge. R & R Clark, Ltd. London, 1956.

Barnes, Jonathan, Early Greek Philosophy. Penguin Books, Ltd. Hazell Watson & Viney Ltd.

Barron, J. T. Elements of Epistemology. Burns Oates & Washbourne, New York, 1931.

Berkeley, George, Philosophical Writings: Principles of Human Knowledge., De Motu., Three Dialogues between Hylas and Philonous., Correspondence with Samuel Johnson., An Essay towards a New Theory of Vision,, The Philosophical Commentaries. edited with an Introduction by David M. Armsitrong. Collier Macmillan Publishers, London, third prin., 1974.

Bittle, Celestine N., Reality and the Mind （Epistemology）. The Bruce Publishing Co., New York, 3rd. prin., 1940.

Boethius, The Consolation of Philosophy, trans. by V. E. Watts. Cox & Wyman Ltd., Great Britain, 1986.

Boyer, Carlo, Cursus Philosophiae. Desclée De Brouwer et Soc., 1937.

Brennan, Robert Edward, Thomistic Psychology （A Philosphical Analysis of the Nature of Man）. The Macmillan Co., New York, 1941.

Brightman, E. S., An Introduction to Philosophy. 3rd. ed., repr. in Taiwan.

Broad, C. D., The Mind and its place in Nature. Routledge & Kegan Paul, Ltd., London, 1925.

Brown, Harold I., Perception, Theory and Commitment （The New Philosophy of Science）. The University of Chicago Press, Chicago, 1977.

Campbell, James M-arshall and Martin R. P. McGuire, Confessions of St. Augustine （with Introduction, notes and vocabulary）. Prentice-Hall, Inc., New York, 1936.

Campbell, Keith, Body and Mind. Doubleday & Co., Inc., Garden Cit, New York, 1970.

Chappell, V.C., ediled, The Philosophy of Mind. Prentice-Hall, Inc., Englewood Cliffs, N. J. 1962.

Copleston, Frederick, Contemporary Philosophy （Studies of Logical Positivism and Existentialism）. The Newman Press, Westminster, Maryland, 1955.

Copleston, Frederick, A History of Philosophy （I-V111）. The Newman Press, Westminster, Maryland, 1950-1966.

Danto, Arthur C., Analytical Philosophy of Action. Cambridge University Press, London, 1973.

Descartes, René, The Philosophical Works of Descartes, trans. by Elizabeth S. Haldane and G. R. T. Ross. Cambridge at the University Press, London, 1968.

Donceel, J. F., Philosophical Psychology. 2nd. ed. Sheed and Ward, New York, 1961.

Durant, Will, The Story of Philosophy （the lives and opinions of the world's greatest philosophers from Plato to John Dewey）. The Washington Square Press, 1961.

Edwards, Paul and Arthur Pap, A Modern Introduction to Philosophy. （edited） repr. in Taiwan.

Edwards, Paul, （Editor in chief） The Encyclopedia of Philosophy. The Macmillan Co. & The Free Press, New York, 1967.

Esser, Grerard, Epistemologia. Typis Domus Missionum ad St. Mariam, Techny, Illinois, 1934.

Fireman, Peter, Perceptionalistic Theory of Knowledge. Philosophical Library, New York, 1954.

Fromm, Erich and Ramon Xirau, The Nature of Man （Readings Selected, edited and furnished with an introductory essay）. Collier Books, Macmillan Publishing Co., New York, 1968.

Fromm, Erich, Man for Himself （An Inquiry into the Psychology of Ethics）. Holt, Rinehart and Winston, New York, 1961.

Garrigou, Lagrange, Reginald, Principia thomismi cum novissiomo congruismo comparata seu Thomismi renovatio an eversio? In facultate S. Theologiae apud "Angelicum", Romae, 1926.

Geny, Paulo, Critica, Unversitas Gregoriana, 1932.

Gilson, Etienne, The Unity of Philosophical Experience.Charles Seribner's Sons, New York, 1937.

Gilson, Etienne, The Christian Phylosophy of St. Thomas, trans. by L. K. Shook, Random House, New York, 1956.

Gilson, Etienne, The Spirit of Mediaeval Philosophy. trans. by A. H. G. Downes. Charles Scribner's Sons, New York, 1940.

Glenn, Paul J., Criteriology. Herder, St. Louis, 1933.

Grenier, H., Cursus Philosophiae. Les Presses de L'-universite Laval, Quebec, 1947.

Hart, Charles A., Thomistic Metaphysics （An inquiry in-to the act of existing）. Englewood cliffs, N. J. Prentice-Hall, Inc. 1959.

Hassett, Joseph and Robert A. Mitchell and J. Donald Monan, the Philosophy of Human Knowing. The Newman Press, Westminster, Maryland, 1957.

Hillegass, C. K., Concerning Human Understanding. Notes, Cliff's notes）. Bethany Station, Lincoln, Nebraska, 1967.

Hospers, John, an Introduction to Philosophical Analysis. 2nd. ed. Prentice-Hall, Inc. Englewood Cliffs, N. J. 1967.

Hume, David, Enquiries Concerning Human Nature and Concerning the Principles of Morals, edited by L. A. selby-Bigge with introduction, comparative table of contents, and analytical index. 3rd. ed. with text revised and notes by P. H. Nidditch. clarendon Press, London, 1992.

Jaspers, Karl, Plato and Augustine. Trans. by Ralph Manheim. Harcourt, Brace & World, Inc. New York, 1957.

Kant, Immanuel, Critique of Pure Reason. trans. by Max Miiller. 2nd. ed. Macmillan Co. New York, 1927.

Kant, Immanuel, Critique of Practical Reason. trans. by Lewis White Beck. 3rd. ed. Library of Liberal Arts. Macmillan Publishing Co. New York, 1993.

Kant, Immanuel, Grounding for the Metaphysics of Morals. trans. by James W. Ellington. Hackett Publishing Co., Inc. Indianapolis, Cambridge, 1994.

Keith, Herman, The Metaphysics of St. Thomas Aquinas. The Bruce Publishing Co., Milwaukee, 2nd et. 1962.

Lewis, G. H. A Biographical History of Philosophy. George Routledge & Sons, London, 1900.

Loar, Brian, Mind and Meaning. Cambridge University Press, London, 1981.

Locke, John, An Essay Concerning Human Understanding. edited by A. S. Pringle-Pattison, Oxford, Clarendon Press, Great Britain, 1964.

Malcolm, Norman, Problem of Mind（Descartes to Wittgenstein）. Harper & Row Publishers, New York, 1971.

Mann, Jesse A. and Gerald F. Kreyche: General Editors, Perspectives on Reality. Harcourt, Brace & World, Inc. New York, 1966.

Maréchal, Joseph, Le Point de depart de la Métaphyque. Paris, Alcan, 1928.

Maritain, Jacques, An Introduction to Philosophy. Trans. by E. I. Watkin, Sheed & Ward, New York.

Maritain, Jacques, The Degrees of Knowledge. trans. by Gerald B. Phelan. Charles Scribner's Sons. New York, 1959.

Maritain, Jacques, Existence and Existent. trans. by Lewis Galantiere and Gerald B. Phelan. A Doubleday Image Book, Garden City, New York, 1957.

Mercier, Désiré Card. Crteriology （in vol. I··A Manual of Modern Scholastic Philosophy）. 3rd. ed. Kegan Paul, Trench, Trubner & Co., Ltd. Herder Book, St. Louis, 1938.

Merton, Thomas, The Ascent to Truth. Harcourt, Brace Jovanovich, Publishers, New York, 1979.

Martin, C. B. and D. M. Armstrong, Locke and Berkeley （A Collection of Critical Essays）. Anchor Books, Doubleday & Co., Inc. Garden City, New York, 1968.

Morandini, F., Critica. Typis Pontificae Universtatis Gregorianae, Romae, 1963.

Munitz, Milton K., Contemporary Analytical Philosophy. Macmillan Publishing Co., Inc. New York, 1981.

Mure, G. R. G., Aristotle. A galaxy Book, Oxford University Press, New York, 1981.

Needleman, Jacok and David Appellaum, Early Philosophy. Viking Penguin, New York, 1990.

Ogden, C. K. and I. A. Richards, The Meaning of Meaning. Harvest, H B J Books, Harcourt Brace Jovanovich, New York, 1923.

O;Neill, Reginald F., Theories of Knowledge. Prentice-Hall, Inc. Englewood Cliffs, N. J. 1960.

Owens, Joseph, An Elementary Christian Metaphysics. The Bruce Publishing Co. Milwaukee, 1963.

Pascal, Blaise, Pensées. trans. by A. T. Krailsheimer, Hudson St., New York, 1966.

Patterson, Charles H., Concerning Human Understanding. Bethany Station, Lincoln, Nebraska, 1967.

Phillips, R. P., Modern Thomistic Philosophy （2 vols.）. The Newman Press, Westminster, Maryland, 1954.

Plato, The Collected Dialogues of Plato including The Letters. edited by Edith Hamilton and Huntington Cairns. 2nd. printing, 1963.

Priest, Stephen, Theories of Mind. Houghton Mifflin Co., Boston. 1991.

Rickaby, John, The First Principles of Knowledge. 2nd. ed. Benziger Bros. New York, Cincinnati, Chicago.

Royce, James E., Man and His Nature: A Philosophical Psychology. McGraw-Hill Book Co., Inc. New York, 1961.

Runes, Dagobert D., edited, Twentieth Century Philosophy. Philosophical Library Inc. New York, 1947.

Ryle, Gilbert, The Concept of Mind. Barnes and Noble Books, Harper & Raw Publishers, New York, 1949.

Scharfstein, Ben-Ami, The Philosophers. Oxford University Press, New York, 1980.

Sertillanges, A. D., St.. Thomas Aquinas and His Work, trans. by Godfrey Anstruther. Blacfriars Publications, London, 1957.

Shaffer, Jerome A., Philosophy of Mind. Prentice-Hall, Inc. Englewood Cliffs, N. J. 1968.

Smith, Peter and O. R. Jones, The Philosophy of Mind. Cambridge University Press, 1993.

Scotus, Joannes Duns, Opera Omnia. Civitas Vaticana, Typis Polyglotiis Vaticanis, MCML.

Snell, Bruno, The Discovery of Mind in Greek hilosophy and Literature. trans. by T. G. Rosenmeyer. Dover Publications, In. New York, 1982.

Soccori, Philippus, De vi cogitationis humanae: Quaestiones scientificae cum philosophia conjunctae in scientia physica. Universitas Greyoriana, Romae, 1958.

Tayelor, Richard, Metaphysics. Prentice-Hall, Inc. Englewood Cliffs, New Jersey, 1974.

Thonnard, F-J., Précis d'histoire de la philosophie, Desclée & Cie, Paris, 1948., A Short History of Philosophy. trans. by Edward A. Maziarz. Desclée & Cie, Paris, 1956.

Toulmin, Stephen, Human Understanding. Princeton University Press, Princeton, New Jersey, 1977.

Urmson, J. O., edited The Concise Encyclopedia of Western Philosophy and Philosophers. Taiwan, 1964.

Van Steenberghen, Ferdinand, Epistemology. trand. by Lawrence Moonan, Louvain Publication Universitaires, 1970.

Van Steenberghen, Ferdinand, ontology, trans. by Martin J. Flynn, 4th. print. 1963.

Varvello, Francis, Major Logic （Epistemology）. trans. by Arthur D. Fearon. University of San Francisco, S. F. Calif., 1933.

White, Alan R., The Philosophy of Action. Oxford University Press, 1970.

Wittgenstein, Ludwig, Philosophical Investigations. trans. by G. E. M. Anscombe, The Macmillan Co. New York, 2nd. ed. 1958.

國家圖書館出版品預行編目資料

知識論・心靈與存有

王臣瑞著. 一 初版. 一 臺北市：臺灣學生，民 89[2000]
面；公分

ISBN 978-957-15-1037-8（平裝）

1. 知識論

161 89012559

知識論・心靈與存有

著作者：王臣瑞
出版者：臺灣學生書局有限公司
發行人：楊雲龍
發行所：臺灣學生書局有限公司
臺北市和平東路一段七五巷十一號
郵政劃撥戶：〇〇〇二四六六八號
電話：（〇二）二三九二八一八五
傳真：（〇二）二三九二八一〇五
E-mail: student.book@msa.hinet.net
http://www.studentbook.com.tw
本書局登記證字號：行政院新聞局局版北市業字第玖捌壹號
印刷所：長欣印刷企業社
新北市中和區中正路九八八巷十七號
電話：（〇二）二二二六八八五三

定價：新臺幣六〇〇元

二〇〇〇年九月初版
二〇一五年九月初版二刷

16105

ISBN 978-957-15-1037-8（平裝）